Le Chemin de Saint-Jacques en Espagne

De Saint-Jean-Pied-de-Port à
Compostelle

Cette édition est dédiée à la mémoire de Georges Véron (1933-2005).
Son travail a été indispensable sur ce chemin au cours des vingt dernières années.

Ouvrage publié avec le concours de l'**Association de Coopération Interrégionale Les Chemins de Saint-Jacques de Compostelle (ACIR),** association soutenue par les Régions Midi-Pyrénées, Aquitaine et Languedoc-Roussillon, le Département de la Manche, la Ville de Toulouse et par de nombreuses communes situées sur les itinéraires menant vers Compostelle.

La réalisation du carnet d'adresses et de la liste des hébergements a incombé à l'ACIR, ainsi que les conseils pratiques, les repères, le lexique, la bibliographie.

Itinéraire : Jean-Yves Grégoire
Historique : Louis Laborde-Balen

Toutes les **photographies** sont de **Jean-Yves Grégoire** (sauf Michel Carossio pages 225 et 238)

Cartographie : Yann Souche pour Rando Éditions
Maquette et mise en pages : Pierre Le Hong – Rando Éditions

© Rando Éditions – 4, rue Maye Lane – 65420 Ibos – accueil@rando-editions.com
Tous droits réservés pour tous pays, reproduction interdite sous quelque forme que ce soit
Édition totalement revue et corrigée

Dépôt légal : avril 2005 (premier dépôt légal de cette édition : juillet 2004)
ISBN 2-84182-224-9

Le Chemin de Saint-Jacques en Espagne

De Saint-Jean-Pied-de-Port à Compostelle

GUIDE PRATIQUE DU PÈLERIN

JEAN-YVES GRÉGOIRE
LOUIS LABORDE-BALEN

"U'ELLE SOIT NÉE *d'une goutte de lait arrachée par Hercule au sein de Junon ou du sillage enflammé laissé par Phaéton dans sa course désordonnée à travers le ciel, sur le char du soleil, la Voie Lactée a le sens d'un voyage entre deux mondes.*"

Bartolomé Bennassar, *Saint-Jacques de Compostelle*

Le Chemin de Saint-Jacques en Espagne

Ces douze siècles qui ont fait El Camino de Santiago	p. 9
Une empreinte profonde dans le paysage	p. 9
Saint-Jacques en Espagne	p. 10
813 : la vision de l'ermite Pelayo	p. 11
La naissance du sanctuaire de Compostelle	p. 11
Les doutes de l'historien	p. 12
Les revanches de la tradition	p. 12
L'histoire d'un grand pèlerinage	p. 14
Le renouveau de notre temps	p. 15
Conseils pratiques	p. 15-17
Des documents…	p. 17-18
La signalétique	p. 18
Périodes favorables	p. 18
Découpage des étapes : à vous d'inventer votre propre itinéraire	p. 19
Hébergement et restauration	p. 19
Abréviations	p. 21
Conseils aux cyclistes	p. 21-22
Cartographie	p. 22
Une éthique du chemin	p. 22-23
Qui ? Quoi ? Où ?	p. 23-25
Autres informations utiles	p. 25
Tableau des étapes	p. 26

1ère étape	Saint-Jean-Pied-de-Port ➜ Roncesvalles	p. 27-33
2ème étape	Roncesvalles ➜ Larrasoaña	p. 34-39
3ème étape	Larrasoaña ➜ Pamplona ➜ Cizur Menor	p. 40-45
4ème étape	Cizur Menor ➜ Puente la Reina	p. 46-51
5ème étape	Puente la Reina ➜ Estella	p. 52-59
6ème étape	Estella ➜ Los Arcos	p. 60-65

7ème **étape**	Los Arcos → Viana → Logroño	p. 66-73
8ème **étape**	Logroño → Nájera	p. 74-79
9ème **étape**	Nájera → S. Domingo de la Calzada	p. 80-85
10ème **étape**	S. Domingo de la Calzada → Belorado	p. 86-91
11ème **étape**	Belorado → San Juan de Ortega	p. 92-96
12ème **étape**	San Juan de Ortega → Burgos	p. 97-103
13ème **étape**	Burgos → Hornillos del Camino	p. 104-108
14ème **étape**	Hornillos del Camino → Castrojeriz	p. 109-113
15ème **étape**	Castrojeriz → Frómista	p. 114-119
16ème **étape**	Frómista → Carrión de los Condes	p. 120-124
17ème **étape**	Carrión de los Condes → Calzadilla de la Cueza	p. 125-128
18ème **étape**	Calzadilla de la Cueza → Sahagún	p. 129-134
19ème **étape**	Sahagún → Mansilla de las Mulas	p. 135-140
20ème **étape**	Mansilla de las Mulas → León	p. 141-146
21ème **étape**	León → Hospital de Orbigo	p. 147-153
22ème **étape**	Hospital de Orbigo → Astorga	p. 154-159
23ème **étape**	Astorga → Rabanal del Camino	p. 160-165
24ème **étape**	Rabanal del Camino → Molinaseca	p. 166-171
25ème **étape**	Molinaseca → Villafranca del Bierzo	p. 172-178
26ème **étape**	Villafranca del Bierzo → O Cebreiro	p. 179-184
27ème **étape**	O Cebreiro → Triacastela	p. 185-189
28ème **étape**	Triacastela → Sarria	p. 190-194
29ème **étape**	Sarria → Portomarín	p. 195-200
30ème **étape**	Portomarín → Palas de Rei	p. 201-206
31ème **étape**	Palas de Rei → Arzúa	p. 207-213
32ème **étape**	Arzúa → Lavacolla	p. 214-219
33ème **étape**	Lavacolla → Santiago	p. 220-227

Quelques repères nécessaires	p. 228-236
Bibliographie	p. 236-238
Patrimoine mondial	p. 239
Dans la même collection	p. 240

CES DOUZE SIÈCLES QUI ONT FAIT EL CAMINO DE SANTIAGO

Un chemin a un début et une fin. Le but de celui de Saint-Jacques est le tombeau présumé du saint à Compostelle. Le départ était multiple, n'importe où dans l'Occident médiéval. Nous avons dans d'autres ouvrages suivi la marche des pèlerins partis du Puy-en-Velay et celle des pèlerins partis d'Arles, de Vézelay, de Tours ou de Narbonne. Il en venait aussi de toute l'Espagne et de tout le Portugal, et encore d'Angleterre par mer, des pays nordiques, d'Allemagne, de Suisse, de Hongrie, d'Italie, d'Europe centrale. Le maillage des chemins de Saint-Jacques et des sanctuaires de Santiago, Jacques, Jacobo, James ou Jakob, sur une carte européenne est des plus impressionnants.

Les chrétiens n'ont pas l'exclusivité des pèlerinages : ces derniers ont toujours été l'expression privilégiée de la foi. Chaque croyance a les siens et les a eu de tout temps : temples antiques de Delphes ou de Salomon, tombeaux ou sanctuaires de Confucius, de Bouddha ou de Mahomet… Dans la chrétienté même, les foules se sont très tôt mises en mouvement. Au IVe siècle avait été publié un bréviaire du parcours Bordeaux-Jérusalem : *ITINERARIVM A BURDIGALA JERVSALEM VSQUE.* Cependant qu'à l'échelle de la paroisse ou de la province, des pèlerinages locaux prenaient pour but les restes d'un martyr ou d'un saint des premiers temps, trois grands sanctuaires allaient s'affirmer comme les plus estimés et les plus méritoires : Rome, Jérusalem et bientôt Compostelle, avec respectivement les tombeaux de Jésus, de l'apôtre Pierre et de l'apôtre Jacques.

Des noms différents désignaient en principe les pèlerins partant sur ces trois routes. En espagnol, trois sortes de peregrinos : le palmero allait en Terre sainte, le romero à Rome et le jacobeo à Compostelle. De même le Gascon distinguait-il roumius et jacquès. Mais dans la pratique quotidienne, les mots déteignent. En Espagne, tout petit pèlerinage vers une ermita, chapelle perdue dans la montagne, s'appelle aujourd'hui romeria. Pareillement, tous les bouts d'anciens chemins de Gascogne menant vers l'Espagne finirent par s'appeler roumius, et gardent ce nom sur les cartes de l'I.G.N.

A L'AUTRE BOUT DU MONDE, L'APÔTRE THOMAS

Pour être historiquement complet, aux trois grands pèlerinages chrétiens de Jérusalem, Rome et Compostelle, il faudrait en ajouter un quatrième : le tombeau présumé de l'apôtre Thomas, au fin fond des Indes, à Mailapuran, que les Portugais ont rebaptisé Sao Thomé au XVIe siècle. Mais les foules de fidèles décrites par Marco Polo vers 1290 devaient surtout appartenir aux chrétiens nestoriens, nombreux à l'époque en Extrême-Orient et, bien sûr, au rite local syro-malabre, arrivé jusqu'à nous. Et ce monde-là était peu connu de l'Occident, à part de rares voyageurs.

Il n'en est pas moins intéressant de noter ce parallélisme hautement symbolique de la parole évangélique portée aux deux bouts du monde connu à l'époque :
par Thomas à la pointe des Indes face à l'océan Indien et par Jacques à la pointe de l'Europe, face à l'océan Atlantique. Les Actes de Thomas ont aussi été rédigés au IVe siècle.

UNE EMPREINTE PROFONDE DANS LE PAYSAGE

Car ce qui distingue le Chemin de Saint-Jacques des autres grandes voies de pèlerinage, c'est justement l'empreinte profonde qu'il a laissée dans le paysage et a préfiguré un aménagement du territoire "européen". Sur nul autre itinéraire sacré on ne suit aussi bien, pas à pas, heure après heure, le chapelet des toponymes et des monuments nés de la longue marche et de la dévotion à saint Jacques, balisant pour ainsi dire la route sur des centaines de kilomètres. À cela, deux raisons.

La première est qu'il est le seul à avoir sur le terrain un caractère exclusif :
• Le pèlerinage de Jérusalem, qui garda la prééminence même après la défaite des

croisés, était dominé par une élite ; il était dangereux, en terre infidèle, et était en bonne partie maritime.
• Le pèlerinage de Rome à certaines époques rendu difficile par les guerres, suivait, lui, de grandes routes européennes existant de toute antiquité, et parcourues par tous les voyageurs, tout comme les chemins de Compostelle en France.
• Au contraire, à travers le Massif central, les Cévennes, la Meseta, le Cebreiro, l'unique but des foules en marche était le tombeau présumé de saint Jacques de Compostelle, géographiquement excentrique, spirituellement essentiel.
La seconde raison est qu'il représenta, particulièrement en Espagne comme nous le verrons, un moment important de l'Histoire, un des volets de la Reconquista, la reconquête du pays sur l'Islam, ce qui explique l'extrême densité de son jalonnement par des monastères et des églises.

LE FILS DU TONNERRE, COUSIN DE JESUS ?

Entre les lignes des Évangiles, on devine en Jacques un personnage fidèle mais impulsif : le Christ l'appelle "Bonaerges, Fils du Tonnerre". D'autres indications, plus aléatoires, sont fournies par les premiers commentateurs chrétiens : sa famille serait originaire de Jaffa ; il aurait été cousin de Jésus par sa mère Marie-Salomé, sœur de Marie ; enfin, selon Nicéphore de Constantinople, son père aurait possédé une maison à Jérusalem, sur la colline de Sion, et Marie s'y serait retirée. À cet emplacement aurait par la suite été construite la basilique de la Dormition de la Vierge…

SAINT-JACQUES ET L'ESPAGNE

Mais d'abord, cela eût-il été dit cent fois, il faut bien revenir au commencement et rappeler ce qu'était Compostelle, et qui était saint Jacques.
Saint Jacques était l'un des douze apôtres du Christ, frère de Jean l'Évangéliste, fils de Zébédée. Ils réparaient leurs filets au bord de la mer de Galilée quand Jésus les appela. Abandonnant père et filets, ils le suivirent aussitôt. À moins de mettre en doute la totalité des Évangiles, on doit donc le considérer comme un personnage historique. On l'appelle Jacques le Majeur pour le distinguer de Jacques le Mineur que la tradition chrétienne identifie comme étant le fils d'Alphée, et de Jacques "frère du Seigneur", une des "colonnes de l'Église" naissante. Les Actes des Apôtres disent de lui : "Hérode le fit périr par le glaive." Compte tenu de l'âge du Christ quand il fut crucifié et des épisodes relatés ensuite, il ne pouvait s'agir que d'Hérode Agrippa II, dont le règne dura de l'an 41 à l'an 44.
Si Jacques a bien été en Espagne, ce serait donc dans les quelques années qui ont précédé l'an 44. Y alla-t-il vraiment ? Beaucoup d'historiens en doutent. Les Actes des Apôtres n'y font aucune allusion. Et il faudra attendre quatre siècles avant que saint Jérôme ne parle de cette évangélisation dans ses Commentaires d'Isaïe. Aux deux siècles suivants, le voyage de Jacques est clairement affirmé par d'autres auteurs, dont saint Isidore, et par toute la littérature mozarabe. Mais sous le seul angle historique, la probabilité reste en effet mince.
À cela, toutefois, on peut objecter que le Christ a demandé à tous ses apôtres d'aller témoigner de par le monde ; que les Actes sont une sorte de compte rendu de mandat de Paul et Pierre, nullement exhaustif en ce qui concerne les autres évangélisateurs ; et qu'enfin, si rien ne prouve le voyage de Jacques, rien dans les dates ni les textes ne s'y oppose ; le croyant reste libre de croire.
Réel ou mythique, voici donc le voyage de Jacques : il débarque en Andalousie, traverse la péninsule ibérique par une voie romaine et aboutit en Galice où il fait enfin des disciples. Sans doute deux d'entre eux, Théodore et Anasthase, l'accompagnent-ils dans son retour à Jérusalem puisque, après son martyre, ils dérobent dans la nuit son corps au bourreau et l'embarquent. Un ange conduit leur navire jusqu'aux côtes galiciennes. Débarqués au port d'Ira Flavia, devenu aujourd'hui Padrón, les disciples veulent maintenant inhumer l'apôtre. La reine Lupa (mot à mot, la reine Louve) s'oppose d'abord à leur projet puis, convertie, donne son palais pour servir de tombeau.
Si l'on admet le voyage, décryptons la suite :

il n'est pas surprenant qu'après avoir prêché dans le désert de l'Espagne intérieure, Jacques ait eu plus de succès en Galice, empreinte de mysticisme celte et où vivent des communautés hébraïques, sur la route maritime de l'étain. Quant à l'Ange, il est en langage biblique le symbole de l'aide de Dieu.

LES DOUX TAUREAUX DE LA REINE LOUVE

Selon la légende, la reine Lupa, pressentie par Théodore et Anasthase pour fournir un tombeau à saint Jacques, leur aurait dit : *"Allez dans la montagne, vous y trouverez des bœufs pour transporter le corps et vous le mettrez où vous voudrez."* Elle savait qu'il y avait là en réalité des taureaux sauvages. Mais, ô miracle ! Soudain doux comme des bœufs, ceux-ci se laissèrent atteler. Et, du coup, la reine se convertit…

813 : LA VISION DE L'ERMITE PELAYO

Le tombeau serait ensuite tombé dans un certain oubli. Pas complètement cependant : saint Aldelhem, moine irlandais, en parle au VIIe siècle, ainsi que l'Espagnol Beatus de Liébana, auteur des Commentaires de l'Apocalypse dont le monastère de Saint-Sever possède un exemplaire, au VIIIe siècle.

Et voici qu'en l'an 813 on annonce la découverte des sépultures de l'apôtre et de ses disciples à Compostelle, dont le nom même est lié à cette découverte : *Campus stellae*, le Champ de l'Étoile selon la tradition, car l'ermite Pelayo, instruit par un songe, aurait identifié l'endroit grâce à des lueurs dans la nuit ; *Compostum* ou *Compositum* plus probablement, pensent les linguistes, car ces mots désignaient des apprêts funéraires et, par extension, des tombes. Quelle que soit la bonne étymologie, Théodomir, évêque wisigoth d'Ira Flavia accourt aussitôt pour faire dégager les tombeaux, et la nouvelle va faire l'effet d'un coup de tonnerre dans la chrétienté. L'origine de Compostelle peut également venir du celte *ilwybr* signifiant "lieu de passage" et *duntum* pour dire "hauteur".

PORTRAIT D'UN PÈLERIN MÉDIÉVAL

De nombreuses images, depuis les miniatures médiévales jusqu'aux gravures de Jacques Callot en passant par les statues de saint Jacques pèlerin et de saint Roch, nous montrent comment s'habillaient les pèlerins. On y trouve des constantes qui ont duré des siècles.

Ce n'était pas un uniforme. Mais comme on reconnaît aujourd'hui un marcheur "au long cours" à son sac à dos, son poncho et ses brodequins souples, le pèlerin d'autrefois utilisait tous les vêtements d'alors les mieux adaptés à la marche. C'était d'abord un chapeau à large bord, qui abritait également du soleil, du vent et de la pluie. Puis, sur les épaules, un mantelet de cuir dit esclavine, car il avait été emprunté par les croisés aux Slaves des Balkans. À l'occasion une courte cape, ne gênant pas la marche. Aux pieds, des sandales de cuir. À la main, un gros bâton appelé bourdon, qui aidait également à avancer et à chasser les chiens. Souvent attachée au bourdon, une gourde faite d'une calebasse étranglée. À la ceinture, une escarcelle.

Puis, au retour, il accrochait à son esclavine ou à son chapeau, ou aux deux, la coquille Saint-Jacques caractéristique qu'on trouvait sur les rivages de Galice. Ainsi que, par la suite, des insignes de métal dont la mode se répandit tardivement.

LA NAISSANCE DU SANCTUAIRE DE COMPOSTELLE

Résumons la suite :
• Alphonse II, roi des Asturies et de Galice (mort en 842) fait construire une première petite église à Compostelle, et informe de cette découverte le pape Léon III et Charlemagne, auquel il aurait même envoyé en relique une omoplate de l'apôtre.
• Au Xe siècle, les pèlerins accourent déjà de l'étranger, à commencer par Godescalc, évêque du Puy, vers 950.
• En 997 le chef musulman el-Mans-Ur (Almanzor) vient détruire cette première église, abreuve son cheval dans les fonts baptismaux, fait enlever les cloches sur le dos des chrétiens pour en faire des lampes

à Cordoue (elles reviendront bien plus tard à dos de Maures), mais il respecte le tombeau du compagnon du prophète Jésus.
• Une nouvelle église, base de la cathédrale actuelle, enrichie au fil des siècles, est bâtie à partir de 1078. La grande époque du pèlerinage va commencer.

L'HYPOTHESE PRISCILLIEN

L'hérésiarque Priscillien (Priscillius) était né en Bétique (Andalousie) vers 340. Etudiant à Bordeaux, clerc en Espagne, il fut le chef d'un mouvement religieux mal connu, mais empreint de manichéisme (en résumé, le Bien et le Mal se combattent à puissance égale) et "d'adoptianisme" (grosso modo, Jésus n'était pas né divin ; il s'est identifié à Dieu en mourant). Plus nuancée que celle de son aîné Arius (né en 280, à Alexandrie), la doctrine de Priscillien fut néanmoins condamnée au concile de Saragosse en 400. Sa piété et son ascétisme le firent malgré tout élire évêque d'Avila. Convoqué à Trèves, il fut condamné à mort par les juges de l'empereur pour "magie et mauvaises mœurs", ainsi que six de ses disciples, dont une femme. C'était la première exécution de l'histoire pour hérésie, hélas pas la dernière. Pape et prélats protestèrent d'ailleurs, mais trop tard, contre cet abus du pouvoir civil. Jusqu'ici cependant, cette histoire n'a rien de très surprenant dans le bouillonnement de pensée qui agitait alors le monde chrétien.

L'étrangeté soulignée par la thèse de Jacques Chocheyras commence maintenant. Ses disciples auraient ramené, probablement par voie d'eau, puis en char à bœufs, le corps décapité de Priscillien en Galice où il avait des disciples et où allait commencer sur sa tombe une dévotion populaire. L'analogie est évidente pour l'historien : c'est ce culte et cette tradition que l'église aurait récupérés à son compte pour honorer saint Jacques, dont on a commencé à parler à la même époque. L'ennui, c'est que les ossements, eux, s'avéreront plus anciens.

LES DOUTES DES HISTORIENS

Les historiens, nous l'avons dit, sont par essence les hommes du doute. Il n'y a pas d'histoire possible si l'on ne remet pas en cause les récits admis. Les historiens ont donc été nombreux à douter de cette tradition, qui n'est pas un dogme… Après les premières critiques portant sur la présence de Jacques le Majeur en Espagne, on a nié l'existence historique de l'évêque Théodomir. Puis on a objecté que les corps trouvés peuvent être ceux de notables romanisés qui adoraient Mars et Jupiter. Enfin l'hypothèse la plus curieuse a été celle de Jacques Chocheyras, de l'université de Grenoble : "l'hypothèse Priscillien". Nous la rappelons par ailleurs : ce savant universitaire a souligné un troublant parallélisme entre la biographie légendaire de saint Jacques, et celle de l'hérésiarque Priscillien, qui fit école en Galice. L'une a probablement influencé l'autre, mais laquelle ?

LES REVANCHES DE LA TRADITION

Les traditions ne sont pas des preuves. Mais les doutes non plus. Et par un non moins curieux enchaînement, des découvertes nouvelles viendront jusqu'à ce jour répondre presque coup pour coup aux hypothèses contraires.

Au XVIe siècle, quand le redoutable corsaire, anglais et protestant, Drake croisait au large de la Galice, on avait à Compostelle prudemment occulté le tombeau du saint. Et si bien occulté qu'on perdra longtemps le souvenir de son emplacement exact. En 1878, le cardinal-archevêque de Compostelle fait entreprendre des recherches. Le 28 janvier 1879, on retrouve les reliques que savants et médecins authentifient ; dans sa bulle *Deus omnipotens*, le pape Léon XIII affirme leur authenticité.

La critique historique objecte alors qu'il s'agit d'ossements antiques certes, mais lesquels ? Et que l'existence même de l'évêque Théodomir semble bien légendaire. Or de nouvelles fouilles, nettement plus archéologiques, en 1946, ont un résultat bouleversant : on retrouve cette fois autour du tombeau du saint toute une nécropole antique et, au milieu, la véridique tombe de l'évêque Théodomir, mort en 847. Il avait bien existé.

Mais bien sûr Théodomir aurait pu se tromper. Prendre par exemple, dans une nécropole réemployée, un hérésiarque du quatrième siècle pour un apôtre du premier siècle… Patatras : une récente et nouvelle découverte archéologique vient en 1988 anéantir ce bel édifice. Nous citons ici une relation de l'abbé Jean Pierre Laulom.

DANS LA TOMBE D'ANASTHASE, UN GRAFFITI JUDÉO-CHRÉTIEN…

L'inscription découverte en septembre 1988 par le professeur Milán, dans la nécropole de la cathédrale de Compostelle, se trouvait dans l'angle le plus éloigné et le plus caché du loculus dont la tradition fait le tombeau d'Anasthase. Elle était gravée sur une pierre servant de bouche-trou à la cavité, visible seulement du côté extérieur du mausolée romain, par l'ancien déambulatoire des premiers pèlerins, aujourd'hui habituellement inaccessible, d'où cette découverte tardive.

La pierre porte les mots *Anasthasios martyr,* écrits en caractères grecs archaïques, mêlés de deux caractères hébreux ou araméens carrés, un *sin* et un *taw,* ce dernier associé à un chrisme. L'écriture serait du même type que les graffitis découverts entre 1953 et 1958 dans un cimetière judéo-chrétien de Jérusalem, le *Dominus flevit,* utilisé entre les années 70 et 135. Elle s'apparente également aux graffitis de la Confession de saint Pierre qu'étudie depuis 1958 Margherita Guarducci.

Les chercheurs espagnols n'ont pas signalé immédiatement cette découverte, d'abord parce qu'il fallait l'étudier ; ensuite parce que, le pape Jean-Paul II venant à Compostelle en août 1989, on devait éviter qu'une divulgation à ce moment-là ne passât pour un battage médiatique. Ils ont donc attendu un an pour la présenter à Madrid à la Real Academia de la Historia, qui l'a publiée, avec l'habituelle discrétion scientifique, dans son bulletin d'octobre 1989.

On pourra bien sûr objecter encore que le nom d'Anasthase sur une tombe ne signifie pas que le corps ait été dedans : mais ce qui compte, c'est qu'elle serait du Ier siècle. Du même siècle que Jacques. Nous voici très loin avant Priscillien !

LES QUATRE CHEMINS D'AYMERI PICAUD… ET LES AUTRES

Dans le Guide du pèlerin de 1140, son auteur présumé Aymeri Picaud, chanoine de Parthenay, indique quatre grandes routes (via), qui sont les chemins de Saint-Jacques traversant la France :
• Celui de Paris et Tours, par Bordeaux et Dax.
• Celui de Vézelay, par Limoges, Mont-de-Marsan et Orthez.
• Celui du Puy-en-Velay, par Conques, Moissac, Aire-sur-l'Adour et Navarrenx.
• Et celui d'Arles et Saint-Gilles, par Saint-Guilhem, Toulouse, Auch et Oloron.

Les trois premiers convergent vers Roncevaux pour former, d'Ostabat à Puente la Reina, le Camino Navarro. Le quatrième franchit les Pyrénées au Somport pour former, de Canfranc à Puente la Reina, le Camino Aragonés. Comme on le verra, de Puente la Reina à Compostelle, il n'y a plus qu'un chemin, le Camino Francés.

En réalité, cette énumération n'était pas, même de son temps, exhaustive. Il existait d'autres grands chemins, comme celui qui suit le piémont pyrénéen ou bien celui du littoral atlantique. Il existait aussi des variantes joignant un chemin à l'autre en passant par des sanctuaires révérés. Un centre religieux comme celui de Rocamadour a eu un fort pouvoir d'attraction. Et dans les siècles qui vont suivre, l'émergence des "villeneuves" puis des "bastides" dans des lieux encore déserts au XIIe siècle, avec leurs nouveaux couvents et leurs nouveaux commerces, va sensiblement modifier la géographie routière et donc celle des chemins.

L'OBSERTRASSE DE KUNIG VON VACH

L'itinéraire de l'Allemand Hermann Künig von Vach, parti en 1495 de la région du lac de Constance, est fort intéressant car il donne, à cette date, une vision du Chemin de Saint-Jacques proche en esprit de celle d'Aymeri Picaud, mais fort différente par la géographie. Et d'autant plus importante qu'il imprima son récit à Strasbourg, en vers allemands, sous le titre *Straß zu Sank Jakob*, (la route vers Saint-Jacques) dans l'intention évidente de susciter des imitateurs.

Il traverse d'abord la Suisse par un itinéraire classique dont le prolongement normal aurait dû être le chemin du Puy. Mais au lieu de cela, il oblique vers le sud et descend la vallée du Rhône. À Valence, il oblique à nouveau, vers l'ouest pour prendre, dans les grandes lignes, le chemin d'Arles. Mais, évitant Saint-Guilhem, il va droit de Béziers à Toulouse par Carcassonne. Arrivé à Morlaàs, il abandonne à nouveau le vieux chemin d'Arles pour couper par Caubin vers Orthez. Et il continue par le chemin de Vézelay vers Saint-Palais et Roncevaux. Il appelle ce chemin l'Oberstrasse (route d'en haut), car il occupe la partie supérieure de sa carte orientée vers le sud. Il reviendra par Oviedo, le tunnel de San Adrian, Vitoria, Bayonne, puis le chemin de Tours et de Paris, route de retour qu'il appellera la Niederstrasse, car elle est cette fois en bas de sa carte.

Cet itinéraire européen, utilisant les grandes voies royales, devait être courant de son temps. Mais il ne faut pas tomber dans l'autre extrême et affirmer qu'il était le seul. Vers l540 Guillaume de Mota, commandeur du petit hôpital de Gabas, sur une branche secondaire du chemin d'Arles menant de la vallée d'Ossau à Sainte-Christine-du-Somport, se préoccupe de faire ajouter douze bois de lits aux cinq qui existaient alors.

L'HISTOIRE D'UN GRAND PELERINAGE

Mais revenons à notre chronologie laissée en cette année 1078 qui marquait la reconstruction du sanctuaire de Compostelle.

• Vers 1140 est composé et codifié le *Codex Calixtinus* dont le *Guide du pèlerin* attribué à Aymeri Picaud est l'une des parties. Les quatre autres sont un recueil de chants liturgiques médiévaux, une vie de saint Jacques, une recension des miracles qu'on lui attribue et une chronique apocryphe d'aventures imaginaires de Charlemagne en Espagne, le pseudo-Turpin.

• Le XIIe et le XIIIe siècles marquent l'apogée du pèlerinage, et ses routes se couvrent d'un réseau continu de sanctuaires et d'hôpitaux de Saint-Jacques dans toute l'Europe, particulièrement en Espagne. L'ordre de Cluny et celui des Chevaliers de Saint-Jean-de-Jérusalem (plus tard de Malte) sont parmi les plus hospitaliers, les plus actifs, mais pas les seuls, loin de là.

• Le pèlerinage reste très vivant jusqu'au XVe siècle, où le pèlerin allemand Hermann Künig von Vach définit deux nouveaux grands axes européens : l'Obestrasse et la Niederstrasse.

• Le temps des guerres de Religion, surtout en Béarn et dans tout le Midi de la France, entraîne la ruine et la vente de nombreux établissements religieux et par conséquent d'hôpitaux. Suit une relative stabilisation, durant laquelle les errances de pèlerins sont souvent regardées avec méfiance par les nouveaux états-nations.

• C'est pourtant encore en 1676 que le prêtre bolognais Domenico Laffi donne de son pèlerinage un palpitant récit fortement anecdotique, voire un peu méridional.

• Puis de nouvelles destructions seront causées par la Révolution en France et, au XIXe siècle, par la loi de desamortización en Espagne.

• Malgré cela, le pèlerinage ne sera jamais interrompu ; au XVIIIe siècle, beaucoup de paroisses françaises ont une confrérie de Saint-Jacques, dont les membres ont été à Compostelle, ou s'engagent à y aller. Il s'agit également d'un siècle où se creuse le scepticisme dans la dévotion aux reliques et dans la croyance en un dieu.

• L'époque actuelle enfin…

LES ANNEES SAINTES

Il y a, pour l'Église catholique, année sainte à Saint-Jacques-de-Compostelle chaque fois que le 25 juillet, fête de saint Jacques Apôtre, tombe un dimanche. L'année jubilaire chrétienne a été instituée en 1300 par le pape Boniface VIII, selon une tradition de l'ancien testament, et est associée à une indulgence plénière au chrétien qui cette année-là visite les basiliques des apôtres Pierre et Paul à Rome.

Ce n'est qu'en 1428 que l'on trouve trace de la première année sainte compostellane historiquement attestée. Les dernières années saintes compostellanes ont été célébrées en 1993 et 1999. L'événement se reproduit suivant le rythme 6, 5, 6 et 11 ans. Après 2004, les prochaines années saintes jacquaires seront 2010 et 2021.

Le 31 décembre qui précède chaque année sainte, l'archevêque de Compostelle ouvre la Porte du Pardon de sa cathédrale, également appelée Porte sainte, à l'aide d'un marteau d'argent conservé dans le trésor. Les grâces spirituelles traditionnellement liées aux pèlerinages de l'année sainte, ainsi qu'à une prière, une confession et une communion sur les lieux, concernent d'une part une indulgence plénière pour des défunts, d'autre part des absolutions de censure, des remises de vœux et certaines facilités pour les prêtres pendant le pèlerinage.

LE RENOUVEAU DE NOTRE TEMPS

L'époque actuelle connaît un incontestable renouveau du Chemin. L'Espagne et la France se couvrent d'année en année d'auberges ou de gîtes pour pèlerins, version contemporaine des hôpitaux de Saint-Jacques. Que de changements en un demi-siècle, depuis le temps où l'abbé Henry Branthomme, rejoint plus tard par René de la Coste-Messelière, redécouvraient ces chemins mythiques. Puis ce fut au tour de l'abbé Georges Bernès, à compte d'auteur, ensuite de Louis Laborde-Balen, Georges Véron et Rob Day de composer les premiers guides pratiques pour un public sans cesse élargi.

Les motivations, bien sûr, sans vraiment changer, ont évolué. D'abord, à côté des purs marcheurs de la foi, il y a ceux qui s'intéressent à l'histoire, aux monuments, qui cherchent par la marche, en mettant leurs pas dans ceux des marcheurs de jadis, à s'identifier à une longue histoire humaine… Moins loin qu'ils ne le croient d'ailleurs, dans cette quête du ressourcement, de l'esprit des pèlerins…

Pour le jacquet aussi, les motivations ont évolué. Le jacques médiéval marchait parce que tout le monde marchait à son époque. Sans doute se félicitait-il du mérite d'une longue souffrance volontairement endurée. Mais s'il avait pu se payer un cheval, comme les seigneurs, il l'aurait fait, pour arriver plus vite et toucher plus vite de ses mains le mur désiré, derrière lequel étaient les ossements sacrés, dispensateurs de grâces. Et il aurait été terriblement déçu et meurtri au plus profond de son cœur si un historien lui avait alors expliqué que ce n'était peut-être là qu'un mythe, mais que ça n'avait pas d'importance, car ce qui comptait, c'était l'intention, et l'esprit… Aujourd'hui au contraire, où paradoxalement, les amis du sanctuaire n'ont peut-être jamais été aussi près de démontrer la réalité historique d'une tradition souvent mise en doute, ce n'est point un ossement, si vénérable et si unique soit-il, qui fait pour le croyant la valeur d'une prière, mais bien une communion d'esprit. Et pour le simple pèlerin de l'art et de l'histoire, l'humble ermitage roman aperçu au détour du chemin est souvent plus émouvante que tous les ors baroques d'une grande cathédrale. Mais pour tous, hier comme aujourd'hui, le Chemin de Saint-Jacques reste le même…

CONSEILS PRATIQUES

Faire le chemin vers Compostelle ne s'improvise ni intellectuellement, ni physiquement.

L'organisation de son pèlerinage, de son voyage, ou encore de sa pérégrination ou de son cheminement, de son odyssée, au Moyen Age comme aujourd'hui, est le fait de chacun. Les étapes conseillées ont un caractère strictement indicatif. Le pèlerinage en effet n'a jamais répondu et ne répondra jamais à aucune règle écrite. Le chemin est avant tout un espace de liberté ! Il n'y a pas de Conseil mais autant de conseils que d'individus : il faut en toute chose savoir s'adapter aux exigences de son propre corps (alimentation, équipement, rythme, soins, précautions diverses…).

ÉQUIPEMENTS INDIVIDUELS	VÊTEMENTS	ÉLÉMENTS DE CONFORT	NOURRITURE HYGIÈNE
Sac à dos de 45 à 60 litres environ adapté à sa morphologie	Préférer les vêtements en coton. Fibres conseillées	Sacs et pochettes de protection des documents, des linges, grand sac poubelle pour le sac à dos en cas de pluie	Avoir toujours un minimum de ravitaillement sur soi pour les chutes d'énergie et pique-niques
Duvet ou sac de couchage Matelas de mousse ou autogonflant pour le cas où…	Prévoir des sous-vêtements, tee shirts et chemisettes en double ou triple	Boules *Quiés*, carte bancaire, carte de téléphone	Produits énergétiques : fruits secs, pâtes de fruits, barres de céréales, chocolat (attention : ce dernier fond)…
Votre nécessaire de toilette allégé, trousse et serviette, pinces à linge	Trois paires de chaussettes non fantaisistes, 1 ou 2 pantalons, 2 bermudas	Lunettes de soleil, crèmes hydratante et solaire, pour soins des pieds et tendinites	Gel douche shampoing, mouchoirs en papier, rasoir mécanique, lessive, papier hygiénique
Gourde, gamelle	Chapeau ou bob	Parapluie pliable	Toujours de l'eau sur soi
Boîte étanche pour les aliments, allumettes ou briquet	1 paire de chaussure de marche et 1 paire de chaussure de repos type nu-pieds	Journaux pour assécher l'humidité des chaussures	Sacs plastique pour ramasser vos déchets
Lampe électrique, de poche ou frontale, couteau multi-usages, cartes, porte-carte, boussole, guide pratique	Veste (goretex), cape de pluie et coupe-vent, pull chaud ou veste polaire	Carnet pour croquis ou journal, crayon, 1 livre de poche, appareil photo jetable, petit dictionnaire	A vous d'adapter !
Bâton ferré de marche pour prendre appui ou repousser un chien entreprenant !	Selon la saison : gants, écharpe, pyjama	Nécessaire pour soin des égratignures, petites blessures, ampoules	Ne jamais oublier de contribuer à la protection de l'environnement

Les conseils d'un ancien

Votre chargement ne doit pas dépasser le cinquième de votre poids. Charger le sac à dos en commençant par le plus lourd de sorte que le poids soit réparti à 60 % sur les hanches et à 40 % sur les épaules.
Il faut faire et défaire son sac plusieurs fois afin de mémoriser le contenu et la place des affaires.
Les chaussures doivent être éprouvées.
Pour les néophytes : le corps doit être préparé par des marches d'entraînement.
Éviter absolument de jeter au hasard vos déchets : on ne répétera jamais assez que la terre vous est prêtée par vos enfants. Éviter aussi les nuisances sonores de toute espèce… Le téléphone portable, bien qu'utile ange gardien, est à utiliser avec discernement. Il est préférable de le bannir. Préférez une télécarte ou la carte France Télécom qui permet d'imputer le montant de vos communications sur votre facture habituelle (renseignements au 0 800 202 202 ou www.agence.francetelecom.com).

Prix et budget

Le budget est variable en fonction de vos besoins, de vos moyens, de la durée de votre pérégrination. Les prix signalés dans les rubriques "renseignements pratiques" ont été indiqués par les organismes publics, privés, les associations jacquaires locales et les hébergeurs au printemps 2005. Ils sont indicatifs, non contractuels et suscepti-

bles d'évolution sans préavis. Ils n'engagent ni la responsabilité des hébergeurs, ni celle des auteurs et des éditeurs.
Les refuges, auberges pour pèlerins, peuvent être classées en deux catégories :
- municipales ou associatives, dans ce cas la plupart du temps le *donativo*, participation libre, est pratiqué, nous traduisons cela par "participation obligatoire" car il s'agit de contribuer à l'entretien et au maintien du lieu en fonction de ses moyens ;
- privées, dans ce cas un tarif à la nuit est fixé.
Pour éviter tout souci d'ordre monétaire, mieux vaut ne pas avoir trop d'argent liquide sur soi et surtout ne pas le laisser dans le sac à dos. Il est préférable d'utiliser une carte de crédit et de retirer régulièrement de petites sommes. Souvent, les villages et les villes traversés disposent de guichets automatiques.
En général, les cheminants trouveront peu d'ustensiles de cuisine à leur disposition, peut-être pour les inciter à aller manger au restaurant du coin et ainsi irriguer économiquement tous les acteurs du chemin ! Alors, si vous voyez que le refuge dispose d'un coin cuisine, n'oubliez pas votre gamelle…

Eau potable

Sur le Camino Francès, vous n'aurez aucune difficulté à trouver ce bien très précieux qu'est l'eau. En effet, les fontaines se répartissent sur le chemin (référencées dans le descriptif du sentier). Il ne vous restera plus qu'à vous équiper en circonstance, d'une gourde et d'une coquille ! Il pourra même vous arriver (hélas !) de rencontrer des fontaines à soda !

Bivouac et camping

Le bivouac ou le camping sauvage sont interdits en Espagne. Cependant, une courtoise autorisation d'un propriétaire et le respect des lieux par le pèlerin peuvent rendre possible cette pratique. Les adeptes du camping savent que l'équipement idéal est constitué d'une gamelle, d'un réchaud et d'une tente d'un poids maximum de 3 kg… ce qui génère tout de même une surcharge. Les gîtes espagnols sont nombreux et peu chers : il est donc souvent inutile de s'encombrer du poids d'un matériel de camping.

DES DOCUMENTS…

Un tampon, obligatoire à chaque étape, apposé sur votre créanciale ou sur votre crédencial, par le prêtre, la mairie, l'office de tourisme, l'hébergeur, la gendarmerie ou la Guardia Civil atteste de votre qualité de pèlerin ou de cheminant sur la route vers Saint-Jacques-de-Compostelle et de votre passage dans une des haltes. Ces deux documents (communément appelés passeport du pèlerin), qui sont une recommandation de l'organisme qui vous les a délivrés, vous ouvrent à un devoir de respect et de tolérance. Ils constituent également un appréciable souvenir. Les conditions de délivrance sont variables.

La **créanciale,** dans la tradition du pèlerinage vers Compostelle, est une accréditation délivrée à celui qui accomplit le pèlerinage afin d'authentifier sa motivation spirituelle. En France, elle est délivrée gratuitement par un représentant de l'Église après un entretien, "occasion d'un dialogue fraternel" et "signe d'un accueil confiant et réciproque". Il n'est pas nécessaire d'être chrétien pour l'obtenir. S'adresser au prêtre de votre paroisse ou contacter l'évêché de votre diocèse, tous très inégalement informés et impliqués. Elle permet l'accès aux *albergues* en Espagne. Ne décevez pas la confiance que l'on vous porte.

La **crédencial,** délivrée par des associations laïques ou par des offices de tourisme, est un document analogue. Elle invite à la rencontre et au respect de l'hôte. Elle recommande le cheminant auprès de tous ceux qu'il rencontrera au long de sa pérégrination. Elle n'ouvre aucun droit particulier. Elle permet toutefois l'accès aux *albergues* en Espagne.
Pour se la procurer : voir avec l'Association de Coopération Interrégionale.

La **compostella.** Instauré au XIVe siècle, ce certificat officiel, rédigé en langue latine et délivré par le Bureau des Pèlerins de la cathédrale de Compostelle, symbolise l'accomplissement du pèlerinage. Il est réservé à ceux qui ont accompli le pèlerinage dans une démarche religieuse ou spirituelle. On ne peut l'obtenir qu'à la condition d'avoir parcouru au moins 100 km à pied ou 200 km à cheval ou à vélo. Un document analogue mais laïque est délivré par le même bureau pour toute autre motivation.

En cas d'accident ou de maladie
Pour les Français, soyez munis de votre carte vitale et du certificat provisoire de remplacement de la Carte Européenne d'Assurance Maladie (C.E.A.M.). Cette attestation, valable trois mois, remplace le formulaire E111 F de la Sécurité Sociale et se substitue à la future C.E.A.M. (qui sera valable un an). Elle atteste de vos droits aux prestations et vous dispense de l'avancement de certains frais. À demander auprès de votre Caisse d'Assurance Maladie. N'oubliez pas également de vous assurer au cas où vous nécessiteriez d'un éventuel rapatriement.
De même, n'oubliez pas vos papiers d'identité, votre carte de rhésus sanguin, votre carte de mutuelle.

LA SIGNALÉTIQUE

En Espagne, il vous sera difficile de vous perdre ! Balisé grâce à différentes signalisations, l'itinéraire n'a que très peu évolué depuis son émergence contemporaine. Trois grands type de balises peuvent êtres répertoriés.

Le sentier de Grande Randonnée n° 65 ("Los Sendores de Gran Recorrido")
Ils répondent aux normes nationales d'homologation exigées par la Fédération Espagnole de Sport en Montagne et d'Escalade (F.E.D.M.E.). Premier itinéraire GR vers Saint-Jacques-de-Compostelle, il a été ouvert en France dès les années 1975. Il dessine un sentier dans toute sa linéarité, du Puy-en-Velay à Santiago de Compostela.

 Bonne direction

 Tourner à gauche

 Tourner à droite

 Mauvaise direction

La flèche jaune
La principale et la plus usitée des signalisations pour orienter le cheminant. Elle se trouve tout au long du chemin, apposée sur des pierres, des troncs d'arbres, sur les murs des maisons de villages.

Le logo de l'Itinéraire Culturel du Conseil de l'Europe

Vous trouverez également une coquille stylisée jaune sur fond bleu accompagnée ou pas de la mention "Itinerary Cultural Europeo" : il s'agit là du signe de reconnaissance des Chemins de Saint-Jacques en tant qu'itinéraire culturel. D'utilisation courante en Espagne, ce signe est décliné sur des céramiques ou panonceaux.
Mais attention : ce logo a été conçu comme un logo positionnel, assurant la liaison entre l'identité d'un terroir et l'universalité européenne, et non directionnel. Il est malheureusement souvent utilisé pour indiquer une direction, ce qui ne manque pas de générer désordre et confusion, incohérence et cacophonie visuelle, chacun l'interprétant librement.

PERIODES FAVORABLES

L'itinéraire est praticable toute l'année. Cependant, la traversée des Pyrénées est plus délicate, voire impossible, de la Toussaint à Pâques. On remarquera aussi que, vu la distance kilométrique effectuée, on traverse des zones climatiques distinctes. Alors que le climat au Pays basque reste fluctuant (écarts de température importants), l'Espagne du centre est dotée d'un climat doux (tempéré et sec) et continental (sec en été, froid/pluvieux en hiver), et qu'enfin l'atmosphère de la Galice ressemble à s'y tromper à celle de la Bretagne.
Si l'absence de contraintes parentale ou professionnelle vous le permet, évitez le mois d'août, ses fortes chaleurs et ses orages ; le printemps et l'automne semblent plus judicieux : il y a moins de touristes, moins de fréquentation, moins de circulation, moins de problèmes d'hébergement.

Si vous effectuez la totalité du pèlerinage et souhaitez atteindre Santiago, sachez qu'une date motive de nombreux cheminants : le 25 juillet, jour de la saint Jacques. Il faut partir très tôt le matin, se reposer au frais pendant les heures torrides de l'après-midi, ne pas oublier les principes élémentaires d'hygiène, d'hydratation, d'alimentation, de repos, si vous voulez arriver à Compostelle en bon état.

Il est donc tentant de partir au printemps, d'autant qu'en mai et en juin les jours s'allongent. Cependant, l'arrière-saison n'est pas toujours très belle dans le Sud-Ouest français et en Navarre : le temps peut être instable et les chemins boueux posent parfois des problèmes aux vététistes, et même aux marcheurs.

Statistiquement, septembre est un mois très favorable et l'ensemble de l'itinéraire connaît en général une superbe arrière-saison : c'est souvent la meilleure période pour faire le pèlerinage.

Bureau d'information météorologique de l'Institut National de Météorologie
www.inm.es - E-mail : webmaster@inm.es
Teletiempo : 807 170 365

DÉCOUPAGE DES ÉTAPES : A VOUS D'INVENTER VOTRE PROPRE ITINÉRAIRE

Les itinéraires vers Compostelle sont avant tout des chemins de liberté. Le découpage de l'itinéraire en tronçons et étapes n'est donné qu'à titre purement indicatif ; les haltes indiquées ne sont pas des arrêts obligatoires. Le découpage est à adapter en fonction de vos capacités physiques, de votre imagination et de vos désirs, de la disponibilité d'un hébergement pour le soir. À vous d'inventer votre propre itinéraire.

En somme, chacun fait comme il veut… ou comme il peut. Certains utilisant les refuges, d'autres dormant sous la tente, quelques-uns dans de confortables hôtels, il n'est pas toujours aisé de vous proposer des lieux de halte réunissant ces diverses formules et offrant, en plus, des possibilités de ravitaillement ou de restauration susceptibles de satisfaire toutes les exigences. Sachez simplement que ce chemin a été aménagé pour l'accueil des cheminants. Vous trouverez alors des refuges en quantité (en moyenne tous les 8 km). De quoi organiser l'itinéraire selon vos attentes !

Les capacités physiques des cheminants étant aussi différents que leurs habitudes, les uns effectueront à l'aise des étapes de 30 km, alors que d'autres se contenteront de 20.

Le mauvais temps, la canicule, un incident, des hébergements saturés, ne manqueront pas de perturber les prévisions les plus rigoureuses, c'est inévitable…

D'après les dires des cheminants, nous avons constaté que, dans le premier quart de l'itinéraire, la plupart d'entre eux suivent le découpage du livre, et qu'à partir de la mi-parcours pratiquement plus personne n'arrive à le respecter car, sans le vouloir, on se trouve soit en retard, soit en avance d'au moins une demie étape…

Quelques principes généraux, quelques évidences, demeurent cependant toujours valables :
- dans les parties montagneuses, il est préférable d'effectuer l'effort de la montée dans la fraîcheur de la matinée plutôt que lors de l'éventuelle fournaise de l'après-midi ;
- les étapes se terminant dans une ville importante ou dans une localité particulièrement riche sur le plan architectural devraient être assez courtes pour permettre des visites patrimoniales. La veille, il est donc judicieux de s'en approcher au maximum, quand cela est possible ;
- le rythme de marche a été calculé sur la base d'une progression de 4 km par heure. Ne pas oublier d'ajouter les indispensables moments d'arrêts au temps cumulé ;
- penser que lorsque le balisage est imparfait – ou l'attention distraite – le temps passé à revenir sur le bon itinéraire alourdit un peu plus les jambes.

HÉBERGEMENT ET RESTAURATION

Refuges publics, associatifs, spirituels, privés ; ou hôtels, pensions, chambres d'hôtes ; ou encore auberges de jeunesse, campings (ces derniers peu nombreux sur le Camino Francès) : l'offre est diverse. La fréquentation importante de cet itinéraire est une motivation pour les hébergeurs qui adaptent la qualité et le prix des prestations, et pour les communes qui créent des accueils adaptés.

Pour chaque étape, sous la rubrique "renseignements pratiques", vous trouverez un état jamais exhaustif des possibilités d'hébergement, de ravitaillement.

1 - Les refuges

Pour ceux qui auraient fréquenté les chemins de Saint-Jacques en France, les refuges en Espagne leur rappelleront les gîtes d'étapes : même hébergement collectif où il faut presque toujours apporter son sac de couchage, disposant de services simples comme un coin cuisine (attention : les ustensiles manquent souvent) et de sanitaires avec de l'eau chaude. Dépouillés et économiques, ils sont adaptés aux besoins du marcheur. Leur capacité est une notion quelque peu élastique : ils disposent en effet de lits, de matelas, voire de places au sol… Et, dans le cas où le refuge municipal serait complet, il n'est pas rare de voir des écoles ou des gymnases ouvrir leurs portes. Ces refuges sont **réservés aux pèlerins munis d'une crédencial** et qui effectuent le cheminement à pied, à vélo ou à cheval. Les réservations étant impossibles, les places disponibles sont alors accordées **en priorité aux marcheurs** et limitées à une seule nuit (sauf cas de force majeure).

L'automobiliste, même s'il est accompagnateur d'un groupe, dispose de suffisamment d'hôtels pour sa halte du soir. Parce qu'il lui est plus facile de se déplacer, il laissera courtoisement les places disponibles aux marcheurs fatigués !

Les *albergues* annotées dans le guide **refuges pèlerins** sont soit municipaux, soit associatifs. Bien que ne bénéficiant, pour une majeure partie, d'aucune subvention officielle, ils sont le plus souvent gratuits. Mais, pour garantir leur entretien, il est demandé à chacun de laisser une participation financière (estimé au minimum à 3 euros), que nous avons souligné ici par la mention "Participation Obligatoire" ou P. O. Cependant, les dérives s'accentuant, certains se sont vus dans l'obligation d'imposer un tarif variant de 3 à 5 euros pour une nuit.

Les **refuges privés,** quant à eux, se font de plus en plus nombreux. Ils fixent un tarif pour les nuitées (en moyenne 8 euros). Ils proposent, en général, les mêmes services que ses homologues.

2 - Les hôtels

Si les refuges sont une sorte de maison secondaire pour le cheminant, les hôtels sont à la fois une alternative (pour les plus fatigués) et une soupape de sécurité en cas de sur-fréquentation des refuges. Leur classification est un peu plus compliquée qu'en France, mais analogue. Pour aller du plus luxueux au plus modeste, on distingue :
- Hôtel (H) et hôtel résidentiel (HR)
- Hostal (Hs) et hostal residencia (Hrs)
- Pension (P) et fonda (F)

En haut de l'échelle, les paradors constituent une exception luxueuse : réseau hôtelier, concernant toute l'Espagne et appartenant à l'Etat, ils sont situés dans un cadre exceptionnel, voire dans d'anciens hospices pour pèlerins comme à Santo Domingo de la Calzada, León ou Santiago. Centrale de réservation : 915 166 666, www.parador.es ; hôtels ruraux de Navarre : www.hotelesruralesnavarra.es.

3 - Les hébergements de tourisme rural

Tout aussi subtils que les hôtels, ces hébergements disposent de différentes classifications. On retiendra, pour l'essentiel :
- Casa Rural : ce sont soit des CRA (gîtes de séjour), soit des CRAC (chambres d'hôtes) ;
- Centro de Turismo Rural (CTR) : ce sont des centres de tourisme proposant hébergement et loisir ;
- Posada : situés dans des édifices ayant une valeur architecturale, culturelle, historique.

4 - Les auberges de jeunesse

Peu nombreuses sur le Camino Francés, une carte est obligatoire pour accéder à ces hébergements. Vous pouvez l'acquérir en France ou en Espagne :
- La carte FUAJ internationale est valable dans 62 pays ; renseignements auprès de la Fédération Unies des Auberges de Jeunesse (www.fuaj.org) ;
- La Red Espanola de Albergues Juveniles ; réservation possible avant le départ (www.hostelling.com ou www.reaj.com).

5 - Les campings

Ils sont tout aussi rares que les auberges de jeunesse et pratiquent des tarifs généralement plus élevés que les refuges. Pour tous renseignements : Fédéración Española de Camping y Ciudades de Vacaciones – San Bernardo, 97-99, 3°, puerta C-B. Edificio Colominas – ES-28015 Madrid – Tél. : 914 481 234

ABRÉVIATIONS

AJ	Auberge de Jeunesse
AP	accueil du public
ch.	chambres
CO	crédencial obligatoire
Commerces, services	selon les cas, boulangerie, épicerie, supermarché
CR	Casa Rural (chambre d'hôte)
CTR	Centre de Tourisme Rural
empl.	emplacement
GV	garage à vélo
H	Hôtel
HC	hors chemin
Médecin	professionnel ou une assistance médicale
OT	office de tourisme
/p.	par personne
/2 p.	pour deux personnes
P	Pension
pdj	petit-déjeuner
pk ou bk	point kilométrique
PO	participation obligatoire
poss.	possibilité
Refuge pèlerin	gestion municipale, gouvernementale ou associative
Refuge privé	gestion par un particulier
tente	tarif pour pèlerins équipés d'une tente
€	euros

CONSEILS AUX CYCLISTES

Sur les chemins, les marcheurs ont en toute circonstance la priorité. La prudence, la courtoisie, le respect des autres sont indispensables pour éviter les incidents et les accidents. C'est à vous, cyclistes, de signaler votre approche par un avertissement sonore… qui ne vous donne pas la priorité.

De toute façon, avant d'attaquer l'étape, il conviendra de bien étudier la carte et la description de l'étape pour simplifier votre itinéraire. L'ensemble de celui-ci ne peut être parcouru que par un vététiste. Le cyclotouriste circule sur les routes voisines du sentier, traverse les communes-haltes. Réduisez le parcours à l'essentiel en laissant aux marcheurs les sentiers.

Vous choisirez votre matériel en fonction d'un itinéraire constitué tour à tour de sentiers de terre, de routes goudronnées, de raidillons ravinés, de pistes cyclables.

Le vélo qui convient est un hybride : le VTC doté de sacoches fixées sur le porte bagage (de préférence à un sac à dos) et d'un système d'éclairage, trousse de réparation munie d'un matériel adéquat. Pour vous : gants et casque, cuissard cycliste, short ou flottant… l'équipement classique d'un cyclotouriste ou d'un vététiste.

Conseil sur le choix du matériel, un équipement adapté, le retour du vélo auprès d'un magasin de cycle ou auprès de :

Fédération Française de Cyclotourisme
12, rue Louis-Bertrand
FR 94207 IVRY-SUR-SEINE CEDEX
Tél. : + 33 (0)1 56 20 88 88
Télécopie : + 33 (0)1 56 20 88 99
Minitel : 36 15 VELO
         36 15 FFCT
         36 15 VTT
E-mail : info@ffct.org
Site internet : http://www.ffct.org

Association des Amis de Saint-Jacques en Belgique
Chemin des Ajoncs, 2 – BE-5100 Wepion
Site : www.st-jacques.ws
Le retour des vélos de Compostelle peut être assuré par M. Mathieu, en camionnette. Tél. : +32 (0) 4 263 80 09 ou (0) 4 85 60 03 84. À contacter avant le départ pour connaître l'adresse du local de stockage à Compostelle et préciser les conditions et la date du retour. Service complémentaire : l'association se propose d'apporter votre vélo au départ de votre pérégrination.

Mundicamino
Vente et location de vélos, livraison où vous le désirez sur le chemin, service de retour et de transport de vélos : mundicamino@mundicamino.com

En France, comme à l'étranger, les associations qui se mobilisent pour les cyclistes sont de plus en plus nombreuses et compétentes. Vous pouvez ainsi vous adresser à elles pour obtenir des propositions d'itinéraires, des conseils, voire des services spécifiques.
Mais attention, un problème est récurrent en Espagne : **le retour des vélos !**
Entre *Iberrail* qui ne prend pas les vélos, les trains grandes lignes qui n'acceptent que les vélos démontés et emballés (dans une housse !), et les trains régionaux qui acceptent les vélos "en accompagnement" mais vous obligent à de nombreuses correspondances, partir de Compostelle avec son vélo n'est pas une mince affaire… À vous de préparer votre retour… Une condition vous sera systématiquement demandée : laver et emballer votre vélo pour son transport.

CARTOGRAPHIE

Autant en territoire français le pèlerin peut improviser son itinéraire hors des chemins balisés en utilisant des cartes au 1/100 000 et, mieux, des cartes au 1/25 000, autant la frontière franchie le pèlerin a tout intérêt à suivre au mieux les balises du Chemin. En Espagne, peu de cartes topographiques au 1/25 000 (1 cm = 250 m) ; elles sont plutôt réussies quand elles existent… mais elles sont rares. Les feuilles au 1/50 000 (1 cm = 500 m) sont généralement très anciennes, et d'aucune utilité. Restent les cartes dites "routières", les plus répandues étant ou à l'échelle 1/200 000 (1 cm = 2 km), ou à l'échelle 1/250 000 (1 cm = 2,5 km). Pour l'établissement des cartes schématiques inclues dans cet ouvrage, nous nous sommes basés sur les feuilles au 1/200 000 établies par l'IGN espagnol (série *Mapa Provincial*), de préférence aux coupures au 1/250 000 éditées par Geo Estel, pourtant plus récentes.
Vous pouvez être amenés à consulter les feuilles suivantes : Navarra (étapes 1 à 7), La Rioja (étapes 8 à 10), Burgos (étapes 11 à 14), Palencia (étapes 15 à 18), León (étapes 19 à 26), Lugo (étapes 27 à 30) et La Coruña (étapes 31 à 33).
Les cartes intégrées au guide se lisent de bas en haut afin de ne poser aucun problème de latéralisation ; elles ne prétendent aucunement à la précision, leur fonction étant de permettre la visualisation des divers hameaux, villages, villes et points hauts traversés, leur articulation et leur chronologie.

UNE ÉTHIQUE DU CHEMIN

Bien plus que de simples routes touristiques, les chemins menant vers Compostelle ne sont pas simplement destinés à satisfaire notre appétit de consommateur de produits ou de séjours branchés et bons marchés, dans un "goût" ou folklore moyenâgeux. Il y a une multitude d'autres itinéraires possibles ou des clubs faits pour la performance sportive ou le loisir.
Ici, place aux adeptes de la simplicité, du sourire, de la recherche spirituelle et de la curiosité d'esprit.
Les motivations des cheminants d'aujourd'hui sont diverses : identifiées à une croyance religieuse établie, ou expression d'une quête spirituelle, ou encore nécessité d'un ressourcement. S'exprime aussi bien le besoin d'un autre rythme de vie, une recherche de racines communes ("mettre ses pas dans les pas…"), de liens et de rencontres avec nos semblables, ou un effort sur soi pour parfaire son identité, mais aussi une curiosité culturelle pour le patrimoine et l'histoire…
Mais, pour tous ces "pèlerins" d'aujourd'hui, le fait de s'engager dans un périple au long cours exprime un choix qui marque une rupture avec la vie dite ordinaire. Ce choix entraîne l'abandon provisoire du cadre de vie habituel et de ses repères. Il permet aux itinérants de vivre des situations nouvelles : découverte de personnes, de modes de vie différents, besoin de trouver un nouvel hébergement chaque soir. Tolérance et respect mutuel sont donc indispensables aussi bien pour les cheminants que pour les hébergeurs. Il s'agit éga-

lement de préserver "l'esprit du chemin" contre des dérives de plus en plus nombreuses, souvent impliquées par la mise en marché des chemins vers Compostelle.
Pour paraphraser les normes d'usage éditées par la Fédération Espagnole des Amis de Saint-Jacques et annotées le plus souvent sur les crédencials : *"Les pèlerins doivent accepter de bon cœur ce qui leur est offert, sachant que c'est toujours le fruit désintéressé de nombreuses personnes à leur égard. À tout moment, se comporter avec courtoisie, aider à maintenir les installations propres et en bon état de fonctionnement, en pensant à ceux qui viendront après soi."*

Association de Coopération Interrégionale

Les chemins de Saint-Jacques de Compostelle

Elle regroupe des collectivités locales, des offices de tourisme, des associations et des particuliers qui ont décidé d'œuvrer en commun pour la revitalisation des chemins vers Compostelle. Elle agit sous l'égide du Conseil de l'Europe et de l'UNESCO, afin de promouvoir ces patrimoines au titre de leurs reconnaissances contemporaines : l'Itinéraire Culturel du Conseil de l'Europe et le Patrimoine Mondial.

L'Association, fondée en 1990, est soutenue par les Régions Midi-Pyrénées, Aquitaine et Languedoc-Roussillon ainsi que par la Ville de Toulouse.

Son action de revitalisation des itinéraires et de mise en valeur du patrimoine se concrétise par un programme d'information des publics et d'édition, par une activité de conseil aux collectivités locales et aux porteurs de projets, par le soutien ou l'organisation de manifestations culturelles et des colloques, par la promotion d'actions artistiques ou pédagogiques. Elle conduit également des actions de formation des prestataires de l'accueil. Elle s'est fortement impliquée en faveur de l'inscription des chemins de Compostelle en France sur la liste du Patrimoine Mondial de l'UNESCO. Soucieuse de promouvoir les valeurs humaines de tolérance, de solidarité et d'hospitalité liées aux itinéraires vers Compostelle, elle s'applique à la prise en compte et à la vulgarisation des connaissances les plus récentes sur les pèlerinages et les itinérances d'aujourd'hui, spirituelle, culturelle, touristique ou sportive.

Président : **Marc Carballido**
Président fondateur : **Marc Censi**
Directrice : **Antoinette Mayol**
Renseignements pour cheminants :
Catherine Weber
4, rue Clémence Isaure
FR 31000 Toulouse (métro Esquirol)
Tél. :+ 33 (0)5 62 27 00 05
Télécopie : + 33 (0)5 62 27 12 40
E-mail :
chemins.de.compostelle@wanadoo.fr
Site internet :
http://www.chemins-compostelle.com

Ouvert toute l'année du lundi au vendredi de 9h à 12h et de 14h à 18h, 17h le vendredi, sauf week-end, jours fériés
- Bulletin d'informations trimestriel Chemins…
- Documentation gratuite
- Agenda culturel et programmation culturelle régulière
- Vente d'affiches sur les monuments majeurs des itinéraires inscrits au Patrimoine Mondial
- Vente de la crédencial

Vos réflexions sur l'itinéraire, vos remarques sur les éventuelles erreurs de ce guide peuvent lui être communiquées pour le bénéfice des autres cheminants et dans la perspective d'une nouvelle édition.

QUI ? QUOI ? OÙ ?

Si vous voulez échanger avec d'anciens cheminants, vous préparer et ne pas marcher seul… contactez les Associations Amis de Saint-Jacques.
Si vous voulez assister à des animations, à des conférences, à des spectacles… consultez le site internet :
http://www.chemins-compostelle.com

À noter : en général, les offices de tourisme en Espagne ouvrent l'après-midi de 17 h à 19 h 30.

1 - Pour l'Espagne :
Office National Espagnol du Tourisme :
43, rue Decamps – FR-75119 Paris
(métro : Rue de la Pompe)
Tél. : 01 45 03 82 50
Site : www.espagne.infotourisme.com

Instituto de Turismo de España – Turespaña :
Calle Jose Lazaro Galdiano, 6
ES-28036 Madrid
Tél. : 91 343 3500
Site : www.tourspain.es ou www.spain.info
E-mail : infoweb@spain.info

2 - Pour les gouvernements autonomes :
Consorcio Turistico del Pirineo Navarro : casa del Valle de Aezkoa, 948 764 326, www.pirineonavarro.org

Gobierno de Navarra – Servivio de Turismo :
Parque de Tomás Caballero, 1-4
Edificio "Fuerte del Principe II"
ES-31005 Pamplona
Tél. : 848 420 420
www.cfnavarra.es
Numéro renseignements pèlerins : 848 420 420

Gobierno de La Rioja :
www.larioja.org/turismo

Castilla y León :
www.turismocastillayleon.com
ou www.jcyl.es/turismo
Tél. : 902 20 30 30

Galicia :
Turgalicia – Estrada Santiago
Noia, km 3 (A Barcia)
ES-15896 Santiago de Compostela
Tél. : 902 200 432
Site : www.turgalicia.es

Les associations réunissent les usagers des chemins vers Compostelle, des particuliers, anciens ou futurs cheminants. Leurs orientations sont diverses : religieuse ou culturelle, privilégiant tantôt l'activité de recherche historique locale, tantôt l'accueil.

Certaines associations participent à l'entretien et au balisage des sentiers conjointement avec les associations de randonnée. Elles proposent des rencontres ou organisent des journées de marche.
Très nombreuses, nous présenterons ci-dessous celles qui disposent principalement d'un site internet.

1/ Navarra : **Asociación Amigos del Camino de Santiago en Navarra**
Apartado de Correos 4020
ES-31080 Pamplona
Site : www.gratisweb.com/caminodesantiago
E-mail : caminodesantiago@latinmail.com

2/ La Rioja : **Asociacion de Amigos del Camino de Santiago de la Rioja**
Calle Rúa Vieja, 32 - ES-26001 Logroño
Tél. : 941 260 234
Site : www.asantiago.org

3/ Castilla y Leon
Burgos : **Asociacion de Amigos del Camino de Santiago en Burgos**
Calle Santander, 13,2° (apartado 331)
ES - 09004 Burgos - Tel/Fax : 947 268 386
Site : www.caminosantiagoburgos.com
E-mail : asociacion@caminosantiagoburgos.com

Palencia : **Asociacion de Amigos del Camino de Santiago de Palencia y Centro de Estudios y Documentacion del Camino de Santiago**
Real Monasterio de San Zoilo (apartado 4)
ES-34120 Carrion de los Condes
Tél/Fax : 979 880 902
Site : www.bibliotecajacobea.org
E-mail : info@bibliotecajacobea.org

León : **Asociación de Amigos del Camino de Santiago del Bierzo**
Calle Gil y Carrasco 4, interior
ES-244000 – Ponferrada
Tél. : 987 411 978 - 987 404 532

4/ Galicia :
Lugo : **Asociación de Amigos del Camino de Santiago de Lugo**
Hospital Santa María
Pabellón 4 Calle Chantada
ES-27004 Lugo
Site : www.lugocamino.com

A Coruna : **Asociación Galega de Amigos de los Caminos de Santiago**
Calle Costa Nova, 55
ES-15705 Santiago de Compostela
Site : www.amigosdelcamino.com
ou www.amigosdocaminho.com

5/ Finisterre : **Asociacion Neria**
Calle Buenaventura Castro Rial s/n
ES-15270 – Tél. : 981 706 028
Site : www.neria.es

AUTRES INFORMATIONS UTILES

Quelques associations de référence

Federacion de Asociaciones de Amigos del Camino de Santiago en Espana
Calle Ruavieja 3, bajo – 26001 Logroño
Tél. : 941 245 674 – Fax : 941 247 571
Site : www.caminosantiago.org
E-mail : caminosantiago@caminosantiago.org

Arzobispado de Santiago de Compostela
Plaza de la Inmaculada, 1
ES-15704 Santiago de Compostela
Tél. : 981 572 300
Site : www.archicompostela.org

Le téléphone en Espagne

Vous téléphonez de France vers l'Espagne ? Pensez à ajouter l'indicatif : + 00 34
Vous téléphonez d'Espagne vers la France ? Pensez à ajouter l'indicatif : + 00 33
Vous recherchez un numéro ? Consultez les pages jaunes http://amarillas.paginasamarillas.es/

Le portage de bagage

De Saint-Jean-Pied-de-Port à Logroño, 8 € par sac et par étape, possibilité de tarif de groupe. Transport de personnes : de Saint-Jean-Pied-de-Port à Roncevaux. 8 places, 9 €/pers.
Horaires et disponibilités, se renseigner :
Express Bourricot
Caroline Aphessetche
Route de Saint-Michel
64220 ÇARO
Tél. : 06 61 96 04 76

Mundicamino : à partir de juin 2004 et pour tout le long du chemin pour environ 3 à 6 €/étape, renseignements :
www.mundicamino.com

L'aller et le retour

1/ En train
SNCF : Informations/ réservations : 36 35
Site : www.voyages-sncf.fr
Remarque : tous les trains s'arrêtent au moins à Bayonne, Irun, et pour certains Saint-Jean-de-Luz, Hendaye et Burgos.
En Pays basque, les principales lignes du réseau (Bayonne – Saint-Jean-Pied-de-Port et Dax-Hendaye) sont en TER, renseignements : www.ter.sncf.fr
Iberrail France : 57, rue de la Chaussée-d'Antin – FR-75009 Paris
Tél. : 01 40 82 63 64
Numéro indigo pour la province :
08 25 07 92 00
Site : www.alandalusexpreso.com
Renfe : avenida de Lugo
ES-15704 Santiago de Compostela
Tél. : 981 520 202 – Site : www.renfe.es

2/ En bus
La Montanesa : calle Altzutzate 7, Pol. Industrial Areta – ES-31620 Huarte-Pamplona – Tél. : 948 330 581
wwww.lamontanesa.com
Eurolines : 55, rue Saint-Jacques
FR-75005 Paris – Tél. : 01 43 54 80 58
ou 08 36 69 52 52 – Site : www.eurolines.fr
Alsa : numéro renseignement aux voyageurs : 902 422 242 – Site : www.alsa.es

3/ En avion
Air France :
119, avenue des Champs-Elysées
FR-75008 Paris – Tél. : 0820 820 820
Site : www.airfrance.fr
Iberia :
Tél. : 0 820 075 075 – Site : www.iberia.fr
Spanair : 4, rue du Faubourg-Montmartre
FR-75009 Paris – Tél. : 0825 018 103
Site : www.spanair.fr
Tous les aéroports en Espagne sur :
www.aena.es

Les services religieux

Les horaires des messes sont disponibles sur le site : www.jacobeo.net

		Distance	Marche	Total km
1ère étape	Saint-Jean-Pied-de-Port → Roncesvalles	26,5	7h15	26,5
2ème étape	Roncesvalles → Larrasoaña	27,0	7h00	53,5
3ème étape	Larrasoaña → Pamplona → Cizur Menor	19,7	5h00	73,2
4ème étape	Cizur Menor → Puente la Reina	19,0	4h45	92,2
5ème étape	Puente la Reina → Estella	22,9	5h45	115,1
6ème étape	Estella → Los Arcos	20,6	5h15	135,7
7ème étape	Los Arcos → Viana → Logroño	28,8	7h15	164,5
8ème étape	Logroño → Nájera	28,2	7h30	192,7
9ème étape	Nájera → S. Domingo de la Calzada	21,3	5h20	214,0
10ème étape	S. Domingo de la Calzada → Belorado	25,1	6h20	239,1
11ème étape	Belorado → San Juan de Ortega	24,4	6h10	263,5
12ème étape	San Juan de Ortega → Burgos	28,8	7h20	292,3
13ème étape	Burgos → Hornillos del Camino	19,1	5h00	311,4
14ème étape	Hornillos del Camino → Castrojeriz	19,7	5h00	331,1
15ème étape	Castrojeriz → Frómista	26,1	6h40	357,2
16ème étape	Frómista → Carrión de los Condes	20,8	5h15	378,0
17ème étape	Carrión de los Condes → Calzadilla de la Cueza	16,8	4h15	394,8
18ème étape	Calzadilla de la Cueza → Sahagún	24,3	6h10	419,1
19ème étape	Sahagún → Mansilla de las Mulas	37,4	9h30	456,5
20ème étape	Mansilla de las Mulas → León	18,7	4h45	475,2
21ème étape	León → Hospital de Orbigo	36,0	9h00	511,2
22ème étape	Hospital de Orbigo → Astorga	16,5	4h10	527,7
23ème étape	Astorga → Rabanal del Camino	21,5	5h20	549,2
24ème étape	Rabanal del Camino → Molinaseca	25,9	6h45	575,1
25ème étape	Molinaseca → Villafranca del Bierzo	31,7	8h00	606,8
26ème étape	Villafranca del Bierzo → O Cebreiro	27,9	7h30	634,7
27ème étape	O Cebreiro → Triacastela	21,1	5h20	655,8
28ème étape	Triacastela → Sarria	18,5	4h45	674,3
29ème étape	Sarria → Portomarín	22,6	5h45	696,9
30ème étape	Portomarín → Palas de Rei	25,1	6h30	722,0
31ème étape	Palas de Rei → Arzúa	29,5	7h30	751,5
32ème étape	Arzúa → Lavacolla	29,6	7h30	781,1
33ème étape	Lavacolla → Santiago	10,2	2h45	791,3

26,5 km   7h15   **1ère étape**

Pèlerin près du col de Bentarte

Saint-Jean-Pied-de-Port
Roncesvalles

A CITÉ MÉDIÉVALE de Saint-Jean-Pied-de-Port et sa célèbre rue de la Citadelle aux pavés usés sont une invitation au départ ou une incitation à poursuivre le périple si l'on est déjà en Chemin. L'étape est dure, trop dure peut-être au goût du marcheur mal aguerri qui s'interroge et doute de ses forces en songeant aux jours à venir. Le franchissement des Pyrénées est un passage obligé, une épreuve tant physique que morale. Que de beauté et de fascination nous inspirent pourtant les paysages qui jalonnent cette ancienne voie romaine de Bordeaux à Astorga et qu'empruntaient déjà les pèlerins médiévaux ! Nous suivons un chemin historique et l'histoire de cette étape rejoint la légende… Celle de Roland et de son combat contre les Maures. Depuis le col d'Ibañeta où se dresse une "Durandal" enchâssée dans la pierre, le monastère de Roncevaux est en vue. Il abritait dès le XIIème siècle un hôpital pour les pèlerins ; le refuge de la collégiale perpétue aujourd'hui la tradition.

❀ RENSEIGNEMENTS PRATIQUES
✠ SAINT-JEAN-PIED-DE-PORT (64220)

→ Tous commerces, services, gare SNCF

→ OT, 14, pl. Charles-de-Gaulle, 05 59 37 03 57, www.paysdegarazi.com

→ Gîte Sous un Chemin d'Étoiles, 20 pl., nuitée 12 €/p., pdj compris, coin cuisine, laverie, 21, rue d'Espagne, M. Hitoute, 05 59 37 20 71

→ Gîte l'Esprit du Chemin, 18 pl., nuitée 10 €/p., 1/2 pension 21 €/p., pas de réservation, priorité marcheurs avec crédencial, salle à manger, ouvert du 01/04 au 30/09, 40, rue de la Citadelle, M. Cuppen, 05 59 37 24 68

➜ Accueil pèlerin au refuge municipal, 20 pl., nuitée 7 €/p., pdj compris (sauf pain), coin cuisine, laverie, dépannage épicerie, ouvert de mars à nov., 39, rue de la Citadelle, pas de réservation, 05 59 37 05 09

➜ Gîte d'étape et CH, 20 pl., dortoir 9 €/p., pdj 4,50 €, coin cuisine, CH 38 €/2 p., pdj compris, ouvert 15/03 à 31/10, 9, route d'Uhart, Mme Etchegoin, 05 59 37 12 08

➜ CH, nuitée 13 €/p., coin cuisine, 28, rue de la Citadelle, Mme Clery, 05 59 37 12 03

➜ CH Maison E. Bernat, 12 pl., prix pèlerin, 1/2 pension 39 €/pers., accès internet, 20, rue de la Citadelle, Mme Levitoute, 05 59 37 23 10

➜ CH, 15 pl., prix pèlerin, nuitée 15 €/p., pdj 5 €, 15, rue de la citadelle, Mme Camino, 05 59 37 05 83

➜ CH, 7 pl., prix pèlerin, 30 €/ 2p., 40 €/3 p., pdj compris, 28, av. Renaud (proche gare), Mme Lapeyre, 05 59 37 27 15

➜ CH, 8 pl., nuitée 26 €/p., pdj 4 €, 24, rue de la Citadelle, Mme Maïtia, 05 59 37 12 02

➜ CH, 16 pl., nuitée 24 €/p., pdj 4 €, ouvert du 15/05 au 15/10, 3, rue Sainte-Eulalie, M. Rusques, 05 59 37 14 35

➜ Camping municipal Plaza Berri, 50 empl., tente 3,50 €/p., ouvert du 01/04 au 31/10, av. du Fronton, mairie 05 59 37 11 19

➜ Camping l'Arradoy, 25 empl., tente 3,20 €/p., ouvert du 08/03 au 01/10, poss. gardiennage voiture 1,55 €/jour, 4, chemin de Zalicarte, M. Iribarne, 05 59 37 11 75

✤ UHART-CIZE (64220)

➜ Restaurant, hôtel, bar, médecin, alimentation

➜ Mairie, 05 59 37 16 06

➜ CH et gîte Moulin de Fargas*, 22 pl., prix pèlerin, 1/2 pension 32 €/p., coin cuisine, laverie, accueil équestre, acheminement poss., route d'Arnéguy, Mme Lory, 05 59 37 12 54

✤ SAINT-MICHEL, HOUNTTO (64220)

➜ Gîte et CH à la ferme Ithurburia, 20 pl., gîte 12 €/p., pdj 4,5 €, repas 15 €, CH 42 €/2 p., pdj compris, accueil équestre, laverie, Hountto, Mme Ourtiague, 05 59 37 11 17

➜ Gîte à la ferme Gaineko-Etxea, 10 pl., 15 €/p., pdj compris, 1/2 pension 20 €/p., coin cuisine, accueil équestre, Mme Harispe, 05 59 37 05 62

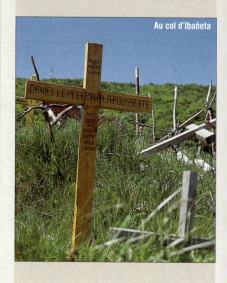
Au col d'Ibañeta

✤ ORISSON

➜ Refuge Orisson, 18 pl. (3 ch. de 6 pl.), nuitée 12 €, pdj 4 €, 1/2 pension 28 €, ouvert de début avril à fin octobre, restaurant ouvert midi et soir, Mme et M. Etchandy, 06 81 49 79 56, fax pour réservation : 05 59 49 16 54

➜ **Le gouvernement de Navarre met à disposition un numéro d'aide aux pèlerins sur sa région : 848 420 430 (espagnol et anglais parlé)**

✤ RONCESVALLES (ES-31650)

➜ OT, Antiguo Molino, 948 76 03 01, www.roncesvalles.es

➜ Restauration, banque, cars

➜ Refuge à la collégiale, 100 pl. (20 pl. en hiver), CO, 5 €, pas de cuisine, salle commune, douches, eau chaude, chauffage, ouvert toute l'année, AP 16h-19h30, délivrance crédencial, été priorité marcheurs (une annexe en préfabriqué est prévue en juillet/août si le refuge est complet), 948 760 000

➜ AJ, 76 pl. (dont 35 pour pèlerins), en ch. 8 à 10 lits, CO, 9 €, restauration à proximité, ouvert toute l'année, réservation, 948 760 302

➜ CR Casa Sabina, 5 ch., 42 €/2 p., pdj 4 €, repas 12 €, ouvert du 01/04 au 01/10, Ctra Pamplona-Francia, 948 760 012

➜ P la Posada, 45 pl., nuitée 38,5 €/p., 45 €/2 p., 56 €/4 p., pdj 6 €, repas 15 €, fermé en nov., jouxte la collégiale, 948 760 225

00,0 Saint-Jean-Pied-de-Port.
Dos au parvis de l'église, franchir le vieux pont sur la Nive, puis monter la rue d'Espagne (pavée) et passer la porte d'Espagne. Poursuivre tout droit par une route en montée. Laisser à droite le chemin de Mayorga.

00,4 Prendre à droite (en face) la D 428 qui grimpe raide en laissant à gauche la D 301. Après 450 mètres, laisser un embranchement à droite, poursuivre tout droit par la Route Napoléon. Laisser tous les embranchements secondaires à droite et à gauche.

02,8 La route est bordée de fermes sous de grands châtaigniers. À 100 mètres, laisser à gauche la route pour Saint-Michel.

03,6 Fourche au pied d'un châtaignier : prendre à droite vers Roncevaux.

1h15 05,0 Honto. Laisser à gauche le gîte rural Ithurburia.

05,4 Les marcheurs quittent la route pour grimper, à gauche, un chemin défoncé à travers champs. Les cyclistes continuent par la route.

06,8 Le chemin pédestre rejoint la route dans un coude. La suivre à gauche vers la montée. De suite, on laissera à gauche une table d'orientation (dernière vision de Saint-Jean-Pied-de-Port et de ses environs).

08,8 Laisser un chemin partir sur la droite. Aller tout droit (borne jacquaire).

2h50 10,4 Au "**Tournant du Carrosse**", laisser une piste goudronnée monter à gauche vers une bergerie. À 300 mètres, marquage de l'ancien balisage GR 65 à droite de la route. Continuer à monter, nous ne sommes qu'à 1040 m d'altitude !

11,8 À 50 mètres à gauche de la route apparaît sur une crête de rochers la Vierge d'Orisson (Vierge de Biakorri). Laisser un parking et un embranchement sur la gauche ; la route grimpe toujours en obliquant sur la droite.

Roncesvalles

Saint-Jean-Pied-de-Port, la Nive

12,4 Col : on contourne par son flanc Nord-Ouest une montagne où se situe l'ancienne redoute de Château-Pignon.

13,6 Bifurcation : laisser descendre à droite la D 128 vers Arnéguy.

15,5 Quitter la D 428 pour prendre à droite un chemin herbeux qui dépasse la Croix Thibault (env. 1220 m) et monte plein Sud sur les flancs du Leïzar Athéka. Après deux virages, le chemin atteint un…

16,1 Petit col au Nord du Leïzar Athéka ; le chemin herbeux se poursuit à flanc de montagne presque à l'horizontale (Sud-Ouest).

16,6 Laisser à droite la borne frontière n° 198, obliquer à gauche afin de traverser une sorte de corridor très raviné (parfois très venteux), avant de côtoyer une hêtraie magnifique.

4h50 **17,0** Franchir une barrière canadienne, laisser à gauche la **borne frontière n° 199**. À quelques mètres sur la gauche, une stèle annonce l'arrivée en Navarre (la ville de Compostelle est à 765 km !). La "Fontaine de Roland" (1344 m) est là pour remonter le moral après une telle avalanche de chiffres.

17,3 Bifurcation : prendre à droite (en face) un chemin caillouteux qui vient de la gauche. Après un premier virage à gauche, le chemin devient une piste forestière presque horizontale.

18,9 Col ; à gauche ruines d'Elizaxar (ancienne chapelle ou bergerie) et enclos à brebis à droite.

19,4 Col d'Intzondorre et carrefour de chemins : poursuivre (en face) vers le versant Sud du col, par une large piste qui monte (Sud-Ouest), puis (Sud) au flanc du Mendi Chipi.

6h00 **21,0** **Col Lepœder** (1430 m), haut lieu et lieu mythique du Chemin. La piste débouche sur la route goudronnée d'Ortzanzurieta à suivre à droite. À 50 mètres, borne ; un sentier raide, glissant par temps humide, dévale la montagne gagnant au plus court le col d'Ibañeta et même Roncevaux, suivant le balisage choisi au départ. Les moins téméraires, les plus raisonnables et les cyclistes opteront pour la petite route en lacets.

25,0 Puerto d'Ibañeta ou col de Roncevaux (1057 m). Laisser sur la droite la stèle de Roland et la chapelle. Avant d'atteindre la N 135, prendre à gauche un sentier qui descend à travers la forêt (très beau sous bois).

25,9 Bifurcation au fond du vallon : prendre à droite une piste forestière ; le monastère de Roncevaux est en vue. À 500 mètres, quitter la piste, se diriger à droite vers le monastère. Le traverser par des porches, laisser la collégiale à gauche.

7h15 26,5 Roncesvalles. Capilla de Santiago à gauche (952 m).

Le pont médiéval de Saint-Jean

Roncevaux

LES DEUX CHEMINS DE MONTAGNE

Plusieurs chemins mènent de France à Roncevaux, l'un par la vallée de la Nive et deux autres par la montagne. Commençons par ceux-là, qui convergent tous deux près du col de Bentarte. Ce sont :
- Celui des premiers temps, vieille route romaine par Saint-Jean-le-Vieux et Saint-Michel, que dut suivre Aimery Picaud ; le suivant le rejoint vers la maison Errecalu.
- Celui qui s'imposa vers le XIIIe siècle avec le développement de Saint-Jean-Pied-de-Port, et qui porte aujourd'hui jusqu'à la frontière le nom de "route Napoléon" car elle fut réaménagée du temps de ce dernier, lors de la désastreuse campagne d'Espagne, pour le passage de l'artillerie du maréchal Soult.

QUELQUES VESTIGES SUR LES VIEUX CHEMINS

Sur la route Napoléon, à 312 mètres d'altitude, la maison Etchebestea, à la girouette ornée d'une palombe, voyait devant elle, jusqu'à la tempête de 1962 qui l'a abattu, un vieux chêne dit "de Soult".

La maison Errecalu, 380 mètres, près de laquelle se rejoignent les chemins de Saint-Michel et de Saint-Jean, a pour étymologie "Recluse", du nom d'une chapelle disparue de Sainte-Madeleine la Recluse, lieu de pèlerinage local. La route Napoléon débouche au bas du pâturage d'Orisson (en basque Orizun), au nord du pic du même nom, piton de 1064 mètres qui le domine. Il y eut jadis à cet endroit un prieuré de Sainte-Marie-Madeleine que, vers l'an 1400, Charles III de Navarre exonéra d'impôts pour l'aide apportée aux pèlerins ; puis une fontaine consacrée où l'on se soignait l'été, et pour finir un cabaret. Il n'en reste que la plate-forme d'un ancien terrain de pelote basque à la longue (sans fronton).

PAR LES PORTS DE CIZE CHEMIN FAISANT

Saint-Jean et Saint-Michel sont en pays de Cize. Le mot même de Cize employé par le Guide du pèlerin (*in pede portuum cisere*) n'est peut-être qu'une déformation basque du nom de César, signe de la voie romaine. Route Napoléon et GR se rejoignent en haut du pâturage d'Orisson, au nord-ouest du pic, lieu dit par les bergers Karossa Uskali (le carrosse renversé).
Un peu plus haut, aux approches du pic d'Hostatéguy, une statue récente de la Vierge d'Orisson veille sur les troupeaux paissant alentour.
La redoute de Château-Pignon (de l'espagnol Castillo Peñon, le château du rocher) fut construite par Ferdinand le Catholique lorsqu'il se fut emparé, en 1512, de la Navarre espagnole.
Le col de Bentarte (1344 mètres) est sur la frontière. À 2 kilomètres plus à l'est, hors chemin, dominant un autre col tout voisin, celui d'Arnostéguy, le pic d'Urculu, 1419 mètres, porte une curieuse construction, la tour d'Urculu, qu'on nomme aussi redoute, mais sûrement à tort. Car ce cylindre d'allure mégalithique, de 3 mètres de haut et de 21 mètres de diamètre, n'est pas une forteresse : l'intérieur est rempli de pierraille. On y a vu une tombe de l'âge du bronze, mais elle serait alors seule de ce type. Il s'agirait plutôt d'un trophée romain au point le plus élevé de la via ; il serait le pendant de celui du Perthus, à l'autre bout des Pyrénées. À l'endroit où l'on quitte le chemin goudronné pour grimper vers le Leizar Atheka, une croix de pierre récente, sculptée à l'ancienne manière basque et fort utile par temps de brouillard, marque le départ du chemin herbeux. On l'appelle croix Thibault, du nom de celui qui la fit ériger ; les chanoines de Roncevaux l'ont bénie durant l'été 1993.

SI VOUS PRÉFÉREZ CHEMINER PAR LA ROUTE DE VALCARLOS...

Si vous préférez aux sentiers décrits la route internationale C 135, que suivent aujourd'hui les voitures entre Saint-Jean-Pied-de-Port et Roncevaux – au demeurant à conseiller en période de fort enneigement –, ne vous sentez pas pour autant déshonorés : elle a aussi ses lettres de noblesse jacobites. Plusieurs pèlerins célèbres, comme Nompar de Caumont, Munzer ou Laffi empruntèrent son tracé.

Après Arnéguy, la route change de versant et de pays. La Nive sépare le village espagnol de Valcarlos, pimpant et commerçant, du quartier rural français d'Ondarolle : mais là encore des passerelles rustiques les unissent, et bien des Basques français sont baptisés à l'église espagnole.

Valcarlos précède Roncevaux : dès 1110, le village appartenait au monastère de Leyre qui y fonda l'hôpital d'Irauzqueta. Il était adossé à l'église mais a disparu. En 1271, il était revenu à Roncevaux qui, entre-temps, avait pris le relais de la mission hospitalière.

À mi-chemin de Gorosgaray, la Casa de la Reclusa surplombe le hameau de Ganecoleta. Il y eut un ermite au XIVe siècle et, en 1367, le roi Charles II de Navarre lui attribuait des privilèges en raison de son utilité au service des pèlerins.

La grange de Gorosgaray, en bordure de la route, occupe l'emplacement d'un ancien hôpital, également fondé par le monastère de Leyre et également revendu en 1271 à Roncevaux.

LA CLOCHE D'IBANETA SONNAIT POUR LES PELERINS

Au port d'Ibañeta, ou col de Roncevaux, la très moderne chapelle de San Salvador (Saint-Sauveur) bâtie en 1965 remplace celle, aujourd'hui disparue, dont la cloche guidait les pèlerins dès 1071, dans la brume et la nuit. À côté, une stèle trilingue invite en basque, espagnol et français, à prier la Vierge de Roncevaux.

LA VRAIE BATAILLE DE RONCEVAUX

Un peu à l'écart de la chapelle d'Ibañeta, sur une hauteur, un monolithe est orné d'une "Durandal" en fer forgé, dédié à Roland, le héros vaincu tout près d'ici, sans doute au col d'Itzondorre.

Valcarlos signifie la Vallée de Charles, Charlemagne bien entendu. Tout le monde connaît La Chanson de Roland, selon laquelle ce preux chevalier fut, avec les douze pairs, tué par les Sarrasins à Roncevaux. Mais la Chanson est une légende mise en vers au XIIe siècle, soit quatre cents ans après l'événement, mieux relaté dans la chronique latine du moine Eghinard. La situation politico-religieuse était bien plus complexe que dans la légende : les "Maures" étaient souvent des Espagnols ralliés à l'Islam et c'est un roi maure de Saragosse que Charlemagne prétendit secourir pour le soustraire à la tutelle d'Abd-al-Rahmân, calife de Cordoue. Comme l'armée franque avait au passage détruit les remparts de Pampelune, peu décidée à ouvrir ses portes, les Vascons de Navarre tendirent le 15 août 778 la fameuse embuscade à son arrière-garde. Les historiens pensent aujourd'hui que les Francs suivaient plutôt le chemin de crête passant par Blancpignon que la route actuelle, tous deux se rejoignant au col d'Ibañeta. Et c'est là que les Basques les attendaient, perchés sur les hauteurs de l'Alto Bizcar, anciennement Astobizcar (1606 mètres) effectivement plus raide du côté est.

RONCESVALLES : L'HOPITAL AUX TRENTE MILLE RATIONS

C'est notre Roncevaux : quelques maisons groupées autour d'un couvent aux allures de forteresse, vers lesquelles le chemin descend, pour le traverser à nouveau, comme jadis, sous deux voûtes.

Il fut fondé en 1132 par l'évêque de Pampelune Sancho Larrosa, ému par le sort de tant de pèlerins victimes de la neige et des loups. Trois ans plus tard, les chanoines de Saint-Augustin en faisaient l'un des grands hôpitaux de la chrétienté. Jusqu'au XVIIIe siècle, il a accueilli les voyageurs trois jours durant. Ils y trouvaient les repas, mais aussi l'eau chaude et le bain, le coiffeur travaillant au couteau, les cordonniers alors aussi précieux que les garagistes aujourd'hui. Le monastère servit jusqu'à trente mille rations par an, soit une moyenne de cent par jour. Il ne sert plus aujourd'hui de rations, mais il a tout de même hébergé en 1993 plus de quinze mille pèlerins. Une moyenne de cinquante par jour…

LA VISITE DE RONCEVAUX

Le cloître du XIVe siècle, endommagé en 1600 par une avalanche, donne accès à la fois à la chapelle Saint-Augustin et à la collégiale.

Dans la Capilla San Augustin (ancienne salle capitulaire du XIVe siècle), on verra le tombeau de Sancho el Fuerte, un géant dont le gisant grandeur nature mesure 2,25 m. Au mur, les chaînes des musulmans que ce roi de Navarre ramena de la victoire de Las Naves de Tolosa. Elles figurent aussi sur les armes navarraises.

La Real Colegiata, collégiale royale construite par lui vers 1200, est un bel exemple d'art gothique français : trois nefs, dix balcons, dix rosaces. Voir entre autres la Vierge des Douleurs (XIIIe siècle) aux larmes de diamant.

C'est à la Real Colegiata qu'ont lieu les messes célébrées par les chanoines. C'est aussi là qu'est donnée chaque soir la bénédiction des pèlerins, dont le texte remonte au Moyen Age.

Musée en façade sud, au trésor exceptionnel.

À l'extérieur, la Capilla de Santiago (chapelle de Saint-Jacques) conserve l'ancienne cloche d'Ibañeta ; et la Capilla Sancti Spiritus (du Saint-Esprit), préromane, était celle du cimetière où furent inhumés les pèlerins décédés.

2ème étape 🚶 **27 km** ⌛ **7h00**

Descente vers Espinal.

Roncesvalles

Larrasoaña

ÉTAPE DU JOUR nous propose une belle découverte de la Navarre pyrénéenne. Alors que nous arpentions hier des paysages montagneux et déserts, aujourd'hui les villages s'égrènent au fil des kilomètres. Les bâtisses austères, assez vastes pour abriter les familles nombreuses en Pays basque, affichent le plus souvent des façades blasonnées. Certaines virent passer les pèlerins du XVIème siècle, comme en témoignent encore les dates de construction gravées sur les linteaux de porte. Le Chemin d'autrefois est souvent devenu une route, alors notre itinéraire zigzague avec le bitume ou s'en écarte franchement avant de passer le col de l'Erro. La journée semble dédiée aux montagnes russes. L'approche de Zubiri nous réserve pourtant une belle descente qui met nos tendons à l'épreuve. Dès lors, nous suivrons une vallée nouvelle où court la rivière Arga qui nous escortera jusqu'à Pampelune.

🚶 Renseignements pratiques
❖ BURGUETE (31640)

→ Commerces, services, cars

→ www.animsa.es/burguete

→ CR Loigorri, 4pl., nuitée 25 €/2 p., pdj 3 €, pas de repas, fermé du 15/12 au 15/03, av. Roncesvalles 18, 948 760 016

→ CR Loperena, 4 pl., nuitée 25 €/2 p., pdj 2,4 €, GV, fermé du 10/12 à la Semaine Sainte, 948 760 068

→ CR Pedroarena, 12 pl., nuitée 35 €/ 2p. (ch. avec bain), pdj 3 €, c/ Berexi 24, 948 760 164

→ CR Bergara, 10 pl., 30 €/2 p. (ch. avec bain), pdj 3 €, accueil équestre, av. Roncesvalles 34, 948 760 044

❖ ESPINAL-AURITABERRI (31694)

→ Petits commerces, services, cars

→ CR Errebesena, 12 pl., nuitée 25 €/2 p., pdj 2,80 €, 948 760 141

→ CR Carmen, 4 pl., nuitée 21,35 €/2 p., pdj 2,40 €, 948 760 154

→ CR Yanborinberri, 4 pl., nuitée 21 €/2 p., pdj 2,10 €, 948 790 417

→ CR Patxikuzuria, 6 pl., nuitée 24 €/2 p., pdj 3 €, GV, 948 760 167

→ À 3 km de Roncesvalles : camping Urrobi, 400 empl., tente 7,92 €/pers., poss. location bungalows et gîte (7,59 €/p.), 1/2 pension 18 €/pers., ouvert du 01/04 au 31/10, Centra Pamplona-Valcartos, 948 760 200

❖ ZUBIRI (31630)

→ Commerces, services, cars

→ Refuge pèlerins, 46 pl., CO, 4 €, AP 12-/22h, pas de cuisine, ouvert toute l'année, dans les anciennes écoles, 948 304 123

→ P Goikoa, 4 ch., nuitée de 24 à 28 €/2 p. (selon saison), de 21 à 24 €/p., av. Roncesvalles 8/4, 948 304 067

→ Auberge Zaldico, 16 pl., CO, nuitée 9 €, coin cuisine, laverie, chauffage, AP à partir de 11h, ouvert de mars à octobre, Puente de la Rabia, réservation au 609 736 420

❖ LARRASOAÑA (31698)

→ Ravitaillement poss. au refuge, bar-restaurant, médecin, cars

→ Refuge pèlerins, 28 lits + 25 matelas, CO, 6 €, coin cuisine, GV, AP 13h30-22h, San Nicolás 16, 948 304 242

→ P El Camino, 3 ch., nuitée 20 à 40 €/2 p, pdj 3,50 €, repas 10,25 €, San Nicolás 16, 948 304 250

→ P Bidea, 2 ch., nuitée 32 €/2 p., 20 €/p., San Nicolás 100, 948 304 288

→ P El Peregrino, 4 ch., nuitée 34 €/2 p., GV, San Nicolás 50, 948 304 554

00,0 Roncesvalles. Emprunter la N 135 à gauche. Dès la sortie de Roncevaux, laisser à gauche la croix des Pèlerins (pas si vieille qu'elle n'en a l'air). Une piste à droite de la chaussée suit parallèlement la N 135 jusqu'à Burguete.

02,7 Burguete. Église au centre d'un village d'une parfaite unité architecturale, belles façades blasonnées.
De l'église, suivre la N 135 au Sud (vers Pamplona). À 150 mètres, devant la banque *Santander Central Hispano*, prendre à droite

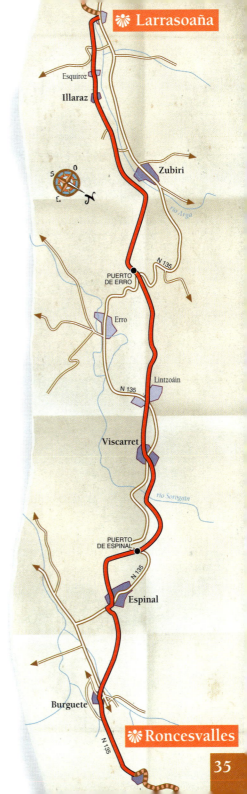

un chemin cimenté en descente. Après 70 mètres, carrefour en T : à 10 mètres sur la gauche, emprunter (en face) une passerelle en bois sur le ruisseau Suringua. L'itinéraire balisé se prolonge par une piste bitumée.

03,1 Barrière canadienne ; la piste devient pierreuse (hangar à ovins à droite). À 100 mètres, bifurcation : suivre à gauche une piste d'abord goudronnée, puis gravillonnée.

04,5 Portillon et gué, le chemin se poursuit, très pierreux. Peu après, laisser partir à droite le GR 11 et prendre à gauche pour franchir un second gué, continuer (Ouest-S.-O.) à travers landes et bosquets.

05,0 Virer à gauche, passer deux gués, un portillon. Le chemin tire à droite en s'élevant à travers bois par une piste forestière plus large.

05,4 Point haut (930 m), la piste en rejoint une autre que l'on empruntera à droite (en face) avant d'amorcer la descente sur…

1h35 06,4 Espinal. Église moderne sur la gauche ; carrefour avec la N 135 que l'on suivra à droite. À 200 mètres, quitter la N 135 (au niveau de la maison Auñamendi) et prendre à gauche un chemin goudronné. Il monte à travers champs (Sud-Ouest).

07,0 Carrefour et fin de la piste cimentée. Poursuivre en face par un chemin pierreux. Lorsqu'il s'infléchit à gauche, prendre à droite un sentier en montée, bordé de conifères.

07,6 Au sommet de la côte, coude à droite (borne) : suivre le sentier étroit qui longe une haie. Après 150 mètres, passer un portillon, puis suivre une piste descendante en bordure de champ (haie à droite). Franchir un nouveau portillon pour aboutir à…

2h05 08,3 Puerto de Espinal (stèle trilingue). Traverser la N 135, prendre en face un sentier qui court parallèle à la route sur 50 mètres, puis s'en éloigne vers la droite, franchit un portillon 200 mètres plus loin et plonge dans la forêt.

08,7 Bifurcation : prendre à droite le chemin étroit qui file en corniche au-dessus de la N 135 (à gauche). Descente assez raide par un sentier encombré de rocailles et de souches.

09,6 Le chemin frôle la N 135 par la gauche pendant quelques mètres, puis s'engouffre à droite (borne) dans un tunnel de verdure. Après 300 mètres de montée, poursuivre à gauche par un chemin herbeux en descente.

10,4 On bute sur la N 135. La suivre à droite et franchir le pont sur le rio Sorogaín. Au stop, emprunter à droite une petite route pendant 50 mètres. La traverser pour prendre en face une piste dallée parallèle à la N 135 jusqu'à l'entrée de Viscarret.

2h55 11,3 Couper la N 135 pour traverser le cœur de **Viscarret.** Superbes fermes navarraises souvent blasonnées. À 300 mètres, au niveau de la dernière maison (supermarché), emprunter une piste dallée à gauche (parallèle à la N 135), elle passe un gué et remonte vers le…

12,0 Cimetière de Viscarret qu'on laisse à gauche, la N 135 à droite. Au carrefour, le chemin pénètre le sous-bois en tirant légèrement à gauche.

12,5 Virage à 90° à droite, le chemin rejoint la N 135. La traverser en diagonale vers la gauche et emprunter une piste cimentée, puis herbeuse, et de nouveau bétonnée à l'entrée de Lintzoáin (745 m). Laisser le fronton couvert à droite.

13,4 Carrefour ceinturé de maisons traditionnelles. Prendre à droite la rue qui monte (Ouest-S.-O.) et passe sous une passerelle en bois ruinée (prévoir un casque ou courir !).

Fin du ciment dès la sortie de Lintzoain, le chemin creux taille sa route à travers un sol rocheux.

Traversée nocturne de Burguete

13,9 Carrefour avec une large piste venant de Lintzoain : l'emprunter à droite (en face) et, après 70 mètres, prendre le sentier qui monte à droite.

14,3 Point haut (860 m), le chemin redescend. Suivre à gauche à la première bifurcation ; 50 mètres plus loin, prendre à droite.
Au carrefour en T : prendre à main gauche un chemin (N.-O.) en laissant à quelques mètres à droite une large piste. À 200 mètres, on coupe une large piste : poursuivre en face par un sentier qui oblique sur la gauche et descend.

15,9 Carrefour : continuer à gauche (en face) par la piste forestière balisée GR 65 Camino.

17,3 Après un replat, le chemin descend en suivant une ligne H.T.

17,5 Une piste (balisée PR) venant d'Erro nous rejoint par la gauche : la suivre à droite. À 400 mètres, laisser à gauche une grande antenne.

4h35 18,0 Puerto de Erro. Traverser la N 135 (810 m) pour prendre le chemin pierreux en face. Après 450 mètres, franchir un portillon.

18,7 Bifurcation non loin des ruines de la venta del Puerto. Prendre à droite un sentier accidenté (descente raide dans certaines portions, déconseillée aux cyclistes).

19,9 Franchir un portillon. Peu avant Zubiri, le sentier redevient une piste plus praticable.

5h30 21,7 Carrefour : à droite le pont de la Rabia conduit dans le village de **Zubiri.** Traverser le río Arga si l'on désire faire étape, se restaurer ou faire des provisions. Sinon, laisser le pont et monter en face la ruelle cimentée.
À 100 mètres, placette, continuer tout droit par la c/Santiago, fin du goudron. Après 50 mètres, le sentier franchit un gué avant de monter à travers un sous-bois, puis descendre.

22,5 Devant l'usine de magnésite, carrefour en T avec une route goudronnée : la suivre à gauche (montée).

23,1 Quitter la route pour emprunter à droite une piste poussiéreuse, parallèle à une ligne H.T.

23,7 Abandonner la piste pour descendre à droite une volée de marches qui aboutit à une zone dévastée par les déchets minéraux rejetés par l'usine. Le chemin serpente dans ce décor jusqu'à un…

24,0 Carrefour : prendre en face un chemin dallé qui franchit un ruisseau puis grimpe.

6h15 24,4 Ilarraz. Dans le hameau, on remonte quelques mètres à gauche avant de suivre vers la droite la route qui descend. À 250 mètres, on laissera à droite l'ancienne ermita de Santa Lucia. À la bifurcation, monter à gauche la route qui conduit à…

25,1 Esquíroz : laisser un premier embranchement à gauche, emprunter le second qui oblique au Sud (à gauche) et descend sous les arbres. Franchir un gué sur une passerelle et, aux deux bifurcations qui se suivent, continuer toujours en face.

26,0 Traverser une petite route et gravir en face quelques marches. Le sentier herbeux, bordé à gauche par une clôture, court à travers champs pour se rapprocher de la rivière Arga qu'il va longer jusqu'à Larrasoaña.

7h00 27,0 Chemin face au pont, sur la rive opposée à **Larrasoaña.**
Pour pénétrer dans le village, emprunter le pont médiéval. Après 100 mètres, prendre à gauche la rue principale. Le centre du village (Concejo) et le refuge sont 150 mètres plus loin.

À Esquíroz

CROIX DE ROLAND ET CROIX DES PELERINS...

D'allure très archaïque, la croix des Pèlerins sculptée, à la sortie de Roncevaux, ne date que de 1880. Elle évoque d'une certaine manière le souvenir d'une ancienne Cruz de Roldán (croix de Roland) que les soldats de la Révolution française crurent bon de détruire en 1794 pour "consoler les mânes de nos pères". Mais celle-là ne se trouvait pas au même endroit.

BURGUETE, LE BOURG DE RONCEVAUX

Burguete, mot à mot "le petit bourg", fut longtemps appelé el burgo de Roncesvalles. Il avait été fondé dès le début du XIIe siècle à cheval sur le chemin, et son église relevait alors de Sainte-Foy-de-Conques. À la fin du siècle, elle appartenait à Sainte-Christine-du-Somport avant de passer en 1219 sous la dépendance de Roncevaux, qui avait alors atteint son plein développement. On identifie encore le casco antiguo, le noyau primitif de la cité, avec ses longues maisons à pignon bordant la rue unique qui fut jusqu'en 1794 la Chaussée des Pèlerins. Leurs façades massives de pierre, de style basque pyrénéen, portent souvent des pierres armoriées. Burguete garde aussi de sa longue histoire un sanglier dans ses armoiries et, dans sa vie quotidienne, une tradition hospitalière dont témoignent hôtels et pensions pour villégiature.

ESPINAL : COMME UNE SENTINELLE

L'histoire d'Espinal est assez semblable à celle de Burguete. Le bourg fut fondé en 1269 par Teobaldo II (Thibault II de Navarre, de la dynastie champenoise) "afin que les pieux roumieux aient entre les deux villages (Roncevaux et Viscarret) un autre où se recueillir, et qui soit comme une sentinelle contre les attaques qui se perpétuent souvent dans ces lieux déserts". Et de même que Burguete, Espinal aligne des portes armoriées le long de sa grand-rue.
On y voit aussi la croix de fer du quartier Saint-Jacques et surtout l'église San Bartolomé, qui, pour être moderne, n'en est pas moins très jolie dans son écrin de verdure.

PAR VISCARRET ET LINTZOAIN, CHEMIN FAISANT...

Détrônée plus tard par le développement de Roncevaux, Viscarret fut au XIIe siècle une étape du chemin, le Biscarretus mentionné par le Guide du pèlerin. D'où quelques vestiges : à l'entrée, la Casa Acotain, portant un chrisme et qui dut être hôpital et l'église San Pedro, plutôt XXe siècle, mais à la porte romane du XIIIe siècle.
Mentionnons pour mémoire, car le chemin n'y passe plus, la maison du hameau déserté d'Ureta, près du moulin, qui conserve un écu avec croix et coquille jacobites.
Au quartier haut de Lintzoaín, sur la rive droite de l'Erro, l'humble église San Saturnino (Saint-Saturnin ou Saint-Sernin), des XIIe, XIVe... et XXe siècles, garde une facture romane. Le quartier bas de Linzoaín se constitua le long du chemin de Saint-Jacques.

ZUBIRI : DES PAS DE ROLAND AU PONT DE LA RAGE

Nous avançons dans un parfum de légende. Deux kilomètres après Lintzoaín, de larges pierres sont censées donner la mesure des pas de Roland (los pasos de Roldán), assurément un grand homme...
Et à l'entrée de Zubiri (en basque, le village du pont) un ouvrage médiéval à la puissante étrave franchit le río Arga. On l'appelait el puente de la rabia, car, disait-on, un animal qui passait trois fois dessous guérissait de la rage. Pour certains pèlerins, il fut aussi le pont du paradis, peut-être à cause de l'aspect riant de la vallée du río Arga (l'Esteribar) que l'on va suivre maintenant jusqu'à Pampelune, si ce n'est, mais d'un peu plus loin, jusqu'à Puente la Reina.
Il y eut à Zubiri dès 1042 un monastère dépendant de Leyre. L'Hospital que l'on voit avant le pont fut probablement une léproserie. Et n'oublions pas, aujourd'hui, l'imposante usine des Magnésitas de Navarra. La magnésite est un silicate naturel de magnésium, connu aussi sous le nom... d'écume de mer.

Pause détente

Ferme navarraise

VERS LARRASOAÑA, CHEMIN FAISANT

Entre Ilarratz et Esquirotz, l'ancienne Ermita de Santa Lucia, récupérée par une exploitation agricole, garde cependant sa facture romane.
En face, en bas dans la vallée, sur l'autre rive et sur la route, l'église d'Urdaniz est elle aussi flanquée d'une tour romane.
À l'entrée de Larrasoaña, avant le pont, la Venta de Akarreta aurait, selon le panonceau en place, été un hôpital gothique. En tout cas, la maison est splendide.
Quant au pont, il est médiéval.

LA VILLE DES CORTES ET DE L'ACCUEIL COURTOIS

Situé au centre de la vallée de l'Esteribar, sur la rive droite de l'Arga, Larrasoaña doit être une version hispanisée de l'ancien Larrasoain el Viejo qui se trouvait un peu plus à l'est. Mais le vieux Larrasoain fut déserté dès le XIVe siècle, et la vie se transporta au village nouveau, bâti autour du monastère de San Agustin, qui, lui, existait dès le XIe siècle, puisqu'il fut cédé en 1049 au monastère de Leyre.

Le nouveau Larrasoaña jouissait depuis le XIIIe siècle du privilège de bonne ville, et le roi Philippe III, de la dynastie d'Évreux, y réunit même en 1329 les cortès, l'assemblée parlementaire de Navarre pour y prêter serment, avec la reine Juana II.
C'est un village-rue dont, au siècle dernier encore, deux portes fermaient les accès nord-est et sud-ouest. Beaucoup de maisons de pierre à pignon de bois et balcons fleuris y portent des armoiries… dont toutes ne sont pas anciennes.
L'alcalde de Larrasoaña, Santiago Zubiri (en 1994), s'occupe de l'association des Amigos del Camino. Son refuge des pèlerins partage avec le bar de socios une partie de la mairie. L'accueil y est chaleureux.

LE PELERIN GASTRONOME EN NAVARRE

Il y a en fait, du point de vue gastronomique, deux Navarre en Espagne : la montagne et la plaine…
La montagne navarraise appartient à la "zone des sauces". On y boit un vin vert relativement léger, le chacoli, et à l'apéritif un pacharàn, anisette où

ont macéré des prunelles. Quelques spécialités :
- Trucha a la Navarra, truite farcie d'une tranche de jambon ;
- Calderete, Menestre de verdura, soupes de légumes avec du poulet et du mouton assaisonnées de chorizo, d'escargots, d'épices.
Et n'oublions pas le fromage de Roncal, pur brebis bien sec, ou celui d'Urbasa.
La Navarre méridionale appartient, comme l'Aragon, à la zone chilindron. On y boit des vins de Navarre plus capiteux. Quelques spécialités :
- Pollo a la chilindron, poulet (mais la recette vaut aussi pour le chevreau, le pigeon ou le lapin) servi avec une sauce de tomates et d'oignons cuits à l'huile et assaisonnés de piments, en somme la version sud de notre piperade ;
- Pimientos rellenos, piments farcis. Comme toute l'Espagne, la Navarre a ses embutidos (saucissons) typiques, notamment la chistorra de Pamplona.
Enfin, les piquillos, savoureux petits piments rouges, sont partout renommés, notamment à Lodosa, au sud de Los Arcos.

3ème étape — 19,7 km — 5h00

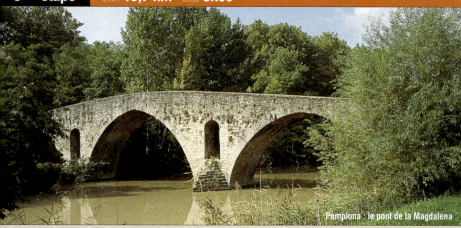

Pamplona : le pont de la Magdalena

Larrasoaña
Pamplona Cizur Menor

A JOURNÉE S'OUVRE sur un décor bucolique. Le Chemin se faufile à travers prés ou sous-bois en franchissant tour à tour des petits ponts en dos d'âne jetés au Moyen Age sur le cours de l'Arga. Les églises aux allures de forteresses dominent des villages et des hameaux victimes de la désertification des campagnes. Pourtant, ces dernières années, on voit s'ouvrir ici ou là un bar, une épicerie. La renaissance du Chemin n'est pas étrangère à ce phénomène.
Le monastère d'Arre marque l'entrée dans les faubourgs de Pampelune. La traversée de la capitale navarraise n'est pas à redouter. L'approche est facile jusqu'à la cité fortifiée qui regorge de trésors aux détours de ses vieilles rues pavées. L'étape est courte, c'est pourquoi nous suggérons aux marcheurs d'aller dormir au calme dans le petit bourg de Cizur Menor. La commanderie des hospitaliers n'accueille plus de pèlerins, en revanche le refuge privé est très agréable et son hospitalera aux petits soins pour chaque nouvel arrivant.

L'église de Cizur Minor

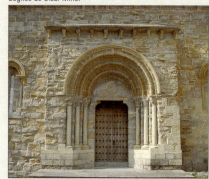

🚶 Renseignements pratiques

✤ HUARTE (31620)
→ Commerces, services
→ www.animsa.es/navarra/huarte

✤ VILLAVA-ARRE (31610)
→ Commerces, services, cars

→ Mairie, c/ Mayor 22, 948 136 680, www.villava.es

→ Refuge des religieuses de la Trinité d'Arre, 36 pl., CO, 5 €, coin cuisine, laverie, GV, AP 14h-22h, couvent de la Santa Trinidad, 948 332 941

→ P Obelix, 6 ch., 17 €/p., menu 8 €, poss. pdj, fermé la Semaine Sainte et le dimanche, Las Eras 5, 948 12 60 56

✤ PAMPLONA (31000)
→ Tous commerces, services, AJ, gares RENFE et routière

→ OT Pamplona / Iruna, Eslava 1 (plaza San Francisco), 948 206 540, www.pamplona.net

→ Refuge pèlerins San Saturnino, 20 pl., CO, 4 €, coin cuisine, salle à manger, ouvert fin mars à fin septembre, géré par l'association jacquaire de Pampelune, 620 573 074

→ En prévision : ouverture d'un grand gîte municipal, près de la cathédrale, se renseigner auprès de l'association, 620 573 074 et de l'office de tourisme

✤ CIZUR MENOR (31190)
→ Refuge privé Familia Roncal, 54 pl., CO, 6 €, GV, coin cuisine, ouvert toute l'année, AP été 12h/20h et hiver 14h/22h, au centre ville, 948 183 885

→ Refuge pèlerins de l'ordre de Malte, 27 pl., CO, 5 €, coin cuisine, pas d'accueil cyclistes, ouvert de juin à sept., AP 13h-21h30, face à l'église Orden de Malta, 600 386 891

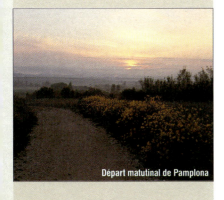

Départ matutinal de Pamplona

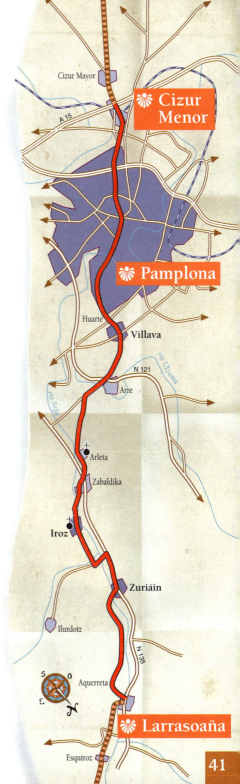

00,0 Larrasoaña. Chemin face au pont, sur la rive opposée au village. Monter par la route goudronnée jusqu'au…

00,7 Hameau d'Aquerreta : sur la placette, prendre à droite (S.-O.) un chemin qui descend raide jusqu'au fond du vallon, puis s'oriente à l'Ouest et franchit un portillon.

01,3 Couper la petite route qui relie Aquerreta à la N 135. Continuer presque en face par un chemin de terre qui file à travers la prairie (S.-O.) en passant deux portillons. Le chemin s'infléchit à droite (Ouest) et descend raide (marches glissantes) jusqu'au río Arga qu'on longera en laissant la rivière à droite.

03,3 Laisser une fontaine et des bancs de repos à gauche du chemin.

0h50 03,7 Franchir le pont sur l'Arga à **Zuriáin**. Remonter sur 50 mètres jusqu'à la N 135 que l'on suivra à gauche.

04,3 Bifurcation : prendre la petite route à gauche (direction Ilurdotz). Après le pont sur l'Arga, à 250 mètres, quitter la route pour prendre une piste à droite. Elle passe entre des habitations et l'Arga, puis oblique à gauche en montée.

05,6 Carrefour en T (carrière abandonnée à gauche et transformateur électrique à droite) : prendre à droite (en face) un sentier qui court à l'horizontale à flanc de colline. À la bifurcation suivante, laisser une belle demeure traditionnelle à gauche, descendre la ruelle cimentée vers la droite.

1h30 05,9 Église d'Iroz. Continuer par la route cimentée qui descend vers la rivière Arga.

06,2 Passer le pont sur l'Arga et de suite après virer à gauche pour suivre une piste cimentée parallèle à la rivière (non loin, fontaine et aire de pique nique). Sur la droite, on passe au pied du village de Zabaldika.

07,5 La piste emprunte un tunnel sous la N 135 pour déboucher à proximité de la sortie d'une bretelle de la N 135, aménagée en aire de repos. Grimper face à la pente (borne) par un sentier très raide qui rapidement oblique sur la gauche vers Arleta. C'est alors un chemin en corniche dominant la vallée de l'Arga (rambarde de protection en rondins).

08,2 Chapelle d'Arleta et noble bâtisse navarraise à laisser sur la gauche ; continuer tout droit par un chemin d'abord ombragé jusqu'au passage d'un portillon. Il file ensuite à flanc de colline, franchit un second portillon. Juste avant d'arriver à…

09,2 S'engager dans le tunnel sous la N 121 A. À la sortie, monter à droite la piste parallèle à la route. Au sommet de la côte, on retrouve le goudron, descente…

2h40 10,5 Villava. Franchir le pont médiéval de Trinidad de Arre sur le río Ulzama et passer sous le porche d'entrée du couvent (refuge). On débouche dans la c/Mayor : la suivre à gauche. Après 400 mètres, la rue est en sens interdit jusqu'au carrefour suivant. Cyclistes, attention !

11,7 La c/Mayor continue, bordée d'arbres. Nous sommes dans la ville de Burlada. Laisser à droite un vaste bâtiment (l'école de Peritos Agrarios).

12,4 Feu. 50 mètres plus loin, carrefour : prendre la c/Larrainzar (en sens interdit) qui part en oblique sur la droite (garage à gauche, école à droite). Au bout de la rue, traverser une artère importante. Pépiniériste en face : à sa droite, emprunter le Camino de Burlada, une route calme.

13,9 Stop et carrefour en T. Prendre à droite pendant 100 mètres, puis tourner à gauche pour franchir le pont médiéval de la Magdalena sur l'Arga. En sortant du pont, tirer un peu sur la droite jusqu'au carrefour. Arrivé du côté opposé, viser les remparts en suivant un sentier mal défini à travers les pelouses d'un jardin public. Longer les murailles (à votre gauche), gravir la rampe pavée. Passer sous la porte à pont-

Pamplona, la vieille ville

levis, puis monter en passant à gauche la deuxième porte d'accès à…

3h40 **14,5** La cité de **Pamplona.** Emprunter en face la c/Carmen (en sens interdit). Elle monte, traverse une placette avec fontaine, puis vers un carrefour.

14,8 Prendre à droite la c/Mercaderes (en sens interdit). Traverser une première placette, puis la grande place de la Casa Consistorial. Au fond à droite, emprunter la c/San Saturnino, laisser à gauche l'église du même nom, puis le refuge des Pèlerins. Poursuivre par la c/Mayor pendant 500 mètres.

15,4 Place de la Recoleta (feu). Traverser l'avenue de la Taconera et suivre en face la c/del Bosquecillo qui longe un parc. Après 250 mètres, traverser le boulevard qui arrive par la gauche afin de suivre tout droit l'avenue Pio XII.

15,8 Carrefour avec l'avenida del Ejercito : traverser au feu. En face, prendre une allée tirant à gauche à travers le parc de la Vuelta del Castillo. Lorsque l'allée s'infléchit à gauche en frôlant les douves de la citadelle, couper par un sentier à droite à travers la pelouse jusqu'à l'avenida Vuelta del Castillo.

16,3 Traverser l'avenue Vuelta del C., suivre en face la c/Fuente del Hierro. Elle coupe plus loin la c/Sancho el Fuerte.

17,0 Grand carrefour giratoire : continuer en face, l'avenue descend, passe sous un pont, puis longe à gauche le campus de l'Université de Navarre.

17,6 Carrefour au bas de l'avenue : suivre à droite une route arborée le long du río Sadar.
Après 150 mètres, emprunter à gauche la passerelle en bois ou le pont médiéval sur la rivière Sadar. On débouche sur la NA 6000, route de Cizur Menor.

18,6 Franchir le pont au-dessus de la voie ferrée (piste pour piétons située sur le côté droit de la chaussée).

18,9 Carrefour avec une petite route : continuer tout droit. Passer au-dessus de l'autoroute A 15 et poursuivre la montée vers l'entrée de Cizur Menor, encadrée à gauche par l'ancienne commanderie des Hospitaliers et à droite par l'église romane San Juan.

5h00 **19,7** Centre de **Cizur Menor** et point haut de la NA 6000.

PAR LA VALLÉE DE L'ARGA, CHEMIN FAISANT

Zuriáin, groupé autour de son église, à droite du chemin, dépendait au XIVe siècle de Roncevaux. Il reste de sa maison monastique un mur de pierre à la fenêtre en arc brisé.

À Irotz, le río Arga fait un crochet à l'ouest de la vieille route qui le franchit sur l'élégant pont roman d'Iturgaiz.

Zabaldica, comme bien d'autres villages, comprend le quartier haut autour de l'église San Estebán et le quartier bas le long du chemin, avec sa chapelle à clocher-mur. L'ordre de Saint-Jean-de-Jérusalem y possédait des biens au XIIIe siècle. L'église conserve une belle statue de Saint-Jacques pèlerin.

La chaussée romaine de Bordeaux à Astorga passait par Arleta, où existent par ailleurs des stèles funéraires discoïdales. L'une d'elles porte la croix de Saint-Jacques. La chapelle Santa Marina a un portail roman très simple.

Hors sentier, sur la C 135, l'église de Huarte conserve une vierge de marbre blanc, travail parisien du XVIe siècle.

Après Arleta, Burrin, aujourd'hui un despoblado (village abandonné), n'est plus marqué que par un panneau sur le chemin et quelques pierres. Mais on sait que le monastère de Roncevaux y possédait des biens au XIIIe siècle.

LE CARREFOUR JACQUAIRE DE TRINIDAD DE ARRE

Un peu avant, on accède à Trinidad de Arre, qui est pour ainsi dire le faubourg de Villava, en franchissant le río Ulzama, affluent de l'Arga, par un pont à cinq arches long de 55 mètres. Sur l'autre rive, le chemin s'engouffre sous le porche d'un imposant ensemble monumental et longe les bâtiments monastiques. C'était là un véritable carrefour jacquaire, car la route qui vient de France par Velate à droite (la N 21) était aussi un chemin secondaire de Saint-Jacques. D'où l'importance de l'hôpital cité dès le XIIIe siècle et qui s'y trouvait encore au XVIe siècle. Il en reste une abside romane aux lourds contreforts, saillant hors d'un mur. Trinidad de Arre peut aujourd'hui renouer avec cette tradition d'hospitalité grâce à son excellent refuge tenu par les sœurs.

D'ARRE A PAMPLONA, CHEMIN FAISANT

Villava est citée dès 1184, année où le roi Sancho IV le Sage lui accorda le Fuero de los Francos ; puis, en 1462, le roi Teobaldo II en fit une buena villa. Les moines de Roncevaux y possédèrent du XIIe au XIXe siècle une importante maison, la Claveria de Altarrabia.

Burlada, habitée en 1184 par Sancho II le Sage, avait au XVIe siècle un hôpital à douze lits... et un confesseur français.

Nous sommes déjà entrés dans Pampelune quand nous franchissons le río Arga par le Puente de la Magdalena (pont de la Madeleine). Son origine est discutée, mais il remonte au moins au XVe siècle.

IRUNA, POMPÆLO, PAMPLONA...

Trois noms pour notre Pampelune, prononciation barbare réservée aux seuls Français. Pamplona est le vrai nom espagnol ; Pompælo son étymologie latine, et Iruña le nom basque retrouvé, qui témoigne de la persistance de la réalité ethnique à travers les siècles...

Comme le nom l'indique, Pompælo fut fondée par Pompée au Ier siècle avant J.-C. pour contrôler une population basque remuante, les Vascons. Ils resteront d'ailleurs remuants, et compliqueront aussi la vie des Francs et des Wisigoths. Pour finir, ils donneront six siècles plus tard leur nom à la Gascogne en envahissant et en "rebasquisant" le versant nord des Pyrénées.

Après les épisodes wisigothiques et musulmans, un roi basque, Iñigo Arista, mort en 851, est le premier d'une lignée de souverains navarrais, en partie légendaire, qui durera quatre siècles. L'histoire commence vraiment vers l'an mil, avec Sanche III le Grand (Sancho el Mayor), qui règne de Pampelune au val d'Aran. C'est sous son règne que la réforme de Cluny pénètre dans ses États, remplaçant, pas toujours sans résistance, le vieux rite wisigothique et faisant fleurir l'architecture romane.

Dernier de la lignée, Sanche VII le Fort (Sancho el Fuerte) sera l'un des coalisés chrétiens vainqueurs des musulmans à Las Navas de Tolosa en 1212 : il en ramènera les fameuses chaînes de fer qui depuis figurent dans les armes de Navarre et que l'on trouve utilisées, partie à Roncevaux, partie au cloître de Pampelune. C'est son neveu, le croisé Thibault IV de Champagne, qui lui succédera, devenant ainsi Teobaldo Ier de Navarre, premier d'une lignée de rois franco-navarrais.

LA DYNASTIE FRANCO-NAVARRAISE

Après la dynastie de Champagne viendra celle d'Évreux, proche de la couronne de France, puis celle d'Albret, de souche méridionale. Le dernier à régner sur Pampelune sera Jean d'Albret (Juan de Labrit), à qui Fernand d'Aragon prendra en 1512 son royaume. Il ne restera aux rois de Navarre français que la région de Saint-Jean-Pied-de-Port, et le titre !

Durant une ultime tentative d'Henri II d'Albret pour reprendre Pampelune, Ignace de Loyola, capitaine dans l'armée castillane, fut blessé sous les remparts : d'où sa vocation, puis la fondation de l'ordre des Jésuites...

Durant cette longue période navarro-française, les Francos (souvent des Aquitains et des Languedociens) venus nombreux, d'abord sur les traces des moines et des pèlerins, puis avec la Cour, habitaient de préférence à Pamplona les faubourgs de Saint-Sernin et Saint-Nicolas. Un privilège leur avait été donné en 1129 par le fuero de Jaca. Et pendant ce temps, la navarreria basque, autour de la cathédrale, prenait de plus en plus des allures de ghetto. D'où des rivalités, comme celle de 1276, véritable guerre civile où les burgueses francs dévastèrent la navarreria. Puis une harmonie durable s'établit. Le royaume de Navarre était profondément tolérant : il ne devait se résigner à l'expulsion des juifs qu'en 1498, six ans après la Castille…

LA CATHEDRALE, SON CLOITRE ET SON MUSEE

La cathédrale gothique, commencée en 1497 et complétée au XVIIIe siècle par une façade néo-classique, occupe l'emplacement d'un capitole romain, puis d'une première cathédrale romane. La tour, côté nord, abrite la deuxième cloche d'Espagne : 12 tonnes. À l'intérieur, plusieurs tombeaux, dont les deux très beaux gisants, côte à côte pour l'éternité, de Charles III le Noble, constructeur de cet édifice, et de son épouse Léonor. Chœur plateresque du XVIe siècle.
Le cloître gothique de la cathédrale passe pour être le plus beau d'Espagne. Remarquables sculptures mariales.
Le musée diocésain attenant, installé dans l'ancien hospital San-Miguel, conserve intacts le réfectoire et l'antique cuisine des pèlerins avec ses quatre cheminées à ciel ouvert, formant une tour à l'extérieur. Le pèlerin y recevait un bol de bouillon, un morceau de viande, un verre de vin.

LA SAN FERMIN

Célèbre dans le monde entier (ne serait-ce que grâce à l'aficionado de marque nommé Hemingway) la féria de la San Fermín voit se dérouler l'encierro dans la ville où de jeunes taureaux sont lâchés parmi une foule d'écarteurs bénévoles en délire. Le spectacle vaut le déplacement, même s'il a peu de rapports avec une marche sur le chemin. (Et encore : souvenons-nous de l'épisode des taureaux de la reine Lupa miraculeusement transformés en bovins paisibles.) Mais le visiteur doit savoir qu'à cette époque-là, le prix des chambres double ou triple !

LES MONUMENTS (ET LE REFUGE) DE PAMPELUNE

Nous ne pouvons énumérer ici tous les monuments de Pampelune, cela exigerait un ouvrage spécialisé. Quelques notes seulement, sous l'angle du pèlerinage.
- Le Portal de Francia, fleurdelisé.
- La porte de Zumamacaregui a reçu le nom d'un chef basque de la guerre carliste. Les fortifications actuelles sont du XVIe siècle.
- L'église gothique Saint-Saturnin (ou San Saturnino), XIIIe siècle, est la plus ancienne de la ville ; portail nord, une statue de saint Jacques, un "pèlerin dépendu" agenouillé à ses pieds. Devant l'église, les puits avec l'eau desquels saint Saturnin baptisa les chrétiens.
C'est aussi dans l'église Saint-Saturnin que se trouve l'actuel refuge du pèlerin. On y accède à la manière médiévale par un escalier à vis. En haut, l'aménagement est moderne et confortable, c'est seulement un peu petit.
Le musée de Navarre, inauguré en 1956 dans l'ancien Hospital de N.-S. de la Misericordia (portail du XVIe siècle) et totalement rénové en 1992, garde parmi les innombrables richesses de ses trente-quatre salles, les chapiteaux de la première cathédrale romane.
Au Templo del Castillo (XIe siècle, puis remanié aux XIIIe, XIVe et XIXe siècles) un retable baroque évoque la légende du pèlerin auquel on avait volé son âne.
- La Chambre royale des comptes et de la députation (gothique) est riche en archives du royaume de Navarre.
- Parmi les alberguerías de pèlerins les plus connues, celle de la Cofradia Santa Catalina était, pour les Espagnols, calle Dormitaleria, 13 ; et celle des étrangers, calle del Obispo, 3.

HORS DE PAMPELUNE, CHEMIN FAISANT

A la sortie de Pamplona, le pèlerin passe par la Vuelta del Castillo (le tour du château), dans le grand parc qui entoure la citadelle du XVIIe siècle.
On prend un peu plus loin l'avenida de la Fuente del Hierro (avenue de la fontaine du fer…).
Serait-ce cette petite fontaine au bord du domaine universitaire ? Son inscription signifie : "1870 - Je suis ta fontaine, prends soin de moi, merci."

LA COMMANDERIE DE CIZUR MENOR

Visible de loin sur sa colline, Cizur Menor conserve, d'une commanderie des Hospitaliers de Saint-Jean-de-Jérusalem (XIIIe siècle), tout en haut à droite, l'église romane de San Juan. Son portail a trois voussures sur autant de colonnettes, et un chrisme. À gauche, autre église romane, du XIIe siècle, celle du village antérieur au monastère, dédiée aux Santos Emeterio et Celedonio.
Au numéro 1 de la calle de San Emetorio, une ancienne auberge de pèlerins s'appelle toujours hopitalescoa.
Au centre du village, dans la belle maison Baraïbar, Marisa-Isabel Roncal tient aujourd'hui un refuge privé, très confortable.

4ème étape — 19 km — 4h45

Le chemin après Uterga

Cizur Menor
Puente la Reina

ORSQUE VOUS FRANCHIREZ la sierra del Perdón, jetez un dernier regard vers la chaîne des Pyrénées, si majestueuse par beau temps. Vous apprécierez aussi la distance déjà parcourue en trois jours. Les éoliennes qui tournoient au-dessus de vos têtes, version moderne des moulins de don Quichotte, marquent l'entrée dans le cœur de l'Espagne. Ces décors qui s'élargissent à l'ouest annoncent déjà la Meseta. Du côté d'Uterga, vous rencontrerez vos premiers champs d'oliviers et les plantes aromatiques en bordure du Chemin auront les senteurs du sud.

En partant de bon matin, vous aurez tout le loisir, après le détour par Eunate qui mérite un arrêt prolongé, de consacrer l'après-midi à la visite approfondie de Puente la Reina. Si vous débarquez dans la ville à la saint Jacques, le 25 juillet, vous assisterez à une fête à la fois religieuse et païenne en présence des rois de Navarre… Cité jacobite par excellence, Puente la Reina réunit tous les chemins en un seul, qui s'appellera désormais le Camino Francés.

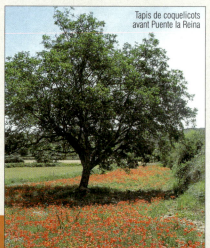
Tapis de coquelicots avant Puente la Reina

🛈 RENSEIGNEMENTS PRATIQUES

✦ CIZUR MAYOR (31180)

→ Petits commerces, services
→ Mairie, parque Errerriega s/n, 948 181 896, www.zizurmayor.es

✦ ASTRAIN (31190)
environ 2 km hors GR

→ CR Carpintero, 10 pl., nuitée de 33 à 50 €/2 p.(selon saison), pdj 4 €, repas de 10 à 12 €, GV, M. Otermin, 948 353 228

✦ UTERGA (31133)

→ Refuge pèlerins, 5 pl., CO, PO, coin cuisine, ouvert toute l'année, s/n C/ Mayor, 948 344 318
→ Refuge privé Camino del Perdón, 18 lits + 2 ch., CO, 10 €/lits, 45 €/ch., restaurant dans le refuge, ouvert toute l'année, C/ Mayor 57, 948 344 660

✦ OBANOS (31100)

→ Petits commerces, services, cars
→ Refuge privé USDA, 36 pl., CO 5 €, coin cuisine, GV, ouvert de mars à nov., AP 13h-23h, San Loranzo 6 (jouxte l'église), 676 560 927
→ CR Ossés, 13 pl., nuitée de 30 €/2 p., pdj 2,50 €, utilisation du coin cuisine 2,50 €, c/ San Guillerno 3, 948 344 261

✦ PUENTE LA REINA (31100)

→ Tous commerces, services, cars
→ OT, plaza Mena s/n, 948 340 845
→ Refuge pèlerins des Padres Reparadores, 100 pl., CO, 4 €, coin cuisine, GV, ouvert toute l'année, AP 12h-23h, Crucifijo, 948 340 050
→ Refuge municipal, 40 pl., GV, ouverture en été, plaza de Mena 1
→ À 400 m après Puente la Reina : refuge privé Santiago Apóstol, 100 pl., CO, 7 €, GV, AP 11h-23h, pas de cuisine, laverie, ouvert toute l'année, Paraje El Real (passer le pont roman), M. Carrido, 943 340 257 ou 943 340 220

Sierra del Perdón

Pèlerins pour l'éternité

00,0 Cizur Menor. Centre-ville, NA 6000 : descendre sur 200 mètres, puis obliquer à droite à travers un jardin public vers le fronton.
Laisser le bâtiment à droite pour ensuite prendre la c/Santiago qui file parmi des habitations récentes (S.-O.).

00,5 Couper une route, continuer en face par un chemin pierreux. Après 400 mètres, on atteint le coude d'une route. La suivre à droite (en face).

01,2 Bifurcation : aller tout droit en laissant à droite un lotissement neuf. À 450 mètres, quitter la route, sous des lignes à H.T., s'engager à gauche sur un chemin qui monte à travers champs.

02,4 Traverser une petite route, continuer à monter en face par une large piste. Laisser deux embranchements (à droite, puis à gauche).

03,6 Quitter la piste lorsqu'elle fait un coude à gauche. Prendre tout droit un chemin de terre qui passe sous un groupe de peupliers.

04,2 Bifurcation : emprunter à droite un chemin pierreux qui franchit un petit pont en laissant à gauche une retenue d'eau. À 100 mètres, carrefour : choisir en face le chemin le plus à gauche.
Il s'élève à travers champs ; laisser à droite le hameau en ruine de Guenduláin.

05,8 Point haut, cimetière à quelques mètres à gauche. Il reste 400 mètres jusqu'au village de…

1h35 06,2 Zariquiegui. Laisser à droite l'église romane San Andrès et une fontaine (607 m). Continuer par la rue principale bordée de nobles maisons (imposants porches et blasons au-dessus des linteaux). La ruelle cimentée se prolonge par une piste qui évolue dans un paysage de landes.

06,9 Bifurcation : les marcheurs grimperont à gauche par un sentier de pierrailles, les cyclistes resteront sur la piste filant à droite, mais elle aussi assez défoncée. Après 300 mètres, les deux branches se rejoignent. Continuer par le sentier pédestre, il file à flanc de colline (S.-O.), la pente est moins raide.

08,1 Laisser un embranchement à droite, une fontaine à gauche (tarie fin 2003 ?). La piste s'élargit, mais reste très caillouteuse. On marche en écoutant le bruissement des éoliennes.

2h10 08,6 Sierra del Perdón. Un groupe de pèlerins forgés dans la ferraille nous attend au sommet (780 m). Reprendre ses esprits, savourer la vue… Puis traverser la route de crête et plonger en face par un sentier pentu, caillouteux. Passer un portillon, poursuivre la descente. Laisser partir à droite un ou deux sentiers imprécis qui filent entre les arbustes.

09,7 Portillon : la piste devient plus carrossable et s'oriente au Sud (peu après le site d'Aquiturrain). La piste est rejointe par des chemins plus modestes.

11,2 Franchir un petit pont et remonter obliquant à droite. La piste vise au plus court...

3h00 12,0 Uterga. Suivre la rue principale en légère descente (515 m).

12,4 Avant la sortie du village, virer à gauche. Après 50 mètres, sur une placette, prendre un chemin bitumé entre deux habitations protégées par des grilles. Après 100 mètres, fin du bitume, y succède une piste empierrée qui descend raide.

12,9 Au fond du vallon : quitter la piste, prendre à droite un sentier étroit bordé d'arbustes (Sud-S.-O.).

13,3 Point haut ; le chemin domine des champs en suivant une ligne de crête. Il vise Muruzábal tout en s'attardant parmi et les oliviers.

14,5 Entrée de Muruzábal (478 m), la piste retrouve le goudron.

14,9 Le chemin rejoint la route NA 6062 qui arrive par la droite. La suivre à gauche (en face). Peu après, laisser l'église à gauche. Bifurcation à la sortie du village juste avant une croix : le chemin étroit quitte la route et descend à droite. Il devient une piste caillouteuse dans le fond du vallon, passe sous le pont d'une route en construction (mai 2004), puis remonte vers...

4h00 16,2 Obanos. Dès l'entrée du village (415 m), virer à droite pour suivre la ruelle cimentée "Camino de Roncesvalles". Le balisage jaune nous aide à zigzaguer par les rues : c/San Juan (à gauche), puis c/Julian Gayarre (à droite). Devant une grande demeure blasonnée, prendre à gauche en laissant à droite la Caja de Pamplona ; en suivant la c/San Lorenzo, on débouche sur la...

16,7 Place centrale d'Obanos. Passer sous l'arche (ou porte triomphale). Au croisement, traverser une petite route et poursuivre en face par une rue cimentée qui cède la place à un chemin gravillonné (descente rapide).

17,9 Carrefour avec la NA 601. (Les cyclistes et les marcheurs, par très mauvais temps, pourront suivre la route à droite.) Traverser la route, prendre en face (borne) le sentier qui oblique vers la droite et serpente à travers des potagers, tout en restant parallèle à la route.

18,5 Carrefour avec la N 111. Parcours pédestre et cycliste se retrouvent devant la statue moderne du Pèlerin (symbole de la jonction des Chemins et début du Camino Francés). Suivre la N 111 vers la gauche pour entrer dans la ville de…

4h45 19,0 Puente la Reina. Quitter la N 111 pour prendre une petite rue à gauche. Le refuge est à 20 mètres (alt. env. 350 m).

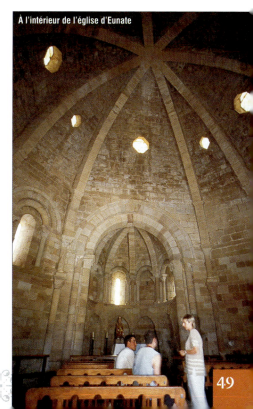

À l'intérieur de l'église d'Eunate

PAR LA SIERRA DEL PERDON, CHEMIN FAISANT

Dans les ruines du village de Gendulin, abandonné vers 1960, on identifie encore l'église paroissiale de San Andrés et le palais des Comtes, érigés sur la partie haute de la colline. Les Hospitaliers de Saint-Jean y possédaient aussi une église.

Zariquiegui, dont on voit de loin le fronton basque et le cyprès du cimetière, fut une cité dès 1131 et ravagé en 1348 par la peste. Les Hospitaliers de Saint-Jean y possédaient l'église romane, également dédiée à San Andrés. Elle commande l'entrée du village ordonné le long du chemin tout dallé de Saint-Jacques, et sur lequel débordent des avant-toits prononcés.

Juste avant l'arrivée au faîte de la sierra, fontaine des Gambellacos, ou de la Teja, signalée par un panneau. Sur la crête de l'Alto del Perdón existait un ermitage de Santa María, où les pèlerins recevaient l'hospitalité.

Nous descendons ensuite vers la Valdizarbe ou Valle de Izarbe, petit bassin charpenté autour d'un affluent de l'Arga, le río Robo. Ce couloir, au centre géographique de la Navarre, à la jonction de la zone pyrénéenne humide et de la zone méditerranéenne sèche, est très connu pour son vignoble. Mais, passage naturel entre Estella et Pamplona, il a joué aussi un rôle constant dans l'histoire, des raids d'Abdal-Rahmân III aux attaques des guérilleros d'Espoz y Mina contre Napoléon.

Uterga a une église gothique du XVIe siècle à clocher carré, une fontaine, des maisons blasonnées et un refuge de quatre places offert par la municipalité dans une petite pièce nue, mais avec sanitaires et douches.

On trouve à Muruzabal un palais du XVIIe siècle à façade baroque et l'église San Estebàn du XVIe siècle abritant un Saint-Jacques sur le retable de la chapelle latérale.

OBANOS : LE MYSTERE DE SAN GUILLEN ET SANTA FELICIA

On a très bien restauré l'église (néogothique de 1912, mais conservant une Vierge du XIIIe siècle, Nuestra Señora la Blanca, en provenance de l'ermitage) ainsi que la mairie et les maisons seigneuriales d'Obanos, où se réunirent les Infançones de Navarre. Gentilhommes de petite noblesse, ils constituèrent par leur protesta, notamment aux XIIIe et XIVe siècles, un contrepoids au pouvoir royal.

Obanos est connu pour le mystère représenté des années durant lors des fêtes de fin août avec le concours des sept cents habitants de la localité, devant deux mille spectateurs, dans un espace architectural tout désigné. (Se renseigner pour savoir si la tradition sera reprise.)

Il s'agit du mystère de San Guillén et Santa Felicia. Sainte Félicie était une princesse d'Aquitaine qui, après un pèlerinage à Compostelle, renonça à ses richesses et demeura à Amocain, pour y mener une vie de prière. Son frère Guilhem, peu convaincu par les explications des gens du cortège, vint la tuer. Puis, pris de remords, il alla lui aussi à Compostelle et revint finir ses jours au sanctuaire tout voisin de la Vierge d'Arnotegui.

Autre tradition, qui demande moins d'acteurs : le jeudi de Pâques, à l'occasion de la bénédiction du vin, le prêtre fait passer ce précieux liquide régional au-dessus de la tête d'argent contenant les reliques de San Guillén.

DU COTE DE L'AQUITAINE : HISTOIRE ET LEGENDE

La légende d'Obanos a-t-elle quelque fondement historique ? Comme bien souvent, il n'y a aucune certitude, mais, compte tenu des mœurs du temps, elle n'apparaît pas invraisemblable. Distincte de la Gascogne des ducs Sanche, l'ancienne Aquitaine héritée des Romains, entre la Loire et la Dordogne, a connu une dynastie des Guillaume (Guilhem), ducs de Poitiers et d'Aquitaine, aux noms pittoresques de Guilhaume le Pieux, Guillaume Tête-d'Étoupe, Guillaume IV Fier-à-Bras, Guillaume V le Grand (qui vers l'an mil réunifia par un mariage l'Aquitaine et la Gascogne) et Guillaume IX le Troubadour. L'un de leurs fils aurait tué sa sœur... Seul détail certain : en 1984, on a retrouvé à Obanos, dans le reliquaire d'argent, des os calcinés et une médaille ancienne de Compostelle.

HORS ITINERAIRE : EUNATE ET AUTRES LIEUX

À 3 kilomètres à l'ouest de Cizur Menor, se trouve l'église romane de Gazolaz, avec un portail à arcades. À 2 kilomètres à l'ouest de Genduláin sur la N 111, Astrain conserve la Vierge du Pardon, rapatriée de l'ermitage de ce nom.

À Bazogaiz, toujours sur la 111, après le col de l'Alto del Perdón, croix de Malte au-dessus de deux portes, dont celle de la chapelle, et statues du XIIe siècle (saint Jean-Baptiste) ainsi que du XIVe siècle (saint Blaise). Ce qui précède concerne surtout les touristes qui suivent la route... En revanche il est un détour, pour le pèlerin pédestre pas trop pressé, qui vaut la peine, à savoir :

Le crochet menant à partir de Muruzabal à la splendide chapelle d'Eunate, sur le chemin aragonais. Ce sanctuaire funéraire roman à coupole nervurée et plan grec, plus longuement décrit dans notre ouvrage Le Chemin d'Arles, est entouré d'une riche arcade circulaire.

IL N'Y A PLUS QU'UN CHEMIN...

À l'entrée de Puente la Reina en venant d'Obanos, une statue moderne du pèlerin, érigée en 1965, porte une plaque rappelant qu'ici le chemin aragonais et le chemin navarrais se fon-

Uterga

dent en un seul "chemin français" :
"Y desde aqui, todos los caminos a Santiago se hacen uno solo."
Cette inscription, qui se veut symbolique, comporte deux petites erreurs :
- d'une part, elle oublie quelques autres chemins de Saint-Jacques, qui commencent à être mieux connus, comme celui du littoral cantabrique, celui du littoral français qui le rejoint à Vitoria, ou bien la Ruta mozarabe et la Via de la Plata, par Séville et Salamanque ;
- d'autre part, concernant le seul chemin français, elle est également inexacte, car elle a reporté à l'actuel croisement des routes nationales un carrefour qui se situait en fait à 1 500 mètres en amont.
Les pèlerins venus par l'Aragon rejoignaient le Camino Navarro à la sortie d'Obanos, très exactement à l'ermitage San Salvador.

PUENTE LA REINA NEE DU PELERINAGE

Au débouché de la Valdizarbe, Puente la Reina, tout entière née du pèlerinage, tire son nom du pont que fit bâtir au XIe siècle une souveraine charitable, comme on le verra plus loin. Et dès lors, un noyau de Francos s'y fixa pour l'accueil des pèlerins. Mais c'est Alphonse le Batailleur, roi aragonais de la Reconquista, qui lui donna, cent ans plus tard, sa formule de bastide aux rues perpendiculaires, entourées de murailles et de tours. (Les remparts actuels sont du XIIIe siècle.) Le chemin de Saint-Jacques, qui y pénètre par un passage voûté entre l'église du Crucifix et l'ancien hôpital, se confond avec la rue principale, rúa Mayor, ou calle de los Romeus : elle garde une émouvante atmosphère médiévale avec ses maisons à portes gothiques et à chapiteaux, ses fréquentes églises…

À l'entrée, Iglesia del Crucifijo, d'allure carrée, coiffée d'un fort clocheton ajouré en plein cintre, garde la marque des Templiers qui la bâtirent et y tinrent un hôpital, auquel a aujourd'hui succédé un collège. Portail ogival décoré de coquilles et de plantes. La simple nef romane d'origine (XIIe siècle) a été doublée au XIVe siècle d'une autre nef à trois travées sous laquelle se trouve un Christ cloué sur la croix en position de Y, œuvre sans doute rhénane.

À la moitié de la calle Mayor, l'église de Santiago, reconstruite au XVIe siècle garde de ses origines un portail roman à cinq voussures, dont l'une polylobée, c'est-à-dire portant une dentelle de petits arcs mozarabes, que l'on retrouvera à Cirauqui et Estella. À l'intérieur, le retable baroque raconte la vie de saint Jacques. Et surtout, face à l'entrée, on admirera la splendide statue, taillée dans le cèdre, de saint Jacques pèlerin, pieds nus, bourdon en main, coquilles sur le chapeau, le visage émacié et extatique. On l'appelait beltza, le noir en basque, car la fumée des cierges l'avait noirci, et, récemment, il fut sauvé de justesse du bois de chauffage auquel il était promis…

Récemment restaurée, l'église San Pedro Apostol (Saint-Pierre Apôtre), avec sa croisée d'ogives simple, est du début du XVe siècle, avec de nombreuses adjonctions baroques, chapelles, retable et orgues de 1694. Elle succéda sans doute à une première église Saint-Pierre qui appartenait déjà en 1174 au monastère de Leyre. Dans la première chapelle du côté de l'autel, le retable de Notre-Dame-du-Puy conserve la statue de pierre qui, jusqu'en 1834, se trouvait sur le pont.

5ème étape — 22,9 km — 5h45

Pèlerins vers Puente la Reina

Puente la Reina
Estella

A RICHESSE ET LA VARIÉTÉ de cette étape nous donneront l'impression en arrivant à Estella d'avoir parcouru une distance considérable. Ce constat confirme une évidence : marcher pendant vingt kilomètres donne cent fois plus l'occasion de s'émerveiller qu'effectuer un parcours identique au volant en quinze minutes. La N 111 recouvre en grande partie le Chemin historique. Nous la suivons à bonne distance en louvoyant. Église baroque à Mañeru, romane à Villatuerta, portail mozarabe splendide à Cirauqui, ponts romains d'un bout à l'autre de l'étape : le passé ressurgit à chaque instant. Nous rallions les villages traversés le plus souvent par une calle Real, autre renvoi à l'histoire jacobite.

À musarder ainsi, on prend le risque d'arriver bien tard à Estella qui elle aussi réserve son lot de richesses. Estella, Lizarra en basque, la ville de l'Étoile est une station importante sur le chemin des étoiles avec ses kyrielles d'églises, de palais, ses vieilles ruelles et ses places qui reprennent vie à l'heure du crépuscule.

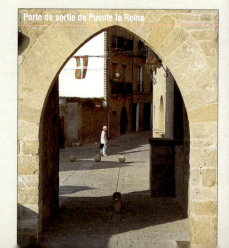

Porte de sortie de Puente la Reina

Procession de Santiago à Puente la Reina

🕮 RENSEIGNEMENTS PRATIQUES

✤ CIRAUQUI (31131)

→ Commerces, services

→ Refuge privé Maralotx, 28 pl., 7 €, 2 ch., 30 €/ch., menu 8 €, pdj 3 €, terrasse, ouvert toute l'année sauf à Noël, en face de l'église San Roman, 678 635 208

✤ LORCA (31132)

→ Commerces, services

→ Refuge privé, 14 pl., CO, 9 €, coin cuisine, poss. pdj et repas, GV, ouvert de la Semaine Sainte jusqu'à octobre, José Ramon Etcheverria, 948 541 190

✤ VILLATUERTA (31132)

→ Commerces, bar, restaurant, médecin et pharmacie, cars

→ Refuge privé, 30 pl., CO, 6 €, pdj 3 €, coin cuisine, laverie, GV, ouvert toute l'année, AP 12h-22h, s/n c/ Mayor, 948 640 083

✤ ESTELLA (31200)

→ Tous commerces, services, AJ, cars

→ OT, c/ San Nicolas 1, 948 556 301

→ Refuge pèlerins, 114 pl., CO, 4 €, pdj 3 €, coin cuisine, laverie, GV, ouvert toute l'année, AP 13h30-22h, c/ de la Rua 50 (à côté du pont de la prison), Asociación del Camino de Santiago de Estella, 948 550 200

→ P San Andrés, 24 ch., nuitée de 24 à 35 €/2 p. (selon ch. et saison), de 12 à 23 €/p., plaza de Santiago, 948 554 158

→ Camping Lizarra, 1000 empl., tente 7,60 €/p., GV, poss. nuitée en bungalow (300 pl.) 6,50 €/p., ouvert toute l'année, Ordoiz, 948 551 733

Porche mozarabe à Cirauqui

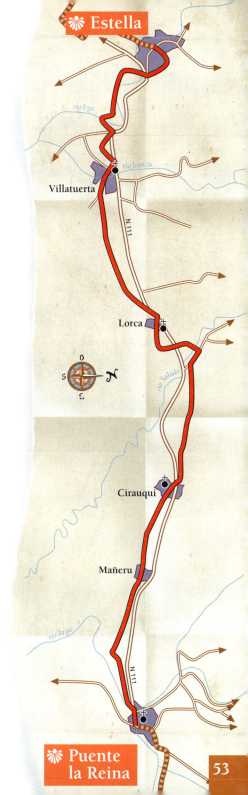

00,0 Puente la Reina. Sortir du refuge, passer sous le porche entre l'église du Crucifix et le monastère, puis continuer par la ruelle qui croise à 200 mètres la N 111. Poursuivre en face par la c/Mayor, aux nobles façades blasonnées. On laisse en chemin l'église Santiago à droite, puis la Plaza Mayor avec ses arcades sur la gauche.

00,7 Fin de la c/Mayor à l'extrémité Ouest de Puente la Reina. Emprunter le pont médiéval sur le río Arga et dès sa sortie, virer à gauche en direction de la N 111 (Stop).

01,0 Traverser avec prudence la N 111 (le pont moderne se situe à notre gauche). Prendre en face l'ancien tracé de la nationale qui vire à droite pour passer entre des bâtisses conventuelles délabrées.
Quitter la route (qui s'apprête à rejoindre la nouvelle N 111) pour suivre à gauche (en face) une route goudronnée en sens interdit. Après une dizaine de mètres, le bitume cède la place à une piste empierrée*.

En juin 2004, la suite du chemin est totalement en travaux, pendant les 3,4 km qui conduisent au point haut, juste avant l'entrée de Mañeru (à cet endroit, le chemin touche la N 111 et passe un croisement avec un calvaire).

Dans un premier temps, le chemin longe la rive droite du río Arga, puis ondule à travers la garrigue avant de gravir la colline pour se rapprocher de la N 111 aux abords du col.

04,7 Col. On laisse à droite la N 111, le calvaire Renaissance et on longe le carrefour pour descendre vers Mañeru.

1h15 04,9 Bifurcation (avec fontaine) à l'entrée de **Mañeru**. Descendre le chemin goudronné le plus à gauche. À 300 mètres, carrefour : prendre à droite la c/Esperanza qui passe un petit pont, traverse une première placette.

05,3 La rue débouche sur la Plaza de los Fueros où s'élève la Casa Consistorial. Au bout de la place, suivre une rue à gauche pendant 10 mètres, puis virer à droite pour prendre la rue cimentée c/Forzosa qui sort du village après 50 mètres.
Laisser le cimetière à gauche ; le bitume cède la place à un chemin empierré. À 200 mètres, on croise une piste venant de la gauche : l'emprunter à droite (en face). Le village de Cirauqui est en vue.

06,3 Croisement de chemins. Poursuivre en face par un sentier étroit, bordé à droite par un muret et des champs d'oliviers. Après 400 mètres, nouveau carrefour : la piste à suivre en face est plus large et herbeuse.

07,1 Poursuivre par un sentier étroit (rigole de boue par temps pluvieux) parmi les vignes jusqu'à l'entrée de…

1h50 07,6 Cirauqui. Le chemin se fraye un passage entre deux fermes, retrouve le ciment pour pénétrer dans le bas du village (505 m) en zigzagant dans les ruelles (balisage de flèches jaunes très précis). On débouche sur une placette : passer en face sous la porte fortifiée (flanquée d'une stèle discoïdale) et monter jusqu'à la place de l'Ayuntamiento. Quelques marches à droite de la place conduisent devant le porche mozarabe de l'église. Un dédale de rues (bon fléchage) nous conduit à une…

08,2 Chaussée romaine bordée de térébinthes que l'on descend pour franchir le pont ruiné, puis remonter vers la N 111 que l'on traverse afin de suivre une petite route pendant 30 mètres.

La suite de l'itinéraire risque de subir de sensibles modifications dans les mois à venir car des travaux importants aux abords du chemin en juin 2004 ne laissaient rien prévoir du tracé futur.

08,5 Quitter la route et prendre à gauche une piste parallèle à la N 111 (Ouest-N.-O.). La piste descend (laisser à droite le pont gothique sur le río Redondoba), puis remonte assez raide.

Voie romaine à Cirauqui

10,2 Bifurcation, suivre le chemin à gauche qui descend vers l'Ouest. À 200 mètres, au point haut, ruines de l'église d'Urbe (panneau). Couper une piste, descendre quelques marches. Le chemin franchit 150 mètres plus loin une passerelle en bois sur un cours d'eau. Il se poursuit par des sentiers serpentant à travers champs, marqués par des bornes à chaque bifurcation.

11,0 Carrefour avec une piste : continuer en face par un chemin (la N 111 est à 200 mètres sur la gauche). Bifurcation suivante : prendre à gauche la piste qui rejoint la N 111 après 400 mètres.

11,5 Stop. Les marcheurs laisseront à gauche la N 111 pour suivre à droite la Na 7174. À 400 mètres, passer sous un aqueduc et 150 mètres plus loin, après une maison, emprunter un chemin défoncé à gauche.

3h00 **12,1** Pont médiéval sur le **río Salado.** À sa sortie, virer à gauche pour gravir un chemin pierreux.

12,4 Pont sous la (nouvelle) N 111 ; suivre ensuite à droite l'ancien tracé de la route.

Après 50 mètres, les marcheurs téméraires quitteront le goudron pour suivre à gauche un sentier herbeux et boueux par temps pluvieux. Cette sente descend dans le vallon avant de regrimper raide vers le village de Lorca. Les cyclistes, les paresseux et les sages suivront le bitume et bifurqueront à gauche au carrefour en bordure de la (nouvelle) N 111 afin de rejoindre l'entrée de…

3h20 **13,2** **Lorca.** Jonction avec le sentier pédestre qui atteint la petite route par la gauche. Longer la rue principale. On laissera l'église San Salvador sur la droite, puis la place (fontaine) sur la gauche.

13,7 Au stop, suivre à gauche l'ancienne N 111 qui rejoint la nouvelle après 200 mètres. Emprunter à gauche un chemin de terre qui file parallèlement à la N 111 pendant un kilomètre.

14,9 Haut de côte. Prendre à gauche une piste goudronnée (durant 20 mètres), puis pierreuse.
Bifurcation, suivre une piste à droite (Sud-Ouest). Après 200 mètres, quitter la piste pour emprunter à droite un chemin herbeux en descente.

L'église du Crucifix, détail

15,8 On débouche sur une piste que l'on suit à droite.

16,3 Bifurcation : quitter cette piste pour prendre un chemin à gauche (passage sous l'autoroute).

17,1 Le chemin atteint une piste plus large qui conduit jusqu'à…

4h30 **18,1** **Villatuerta.** Franchir le pont médiéval sur le río Iranzu, puis emprunter à gauche une rue cimentée qui monte vers l'Ayutamiento (sur la droite). Laisser l'église sur la gauche en haut de côte. Suivre la c/Camino de Estella pour sortir du village.

18,6 Carrefour avec une petite route : continuer en face par un chemin de terre. À 350 mètres, le chemin touche la N 111 : poursuivre la montée parmi les oliviers, parallèlement à la route (en laissant sur la gauche l'ermita San Miguel). Descente raide par de mauvaises marches pour déboucher sur aire de pique-nique à gauche du carrefour de la N 111 avec la C 132. Traverser la C 132 et poursuivre en face par un sentier en descente.

19,6 Franchir une passerelle sur le río Ega. Le chemin pierreux se poursuit par une montée et domine la rivière en contrebas à droite avant de redescendre.

20,9 Le chemin débouche sur une piste cimentée à suivre vers la droite (Nord-N.-O.) jusqu'à laisser à gauche…

5h20 **21,6** L'église du **Santo Sepulcro.** Juste après, ignorer un chemin qui monte à gauche. Passer sous le pont de la N 111, puis admirer le pont roman d'Estella à droite. Poursuivre tout droit.

21,9 Refuge sur la gauche. Continuer par la c/Rúa où se succèdent palais et portes gothiques.
Plaza San Martin, au pied de l'église San Pedro de la Rúa. La rue se poursuit en passant sous une porte et se prolonge en devenant la c/Camino de Logroño. On débouche sur un premier carrefour. Prendre à gauche (presque en face) la large avenue qui monte.

5h45 **22,9** **Estella.** Deuxième carrefour avec feux (station-service *Avia* sur la droite), proche de la sortie Ouest de la ville.

* VARIANTE PAR LA ROUTE POUR LES CYCLISTES OU EN CAS DE TRÈS MAUVAIS TEMPS DEPUIS LA SORTIE DE PUENTE LA REINA JUSQU'AU COL AVANT MANERU.

01,3 Poursuivre sur la petite route jusqu'à la N111 que l'on retraverse légèrement en diagonale vers la gauche. Prendre en face l'ancien tracé de la N111 au trafic quasi nul. La route s'élève vers le col avec à bonne distance à notre gauche, la nouvelle N 111.

04,1 Arrivé au col, on touche la N111, la traverser. On retrouve en face l'itinéraire principal (à 04,7) que l'on emprunte vers la droite.

LE PONT DE LA REINE ET L'AILE DE TXORI

On quitte Puente la Reina par le pont de la Reine qui lui a donné son nom. Il franchit le río Arga, futur affluent de l'Ebre, que nous croisons pour la dernière fois. Jusqu'à l'an mil, il n'y avait ici qu'un gué, redouté des pèlerins, tant à cause des crues que des passeurs. On ne sait si la reine qui les prit en pitié était doña Estefania, épouse de Garcia de Najera, ou plutôt Elvira, dite doña Mayor, épouse de Sancho el Mayor, toujours est-il que l'une ou l'autre fit édifier ce bel ouvrage à dos d'âne, à six arcs brisés et piliers ajourés. Une Vierge Renaissance se trouvait autrefois au milieu du parapet. Très abîmée, elle a été transportée en l'église San Pedro en 1848. Les Navarrais, qui lui dédiaient volontiers leurs joies, l'appelaient la Vierge du Txori, ou Chori (l'oiselet) à cause d'une bien jolie légende : quand un oiseau remontant le fleuve la lavait de ses ailes mouillées, c'était le signe d'une année prospère. Depuis le transfert, l'oiseau n'aurait pas reparu.

FEU LA BARGOTA

Un panneau dans la raide montée vers Mañeru signale le site de la Bargota, où ne subsiste qu'un tas de pierres et des soubassements. Il y eut là au début du XIIIe siècle une importante commanderie, siège de l'ordre de Saint-Jean-de-Jérusalem, avec son hôpital accueillant les pèlerins. Au siècle suivant, le monastère devint un couvent féminin, puis tomba en décadence. Les cortès le firent démolir en 1724.

LES TRENTE ECUSSONS DE MAÑERU

Une croix de pierre à fût polygonal nous accueille à l'entrée de Mañeru où l'on dénombre sur les maisons plus de trente écus armoriés. Le village appartient à l'ordre de Saint-Jean. Son église actuelle, San Pedro, à plan circulaire avec une tour, est

Pont sur l'Arga

l'œuvre du même architecte qui dessina la façade baroque de la cathédrale de Pampelune.

LA CALZADA ET LE PORTAIL POLYLOBE DE CIRAUQUI

Le chemin dans toute sa splendeur… On passe d'abord sous une porte fortifiée devant laquelle se trouve une stèle discoïdale. Puis c'est la montée d'une rue typiquement médiévale bordée de blasons et de murs en corniche, le long desquels courent de petits escaliers. Tout en haut, une église, San Román, XIIIe siècle, tout comme sa voisine, l'autre église, Santa Catalina, noyau d'un peuplement qui commença dès avant le Xe siècle. La ville s'agrandit ensuite sur les pentes coniques de la colline. San Román présente l'une des trois portes polylobées d'influence orientale de notre parcours. On en a vu une à Puente la Reina, on verra la troisième à Estella. Puis on redescend au-delà des murs-remparts par la Calzada, ancienne chaussée romaine qui va jusqu'au bout du coteau, franchit un ruisseau affluent du Salado sur un pont à dos d'âne, romain ou roman lui aussi, puis traverse la route…

PAR LA CALZADA, CHEMIN FAISANT

Entre le chemin et un sommet en forme de castrum, s'étendait au XIe siècle un village au nom latin de Urbe. En 1247, on y mentionnait même un palais… Son déclin commença au XVe siècle, avec les dégâts causés par les luttes entre le roi Jean et le prince de Viana. À la fin du XVIIIe siècle, il fut totalement abandonné. Il n'en subsiste qu'une sorte de demi tour ronde, à mi-pente : en fait, l'abside de l'ancienne église Nuestra Señora.

LES CHEVAUX MOURURENT AU BORD DU SALADO

Entre Cirauqui et Lorca, un kilomètre après Urbe, un pont à deux arches ogivales franchit le Salado (le salé), aujourd'hui régularisé par l'embalse de Alloz un peu au nord. C'est à ces eaux réputées saumâtres qu'Aymeri Picaud, auteur du Guide du pèlerin, attribuait l'empoisonnement de ses chevaux, qui, nota-t-il, furent aussitôt dépecés au couteau par les Navarrais.
Il est trop tard pour se livrer à une autopsie et nous ne saurons jamais ce qu'il y avait de vrai. D'une part, l'auteur du Codex avait une dent contre les Basques et ne perdait jamais l'occasion de glisser dans son récit une méchanceté contre eux. D'autre part, son époque voit effectivement se développer la grande rivalité qui finira en émeutes entre autochtones et francs-bourgeois. Ceux-ci montrent leur mépris du Navarrais en lui donnant l'étymologie fantaisiste de non veru : pas vrai, illégitime…

LA BATAILLE DE LORCA

Le nom de Lorca viendrait, dit-on, de l'arabe al-Aurque (la bataille) en raison de celle qu'y perdit en 920 Sanche Ier de Navarre, vaincu par le musulman Abenlope. Lequel était, s'il se trouve, tout aussi basque que lui : ce Ben-Lope islamisé pouvant être un fils de Lope, loup, c'est-à-dire d'Otsoa, comme ses cousins chrétiens les Lopez. Allez savoir… Église ogivale El Salvador, très simple, avec chevet roman du XIIe siècle, adjonctions du XVIIe siècle, retable Renaissance, le côté de l'épître dédié à saint Jacques. En face, l'ancien hôpital. Maisons blasonnées.

PAR VILLATUERTA LA ROMANE, CHEMIN FAISANT

Un nouveau pont ogival à deux arches sur le río Iranzu précède Villatuerta. Villatuerta avait en 1061 un monastère San Miguel (XIe siècle) donné cette année-là au monastère de Leyre. Il en reste, à 500 mètres après le village, quelques rares vestiges à la chapelle San-Miguel, totalement restaurée en 1965, comme ces traces d'un chevet semi-circulaire, remplacé depuis par un mur droit.
L'église paroissiale de la Asuncion (roman tardif, XIIe et XIVe siècles, nef unique et chevet polygonal) présente d'intéressantes sculptures dont un arc brisé provenant de l'ermitage voisin de San Román.
Après Villatuerta, deux voies s'offraient au pèlerin de jadis : le chemin actuel vers Estella et un chemin primitif passant au sud par le village déserté de Zarapuz, où ne subsiste qu'une ferme, puis par le monastère d'Irache. Le roi aragonais Sancho Ramirez imposa dès le XIe siècle la solution d'Estella, malgré la résistance des moines de San Juan de la Peña, liés au monastère bénédictin de Zarapuz. Vers 1140 en tout cas, Aymeri Picaud passe bien par *"Estella où, dit-il, le pain est bon, le vin excellent, la viande et le poisson abondants, et qui regorge de tous délices"*.

ESTELLA, LA VILLE DE L'ETOILE ?

À l'époque romaine, Estella s'appelait Gebalda. Son nom actuel viendrait d'un miracle observé en 1085 : une pluie d'étoiles aurait fait découvrir aux bergers la statue de Notre-Dame-du-Puy, et le lieu aurait alors pris le nom d'Izzara en basque, de Bella Stella en latin et d'Estella, pour Estrella, l'étoile, en castillan. Belle légende proche de celle de Compostelle, et bien utile au demeurant pour bâtir une ville nouvelle autour du château d'Estella plutôt qu'autour du monastère de Zarapuz… Mais les linguistes penchent plutôt pour une étymologie en forme de pieux calembour. Elisarra aurait d'abord désigné l'ancienne église du hameau basque initial, vite transformé en Lizarra, puis en Estella…
Quoi qu'il en soit, à la suite de la reprise du site en 914 aux musulmans, la ville fut bien choisie par le roi comme étape sur le chemin et du coup si fortement francisée que deux

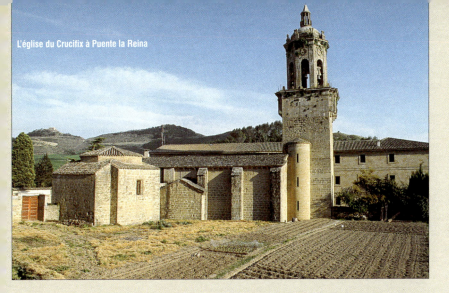
L'église du Crucifix à Puente la Reina

cents ans plus tard "on y parlera provençal", entendons sans doute par là occitan.

En 1492, Jean d'Albret y fait accueillir les juifs expulsés de Castille, "car ce sont des gens dociles et de raison". Quand, en 1512, Ferdinand d'Aragon s'empare de la Navarre, son colonel Vilaba fait sauter le château d'Estella, et par contrecoup, une partie du cloître de San Pedro de la Rúa.

En 1883, les carlistes y proclament don Carlos roi d'Espagne et, depuis, s'y réunissent chaque 7 mai au Montejurra. La mairie de la ville est aussi le siège de l'association Los Amigos del Camino de Santiago.

LES MONUMENTS DE LA "TOLEDE DU NORD"

Aymeri Picaud avait raison : les richesses de cette "Tolède du Nord" sont innombrables et force nous sera de les résumer.

Estella se présente comme un conglomérat de paroisses soudées par le temps en deux parties principales séparées par le río Ega, que franchissent plusieurs ponts, dont celui des Pèlerins, pastiche en dos d'âne reconstruit en 1971 : au sud le quartier franc, qui est aussi celui de la Rúa, d'une grande densité monumentale ; au nord, le quartier navarrais, devenu aujourd'hui le plus commerçant. Esquissons une visite suivant le "parcours du Pèlerin" qui verra successivement :

- Le Santo Sepulcro, harmonieuse église du XIIe siècle dotée en 1328 d'un portail gothique sculpté.
- Dans la Rúa, le palais des Gouverneurs, du XVIIe siècle, très délabré, et la magnifique Casa de Fray Diego, du XVIe siècle.
- Le Palacio Real, palais dit "des rois" aurait plutôt été une sorte de Bourse des valeurs au XIIe siècle ; bel exemple en tout cas d'architecture civile romane, avec fenêtres géminées et chapiteau représentant le combat de Roland et de Ferragut. C'est désormais le musée Gustave Maeztú (peintre navarro-cubain : 1887-1947).
- San Pedro de la Rúa, église romane, possède le troisième portail polylobé du parcours, après Puente la Reina et Cirauqui. Et, surtout, un splendide cloître sculpté aux colonnes obliques, qui, lorsque l'église est fermée, peut néanmoins être aperçu de la route passant au-dessus.
- Sur l'autre rive, San Miguel, église de Saint-Michel Archange, se dresse sur la hauteur comme un défi navarrais au quartier franc : transformée à l'époque gothique, mais gardant de son origine romane un portail nord richement historié, elle a été bien reprise par les monuments historiques, son architecture élancée mise en valeur dans l'écrin d'une place contemporaine, modèle de calme et d'austérité.

POUR CEUX QUI ONT LE TEMPS DE RAYONNER

Si l'on séjourne plus longuement à Estella, on pourra voir encore :
- L'église San Pedro de Lizarra (tout au nord), romane à chevet ogival.
- Le couvent gothique de Santo Domingo (au sud) fondé en 1259 par Thibault de Champagne.
- Sa voisine l'église Santa María del Castillo : abside romane avec de beaux modillons.
- Hors chemin, à une dizaine de kilomètres au nord d'Estella, le monastère d'Iranzú, bel exemple du style cistercien, issu de Cluny, mais poussant plus loin la recherche d'une harmonie née de la seule sobriété. Il y avait dès 1007 un monastère bénédictin de San Adrián, que Pierre de Paris, évêque de Pamplona en 1176, attribua à l'ordre de Cîteaux. Abandonné lors de la loi de desamortizacion, il a été depuis réaménagé et restauré.

6ème étape — 20,6 km — 5h15

Blés avant Los Arcos

Estella

Los Arcos

ÈS LA SORTIE D'ESTELLA, un choix cornélien s'impose : aller au plus court vers Azqueta ou bien faire le crochet par Irache. La beauté et la longue histoire du monastère méritent bien sûr un petit détour. Le marcheur sera récompensé de son surcroît d'effort (qui donne soif) par la découverte d'une fontaine à vin mise à la disposition des pèlerins par les bodegas d'Irache. Un quart, ça va, une gourde, bonjour les dégâts… Est-ce pour cette raison que la suite de l'étape est d'un tracé évident ?

Un parcours à travers champs, puis sous les chênes verts, nous conduit en droite ligne au pied de la colline de Monjardín, puis passe près d'une citerne gothique qui renferme une eau aussi pure que fraîche ! Passé Villamayor, le décor s'ouvre sur l'immensité des champs, loin des villages, des routes et des arbres. Pèlerin, trois heures durant, prépare-toi à n'entendre que le son de tes pas sur les gravillons de la piste. Les façades blasonnées et la belle église baroque de Los Arcos ne peuvent faire oublier que le village est à la croisée des routes. Ici, il y a comme un parfum de *Bagdad Café* et de Route 66 dans les bars pour routiers.

Fontaine à Monjardín

Marcheur dans l'immensité

RENSEIGNEMENTS PRATIQUES

✠ VILLAMAYOR DE MONJARDÍN

➔ Bar-restaurant, médecin

➔ Refuge privé, 25 pl., CO, 5 €, repas 6 €, pdj 3 €, ouvert de mai à oct., AP 16h-23h, Fondación Holandesa Oasis Trails (en face de l'église), 948 537 136

✠ LOS ARCOS (31210)

➔ Commerces, services, cars

➔ OT, plaza de los Fueros 1, 948 441 142 ou 004, www.losarcos.es

➔ Refuge pèlerins Isaac Jacob, 72 pl., CO, 3 €, GV, coin cuisine, laverie, AP 12h-23h, ouvert du 01/04 au 30/10, s/n San Lazaro, Asociacion de Amigos de Santiago de Navarra, refuge 948 441 091 ou responsable 948 640 230

➔ Refuge privé Casa Alberdi, 22 pl., CO, 6 à 8 €, coin cuisine, GV, ouvert toute l'année, AP 11h-23h, c/ Hortal 3, M. Alberdi, 948 640 764

➔ Refuge privé Casa Romero, 28 pl., CO, 6 €, coin cuisine, GV, ouvert toute l'année, AP 7h-22h, c/ Mayor 19, 948 640 083

➔ Refuge privé Las Fuentes - Casa de Austria, 48 pl., CO, 6 €, pdj 3 €, coin cuisine, GV, c/ traversia del Estanco 5, 948 640 797

➔ H Ezequiel, 14 ch., nuitée de 33 à 44,50 €/2 p. (selon ch. et saison), pdj 4,95 €, repas 12,35 €, La Serna 14, 948 640 296

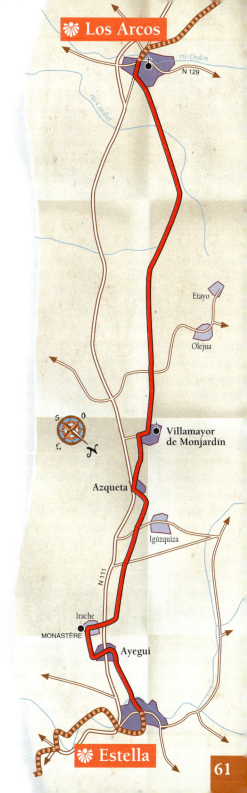

00,0 Estella. Carrefour avec feux et sculpture moderne au centre du rond-point. Contourner par la droite (en longeant la station-service *Avia*) afin de prendre à l'opposé sur la droite un chemin pierreux en montée. À 100 mètres, bifurcation : suivre à gauche le long d'une usine.

00,4 Bifurcation (sur la gauche concessionnaire *Fiat*). Prendre tout à droite le chemin cimenté qui va monter, puis entrer dans Ayegui. On empruntera dans le village la c/Camino de Estella, puis la c/Camino de Santiago, cimentées et montant (Sud-Ouest) avant d'aboutir…

01,2 À l'entrée de la place San Pelayo. Deux options : à gauche par le monastère d'Irache pour les soiffards ; à droite (en face) par Azqueta pour les marcheurs sobres. (Aidons les premiers qui risquent sinon sous peu de tourner en rond fort longtemps !) Prendre à gauche une ruelle cimentée qui descend jusqu'à la N 111. Traverser et emprunter presque en face un chemin bétonné, puis de gravillons, qui remonte vers le monastère.

01,9 Ne pas laisser à droite sans y avoir goûté la *Fuente del vino* (des bodegas de Irache). Le chemin débouche ensuite sur une place ombragée devant l'entrée du monastère (570 m). Croisement : continuer en face par une route cimentée, puis de gravillons, qui longe à gauche la Granja d'Irache.

02,6 Bifurcation : prendre à droite une piste horizontale (indiquant "GR 65, Los Arcos 17 km"). À 400 mètres, on bute sur la N 111. Traverser la route et emprunter en face la bretelle qui dessert l'hôtel *Irache* et un complexe de loisir. Poursuivre par un chemin de terre (Ouest-S.-O.) en laissant deux embranchements à droite.

03,9 Franchir un "boyau" sous une route. À 300 mètres, portillon : on pénètre dans une chênaie. Le chemin devient très défoncé avec des ravinements dans la montée.

04,6 Crête : croiser une piste et descendre en face un chemin empierré. Passer un portillon, puis traverser la route d'Igúzquiza. Le sentier continue presque en face sous les arbres.

05,5 Sortie de la chênaie, portillon. Le sentier est étroit, défoncé, puis descend fortement. (portion déconseillée aux cyclistes).

05,8 On aborde un chemin plus large, plus cyclable, qui descend un peu pour franchir le *barranco* avant de remonter durement vers le village d'…

1h35 06,3 Azqueta. La rue cimentée qui descend rejoint après 100 mètres une petite route à suivre à droite.
Stop au bord de la N 111 (que les cyclistes suivront à droite sur 1,4 km). Les marcheurs descendent de suite à droite une piste cimentée. Laisser à gauche une ferme et une grange à bétail. Après 180 mètres, carrefour en T : prendre à gauche le chemin caillouteux qui monte (Ouest).

07,3 Bifurcation : prendre à gauche un étroit sentier qui grimpe avec un muret à sa gauche. On franchit une brèche dans le mur, puis on continue à le longer à droite avec les vignes à gauche. Dans un coude à gauche, on retrouve une piste plus large. La suivre jusqu'à une…

07,8 Citerne gothique à laisser à droite. À 250 mètres, on débouche dans le coude d'une route. Prendre à droite pour se diriger (à 150 m) vers…

2h00 08,2 L'église San Andrés de **Villamayor de Monjardín.** La laisser à gauche (alt. 645 m), descendre la première rue à gauche sur une dizaine de mètres, prendre à nouveau à gauche un raidillon à suivre pendant 15 mètres, on débouche sur une ruelle cimentée, la suivre à gauche. Au bout de 50 mètres, la quitter pour emprunter à droite un chemin qui descend parmi les vignes.

08,7 Le sentier atteint une piste plus large à suivre vers la droite (elle est bordée de peupliers).

10,3 Croisement avec la route goudron-

Le monastère d'Irache à Estella

née d'Olejua. Poursuivre en face (fontaine sur la droite).

13,0 La piste est rejointe à gauche par un chemin venant de la N 111. Poursuivre tout droit en légère montée. Au point haut, laisser sur la droite un chemin menant à des bâtiments agricoles.

14,4 Quitter la piste et suivre à droite un chemin défoncé. Après 400 mètres, on retrouve une piste large formant un coude. La suivre à droite en montée.

15,2 Point haut et borne. Quitter la piste pour emprunter un chemin herbeux à gauche (Sud). À 400 mètres, le chemin vire 90° à droite, vers l'Ouest, et s'élargit. Puis il file tout droit.

16,5 À nouveau, le chemin vire 90° à droite, puis, après 100 mètres, oblique à gauche. Après 500 mètres, la piste franchit un pont en ciment sur un ruisseau.

17,5 Bifurcation. Laisser la piste filant vers la droite. Continuer à gauche (en face) et se diriger vers la base d'une colline couverte de conifères qu'on laissera à gauche.

18,1 Arrivée sur une piste plus large qu'il faut suivre vers la gauche. À 300 mètres, fourche : continuer tout à droite par la piste qui monte parmi des champs d'oliviers.

19,1 Point haut, le village de Los Arcos est en vue. Entrée du village : traverser par la rue principale la c/Mayor jusqu'à une placette où l'on tournera à droite afin de rejoindre la plaza de Santa Maria.

5h15 20,6 Los Arcos. Église (444 m). Passer sous la vaste porte et franchir le pont sur le río Odrón pour rejoindre le refuge, installé dans les bâtiments sur la droite.

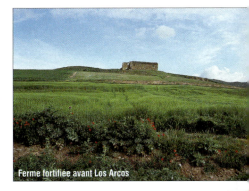

Ferme fortifiée avant Los Arcos

Balcons à Irache

🛆 LE PELERIN MALADE ET L'EVEQUE DE PATRAS

Outre celle des étoiles, Estella s'honore de deux autres traditions légendaires. D'abord celle du pèlerin malade qui, abandonné par ses compagnons de route et dépouillé par eux de son bourdon, pria si fort l'apôtre que celui-ci fit pousser dans le cloître une tige de rhubarbe. Et l'homme en fit sa nouvelle canne pour reprendre la route. La seconde, plus proche de l'histoire, est celle de l'évêque grec de Patras qui, sur le chemin de Saint-Jacques, mourut ici en l'an 1270. Le lendemain de ses obsèques, un sacristain vit une lueur sur son tombeau, que les prêtres firent aussitôt ouvrir. On trouva sur le corps les deux reliques que portait le prélat : un insigne et l'omoplate de saint André. Sa dalle funéraire se trouve dans le cloître de San Pedro de la Rúa, et les reliques dans l'une des chapelles.

🛆 NUESTRA SENORA DE ROCAMADOR

En sortant d'Estella, on passe près de Nuestra Señora de Rocamador, église mariale dont le nom indique bien les relations avec Rocamadour et l'influence du chemin français. L'église, très remaniée au XVIIe siècle, garde un chevet roman avec des modillons et une Vierge assise (début XIIIe siècle). Voir aussi côté évangile, un Saint-Jacques pèlerin du XVIIe siècle, de facture populaire.

🛆 IRACHE : LE PREMIER HOPITAL DE NAVARRE

Mentionné dès 958, le monastère de Santa María la Real d'Irache, au pied du mont Montejurra (celui des carlistes…), vaste quadrilatère flanqué d'une église romane à tour carrée, existait sans doute dès l'époque wisigothe. En tout cas, son hôpital, fondé en 1050 par Garcia de Nájera fut le premier en date de Navarre, avant même celui de Roncevaux. Le monastère cistercien abrita à partir de 1569 une université qui, en 1824, sur son déclin, fut transférée à Sahagun. L'église, de style transition (fin XIIe siècle), présente un chevet roman, trois nefs ogivales, quatre grandes statues d'évangélistes à la croisée du transept et une coupole sur trompes, proche parente de celles de Salamanque et de Zamora. Le cloître, richement orné, est du XVIe siècle et les bâtiments du XVIIe siècle. (La statue de Santa María la Réal, du XIIe siècle, recouverte d'argent, et le reliquaire plateresque de San Veremundo, abbé d'Irache, ne sont plus là : on les a transférés en l'église de Dicastillo, au sud d'Estella, après la loi de desamortización.)

🛆 LA FONTAINE DE VIN D'IRACHE

Sponsoring et tradition se mêlent ici avec une saveur toute espagnole. Au bord du chemin, près du monastère, la fontaine de vin installée par les Bodegas Irache (caves) donne gratuitement à son robinet, mais aux seuls pèlerins, à volonté ou du vin ou de l'eau. Bon vin, d'ailleurs ! Et le texte, tout aussi savoureux, dit :

"Peregrino, si quieres llegar a Santiago Con fuerza y vitalidad De este gran vino echa un trago Y brinda por la felicidad." ("Pèlerin, si tu veux arriver à Santiago — avec force et vitalité — de ce grand vin avale un coup et trinque à la félicité.") Tout un programme…

🛆 PAR VILLAMAYOR, CHEMIN FAISANT

- L'église médiévale primitive d'Ayégui se dresse au sommet de la colline où passait le chemin primitif du XIIe siècle. En 1060, le roi Sancho de Peñalén céda ce lieu au monastère d'Irache, qui le conserva neuf siècles, jusqu'à la loi de desamortización.

- Le château de Monjardin, qui domine Villamayor, s'appela d'abord San Esteban de Deyo et a pris le nom de la hauteur conique sur laquelle il fut construit au Xe siècle, après que Sancho Garcés Ier eut pris aux Maures cette position déjà mentionnée en 833 dans leurs chroniques.

- La Fuente de los Moros, la fontaine des Maures, juste avant Villamayor, est une petite merveille gothique. En fait, son ouverture sculptée ne donne qu'une modeste idée de la profonde citerne où l'on descend par des marches nombreuses et raides. L'eau y reste fraîche, même en été, et une truite y nage, garantie de propreté.

- Villamayor a une église romane du XIIe siècle, San Andrés, à nef unique et chevet semi-circulaire avec une tour baroque du XVIIe siècle. Les chapiteaux du portail roman représentent l'un une Vierge à l'Enfant et l'autre un combat de chevaliers. Dans la sacristie, croix processionnelle de Monjardin (XIIIe siècle).

- Entre Villamayor et Los Arcos, nous nous enfonçons dans un vide prodigieux, avant-goût de désert, meublé seulement de loin en loin de bergeries et de despoblados. Ainsi ont fondu dans le paysage les villages disparus d'Aderreta, Cogullo et Yaniz, mentionnés du XIe au XIVe siècle.

- Après Yaniz, et avant de frôler la curieuse montagne des Cogoticos de la Raicilla, on aperçoit, à une bonne lieu à droite, sur une forte hauteur, le sanctuaire de San Gregorio Ostience, qui possède un beau retable.

🔅 LOS ARCOS, VILLE DES JUIFS ET DES FRANCS

Était-ce Urancia ou bien Cumonium citée par Ptolémée ? Los Arcos, en tout cas, existait à l'époque romaine, survécut et fut dotée en 1175 d'un quartier franc par Sancho VI. On l'appelait au Moyen Âge la ville des Juifs. La porte du XVIIe siècle s'ouvre sur une place à arcades. Nombreuses façades armoriées, notamment en remontant vers le nord, au pied de la colline reboisée.

L'église de l'Assomption, d'origine romane mais transformée à l'époque baroque, abrite une Vierge française du XIVe siècle, un retable gothique du XVe siècle et des stalles polychromes, un orgue somptueux du XVIIIe siècle ; gracieux cloître gothique flamboyant du XVe siècle.

La fontaine à vin d'Irache

7ème étape
28,8 km 7h15

Le chemin après Los Arcos

Los Arcos
Viana
Logroño

OICI UNE LONGUE ÉTAPE qui nous fait passer de la Navarre en Rioja, une province renommée pour ses vins. En fait, nous côtoierons la vigne ainsi que l'olivier tout au long du jour. Le tracé simple jusqu'à Sansol dans un décor quasi biblique donne le ton. La chapelle romane du San Sepulcro à Torres del Río nous confirme si besoin était que beauté rime souvent avec simplicité. Ensuite le tracé se complique un peu. Le Chemin se livre à une partie de cache-cache avec la N 111 et joue aux montagnes russes, de plateau en vallon.

La richesse de Viana et l'ombre fraîche de ses vieilles rues seront propices à une pause prolongée aux heures chaudes, car il reste une plaine peu arborée à traverser avant d'atteindre les rives de l'Ebro et la ville de Logroño. Encore une cité superbe à explorer à l'heure du paseo sous la protection d'un Santiago apposé sur la façade de son église sous les traits belliqueux du Matamoros. Le refuge installé dans une demeure du XVIIIème siècle est l'un des plus agréables du Chemin, l'assurance d'un bon repos après une journée bien remplie !

Église à Viana

👣 RENSEIGNEMENTS PRATIQUES
✤ TORRES DEL RÍO (31229)

→ Ravitaillement, bar, restaurant, médecin, cars

→ Refuge privé à l'Hospital de Peregrinos, 32 pl. + matelas, CO, 7 €, GV, ouvert toute l'année, AP été 13h-22h, hiver à partir de 16h, c/ Mayor 3, Asociación Via Lactea, Carmen 948 648 051

→ Refuge privé Casa Mari, 21 pl., 6 €, coin cuisine, laverie payante, GV, accueil équestre, 948 648 409

✤ VIANA (31230)

→ Petits commerces, services

→ OT, bajos Ayuntamiento s/n, 948 446 302, www.viana.tk

→ Refuge pèlerins Andrés Munoz, 54 pl., CO, 4 €, coin cuisine, ouvert toute l'année, AP 12h-22h, s/n San Pedro, 948 645 530

→ P Casa Armendariz, 7 ch., nuitée de 33 à 36 €/2 p. (selon saison), repas 9 €, Navarro Villoslada 19, 948 645 078

→ Accueil à l'église Santa María, PO

✤ LOGROÑO (26071)

→ Tous commerces, services, AJ, gares RENFE et routière

→ OT, paseo de El Espolon 1, 941 291 260, www.logro-o.org

→ Refuge pèlerins, 68 pl. + 30 matelas, CO, 3 €, coin cuisine, laverie, GV, ouvert toute l'année, AP été 14h30-22h30, hiver 15h30-21h30, rua Vieja 32, Asociación Riojana de Amigos del Camino de Santiago, 941 260 234 ou 941 239 201

→ Camping la Playa, 248 empl., tente 7,20 €/pers., ouvert du 09/4 au 30/9, av. de la Playa 6-8, 941 252 253

Pèlerin en quête d'information

L'église du Santo Sepulcro à Torres del Rio

Santiago Matamoros, à Logroño

00,0 Los Arcos. Plaza de Santa Maria, au pied de l'église. Passer sous le vaste porche et franchir le pont sur le rio Odrón pour rejoindre le refuge, installé dans les bâtiments sur la droite. Monter en face par la c/San Lázaro, puis ruta Jacobea.

00,3 Laisser à droite l'entrée du cimetière. Fin du goudron, y succède un chemin gravillonné.

00,6 Laisser à gauche la chapelle San Lázaro. Aller tout droit, carrefour à 300 mètres. Laisser à gauche un transformateur électrique, le chemin file rectiligne (Ouest-S.-O.) à travers champs et vignes.

01,2 Laisser une piste partir à gauche, et une aire de pique-nique.

03,2 Quitter la piste devant une petite construction en pierres sèches (abri ou citerne). Prendre à droite (Nord) un chemin terreux parmi les vignes et les oliviers. Il s'incurve à gauche, croise une piste après 100 mètres. Continuer en face par un chemin de terre (≈ Ouest).

04,6 Point haut au milieu des vignes.

05,4 Franchir l'*arroyo* San Pedro sur un pont cimenté. Après 250 mètres, laisser à gauche un chemin. Monter à droite (en face).

05,7 Carrefour en T : Emprunter à gauche la petite route NA 7205.

1h45 07,0 Sansol. Traverser le village par la c/Real en laissant à droite la Plaza Mayor, aller jusqu'au stop. On bute sur la N 111 : la suivre à droite pendant 60 mètres. Quitter la route pour descendre à gauche une piste bitumée, puis cimentée ; on atteint un sentier que l'on suivra à droite, descente raide. Passer sous la route de Lazagurria, au fond du vallon ; on rejoint une autre route pour franchir le pont sur le río Linares.

07,7 Torres del Río. Après le pont, carrefour de rues cimentées : remonter en face la c/Bagera. Pentue, elle conduit à l'église romane du Santo Sepulcro. Laisser l'église à droite pour continuer à monter. Laisser un embranchement à gauche vers le refuge privé. La rue principale nous fait sortir du village par une piste cimentée en montée.

08,3 Cimetière à gauche, fin du ciment : continuer à travers les vignes au (S.O.) par un chemin empierré qui va descendre dans un vallon.

09,0 Carrefour de chemins au fond du vallon. Prendre à gauche un chemin herbeux qui monte raide vers un coude de la N 111. Poursuivre à gauche de la route : nouvelle descente et montée...

09,7 Bifurcation : emprunter le chemin gravillonné montant à droite jusqu'à toucher la N 111, peu avant la borne p.k. 71. Poursuivre par un sentier en contre bas à gauche de la route. Après 300 mètres, on longe le bas-côté de la route.

Les cyclistes ont intérêt à rejoindre Viana par la N 111 à partir de ce point.

10,2 Traverser la N 111, emprunter à gauche un sentier parallèle à la nationale.

Passer sous un bosquet de conifères, couper une piste et laisser à gauche l'*ermita* NS de Poyo.

10,7 Retrouvailles avec la N 111 que l'on suivra à droite le temps d'un virage…

11,1 Sortie de virage, quitter la route pour grimper à droite un sentier. À la première bifurcation, monter à gauche jusqu'au plateau. C'est raide ! Une piste plus large et plane lui succède.

2h50 11,5 On bute sur la **route de Bargota** : l'emprunter à gauche pendant 80 mètres. Prendre à droite une piste goudronnée ; fourche à 10 mètres : suivre à droite un chemin empierré en descente.

12,2 Coude à gauche, laisser un petit embranchement à droite. Le chemin se rétrécit, devient plus pentu et rocailleux.
Fond du vallon, planté d'oliviers. Le chemin se poursuit sur le flanc opposé en virant à gauche (Sud).

12,9 On rejoint une piste plus large et gravillonnée, la descendre à gauche (en face). Après 250 mètres, au fond du vallon, bifurcation : prendre à gauche (en face). Passer un gué, la piste remonte vers la N 111. On reste en contrebas à droite de la route.

13,3 Bifurcation : s'engager à droite dans un chemin défoncé en descente. Il franchit le vallon, au pied du flanc opposé…

13,6 Carrefour en T : prendre à gauche un chemin horizontal. Après 300 mètres, laisser monter un embranchement à droite.

14,1 Carrefour de pistes : prendre en face un chemin très raide qui longe un bosquet de conifères. Laisser à gauche à 100 mètres la N 111. Au sommet de la côte, laisser à droite la bergerie de Cornava.
On retrouve la N 111 que l'on traverse. Le chemin en face, d'abord horizontal, se met à grimper raide vers le plateau.

14,8 On atteint un coude de la N 111 : la suivre à gauche. Après 300 mètres, obliquer à gauche sur un chemin herbeux horizontal. Après une descente, carrefour : prendre en face légèrement à gauche un sentier qui file droit.

15,6 Longer à nouveau le bas-côté de la N 111 ; on passe par un point haut.

16,6 Obliquer un peu à gauche pour suivre un étroit sentier parallèle à la route. Après 500 mètres, le chemin devient pierreux et descend. À la fin de la descente, bifurcation : prendre à droite comme pour rejoindre la N 111. Après 60 mètres, T : suivre à gauche un sentier bordé d'arbustes.

17,4 Longer un bâtiment en briques et les premières habitations de Viana. On se rapproche de la N 111 que l'on traverse : la longer pendant moins de 100 mètres, jusqu'au…

4h30 17,8 Panneau d'entrée de **Viana.** Obliquer à droite par un chemin vers des constructions type HLM, au pied de la ville.
Couper une route et prendre en face par la c/El Cristo. On aboutit à une rampe très pentue, la c/La Pila qui débouche dans la calle Sera Pío Urra. Emprunter à gauche la calle Garraba qui nous fait passer sous un porche en brique. Virer dans la première rue à gauche…

18,4 La Plaza del Coso est une grande place avec une aire pour jouer au ballon. Prendre sur la droite, la c/Primo de Rivera qui laisse à droite l'église Santa María et la plaza de los Fueros. Continuer tout droit par la c/Navarro Villoslada.

18,8 Carrefour en T ; laisser à gauche le refuge des pèlerins. Remonter à droite en longeant à gauche les ruines de l'église San Pedro. Traverser une placette et descendre à gauche la c/San Felices. La porte en bas de la rue nous fait déboucher sur un carrefour. Descendre à gauche la c/La Rueda, puis, de suite après 60 mètres, prendre à droite la c/Fuente Vieja.
Carrefour devant une école : descendre en face une rampe cimentée qui tire à droite.

À la fourche : prendre à gauche un chemin empierré qui passe sous un saule pleureur.

19,2 Le chemin fait un coude à droite et serpente entre des jardins potagers. Après 150 mètres, franchir un ruisseau sur un pont en ciment. À la bifurcation suivante, prendre à gauche…

19,8 Couper la petite route de Moredo de Álava : continuer en face par un chemin de gravillon. On se rapproche de la N 111 (à 10 mètres à notre gauche).
Bifurcation : suivre en face (légèrement à droite) une piste goudronnée le long d'un hangar orné d'un figuier. Après 200 mètres, nouvelle bifurcation : prendre à gauche le chemin goudronné qui longe un muret avec de la vigne.

20,3 Retrouvailles avec la N 111. La traverser et suivre en face le chemin de droite, parallèle à la nationale. Après 100 mètres, on s'écarte de la N 111 : obliquer à gauche sur une route goudronnée.

20,7 Bifurcation : suivre à droite la route goudronnée.

5h30 21,7 Laisser à droite la **ermita de la Virgen de las Cuevas,** avec fontaine et aire de repos. Après 150 mètres, fin du goudron, carrefour en patte d'oie : prendre le chemin empierré du milieu. À la bifurcation, 50 mètres plus loin, obliquer à droite par un chemin en montée (Ouest).
Au point haut, laisser à gauche un hangar agricole. Le chemin tire un peu à droite.

22,7 Laisser partir à droite un faisceau de pistes peu marquées. Rester au Sud-Ouest. Après 200 mètres, nouveau point haut et bifurcation : se diriger à droite vers un bosquet de pins. Couper une piste à l'orée du bosquet que l'on traverse en se faufilant entre les jeunes arbres.

23,2 Sortie du bosquet, on bute sur la N 111. La traverser et suivre en face un sentier qui part à gauche sous les pins en suivant parallèlement la nationale.

24,0 Le chemin sort de la pinède, toujours parallèle à la N 111. Passer devant l'entrée d'une usine (Papelería del Ebro) et laisser le bâtiment à droite. Après 150 mètres, franchir une passerelle en bois avant d'emprunter une piste piétonnière et cyclable.

24,6 Coude à gauche, la piste passe un souterrain sous une route, puis un second après 200 mètres, tout en se dirigeant vers une colline.

25,2 Couper une petite route. Poursuivre en face avec en contre-haut à gauche un bâtiment industriel et des vignes à droite.

25,7 Point haut : on amorce la descente vers Logroño que l'on voit droit devant.

26,6 Laisser à droite la maison de Felicia qui recensait les pèlerins jusqu'en 2002 contre distribution de sello et de figues. (Felicia n'est plus, mais sa fille assure la relève.)

27,2 Après une forte descente, notre route aboutit à la N 111 que l'on suivra à droite. Laisser à droite le grand cimetière de Logroño. Poursuivre par la Carretera Mendavía jusqu'à un…

27,6 Carrefour ; feux : emprunter à gauche le pont sur l'Ebro. À la sortie du pont (384 m), au carrefour, s'engager à droite dans la rue pavée, la rúa Vieja.
Laisser à gauche le refuge des pèlerins, installé dans un vieil édifice au n° 32. Poursuivre tout droit pour traverser la c/Sagasta. On débouche sur la Plaza de Santiago : passer devant la fontaine des Pèlerins et sous la statue de Santiago Matamoros, sur la façade de l'église Santiago (à droite). Continuer tout droit par la c/Barriocepo, l'une des plus anciennes rues de la ville.

28,5 On débouche sur la Plaza del Parlemento. Se déporter à droite afin de passer sous le porche de la Puerta del Camino. Obliquer à gauche pour se diriger vers une grande place ornée au centre d'une fontaine…

7h15 28,8 Logroño. Plaza del Marqués de Murrieta, rond-point avec fontaine.

Pèlerins au milieu des vignes

PAR LES DESPOBLADOS, CHEMIN FAISANT

San Blas ou San Lazaro ? C'est selon les auteurs. En tout cas, l'ancienne chapelle devant laquelle on passe en quittant Los Arcos, annexée par une habitation, a un bien beau chevet roman (XIIe siècle).

Puis reprend le long chemin rectiligne et poudreux dans la plaine sans limite…

On comprend en se hâtant lentement qu'Aymeri Picaud ait préconisé de faire cette étape à cheval : *"… a Stella usque ad Nageram urbem, scilicet equitibus."*

Après un petit pont, le nom de Melgar n'est plus que celui d'une vigne. Ce fut auparavant un village déserté et, encore bien avant, un hôpital dont on connaît les commandeurs jusqu'en 1292.

Sur la rive est du río Linares, Sansol (quelques belles maisons armoriées…) est comme l'antichambre de Torres del Río, rive ouest, sur lequel on a un point de vue spectaculaire : les deux villages n'en forment plus qu'un, à cheval sur la rivière. Mais le clou du spectacle est de l'autre côté du pont.

LA CHAPELLE OCTOGONALE DE TORRES DEL RIO

À Torres del Río, la chapelle romane du Santo Sepulcro (XIIe siècle) a la même forme octogonale, attribuée aux Templiers, que celle d'Eunate et celle du Sancti Spiritus de Roncevaux ; mais elle a conservé sa lanterne des morts, clocheton qui brillait dans la nuit, et auquel conduit l'escalier faisant face à l'abside en cul-de-four. La coupole hispano-arabe aux nervures en étoile ressemble à celles d'Oloron-Sainte-Croix et de l'hôpital Saint-Blaise, sur le versant français. Beaux chapiteaux et Christ hiératique. Dans le village, encore des maisons blasonnées. En haut, l'église San Andrés est du XVIe siècle.

VERS VIANA, CHEMIN FAISANT

Reconstruite au XVIIIe siècle, la chapelle Nuestra Señora del Poyo (Notre-Dame-du-Puy), haut perchée sur son belvédère, fut signalée par des pèlerins aux XIIe, XIIIe et XVe siècles. Au lieu-dit Cornava était l'un des sept villages qui en 1219 participèrent à la fondation de Viana. Ses habitants y partirent alors. Une chapelle Santa María y existait encore au XVIe siècle. Seule subsiste aujourd'hui une grande bergerie, et le nom, donné à un ruisseau.

VIANA, LA VILLE DES PRINCES DE NAVARRE

La ville de Viana fut fortifiée en 1219 par Sanche VII le Fort pour protéger les frontières de la Navarre. Elle était devenue depuis 1054 l'ultime localité sur le chemin jacobite. (Cette année-là, à la bataille d'Atapuerca, le castillan Fernando Ier vainquit son frère navarrais Garcia El de Nájera et lui enleva les territoires plus à l'ouest ; leur père, Sancho el Mayor, avait été un roi unificateur de l'Espagne, mais ses fils et filles se disputèrent ses terres.) Au XVe siècle, Charles III fit de la principauté de Viana (Vianne) l'apanage des fils aînés des rois de Navarre, titre que reprirent donc aussi les dauphins de France après Henri IV, roi de France et de Navarre.

Ultime épisode, César de Borgia, généralissime des armées navarraises fut tué en 1507 dans une embuscade lors d'un assaut castillan : une dalle dans le pavement devant la porte principale de l'église le rappelle. Les affrontements de la Castille et de la Navarre ayant pris fin, la ville put en 1512 racheter ses murailles au roi.

UNE CITE A L'ATMOSPHERE MEDIEVALE

Le plan de Viana est régulier comme celui d'une bastide française. Les entrées de la ville, les vieilles rues dallées gardent une atmosphère médiévale. L'hôtel de ville de 1688, avec deux tours, est un bel exemple d'architecture civile. Les hôtels Renaissance ou baroques abondent. Mais il faut surtout voir l'imposante église Santa María (XVe et XVIe siècles), grande comme une cathédrale avec sa haute façade richement ornée, son triforium de 90 mètres, ses multiples chapelles, dont une avec un retable de saint Jacques début XVIIe siècle, ses orgues XVIIIe siècle, son trésor.

De l'église San Pedro, antérieure, ne subsistent que des ruines, intéressantes cependant : les murs, le chevet du XIIIe siècle, une porte baroque ajoutée en 1740, un balcon ouvert sur la plaine de las Cañas. Tout à côté, le luxueux refuge de l'albergueria Andrés Muñoz, perpétue la tradition hospitalière d'une ville qui eut quatre hôpitaux. Et notamment l'ancien hospice des pèlerins qu'on peut voir, beau bâtiment devenu centre culturel, dans la rue Navarro Villoslada. Celle-ci n'est autre que l'ancien chemin des XIIIe et XIVe siècles.

DE VIANA A LOGROÑO, CHEMIN FAISANT

À la sortie de Viana, en direction de Cuevas, le chemin franchit un vado sur un ruisseau, par un gué aménagé sur de grosses pierres.

L'étape de Cuevas (grottes, caves, le Covas d'Aymeri Picaud qui en décriait la qualité de l'eau) disparut avec la création de Viana. Il reste néanmoins une jolie église isolée dans une peupleraie, toujours en service, Santa María de las Cuevas, et aussi les ruines de celle des Trinitaires.

La Laguna de las Cañas (des roseaux) est un paysage marécageux aménagé en retenue de 100 hectares, servant à l'irrigation, et abritant flore aquatique et oiseaux migrateurs. D'intérêt plus écologique que jacquaire : quel changement cependant pour le pèlerin qui la longe !

Nous passons de la Navarre à la Rioja : désormais, balises jaunes, bornes gravées de la coquille. Et nous longeons bientôt par le nord, puis par l'ouest, le Monte Cantabria, forte colline qui domine de 100 mètres la plaine de l'Ebre. Des fouilles archéologiques ont mis au jour à son sommet les vestiges d'une cité fortifiée qui dut exister depuis le IIIe siècle avant J.-C. jusqu'au XIIe siècle de notre ère.

LA RIOJA, PROVINCE DISPUTEE

La Rioja, dans laquelle nous sommes entrés entre las Cañas et le Monte Cantabria, est une riche province agricole, célèbre par son vin, baignée par l'Ebre, pays du rhéteur latin Quintilien (Ier siècle), du poète Prudence (né en 348), du poète castillan Gonzalo de Berceo (XIIe siècle) et de plusieurs saints et martyrs. Logroño, sa capitale, a été peuplée en 905 par Sancho Abarca, roi de Navarre, pour garantir le passage sur l'Ebre et l'accès aux terres reprises aux musulmans à la suite de la bataille de Clavijo (voir plus loin). Une nouvelle population s'installe alors sur la rive gauche, le long du chemin. Et en 1044, dans la rúa Vieja, artère principale, s'élève un palais des rois de Navarre. Mais en 1095, le roi de Castille, Alphonse VI, qui s'est emparé de la Rioja, consolide sa conquête en accordant à Logroño un *fuero* garantissant la libre circulation sur le pont. C'est la prospérité économique assurée... Au XIIIe siècle, la ville, qui compte de nombreux hôpitaux, s'entoure de fortifications. Son château sera démoli au XVIIe siècle. Entre Navarre et Castille, la Rioja est aujourd'hui redevenue, dans le cadre du fédéralisme espagnol, une communauté autonome, avec son gouvernement provincial.

LOGROÑO : D'ABORD UN PONT SUR L'EBRE...

Nous entrons à Logroño par un pont de pierre sur l'Ebre. Il est la clef du développement de la cité. Sans doute ses sept arches actuelles en plein cintre, ses piles cylindriques, ne datent-elles que de 1884. Mais il remplaçait un pont véritablement roman qui aurait été construit au XIIe siècle par San Juan de Ortega, le saint bâtisseur que nous rencontrerons plus loin. Et probablement son pont qui, d'après une description du XVIIIe siècle, avait douze arches et trois tours de défense, remplaçait-il lui-même un premier ouvrage du Xe siècle...

LE PELERIN DANS LA CAPITALE DE LA RIOJA

Le pont franchi, le pèlerin traverse Logroño par les pavés de l'antique rúa Vieja entre de vieilles maisons pleines de caractère, auxquelles une campagne de rénovation a rendu leur jeunesse.

L'une des premières, grosse maison du XVIIIe siècle au numéro 32, a été transformée par la municipalité en refuge du pèlerin. On y organise aussi des conférences, des expositions et, en été, des concerts de musique ancienne dans la cour.

Le couvent à gauche du pont de pierre, à l'entrée de la ville, aurait été fondé par le père reconnaissant d'un enfant qu'aurait guéri le pèlerin nommé François d'Assise.

Tout imprégnée d'histoire jacquaire, la rúa Vieja aboutit à l'église de Santiago el Real, sur la façade de laquelle s'inscrit, dans une énorme niche, un Santiago el Matamoro en haut-relief. Cette œuvre baroque de Juan de Roan (1662), un peu maladroite mais chaleureuse, représente saint Jacques vêtu en pèlerin avec cape, mais brandissant de la main droite un sabre recourbé et chevauchant un fringant destrier qui foule aux pattes les têtes des Sarrazins vaincus.

À l'intérieur de l'église Santiago el Real (gothique XVIe siècle, avec une seule et grande nef), on retrouvera sur le retable principal un saint Jacques, mais cette fois pacifique, en pèlerin. Sur la place jouxtant l'église, se trouve la Fuente de Peregrinos, fontaine des pèlerins, à laquelle on descend par des marches, sous un fronton armorié.

La place elle-même est pavée d'une mosaïque géante figurant un jeu de l'oie (juego de la oca) carré. Il se peut que les obstacles dessinés soient inspirés par des étapes du chemin (?).

La chapelle San Lázaro

TROIS EGLISES, QUATRE TOURS

Au cœur de la cité, trois sanctuaires lancent vers le ciel leurs tours visibles de très loin :

Celle de l'église Santa Maria del Palacio (XIVe siècle) est une flèche gothique pyramidale de 45 mètres de haut, si aiguë qu'on l'appelle la aguja (l'aiguille). Elle est curieusement posée sur un cimborium (tour-lanterne). Le nom de palacio vient peut-être du fait que le roi Alphonse VII aurait fait deux siècles plus tôt don d'un palais pour permettre sa construction. L'église abrite une vierge romane en pierre polychrome, de facture bourguignonne.

Au cœur du vieux quartier, la cathédrale baroque Santa María la Redonda possède, elle, deux tours du XVIIIe siècle on ne peut plus ornées. Elle doit sans doute son nom à ce qu'elle remplaça un ancien temple rond (ou polygonal) semblable à ceux d'Eunate et de Torres del Río.

L'église San Bartolomé, du XIIe au XIVe siècle, a enfin une tour mudejar de brique avec des émaux et un haut portail de transition.

HORS CHEMIN : CLAVIJO ET LA PROCESSION DES CENT DEMOISELLES

Trois villages distincts, modestes en soi, mais chargés d'histoire, se trouvent aujourd'hui hors du chemin, à 10 ou 15 kilomètres au sud de Logroño : Clavijo, Abelda de Iregua et Sorzano. Sorzano célèbre chaque troisième dimanche de mai la procession des Cent Demoiselles (Cien Doncellas) toutes jeunes, vêtues de blanc et portant à la main un rameau de houx. Elle commémore la fin du tribut annuel des Cent Vierges, qui aurait été dû, à la suite d'un accord de paix, par la Castille chrétienne au calife de Cordoue. Ramiro Ier ayant refusé sa livraison, Abd-al-Rahmân l'attaqua en 844… et les chrétiens gagnèrent la bataille de Clavijo.

Clavijo, tout à côté, possède une église du XVIe siècle et les ruines d'un château du Xe siècle, haut perché, inaccessible par trois côtés et dominant la plaine de l'Ebre où se serait déroulée la bataille. C'est alors que saint Jacques serait apparu, à cheval et armé, en plein ciel, galvanisant les chrétiens et leur donnant une victoire dont le retentissement allait donner le signal de la Reconquista. En reconnaissance, le roi institua (et là le fait est historique) le Voto de Santiago, une dîme sur les céréales due à la cathédrale de Compostelle par les agriculteurs du Nord de l'Espagne. Elle ne sera abolie qu'en 1812 par les cortès de Cadix.

Les historiens ont souligné les invraisemblances de la légende. La seule bataille certaine opposa en fait, près d'un siècle plus tard, en 938 et à Sinancas, Ramiro II à Abd-al-Rahmân III. Mais ces événements mythiques eurent sur l'Espagne renaissante une influence semblable à celle de Jeanne d'Arc sur l'unité française. L'écho de la victoire de Clavijo, qu'elle soit vraie ou fausse, mobilisa un peuple et transforma un ensemble de guerres régionales en croisade nationale, la Reconquista.

ABELDA DE IRUEGA : GODESCALC ET LES CHIFFRES ARABES

Entre Clavijo et Sorzano, le troisième village, Abelga de Iruega, devait se trouver sur le chemin de Saint-Jacques primitif avant la fondation de Logroño, puisqu'il possédait au Xe siècle un monastère, San Martín, et que le premier pèlerin connu, Godescalc, évêque du Puy, s'y arrêta vers 950 pour faire copier un livre rare. Ce manuscrit, aujourd'hui à la Bibliothèque nationale à Paris, mentionne son séjour, dans le prologue. Ce monastère était à la fois ouvert aux influences françaises et aux savants musulmans : c'est là qu'apparurent pour la première fois en Europe les chiffres arabes, qui, se substituant aux chiffres romains et enrichis du zéro, allaient permettre un rapide développement des mathématiques.

73

8ème étape   28,2 km   7h30

Aux environs de Nájera

Logroño

Nájera

 ES ABORDS des grandes villes sont souvent redoutés par les marcheurs. La sortie de Logroño s'effectue sans encombre. On parvient vite dans la plaine, puis on atteint le parc de la Grajera. Dès l'origine de son développement, le Chemin vers Compostelle a généré un axe de circulation commerciale important à travers le nord de l'Espagne. Aujourd'hui, le tracé historique est le plus souvent recouvert par des nationales quand ce n'est pas par des autoroutes. Nous rallierons Navarrete par des pistes sereines, mais avec en bruit de fond la circulation démente du XXIème siècle. À la sortie de la ville, admirez le portail roman du cimetière, un maçon l'a déplacé pierre par pierre depuis l'ancien hospice Saint-Jean-d'Acre qui s'élevait à l'entrée de la bourgade !
Lorsque la N 120 sait se faire oublier, le parcours à travers le vignoble de la Rioja est très agréable. Nájera s'étend au pied de falaises rougeâtres. De taille modeste, la ville témoigne d'un riche passé tant jacquaire qu'historique avec son panthéon royal.

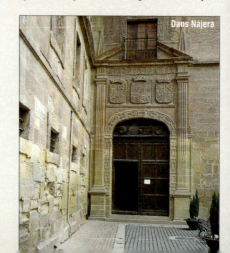

Dans Nájera

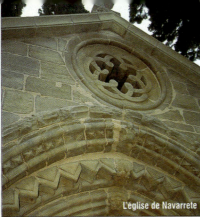

L'église de Navarrete

⚜ RENSEIGNEMENTS PRATIQUES

✦ NAVARRETE (26370)

→ Tous commerces, services

→ Refuge pèlerins, 40 pl. + matelas, CO, 3 €, coin cuisine, laverie, GV, AP 13h30-22h, San Juan 2, Asociación Riojana de Amigos del Camino de Santiago, 941 440 776

→ Centro hipico, 5 pl., poss. tentes, nuitée 12 €, 30 € (pèlerin + cheval + repas + pdj + nuitée), cuisine familiale, accueil animaux en tout genre, parking véhicules, ouvert toute l'année, au centre du village, 617 354 873 ou 941 740 078

→ À 1,5 km : camping Navarrete, 580 empl., tente 7,50 €/p., ouvert du 08/01 au 09/12, Ctra Navarrete-Entrena, 941 440 169

✦ VENTOSA (26371)

→ Ravitaillement, bar, restaurant

→ Refuge pèlerins de San Saturnino, 26 pl. + 3 ch., CO, 6 €, coin cuisine, laverie, GV, ouvert toute l'année, Medio Pereda 9, Asociacion de Perigrinos San Saturnino, 941 441 899

Avant d'arriver à Nájera : possibilité d'emprunter « El Camino Secundario a San Millan » LR 205 puis LR 204 ou possibilité de retour à Azofra par la LR 206 (on passe devant l'abbaye cistercienne de Canas)

✦ NÁJERA (26300)

→ Commerces, services

→ OT, Constantino Garrán 8, 941 360 041, www.najera.es

→ Refuge pèlerins, 60 pl., CO, PO, coin cuisine, ouvert toute l'année, plaza de Santa Maria de Real, Asociación del Camino de Santiago de Nájera, 941 363 650

→ Camping El Ruedo, 154 empl., tente 7,30 €/pers., ouvert du 01/04 au 10/09, Ctra Logroño-Burgos-Vigo, 941 360 102

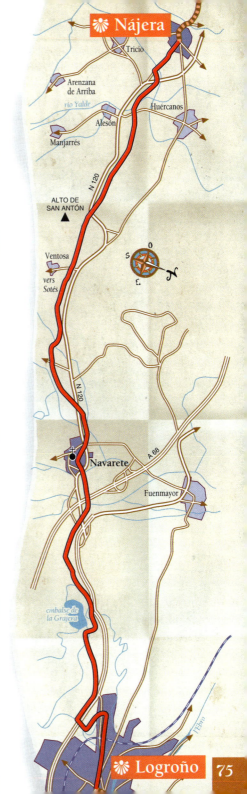

00,0 Logroño. Plaza del Marqués de Murrieta (carrefour avec des fontaines) : prendre l'avenue Marqués de Murrieta, (direction Burgos).

01,0 L'avenue passe au-dessus d'une voie ferrée (remarquer à gauche un immeuble d'habitations entouré de barbelés et de miradors !). Continuer tout droit par l'avenida de Burgos.

01,5 Quitter l'avenue après un garage *Opel* (laissé à droite), prendre à gauche une petite rue (en sens interdit) devant une station essence *Cepsa*. Après un coude à gauche, au carrefour, tourner à droite pour remonter la c/Rodejon.

02,0 Stop. Suivre à gauche la c/Prado Viejo pendant 100 mètres. Avant le bâtiment des peintures *Matthias*, remonter à droite un chemin bitumé, ensuite cailouteux.

02,5 Rond-point : le traverser et continuer en face pendant moins de 100 mètres. Descendre à gauche une rampe qui passe sous la rocade de Logroño. De l'autre côté, la piste pour piétons et vélos va en premier lieu longer la rocade, puis filer à travers champs (S.-O.).

04,3 La piste fait un Z et se poursuit, bordée de cyprès. À 300 mètres, traverser un pont sur une route. En contrebas à droite, on laissera ensuite une aire de jeux pour enfants.

04,8 En atteignant le coude d'une route, prendre à gauche et remonter durant 100 mètres. On arrive à l'*embalse* de la Grajera (464 m) que l'on suivra à droite (laisser le plan d'eau à gauche).

1h20 05,3 À l'extrémité du **barrage de la Grajera**, devant une statue moderne de Saint-Jacques, prendre un sentier à gauche, puis, à 50 mètres, franchir une passerelle en bois.
Laisser à gauche un bâtiment en brique rose (bar-restaurant). En continuant tout droit, on rencontre une piste dallée : la suivre à gauche (Ouest). Le chemin serpente entre les bosquets d'arbres : tirer à droite en laissant d'éventuels embranchements à gauche.

06,7 Laisser à gauche (à 60 mètres par le travers), deux antennes relais. À 200 mètres, T : prendre à droite une allée bitumée.

07,0 Carrefour en T : prendre à gauche (laisser à droite un bâtiment industriel peint en blanc). Le bitume cède la place aux gravillons.

07,5 Bifurcation : emprunter à droite le chemin en montée (laisser la piste de gauche qui conduit à des bâtiments ruinés). Après 300 mètres, bifurcation : continuer par la piste de droite (en face), presque horizontale.

08,6 Point haut, retour du bitume. La piste longe la N 120/232 (en contrebas à droite). Dans la descente, on laissera une scierie à gauche.

09,6 Sous l'enseigne géante du Taureau, traverser l'ancienne N 120. La suivre à gauche pendant 200 mètres. Quitter alors la route et suivre à droite un chemin filant droit vers Navarrette. Après 300 mètres, couper une petite route, continuer en face.

10,7 Bifurcation : le chemin bitumé de droite va nous faire franchir le pont sur l'autoroute A 68. À la descente, de l'autre côté, remarquer en contrebas à gauche les ruines de l'hôpital de Saint-Jean-d'Acre. Poursuivre tout droit vers Navarrete parmi les vignes et les *bodegas*.

11,7 Dans le virage à droite, gravir à gauche les quelques marches. Les cyclistes continueront sur le bitume jusqu'à l'intersection. Marcheurs et cyclistes se retrouveront pour traverser la N 120 et s'engager en face dans la rue c/La Cruz pour entrer dans…

3h00 12,2 Navarrete. Laisser à droite le bar *Los Arcos* et le refuge des Pèlerins juste à côté. Continuer par la c/La Cruz pendant encore 150 mètres : là, grimper à droite une ruelle pentue et pavée pour rejoindre le parvis de l'église. Poursuivre à gauche par la c/Mayor Alta.

Traverser la Plaza del Arco. Au bout, descendre sur la gauche la c/Arrabal. Après 150 mètres, on débouche sur l'ancienne N 120 (c/San Roque). La suivre à droite (en face), direction Najera. Laisser à droite l'embranchement vers Fuenmayor.

13,0 Arrivée sur la nouvelle N 120 : prendre à gauche. Après 600 mètres, laisser à gauche le cimetière de Navarrete (575 m), dont le fameux portail roman provient de l'hôpital de Saint-Jean-d'Acre*. Le chemin se poursuit par une piste aménagée le long de la N 120.

14,0 La piste s'écarte de la route pour filer à travers les vignes.

15,6 T : prendre à droite vers un bâtiment rose (*bodegas* de Sotés). À 400 mètres, couper une petite route (*bodegas* de Sotés sur la gauche), continuer en face par un chemin bitumé.

16,5 T : prendre à droite sur moins de 100 mètres. Avant de toucher la N 120, obliquer à gauche pour suivre la piste aménagée parallèle à la route. Le balisage impose quelques écarts à gauche à travers champs, mais revient toujours le long de la N 120.

18,2 Laisser un embranchement à gauche qui permet de rejoindre Ventosa et son refuge. Poursuivre tout droit parallèlement à la N 120.

18,9 Le chemin dessine un Z à gauche puis à droite, passe sous des lignes à H.T. avant de croiser un pèlerin à cheval : Zorro assurément !

19,4 Couper la route goudronnée de Ventosa, poursuivre en face par la piste gravillonnée.

20,0 Une piste venant de Ventosa nous rejoint par la gauche. La suivre à droite (en face). À 300 mètres, laisser un embranchement à droite, puis, 150 mètres plus loin, à la bifurcation, laisser le raidillon à gauche, continuer par la piste large.

20,6 Fin de la piste gravillonnée : poursuivre la montée par un sentier caillouteux et herbeux, bordé de croix et de cairns jusqu'au…

5h20 **20,8** Petit col sous l'**Alto de San Antón** (670 m). Le sentier très étroit serpente entre des vignes et un muret, puis débouche sur une piste plus large.

21,2 Laisser à gauche dans la descente une exploitation agricole. À 300 mètres, on débouche sur un ancien coude de la N 120, suivre à gauche jusqu'à l'actuelle N 120.
Traverser la N 120, descendre quelques marches en face et s'engager sur un chemin de terre parallèle à la route (en contrebas sur la droite).

22,6 La piste s'écarte de la N 120 et vise un monticule surmonté d'une antenne, le Poyo Roldán.

25,4 T (en face, usine sablière) : prendre une petite route à droite. À moins de 150 mètres, quitter la route, prendre à gauche un chemin bitumé (il longe à gauche la sablière).

25,8 Descendre un escalier à gauche pour emprunter une passerelle en bois au-dessus du ruisseau Yalde. Sur la rive opposée, suivre le sentier qui file à droite à travers un verger sur 50 mètres. Au carrefour de chemins, continuer tout droit.

26,8 *Rincon del Poeta* (le cercle des poètes), longer à gauche un mur d'usine avec poésie en allemand, puis en espagnol. Franchir un petit canal d'irrigation et continuer tout droit.

27,3 Couper la N 120 qui contourne Nájera, continuer en face par le chemin gravillonné qui entre dans la ville. À 500 mètres, laisser à droite la salle omnisports, suivre l'avenida de Logroño.

7h30 **28,2 Nájera.** Carrefour, stop (bar *Caribe* à gauche). Emprunter à droite la rue San Fernando qui conduit au centre ville. Elle se rétrécit en descendant. Au point bas, feu, puis virage à droite pour déboucher au pont sur la rivière Najerilla.

EN SORTANT DE LOGROÑO

- La calle Barriocepo, qui fait suite à la rúa Vieja, est également pittoresque, mais sans monument particulier jusqu'au moment où elle débouche place du Parlement.
- Le parlement de la communauté autonome de la Rioja occupe l'ancien Convento de la Merced (couvent de la Grâce), qui servit d'hôpital, de caserne, puis de fabrique de tabac, avant d'être réhabilité en 1988. La manière harmonieuse dont a été surélevé le bâtiment au-dessus de la façade Renaissance est un beau travail architectural, et, à l'intérieur, le cloître est devenu un très beau salon de délibérations.
- Un peu plus loin, pour quitter la vieille ville, le chemin passe sous une lourde porte en plein cintre surmontée d'un épais frontispice sculpté, dans un reste de muraille, la Puerta del Camino, ou Puerta de Revellin.

LES POISSONS DE LA SAN BARNABE

La Puerta del Camino est chaque année, pour la Saint-Barnabé, le 11 juin, le théâtre de festivités originales commémorant la levée du siège de la ville par l'armée française qui eut lieu ce jour-là en 1521. Par armée française, il faut entendre les soldats d'Henri d'Albret, Henri II de Navarre, qui tentait de reconquérir son royaume annexé par Ferdinand d'Aragon.
Mais il est vrai qu'Henri avait reçu l'appui de troupes de son beau-frère François Ier, et qu'en outre, dans la Rioja, si loin des Pyrénées, cette incursion cessait d'être une guerre civile pour devenir une invasion… Libérée de l'assaut, Logroño fit de San Barnabé son patron. En signe de joyeuse commémoration, la Cofradia del Pez (confrérie du poisson) pêche dans l'Ebre des milliers de poissons (la seule nourriture pendant le siège) et en distribue ce jour-là, près de la Puerta, un à chaque citoyen.

A TRAVERS LA RIOJA, CHEMIN FAISANT

La longue sortie de Logroño est assez pesante. Vient heureusement le gracieux parc du Pantano de la Grajera où musarde le chemin : 87 hectares de plantations autour d'un lac de 32 hectares aménagé il y a un siècle. On a recensé dans cette oasis exceptionnelle pour la Rioja, tant sur terre que dans l'eau, cent quatre-vingt-quatre espèces de vertébrés et deux cent trente-cinq espèces végétales. Juste après la traversée de l'autoroute A 68, voici les ruines de l'ancien hôpital de Saint-Jean-d'Acre fondé en 1185 sur l'initiative d'une doña María Ramirez. Des fouilles en ont dégagé le soubassement : belles fondations de gros blocs ocres bien appareillés. (Gardons cette image en mémoire, car nous retrouverons 2 kilomètres plus loin l'ancienne porte, transférée à Navarrete.)

NAVARRETE OU DU GUESCLIN FUT DEFAIT

Navarrete, ville de potiers (on peut visiter les ateliers) et de vignerons, étale en demi-cercle ses maisons blasonnées et son atmosphère médiévale sur la pente sud d'une colline. Celle-ci fut coiffée, au moins à partir du XIIe siècle, d'un château détruit au XVIIe siècle. En 1195, le roi de Castille avait accordé un fuero aux habitants pour repeupler la cité qui, au XIIIe siècle, s'entoura de murailles. De royale, elle devint seigneuriale au XIVe siècle. C'est à cette époque (1367) que se déroula la bataille dite de Navarrete, où Du Guesclin connut un revers. Il soutenait Henri de Trastamara, prétendant au trône de Castille, contre Pierre le Cruel, dont l'allié était le Prince Noir, anglo-aquitain. (Mais il semble aux historiens que le champ de bataille était en réalité plus proche de Nájera que de Navarrete.)

LE PELERIN DANS LA VILLE

Le pèlerin suit les deux moitiés baja et alta de la calle Mayor. Le bourg, qui respire pauvreté et abandon, n'en a pas moins une architecture intéressante, enjambant le chemin qui passe sous des sortes de tunnels. Calle de la Cruz, sous des couverts, un chapiteau roman représente un combat de chevaliers. Il semble provenir d'une chapelle disparue. Sur la place, un petit Santiago Matamoros dans sa niche. L'inscription un peu sybilline invite en ces termes à le révérer, à l'image des anciens pèlerins : "Por este real camino, y ante esta una centinela, se prostraba el peregrino en su ruta a Compostela."
L'église monumentale de la Asuncion est du XVIe siècle. Elle abrite l'un des plus beaux retables baroques de la Rioja, et, dans la sacristie, un triptyque flamand attribué à Rembrandt.

LE PORTAIL DE SAINT-JEAN-D'ACRE

Le monument le plus émouvant de Navarrete est, à la sortie de la ville, le portail roman du cimetière. C'est lui en effet qui provient des ruines de l'ancien hôpital de Saint-Jean-d'Acre. Il a été transporté et reconstruit par les mains expertes et pieuses d'un simple maçon. D'influence mozarabe, il présente cinq voussures sur colonnettes, dont deux denticulées, au-dessus desquelles se trouve un oculus orné d'une rosace en arabesques. Le tout est surmonté d'une croix sur un chapiteau représentant l'habituel combat de chevaliers. Ceux qui se trouvent sur les colonnettes évoquent des scènes de la vie quotidienne des pèlerins. Sur le mur d'une chapelle du cimetière un monument a été érigé à la mémoire d'Alice de Craemer, tuée sur la route en juillet 1986, alors qu'elle effectuait avec son mari le pèlerinage à bicyclette depuis la Belgique.

DE NAVARRETE A NAJERA, CHEMIN FAISANT

Au sommet de l'Alto de San Antón s'élevait au Moyen Âge le couvent dit de los Templarios, monastère de

Templiers dont on ignore les datations exactes. Quelques pierres taillées marquent aujourd'hui le site de la chapelle, qui lui survécut longtemps, mais qui finit elle aussi par tomber en ruines au XIXe siècle.

La tradition rapporte que des bandits sévissant alors dans la région se déguisaient en moines de San Anton pour surprendre, et, dans le meilleur des cas, détrousser les pèlerins.

Le Poroldán est une abréviation de Poyo de Roldán, le Puy de Roland. La légende veut ici que de cette colline notre preux chevalier ait lancé un énorme roc sur le géant Ferragut assis devant la porte de son château de Nájera. Il l'atteignit au front, libérant ainsi les prisonniers. C'est une variation du cycle véhiculé par le Codex, dans lequel Roland vient seul à bout de vingt mille Turcs envoyés par l'émir de Babylone au secours de Ferragut.

QUAND NAJERA ETAIT CAPITALE... DE NAVARRE !

Nájera passe pour avoir un nom arabe qui signifierait "lieu entre les rochers". Menendez-Pidal le croit plutôt préroman. Les musulmans y avaient en tout cas construit deux châteaux aux extrémités des éperons ouest et sud. L'un fut pris dès 923 par les deux rois coalisés de Navarre et des Asturies. Au XIe siècle, Sancho el Mayor de Navarre, maître des lieux, accorda un fuero à la ville ; il y fit passer le chemin de Saint-Jacques et il y aménagea un palais dans lequel furent frappées les premières monnaies connues de la Reconquista. Nájera devint alors la deuxième capitale de la Navarre jusqu'à la bataille d'Atapuerca. En 1076, Alphonse VI de Castille s'empara définitivement de la ville, en lui conservant ses fors.

Mais entre-temps le roi de Navarre Garcia avait pu être appelé El de Nájera. C'est lui qui fonda le monastère de Santa María la Real et fit édifier un hôpital et une auberge pour les pèlerins.

Alphonse VI confia ensuite le monastère à l'ordre de Cluny. Au XIIe siècle, Nájera s'entoura de murailles. Au XVe siècle, elle reçut le titre de Villa. De nos jours, en juillet, dans le cloître, un festival fait revivre cette longue histoire.

LE PELERIN DANS NAJERA...

Beaucoup d'inscriptions sur les murs de Nájera : à l'entrée de la ville, on trouvera sur ceux d'une usine un long poème sur le sens du pèlerinage, qui serait l'œuvre du curé de Mormillejas.

Plus loin, un graffiti semble, si on le comprend bien, souhaiter la bienvenue au pèlerin : "Peregrino, en Nájera, najerino." ("Dans cette ville, sois chez toi.")

L'actuel pont sur la Najerilla (1886) a remplacé celui à sept arches qu'avait construit au XIIe siècle San Juán de Ortega.

L'église Santa Cruz (fondations du XIIe siècle, portail du XVIIe siècle) abrite une sculpture gothique du Christ sur les eaux.

LE PANTHEON DE SANTA MARIA LA REAL

La légende dit qu'en 1044 le roi don Garcia, chassant une colombe, la trouva dans une grotte, en vie et en paix, avec le faucon qui la poursuivait, tous deux en arrêt devant une statue de la Vierge. En fait, la statue qu'on trouve aujourd'hui dans la grotte est gothique, tandis qu'une Vierge romane est dans le chœur. Les bâtiments sont du XVe et du XVIe siècle. S'ils n'ont rien à voir avec les temps de Garcia, ils n'en constituent pas moins un ensemble prodigieux : panthéon royal contenant une trentaine de sépulcres avec gisants. Le plus important est celui de la reine Blanche de Navarre, petite fille du Cid. De nombreuses scènes jacquaires sont figurées dans les stalles, dans le chœur, dans les sculptures du Claustro de los Caballeros (cloître des chevaliers), également riche en tombes.

LE TOMBEAU DE DONA BLANCA...

Ce tombeau de doña Blanca, dans le panthéon royal de Nájera, mérite qu'on s'y arrête. La descendante du Campeador mourut en donnant le jour à celui qui devait être le roi de Castille, Alphonse VIII. Elle est figurée sur le sarcophage, entourée du souverain soutenu par ses serviteurs et des pleureuses. Étendue sur le lit, elle rend l'âme figurée sous la forme d'un enfant porté par les anges. Les autres faces et le couvercle représentent des scènes bibliques : Christ en majesté avec apôtres et chrisme, roi Salomon, Épiphanie, massacre des Innocents, parabole des Dix Vierges.

LE SEPULCRE DE DIEGO DE HARO...

Parmi les sépulcres des chevaliers du cloître du panthéon, le plus beau est celui de don Diego Lopez de Haro, seigneur de Viscaye, principal lieutenant d'Alphonse VIII. On voit, sur les côtés, des moines recouvrant le cercueil, des hommes qui s'arrachent les cheveux et des femmes portant les mains à leurs yeux en pleurs.

LE PELERIN GASTRONOME DANS LA RIOJA

Terre de transition, pour la cuisine comme pour l'histoire, entre Navarre et Castille, la Rioja offre d'abord des vins savoureux et corsés, parmi les appellations d'origine les plus exportées d'Espagne, surtout les rouges qui rappellent les bordeaux, en plus léger et plus sec. Quelques spécialités culinaires :
- Sopa cana, soupe blanche à l'ail ;
- Olla podrida, pot-au-feu mélangé de pochas au lard, de chorizo au piment, etc. ;
- Préparations a la riojana pour les callos (gras-doubles) et caracoles (escargots) ;
- Perdiz estofada (perdrix à l'étouffée, avec oignon et huile) ;
- Bons légumes de production locale, en particulier les asperges.

9ème étape 👥 **21,3 km** ⌛ **5h20**

El Rollo de Azofra

Nájera
Santo Domingo de la Calzada

NE NOUVELLE FOIS, il est impossible de suivre le Camino historique à moins d'aimer les dangers de la N 120 et ses poids lourds. La variante établie il y a vingt ans par les villages d'Azofra et Cirueña est très plaisante. À travers vignes et cultures céréalières, vous croiserez quelques tracteurs sur les pistes et vous aurez tout le loisir d'observer la vie des champs à la vitesse de quatre kilomètres à l'heure. Les éditions précédentes vous promettaient une pause apaisante dans la chênaie de Cirueña. Il semble que cette proposition soit révolue. Des travaux menés à l'automne 2003 promettaient aux abords de la forêt un vaste complexe de loisirs…

Vous pourrez vous consoler en arrivant tôt à Santo Domingo de la Calzada. La ville est belle avec ses nobles demeures et sa réputation fameuse dans la mémoire du Chemin grâce à sa légende du pendu dépendu. C'est une histoire qu'il faut absolument connaître si l'on veut comprendre la présence d'un poulailler dans la cathédrale.

🏨 RENSEIGNEMENTS PRATIQUES

ITINÉRAIRE PAR LE CAMINO FRANCÉS

❖ **AZOFRA (26223)**

➔ Bars, restaurants

➔ Refuge paroissial, 16 pl., CO, 3 €, coin cuisine, GV, ouvert toute l'année, c/ del Sol (adossé à l'église), 941 379 057

➔ Refuge privé, 12 pl., CO, 4 €, coin cuisine, laverie, GV, ouvert de mars à oct., plaza de Espana 1, 941 379 096

✤ SANTO DOMINGO DE LA CALZADA (26250)

→ Tous commerces, services, cars

→ OT, c/ Mayor 74, 941 341 230, www.larioja.com

→ Oficina de Informacion al Peregrino, c/ Mayor 42, 941 343 390

→ Refuge pèlerins Casa del Santo, 200 pl. en saison (lits et matelas), CO, PO, coin cuisine, GV, ouvert toute l'année, AP 10h30-22h, confraternité de Santo Domingo de la Calzada (se dévoue aux pèlerins depuis le XIIe siècle), c/ Mayor 42 bajo, 941 343 390

→ Refuge pèlerins de l'abbaye cistercienne Nostra Sra. de la Anunciación, 33 pl., CO, PO, coin cuisine, GV, ouvert de mai à sept., c/ Mayor 29, 941 340 700

→ Camping Bañares, 1500 empl., tente 9-10 €/pers., ouvert toute l'année, Llanura El Monte, 941 342 804

ITINÉRAIRE PAR LE CAMINO SECUNDARIO

✤ SAN MILLÁN DE LA COGOLLA
(hors GR sur le Camino Secundario) (26226)

→ OT, monasterio de Yuso, Edificio Aula de la Lengua, plaza del Convento, 941 373 259

→ Bar, restaurant, médecin et pharmacie, hôtel (dans le monastère)

→ CR Casa Sancha, 4 ch., pdj 2,7 €, c/ Mayor 118, 941 373 211

→ CR Casa La Méngula, 6 ch., nuitée 24 €/p., 35 €/2 p., poss. pdj et repas, Prestino 3, 941 373 209

00,0 Nájera. Traverser le pont sur la rivière Nájerilla, puis suivre l'ancienne N 120 pendant 30 mètres. Prendre à gauche une ruelle (auto-école, banque *Central Hispano*) pour déboucher sur la placette de la Estrella. À l'opposé de la place, passer sous le porche d'une vieille maison ; le corridor oblique à gauche et bute sur la c/Esteban Villegas que l'on va suivre à droite vers Santa María la Real (panneau).

00,3 T : prendre à gauche la c/San Miguel. Longer une placette sur la gauche. Poursuivre tout droit par la c/San Miguel. Plaza Santa María : entrée du monastère et refuge des pèlerins sur la droite. Emprunter la rue de la Viudas qui longe à droite l'édi-

Les notes du pèlerin

fice de Santa María. La rue débouche sur une place qu'on laisse à gauche. Contourner l'angle du monastère et prendre à droite une rue pentue, bitumée puis cimentée.

01,0 Quitter la rue au niveau de la dernière habitation : prendre à droite un chemin empierré qui monte à travers une forêt de conifères.

01,5 Point haut : la piste se fraye un passage entre des roches rouges et file en descendant entre des vignes.

02,3 Carrefour de pistes : laisser à gauche une exploitation agricole, continuer en face par un chemin de terre qui va monter légèrement.

02,7 Avant le sommet de la côte, bifurcation : prendre à droite un chemin bitumé.

04,0 Carrefour, fin du bitume. Continuer en face par un chemin pierreux.

04,4 Retour sur le bitume et, à 20 mètres, panneau stop : on débouche sur une petite route à suivre à gauche vers Azofra.

06,1 Entrée dans Azofra par la c/Mayor (alt. 550 m). À la fourche, laisser la rue à gauche qui conduit au refuge. Suivre la rue principale à droite (en face).

1h40 **06,4** Centre d'**Azofra**. Plaza España à gauche avec une fontaine d'eau bien fraîche, bar restaurant pour les affamés et les soiffards.
Terminer la traversée du village par la rue principale en descente. Après 160 mètres, bifurcation : suivre à droite la route LR 206 pendant 150 mètres.

06,7 Quitter la route avant la Fuente de los Romeros, emprunter à gauche une piste cimentée, puis pierreuse. À 300 mètres, bifurcation : prendre à droite.

07,6 Bifurcation ; poursuivre à gauche (en face). On aperçoit à moins de 100 mètres sur la droite de la piste la colonne "El Rollo de Azofra". Le carrefour suivant est bordé d'aqueducs d'irrigation ; continuer en face.

08,4 Carrefour en T : prendre à droite comme pour rejoindre la N 120. À 100 mètres, nouveau T : emprunter un chemin en montée et parallèle à la N 120 (distante de moins de 100 mètres).

09,1 Carrefour sous des lignes électriques : continuer tout droit.

2h25 **09,6** **Panneau stop.** On croise la petite route qui conduit au Sud vers San Millan de la Cogalla (ruisseau en contrebas à droite). Continuer en face pendant 50 mètres. Bifurcation : prendre à gauche le chemin le long de l'*arroyo* de las Ventas.

10,2 T : suivre à gauche.

11,0 Carrefour de chemins et passage sur un canal d'irrigation : poursuivre en face ; la piste est successivement caillouteuse ou terreuse (boueuse par temps humide).

12,0 Premier T : suivre à droite, puis, après 10 mètres, à la bifurcation, prendre à gauche.

13,0 Laisser une piste à gauche. Continuer tout droit par une large piste qui monte et reste rectiligne.

Pèlerins à l'heure de la sieste

13,9 Au sommet de la côte (695 m), on aperçoit Cirueña.

14,6 La chênaie à laisser à gauche de la piste (et toujours vantée pour sa beauté au fil des précédentes éditions) est à présent prisonnière d'un terrain de golf dont on longe la clôture.

Des travaux importants lors de notre passage ne permettent pas de connaître le tracé définitif du Chemin jusqu'à Cirueña. On partira donc du principe que la distance reste inchangée jusqu'au centre du village.

3h50 15,5 Cirueña. Dans le centre du village (735 m), on rejoint la route LR 204 que l'on suit vers la droite. Laisser après 100 mètres l'embranchement à droite pour Ciriñuela.

15,9 Quitter la route pour prendre à gauche une piste qui file en ligne droite (Ouest-N.-O.).
Après 100 mètres, laisser un embranchement à gauche, continuer à droite (tout droit), la piste s'oriente au N.-O.

16,3 Point haut, le chemin descend, puis remonte.

16,9 Bifurcation : prendre vers la droite, nouvelle séquence de montagnes russes.

17,5 Point haut : Alto de Matacon. Dans le prolongement de la longue descente rectiligne, Santo Domingo de la Calzada est en vue.

18,4 Carrefour de pistes : continuer tout droit. Après un kilomètre, couper une autre piste. Droit devant, des entrepôts marquent l'entrée dans Santo Domingo. Le chemin va les longer à sa droite.

20,3 T (en face du campo municipal *El Rollo*) : on rejoint une route que l'on va suivre à gauche en traversant une zone industrielle. Après 400 mètres, on débouche sur un rond-point : continuer tout droit en tirant à gauche et traverser la bretelle d'accès au centre ville. Suivre en face la c/del Doce de Mayo.

21,0 Stop. Traverser la calle Sor Maria de Leiva pour prendre en face la c/Mayor dans la vieille ville. Passer devant l'ancien monastère cistercien, laisser sur la gauche la Plaza de la Alameda. Le refuge est un peu plus loin sur la droite.

5h20 21,3 Santo Domingo de la Calzada. Arrivée au bout de la c/Mayor, au pied de la cathédrale (639 m).

VERS AZOFRA, CHEMIN FAISANT

- Entre Nájera et Azofra, un artiste anonyme a curieusement sculpté des figures et des signes dans les rochers rouges du petit col surplombant la ville. On voit en se retournant une figure menaçante accompagnée du graffiti *"¡ Peregrino, cuidado !"* (Pèlerin, prends garde !)
- C'est dans ces parages que vers 1360 Pierre Ier le Cruel campa avec son armée avant de remporter la provisoire bataille de Nájera.
- ... Provisoire, car le vainqueur sera quelques années plus tard assassiné sous une tente, avec l'aide de Du Guesclin, par son demi-frère et rival Henri de Trastamare, qui deviendra, du coup, Henri II de Castille.

A AZOFRA, UN "REFUGE DES ALLEMANDS"

Azofra est citée dès 989 dans une donation faite par le roi de Navarre à San Juan de la Peña. La ville est née sur une colline dominant le río Tuerto, petit affluent de la Najerilla. Le chemin passe alors au sommet, et la reine Isabelle y fonde un hôpital, un oratoire San Pedro et un cimetière pour pèlerins, les confiant peu après au monastère San Millán de la Cogolla. Au XIIe siècle, ville et chemin s'installent au pied de la colline. Mais le sanctuaire est resté au sommet. L'église actuelle, dont la tour carrée se dresse en sentinelle, a sur son maître-autel une image de saint Jacques pèlerin, et aussi une statue de saint Martin de Tours.
Une seule fois peut-être ce saint Jacques fut descendu de son retable pour présider une procession : ce fut en 1992, à l'occasion de l'inauguration du refuge fondé par des pèlerins allemands de Cologne à l'instigation de l'un d'eux, Herbert Simon. Il est sympathique et bien équipé. Avec dortoirs séparés : les femmes dorment dans la partie doña Blanca et les hommes dans Los Reyes Magos.

Il reste à la sortie du village une Fuente de los Moros, fontaine des roumieux. À proximité, deux vieilles maisons portent sur leurs écus les inscriptions latines *HOC OPVS EST LAVOR et AVSPICE DEO.*

HORS CHEMIN : A SAN MILLAN DE LA COGOLLA, L'IVOIRE N'INTERESSA PAS LES PILLARDS

San Millán de la Cogolla est à l'écart du chemin, à une bonne douzaine de kilomètres au sud d'Azofra, dans la vallée du Cárdenas. Ce site sacré vaut cependant le détour, pour qui le peut. On y trouvera d'ailleurs un refuge pour les pèlerins. Les monastères de San Millán sont deux : le plus ancien, Suso (en haut) a des parties wisigothiques, dont la chapelle creusée dans la roche, où a été placé le tombeau de saint Millán (Émilien). C'était un berger de Berceo, mort centenaire en l'an 574. Le gisant est du XIIe siècle. Les moines copistes de Suso ont laissé un exceptionnel ensemble de manuscrits médiévaux.
Le monastère de Yuso (en bas) est Renaissance et néo-classique, avec de beaux panneaux de reliquaire en ivoire. Ils étaient deux, à l'origine montés sur or et sertis de pierres précieuses, celui de San Millán représentant en vingt-quatre scènes la vie du saint, telle qu'on l'imaginait à l'époque romane, et celui de San Felices avec une Cène. En 1809, pendant les guerres napoléoniennes, des pillards impériaux enlevèrent l'or et les pierres, mais négligèrent la plupart des plaques. Elles ont pu, en 1944, être remontées sur un nouveau coffret.
Tout près de San-Millán, son village natal, a vu naître aussi à la fin du XIIe siècle le premier poète espagnol, Gonzalo de Berceo.

A CANAS, LES RELIGIEUSES CERAMISTES

À mi-chemin d'Azofra et de San Millán (ou sur le chemin du retour, si à l'aller on va par Badarán) se trouve le village de Cañas, où naquit Santo Domingo de Silos, mort en 1073, fondateur du grand monastère qui porte son nom, à une cinquantaine de kilomètres au sud-est de Burgos. Dans le couvent gothique, les cisterciennes produisent des céramiques d'art, que vend la sœur tourière. L'église ogivale est très dépouillée et lumineuse, surtout depuis que le retable monumental a été déplacé. La salle du chapitre abrite un musée d'art religieux, et notamment le sarcophage (XIVe siècle) de doña Urraca Lopez de Haro : cette abbesse, qui vécut de 1170 à 1262, y est représentée tenant la crosse et encadrée par deux anges. Les panneaux latéraux retracent l'histoire de sa vie : novice agenouillée, abbesse tenant le livre, puis, du côté opposé, son enterrement avec trois évêques, des pleureuses qui se déchirent et un cortège de religieuses.

PAR LA DEHESA DE CIRUENA, CHEMIN FAISANT

Un kilomètre après Azofra, un fût de colonne se dresse parmi les vignes : c'est le Rollo de Azofra (rouleau), qui serait un symbole de justice, rappel dissuasif, ou de l'existence des piloris, ou d'une épée fichée en terre.
Le Cerro de los Templarios (petit coteau des Templiers, que l'on verra à droite), puis el Hospital de Bellota sont d'anciennes étapes, disparues au XVe siècle, dont ne subsistent que ces lieux-dits, au milieu des champs. Cirueña, modeste village, est précédé d'une *dehesa* boisée, exceptionnelle chênaie de 100 hectares de chênes majestueux, hauts parfois de plus de 12 mètres. Cette plantation autochtone (en *roble rebollo* ou *Quercus pyrenaia*) est une des rares preuves

que le pays connut jadis un boisement qu'une exploitation agricole et pastorale intense a contribué à faire disparaître…
On aperçoit à l'horizon à gauche les derniers éperons de la Sierra de la Demanda.

SANTO DOMINGO DE LA CALZADA, PREMIER INGENIEUR DES PONTS

La ville de Santo Domingo de la Calzada (saint Dominique de la Chaussée) porte le nom d'un moine bénédictin qui, né en 1019 dans un village de la province et mort nonagénaire, est devenu le patron des travaux publics. Renvoyé du monastère de San Millán, il entra au service de saint Grégoire, évêque d'Ostie, et, à la mort de ce dernier, il revint dans son pays établir un ermitage sur les bords de la rivière Oja. C'est alors qu'ému par les souffrances des pèlerins qui le traversaient par tous temps, il entreprit en 1044 la construction d'un pont à leur intention, puis celle d'une hôtellerie, et enfin d'une route. Cette œuvre fut poursuivie par son disciple Juan de Ortega dont nous avons déjà rencontré le nom à Logroño et à Nájera.

LE SAINT DANS SA CATHÉDRALE

Le tombeau de Santo Domingo, entouré d'un mausolée flamboyant en albâtre de 1513, se trouve dans l'aile droite du transept de la cathédrale. On voit aussi sa faux derrière une grille. Très composite, la cathédrale conserve, ouverte sur le déambulatoire, son abside romane aux chapiteaux historiés, vestiges de la construction entreprise par le saint. Pour l'essentiel, agrandie et fortifiée au XIIe siècle, transformée au XVIe, foisonnante de chapelles, elle est de style gothique, avec un maître-autel Renaissance de Damián Forment (mort en 1540). Voir aussi un retable flamand dans la chapelle Sainte-Thérèse.

La tour baroque, isolée, haute de 69 mètres, a été élevée en 1762 pour remplacer celle du XVe siècle qui menaçait de tomber en ruine. La foudre avait détruit en 1450 celle du XIIe siècle.

OU LE COQ ET LA POULE ROTIS SE MIRENT A CHANTER

Mais la grande célébrité de la cathédrale de Santo Domingo de la Calzada vient surtout de la poule et du coq blancs qu'on y voit vivants (et changés deux fois par mois), derrière une grille ouvragée, qui empêche les pèlerins d'aujourd'hui d'arracher aux pauvres bêtes une plume en guise de relique. Ils commémorent un surprenant miracle que plusieurs chansons situent ici (seul Aymeri Picaud le localisait à Toulouse). Un jeune pèlerin, voyageant en famille, avait été injustement pendu pour vol par la faute d'une servante jalouse : éconduite, elle avait caché dans son bagage de la vaisselle d'argent. À leur retour de Compostelle, ses parents l'entendirent leur dire du haut du gibet qu'il vivait, car saint Jacques le protégeait. Le juge auquel ils s'adressèrent, et qui était en train de manger de la volaille rôtie, leur répondit avec ironie : "Il est vivant aussi vrai que ce coq et cette poule vont se mettre à chanter." Et, ô miracle, aussitôt le coq chanta et la poule caqueta. Le juge bouleversé fit dépendre le jeune homme et pendre à sa place la fautive.
Cette légende est évoquée sur quantité de retables tant en France (par exemple Cotdoussan, Hautes-Pyrénées) qu'en Suisse ou en Allemagne (Jakobskirche de Rothenburg).

L'HOPITAL EST DEVENU PARADOR, ET LA MAISON DU SAINT REFUGE

La ville a, sur les relevés planimétriques, un curieux profil de char d'assaut, tourelle au nord, chenilles au sud. Mais en fait la partie ancienne qui s'est développée du XIIe au XIVe siècle est un ovale est-ouest, que le chemin traverse le long de sa plus grande diagonale.
Une plaza Mayor monumentale et dallée, bordée des arcades de l'hôtel de ville, se trouve au cœur de la cité.
Face à la cathédrale, l'hôpital, édifié par le saint, puis reconstruit au XVIe siècle, abrite aujourd'hui un parador national où l'on peut aussi prendre le café sous les vieilles voûtes.
La maison de San Domingo, gérée par une confrérie à son nom qui existait déjà, assure-t-on, au XIIe siècle, abrite, elle, l'auberge des pèlerins. Son livre d'or rempli dans toutes les langues est à lui seul un monument historique.
L'église de San Francisco est de 1569, et le couvent de Bernardas, calle Mayor, de 1609. Nombreuses maisons seigneuriales.
Il reste au nord-est de la ville un fragment de l'enceinte fortifiée en pierre de taille du XIVe siècle.
Au cours des fêtes patronales, du 25 avril au 13 mai, des processions spectaculaires évoquent la vie de Santo Domingo.

L'EN-CAS DU PELERIN GASTRONOME

Le dessert typique de Santo Domingo est l'ahorcadito (petit pendu) : un biscuit en forme de coquille, portant l'image moulée d'un personnage aux bras ballants qui évoque évidemment le pendu dépendu.

10ème étape — 25,1 km — 6h20

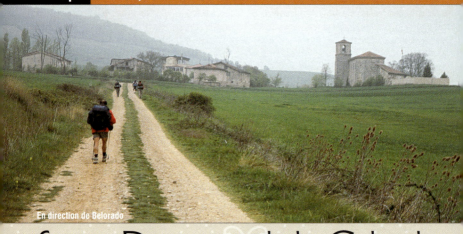

En direction de Belorado

Santo Domingo de la Calzada
Belorado

IL Y A DIX ANS, cette étape était marquée du sceau de la "haine sans vin" en guise de sello. Désormais, on se limite à un flirt avec la N 120. On démarre loin de son tumulte par une variante mise au point par Georges Véron jusqu'à Grañon. Puis, jusqu'à Redecilla del Camino, on poursuit la découverte des coteaux, des vallons plantés de peupliers, et le Chemin qui épouse les moindres ondulations de la Terre.

Après… Il faut bien se résoudre à la longer, cette N 120, mais sur des pistes aménagées à quelques mètres de la chaussée. Peut-être est-ce l'occasion de s'interroger sur le sens de ce voyage un peu fou. Et surtout, n'en veuillez pas à l'automobiliste ou au routier qui interrompt votre rêverie par deux coups de klaxon fracassant. C'est sa façon à lui de vous dire : "Buen viaje peregrino", et le courant d'air qu'il génère remplace la traditionnelle et amicale tape sur l'épaule…

RENSEIGNEMENTS PRATIQUES

❖ GRAÑON (26259)

→ Commerces, bar, restaurant, médecin et pharmacie, banque, AJ (à 1 km)

→ Refuge paroissial Hospital de Peregrinos de San Juan Bautista, 29 matelas, CO, PO, coin cuisine, ouvert toute l'année, derrière l'église San Juan Bautista, 941 420 818

→ CR Casa Jacobea, 2 ch., nuitée 45 €/2 p., pdj 3 €, c/ Mayor 32, 941 420 684 ou 629 781 490

❖ REDECILLA DEL CAMINO (09259)

→ Commerces, bar, restaurant (avec petite épicerie), médecin

→ Refuge pèlerins, 60 pl. (dont 25 lits), CO, PO, coin cuisine, laverie, GV, accueil équestre, ouvert toute l'année, c/ Mayor 24 (en face de l'église), 947 588 078

✦ **VILORIA DE RIOJA (09259)**

→ Refuge, 20 pl., CO, 6 €, pdj compris, coin cuisine, GV, ouvert en été, en cours de rénovation, impératif de téléphoner au 646 364 037

✦ **VILLAMAYOR DEL RIO (09259)**

→ Bar, restaurant, alimentation

→ Refuge, 52 pl., CO, 6 €, GV, pas de cuisine mais prépare pdj et repas, ouvert toute l'année, AP à partir de 12h, Ctra Quintanille à 200 m du chemin, 947 562 022 ou 649 367 967

✦ **BELORADO (09250)**

→ Tous commerces, services

→ OT, plaza Mayor 2, 947 580 226

→ Refuge privé Cuatro Cantones, 60 pl., CO, PO, coin cuisine, internet, laverie, GV, ouvert toute l'année, AP à partir de 10h, Hipolito Lopez Bernal 10 (au centre ville), 696 427 707 ou 947 580 591

→ Refuge paroissial, 60 pl., CO, PO, coin cuisine, GV, ouvert toute l'année, AP 13h-22h, à la sortie de la ville, 947 580 085

→ P Ojarre, 4 ch., nuitée de 21 à 30 €/2 p., c/ Santiago 16, 947 580 223 ou 650 427 819

De Santo Domingo de la Calzada à Grañon, l'itinéraire le plus direct est hélas souvent proche de la N 120

00,0 Santo Domingo de la Calzada. Au pied de la cathédrale, face au parador : prendre à droite la Calle Mayor. Après 300 mètres, stop : Traverser une route, prendre en face (un peu sur la gauche) la c/ del rio Palomarejos. On rejoint 100 mètres après l'ancienne N 120, à suivre à droite jusqu'au pont sur l'Oja (chapelle à droite juste avant le pont).

00,7 Après le pont, une piste aménagée suit l'ancienne N 120, à gauche de la chaussée.

02,5 Les marcheurs continuent par la piste droit devant, les cyclistes empruntent la bretelle à droite de manière à rejoindre la nouvelle N 120.

03,2 La piste est toujours parallèle à la N 120 (tracés ancien et nouveau se sont

rejoints). Laisser une croix à droite, puis passer par un point haut.

04,4 Virer à gauche par une piste gravillonnée ; on s'écarte de la N 120.

04,6 Bifurcation : quitter la piste pour emprunter celle de droite.

05,9 Carrefour de chemins (la variante par Corporales nous rejoint par la gauche) : continuer en face par une piste caillouteuse, mais boueuse par temps humide.

06,4 Laisser le cimetière de Grañon à gauche. De suite après, à la bifurcation, prendre à droite la route vers le village.

06,9 Laisser une chapelle à demi ruinée à gauche, obliquer à droite vers le centre de Grañón. Après 200 mètres, prendre à gauche vers l'église par une ruelle cimentée.

1h45 **07,0** Église de **Grañón**.

VARIANTE PAR CORPORALES
(PLUS AGRÉABLE POUR LES MARCHEURS)

00,0 **Santo Domingo de la Calzada.** Au pied de la cathédrale, face au parador : prendre à droite la Calle Mayor. Après 300 mètres : stop. Traverser une route, prendre en face (un peu sur la gauche) la c/ del rio Palomarejos. On rejoint 100 mètres après l'ancienne N 120, à suivre à droite jusqu'au pont sur l'Oja (chapelle à droite juste avant le pont).

00,7 De suite après le pont, prendre à gauche une piste empierrée (bordée à gauche par une haie de conifères).

01,0 Bifurcation (devant un mur en béton et un portail) : prendre à droite un chemin herbeux. Après 180 mètres, couper une route, continuer en face sur une route goudronnée qui va monter en laissant à gauche les abattoirs.

01,5 Fin du goudron. Poursuivre par une piste empierrée, la montée est toujours raide. À 300 mètres, laisser à gauche une piste conduisant à une casse de machines à laver (esthétique très réussie). Le point haut de la piste se situe non loin de là.

03,1 La piste oblique sur la droite (laisser le chemin qui file droit devant). Passage sous des lignes électriques HT et descente. Franchir un creux de vallon ; la piste devient cimenté à l'entrée de...

1h00 **04,0** **Corporales.** Carrefour en T dans le village (transformateur électrique à gauche) : suivre la ruelle à gauche. Après 60 mètres, partir à droite par une autre rue cimentée qui atteint un carrefour à moins de 100 mètres. Prendre la deuxième route à gauche (LO 8102) filant vers l'Ouest. La suivre pendant 150 mètres.

04,3 Quitter la route. Descendre à droite un chemin qui se dirige vers le fond d'un vallon.

04,9 Carrefour de pistes : continuer en face. Après 150 mètres, passage sur le barranco Morales et deuxième carrefour sous un bosquet de peupliers. Poursuivre tout droit une montée plein Nord.

05,5 Point haut et carrefour en T : prendre le chemin de droite qui suit une crête à travers champs (Nord-Est) Après 150 mètres, obliquer à gauche en s'engageant dans un chemin herbeux qui ondule, puis descend raide (Ouest-N.O.). Au fond du vallon, il croise une autre piste : continuer tout droit et monter vers le plateau.

07,5 Carrefour de chemins. On rejoint la piste et l'itinéraire "officiel" qui vient de la droite. Prendre à gauche une piste caillouteuse, mais boueuse par temps humide.

08,0 Laisser le cimetière de Grañón à gauche. De suite après, à la bifurcation, prendre à droite la route vers le village.

08,4 Laisser une chapelle à demi ruinée à gauche, obliquer à droite vers le centre de Grañón. Après 200 mètres, prendre à gauche vers l'église par une ruelle cimentée.

2h10 **08,6** **Grañón.** Église.

De Grañón à Belorado

00,0 Grañón. Laisser le porche d'entrée de l'église à gauche et remonter la rue principale du village, la c/Mayor. Après 200 mètres, descendre à droite une ruelle cimentée qui débouche à 100 mètres parmi des hangars agricoles. Crochet à droite sur 50 mètres, puis, au carrefour, s'engager à gauche sur une piste gravillonnée qui descend S.-O.

00,8 Carrefour en T (devant une exploitation agricole) : descendre à droite vers le petit pont au-dessus de l'arroyo Medio, ombragé par une haie de peupliers.

01,2 Carrefour de pistes : continuer en face par une montée. Après 100 mètres, quitter la piste pour suivre à gauche un chemin défoncé, pierreux (boueux par temps de pluie).

02,3 Point haut (725 m) : le chemin se déporte un peu sur la droite avant d'entamer une descente rectiligne et parallèle à la N 120 vers Redecilla del Camino.

0h55 03,8 Entrée de **Redecilla del Camino,** carrefour en T : prendre à droite une piste de cailloux vers la N 120. À 100 mètres, couper la N 120. En face, sur la placette (avec fontaine et bancs), virer à gauche pour traverser le village en empruntant la c/Real. Laisser à gauche le refuge (en face de l'église), puis un bar et la place du village.

04,5 Sortie de Redecilla del Camino : retraverser la N 120, de façon à prendre la piste aménagée qui longe la chaussée à gauche. Passage sur un gué, puis montée. Au point haut, on découvre le village de Castildelgado.

05,5 Après avoir dessiné un Z, le chemin pénètre dans Castildelgado en coupant la calle del Cristo. On suit la c/Mayor pour passer devant l'église. Dès la sortie du village, on retrouve la piste sur le bas-côté gauche de la N 120.

06,7 Point haut, bifurcation : emprunter

Paysage après Grañón

à gauche une petite route en direction de Viloria (on s'éloigne de la N 120).

2h00 07,8 Centre de **Viloria de Rioja.** Laisser l'église à gauche (785 m). Au bout de la place principale, on prendra une petite route à droite. Laisser à gauche l'embranchement pour San Pedro del Monte, puis le cimetière à droite. Suivre la route goudronnée jusqu'au…

09,0 Bord de la N 120. Prendre à gauche la piste qui longe la N 120.

10,3 Carrefour : on coupe la route de Fresneña. Continuer tout droit.

2h45 11,0 Centre de Villamayor del Rio. Laisser une fontaine, puis l'église à gauche, continuer tout droit par un chemin gravillonné et aménagé parallèlement à la N 120 (bas-côté gauche).

12,5 Au niveau de la borne 63 de la N 120, couper une deuxième route allant à Fresneña. Continuer tout droit en longeant la N 120 à gauche.

15,6 Entrée de Belorado. Traverser la N 120, s'engager dans un chemin pierreux qui longe à gauche une scierie, puis descend doucement vers le village. Bientôt, le chemin devient ruelle cimentée bordée d'habitations.

4h10 16,5 Belorado. On trouvera sur la droite le refuge aménagé dans un ancien petit théâtre. Il jouxte l'église Santa Maria.

VERS GRAÑON, CHEMIN FAISANT

En approchant de Grañon, on aperçoit au milieu des arbres Nuestra Señora de Carrasquedo au milieu d'une abondante chênaie. Cette chapelle baroque du XVIIe siècle a la plus belle collection d'ex-voto peints avec dévotion et naïveté, de toute la Rioja. Au nord de la ville, la colline conique du Cerro de Grañon, dénommée aussi Mirabel, le belvédère, domine la contrée. Ayant vaincu en 884 les musulmans avec des troupes levées sur place, le roi des Asturies Alphonse III construisit un château sur la hauteur et encouragea le repeuplement de la plaine.

HORS ITINERAIRE : LA CROIX DE BOIS DES VAILLANTS

Au kilomètre 49 de la N 120, entre Santo Domingo et Grañon, une simple croix de bois au bord de la chaussée : c'est la Cruz de los Valientes, la croix des vaillants. Elle commémore un combat de "jugement de Dieu" qui opposa ces deux cités pour la possession d'un pâturage boisé. Chacune désigna son champion, et l'on dit que les gens de Santo Domingo fortifièrent soigneusement le leur des meilleures nourritures. Celui de Grañon, Martin Garcia, dut au contraire se contenter des fèves du temps de deuil. Or il advint qu'au jour J, le champion de Santo Domingo alourdi par la suralimentation fut terrassé par son agile concurrent. Jusqu'à une date récente, les paroissiens de Grañon récitaient chaque dimanche à l'office un Pater noster reconnaissant pour l'âme de leur valeureux Martin Garcia.

LES VESTIGES ANCIENS DE GRAÑON

Grañon a été créé aux XIe et XIIe siècles, sur le chemin, autour d'un monastère San Juan qui existait dès 1052, et grâce au fuero imité de celui de Santo Domingo, accordé en 1052 par le roi de Castille. La cité a perdu ses hôpitaux et ses murailles, mais garde sa forme de bastide : le pourtour ovoïde de l'enceinte disparue est toujours cloisonnée par trois grandes rues est-ouest, et deux courtes rues nord-sud. La calle Mayor centrale garde quelques vestiges anciens. Au centre, l'église Saint-Jean Baptiste, du XIVe siècle, est ornée d'un retable Renaissance aux sculptures de toute beauté restaurées en 1993.

LE PELERIN JEAN, MORT A REDECILLA

Nous quittons la Rioja, nous entrons en Castille. Premier village de la province de Burgos, Redecilla del Camino conserve un ancien hôpital à encorbellement très simple, des maisons blasonnées, une église du XIVe siècle avec, sur son portail, une Vierge regardant passer les pèlerins et, sur un bénitier du XIIe siècle, l'image sculptée de la Jérusalem céleste.

Les archives nous apprennent en outre qu'un pèlerin français nommé Jean y mourut au XVIe siècle sans un sou sur lui. Il en coûta quatre cents maravedis à la communauté pour l'enterrer. Ainsi le Camino conserve-t-il parfois le souvenir des plus humbles.

Hors chemin, à une lieue au sud, la chapelle de Notre-Dame del Ayago doit son nom à l'apparition, sur un hêtre (haya), de la Vierge à un berger.

VILORIA, BERCEAU DE SANTO DOMINGO

Viloria, village natal de Santo Domingo de la Calzada, conserve les fonts romans sur lesquels il aurait été baptisé. Sa fête est célébrée le 12 mai. C'est un très modeste village, largement ruiné, mais avec une architecture surprenante au premier abord : les maisons sont à pans de bois à remplage de torchis... alors qu'on ne voit pas un seul arbre à l'horizon. La tradition selon laquelle tout le pays fut boisé de chênes avant des mises en cultures intensives, aidées peut-être d'une mutation climatique, n'est pas une légende.

HORS ITINERAIRE : LES TROIS MENSONGES DE VILLAMAYOR

Notre itinéraire contourne et évite deux localités riveraines de la N 120, qui appartenaient au pèlerinage :
- Castildelgado, dont l'église a des fonts baptismaux romans. La ville, qui s'appela Pun jusqu'au XVIe siècle, doit son nom actuel à l'évêque Delgado dont la tombe fut découverte dans ce temple. À côté se trouve l'ancien hôpital.
- Villamayor del Río, qualifiée par un dicton de "la cité des trois mensonges", car son nom signifie "ville principale sur le fleuve", alors que c'est un village minuscule sur un ruisseau...

BELORADO : DE LA FONTAINE AU SERPENT

Belorado, le Belforatus (bien percé) d'Aymeri Picaud, peut devoir son nom

aux gorges du río Tirón, sur lequel, à côté de la N 120 subsistent, nous le verrons demain, les vestiges de ponts primitifs. Cette ville, peuplée de Francs en 1116 par le biais d'Alphonse le Batailleur, était "tête de Castille" au temps de la plus grande Navarre. Francs, Maures, Castillans et Juifs y cohabitaient. On y trouve successivement, en reprenant à l'est le chemin historique (car, pour éviter la route, notre chemin de piéton nous fait pénétrer dans la ville par l'autre bout) :

À l'entrée, une fontaine médiévale. Puis l'Ermita de Santa Maria de Belén (Bethléem) avec son clocher-mur à trois pointes, sur l'emplacement d'un ancien hôpital mentionné en 1175. Au cœur du bourg, une plaza Mayor à arcades, ombragée et fleurie, avec la grande église San Pedro.

Derrière celle-ci, à l'ombre de la montagne, coiffée de son château et percée de grottes d'anachorètes, la vieille église Santa María, riche de souvenirs jacobites.

Le refuge des pèlerins a tout naturellement trouvé place à côté de Santa María. Il est d'un confort modeste, mais d'un grand caractère : c'est en effet l'ancien théâtre paroissial d'avant le temps de la télé.

Et à propos de théâtre, la population joua chaque année jusqu'en 1923 le samedi de la Résurrection, un Mystère du procès de Judas. Tradition malheureusement interrompue.

À la sortie, l'hôpital Saint-Lazare dont la chapelle conserve un Christ gothique du XIVe siècle, entouré d'ex-voto qui célèbrent ses faveurs. Le plus curieux est la peau d'un grand serpent dont saint Lazare protégea un pèlerin...

Ferme entre Grañon et Belorado

Dans les mêmes parages, le couvent Nuestra Señora de la Bretonera a été démoli en 1988. Cette Bretonne en Castille était un souvenir du temps des Francs...

LES SEPT GROTTES

Les grottes d'anachorètes, dont la montagne est truffée, sont appelées "les sept fenêtres", au village de Cerezo de Riotiron situé à une dizaine de kilomètres au nord-est. L'une d'elle porte le nom de grotte de San Caprasio, qui y aurait vécu. Il y aurait eu jadis sa statue, transférée depuis en l'église San Nicolás. Un lieu-dit assez voisin porte le nom, déformé, de San Cabrás.

SANTA MARIA ET LE PELERINAGE

En l'église Santa María de Belorado, riche nous l'avons dit en souvenirs jacquaires, un saint Jacques pèlerin et, au-dessus, un saint Jacques matamoros figurent sur le retable Renaissance sculpté dans la pierre. Deux bas-reliefs narrent son martyre et l'un de ses miracles. Près du maître-autel, se trouve une Vierge assise du XIIe siècle. On remarque aussi sur l'autel latéral une Sainte Famille et un Christ entre les deux larrons, belle œuvre en ivoire.

BELORADO NE VOULAIT PAS PAYER

Les archives municipales de Belorado conservent un parchemin de plus d'un mètre de long, relatant un procès que la municipalité soutint pour ne pas avoir à payer le tribut du Voto de Santiago. Elle estimait ne pas appartenir à la juridiction du monarque qui l'avait institué après la victoire de Clavijo. On peut être pieux et veiller cependant à ses intérêts. Le procès dura jusqu'en 1408, date du document qui porte la signature du roi Juan II.

LES CAPARRONES DU PELERIN GASTRONOME

De Belorado à Ibeas de Juarros, cette région que l'on a appelée la Riojilla burgalesa (la petite Rioja de Burgos) cultive volontiers les caparrones, nom local de haricots rouges particulièrement savoureux. Et qui ne laisseront pas le pèlerin gastronome sur sa faim !

À l'approche de Grañon

11ème étape — 24,4 km — 6h10

Pèlerins approchant de San Juan de Ortega

Belorado
San Juan de Ortega

ÉTAPE DU JOUR se divise en deux parties bien contrastées. De Belorado à Villafranca, on évite la présence de la N 120 en louvoyant de part et d'autre. De villages modestes à demi éteints en hameaux ressuscités sous les coups de truelle des citadins en week-end, on parcourt des sentes herbeuses, des chemins cailloux ou des petites routes. L'agitation des hommes et leurs traces demeurent tout de même très atténuées. Passé Villafranca, il n'y a plus que la forêt et la lande. Au Moyen Age, les pèlerins redoutaient les loups et les brigands dans les Montes de Oca. De nos jours, rien à craindre de ce côté-là. On éprouvera pourtant un soulagement à la découverte de San Juan de Ortega, haut lieu du Chemin par son histoire et sa géographie. On passera la nuit derrière les vieux murs du monastère, après la traditionnelle soupe à l'ail servie pour le dîner, en songeant à la chance insolite de séjourner en pareil lieu au XXIème siècle.

RENSEIGNEMENTS PRATIQUES

❖ TOSANTOS (09258)

→ Bar restaurant, 947 581 245, boulangerie

→ Mairie, 947 580 250, www.iespana.es/tosantos

→ Refuge paroissial, 20 à 30 pl. en matelas, CO, PO, pas de cuisine, ouvert d'avril à octobre, c/ Santa Marina s/n (près de la place), asociación jacobea

❖ VILLAFRANCA MONTES DE OCA (09257)

→ Commerces, services

→ Mairie, 947 582 072

→ Refuge pèlerins San Antonio Abad, 36 lits, CO, 6 €, coin cuisine, GV, ouvert toute l'année, en été la mairie met 100 pl. à disposition dans un camping, c/ Mayor, 947 582 000 ou 947 582 124

✣ SAN JUAN DE ORTEGA (09199)

→ Bar, restaurant, alimentation

→ Refuge au monastère, 58 lits + 50 matelas, CO, PO, pas de cuisine, GV, AP 12h30-22h, ouvert toute l'année (tél. en hiver), 947 560 438

00,0 Belorado. Depuis refuge (à côté de l'église Santa Maria), prendre la ruelle cimentée en face. À 50 mètres, au bout de la rue, tourner à droite. À peine 100 mètres plus loin, suivre à gauche la c/Raimundo de Miguel, suivie de la c/Hipolito.Lopez.

00,4 Carrefour : traverser une route, continuer en face par l'avenida Camino de Santiago, un chemin cimenté, bordé d'habitations et de jardins potagers.

00,8 Carrefour : prendre en face le chemin médian. En moins de 250 mètres, on va se rapprocher à droite du mur d'un couvent. Peu après, on débouche sur la N 120.

01,3 Traverser la N 120, prendre en face la piste (borne) qui permet de franchir le rio Tirón par une passerelle parallèle au pont de pierre de la N 120. La piste se poursuit à gauche de la chaussée, traverse une station d'essence.

02,0 Carrefour : suivre à gauche la route de San Miguel de Pedrosa. La quitter après une dizaine de mètres pour prendre à droite un chemin de terre. Après 80 mètres, laisser la piste monter à gauche, s'engager à droite dans un sentier herbeux bordé de haies, parallèle à la N 120.

02,6 Couper une piste. Notre sentier se poursuit tout droit (parallèle à 300 mètres à gauche de la N 120).

04,2 Le chemin débouche sur une piste plus large, empierrée, à suivre à droite vers Tosantos. Laisser de suite à gauche une fontaine et une aire de pique-nique.

04,9 Tosantos. Entrer par la c/Real. Au carrefour, suivre une piste qui fait longer la lisière du village (le laisser à droite). Avant la

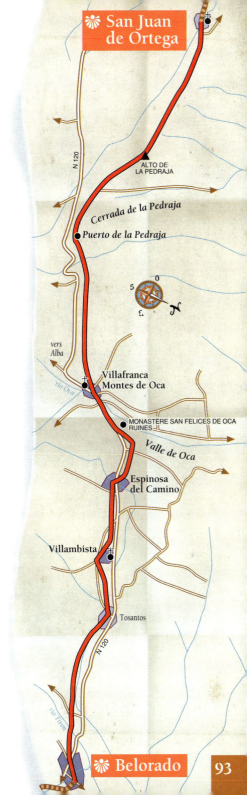

sortie, suivre à gauche un chemin qui monte sous des lignes électriques (Sud-Ouest). Remarquer dans les falaises sur la droite, au-dessus de la N 120, le sanctuaire troglodyte de la Virgen de la Peña.

1h40 06,6 Entrée de **Villambista**. T : prendre à droite en direction de l'église (à laisser à droite). À 50 mètres, en contrebas, petite placette avec fontaine sur la droite ; laisser la c/Mayor. Continuer en face par un chemin empierré (à gauche d'une habitation en brique). Certaines portions du chemin peuvent devenir très bourbeuses par temps de pluie.

08,0 Retrouvailles avec la N 120. La traverser et la suivre à gauche durant 50 mètres avant de s'engager dans un chemin pierreux (boueux parfois !). Il reste parallèle à la N 120 qui file à l'Ouest vers Burgos. Bientôt le chemin pénètre dans…

2h05 08,3 Espinosa del Camino (c/de Villafranca). À la bifurcation, suivre à droite une ruelle cimentée, puis laisser une fontaine à droite (895 m). Le balisage zigzague jusqu'à la sortie du village…

08,6 Carrefour en T (face à un vallon) : prendre à gauche un chemin blanc, crayeux. Il descend un peu, puis monte régulièrement.

09,8 Laisser à droite un embranchement ; on atteint le point haut (antennes relais devant à droite, alt. 950 m). Après 350 mètres, laisser à droite une piste qui conduit aux antennes. On amorce une descente assez raide. Dans un champ à droite, s'élèvent les ruines de l'ancien monastère San Felices de Oca (IXème siècle).

10,4 Au bas de la descente, T : prendre à gauche une piste horizontale qui se dirige vers la N 120.

11,1 Arrivée sur la N 120, la suivre à droite vers…

3h00 11,8 Villafranca Montes de Oca. Franchir le pont sur le rio Oca. De suite à droite de la N 120, un vaste parking envahi de camions et un bar restaurant *El Pajaro* (un "routier" excellent à l'automne 2003 !). Le refuge est 100 mètres plus loin, sur le côté gauche de la N 120.

Remise des compteurs à zéro avant la montée vers San Juan de Ortega

00,0 Villafranca Montes de Oca. Parking et restaurant *El Pajaro*. Suivre la N 120 dans le village sur 100 mètres. En face du refuge (ex-école), une rampe cimentée quitte la N 120 pour monter à droite vers l'église dédiée à Santiago. La laisser à gauche, passer sous un grand noyer.

00,3 Quand la rampe fait un coude à droite, suivre en face une sente pentue qui court le long d'un mur. Dès la première bifurcation prendre à droite un chemin herbeux.

00,6 Bifurcation : prendre à droite le chemin moins pentu, plus large, mais défoncé.

00,9 Le balisage nous invite à tirer vers la droite dans une fourche imprécise. Le chemin pierreux poursuit sa montée en dessinant une large courbe à gauche. Il pénètre en suivant dans une forêt de chênes.

02,8 La montée s'achève à l'arrivée sur le plateau. Passer un premier carrefour de pistes, continuer tout droit. Au deuxième carrefour, après 250 mètres, aller toujours tout droit (Sud-Ouest).

03,6 On débouche sur une piste plus large que l'on emprunte à droite (en face). La N 120 est en contrebas sur la gauche. On la suit parallèlement jusqu'au Puerto de la Pedraja (alt. 1150 m). Laisser à droite de la piste un monument commémoratif datant de la Guerre Civile. Laisser également un embranchement à droite. Descendre tout droit jusqu'à…

1h05 04,3 Franchir par une passerelle le ravin de la **Cerrada de la Pedraja**. La piste remonte raide, avec toujours la N 120 à peu de distance sur la gauche.

05,2 On bute sur une piste (un coupe-feu) : suivre tout droit au Sud-Ouest, puis à l'Ouest. Forêt à gauche, lande à droite. On atteint l'Alto de la Pedraja.

06,4 Plateau de landes, carrefour de chemins : continuer tout droit. À 250 mètres, on pénètre dans une forêt de conifères.

07,2 Une piste nous rejoint par la gauche : la suivre à droite (en face). Horizontale, la piste très large sert vraisemblablement de coupe-feu.

08,2 La piste se rétrécit. Après 400 mètres, laisser un embranchement à droite.

Continuer tout droit. Le chemin, plus large à nouveau, est bordé de conifères à gauche et de chênes à droite.

10,7 Quitter la large piste pour prendre à gauche un chemin qui descend entre les conifères.

11,3 Sortie de la forêt de conifères. Le monastère de San Juan de Ortega se dresse au-delà d'une vaste prairie.

3h10 12,6 San Juan de Ortega.

Parvis de l'église (alt. env. 1000 m). Les bâtiments du monastère sont à droite.

🐚 LE LONG DU RETORTO, CHEMIN FAISANT

La première partie de l'étape va du río Tirón, qui arrose Belorado au río Oca longeant Villafranca Montes de Oca. Mais en fait, elle remonte constamment la vallée du río Palomar ou Retorto, selon les cartes, qui, né près de l'Oca, devient après avoir joué à cache-cache avec la route un affluent du Tirón…

À la sortie de Belorado, le pont de la N 120 sur le lit encaissé du río Tirón est le troisième à le franchir au cours des siècles. Du plus ancien ne subsistent que les vestiges des piles ; et de celui, intermédiaire, de Pierre le Cruel (XIVe siècle), que deux arches. De Tosantos (Toussaint), on aperçoit à droite les murs du sanctuaire de la Virgen de la Peña, creusé dans la montagne ; la statuette de cette Vierge du Pic est du XIIe siècle. Tosantos, qui existait dès l'an 970, fut acheté au XIVe siècle par Belorado dont il constitua un quartier.

Au centre de Villambistia, la chapelle désaffectée était dédiée à saint Roch, vénéré des pèlerins et représenté ici avec son chien. L'église San Esteban, dominant le village sur son replat, conserve l'ancien retable de San Francisco de Belorado.

À Espinosa del Camino, statue romane et polychrome de San Indale-

Sortie de l'office du soir à Ortega

cio, évangélisateur présumé de la contrée. Hélas, comme la plupart des ormes européens, ceux de l'allée, que signalait le manuel d'Eusebio Goicoechea, ont disparu.

Au lieu-dit San Felices, 750 mètres avant Villafranca, au milieu des champs de blé, se trouvent les ruines de l'ancien monastère San Felix de Oca (IXe siècle) où aurait été inhumé le comte Diego Porcelos, qui contribua à repeupler Burgos. Il n'en reste que les vestiges de l'abside et un arc mozarabe outrepassé.

🐚 LA "VILLE FRANQUE" AU PIED DES MONTS

Villafranca Montes de Oca est l'antique Auca des Romains. Son premier évêque aurait été San Indalecio nommé par saint Jacques lui-même…

Située sur le chemin, Villafranca doit plutôt se traduire Ville des Francs que Villefranche, encore que les deux aillent de pair, car le nom indique qu'elle fut repeuplée de Français en même temps que dotée de franchises. Quant aux Montes de Oca, ce sont les montagnes voisines, héritières de l'appellation romaine.

Il y eut dès l'an 884 un hôpital qui a disparu. L'actuel Hospital de la Reina, dédié à San Antonio Abad, fut fondé en 1380 par Juana Manuel, épouse d'Enrique II, puis transformé sous les Rois catholiques dont l'écusson figure sur une arcade. Au XVIIIe siècle, il offrait encore trente-six lits (mais peut-être pas très propres, car le dicton voulait qu'à Villafranca il y eût plus de lits que de draps). À l'abandon depuis, un beau crépi jaune semble annoncer aujourd'hui sa rénovation. Dans l'église paroissiale de Santiago (XVIIIe siècle), dont le bénitier est une énorme coquille ramenée des Philippines, un Ecce Homo est attribué à Juan de Mena. Elle abrite aussi deux statues de saint Jacques, dont l'une avec un reliquaire aménagé dans la poitrine.

🐚 HORS CHEMIN : LA VIERGE ET LE PUITS

Au sud-ouest de Villafranca, au fond du romantique défilé de la Hoz, une

Près de Tosantos

chapelle, la Ermita de la Virgen de Oca, possède une statue mariale du XIIe siècle. Le puits voisin, bordé de pierres rouges, est, le 11 juin, le but d'un pèlerinage où l'on exécute la danse des bâtons au son du tambour. On dit que San Idalecio y fut martyrisé et que l'eau aurait alors jailli sur les pierres ensanglantées.

LES MONTES DE OCA : VOLEURS ET LOUPS D'ANTAN

Les forêts des Montes de Oca abritent encore quelques loups, qui fuient l'homme. Mais la traversée de ces montagnes était redoutable au Moyen Âge. Pour Aymeri Picaud, c'était l'ultime épreuve entre la sauvage Navarre et l'accueillante Castille. En s'enfonçant dans la forêt qu'on ne pouvait traverser que de jour, il cassa la croûte à la fontaine de Mojapàn (mouille-pain). On la voit toujours…
Aujourd'hui, reboisée et traversée par la route, elle ressemble peu à ce qu'elle était au XVe siècle encore, quand l'Italien Laffi s'y perdit, et ne survécut que grâce aux champignons. (Mais n'y aurait-il pas eu un peu de Tartarin chez ce pèlerin mémorialiste ?) Une légende dit aussi qu'un jeune pèlerin français y mourut, puis, ressuscité par saint Jacques, put terminer son pèlerinage.
Le col de Puerto de Pedreja (1163 mètres) est enneigé l'hiver, et le vent y souffle dur. Il domine el Valle de Robles gordos (la vallée des gros chênes), qui fut infestée de bandits. *Si quieres robar, véte a los Montes de Oca*, dit toujours le dicton (Si tu veux te faire voleur, va-t-en à Oca).

HORS SENTIER : LE VAL DE FUENTES, VALLEE DES SOURCES

Aujourd'hui au bord de la route, la Fuente del Carnero (source du mouton), précède l'ermita de Val de Fuentes, vallon vert et riche en sources potables. Ce site fut une véritable oasis pour le pèlerin médiéval descendant de la montagne. Il y avait là un hôpital auquel Alphonse VII accorda un fuero en 1187. Il en reste un bout de chapelle à ogives croisées et console à tête humaine, partiellement restaurée comme ermitage au siècle dernier.

SAN JUAN DE ORTEGA, ARCHITECTE DE SA PROPRE EGLISE

Une auberge et quelques maisons autour d'une église classée monument national : c'est tout, et c'est pourtant prodigieux. San Juan de Ortega, construite vers 1150, porte le nom de son bâtisseur. Il était né soixante-dix ans plus tôt, vers 1080, à Quintaortuño, près de Vivar del Cid. Il avait quatorze ans quand son hardi compatriote conquit Valence. Pour sa part, préférant la croix à l'épée, il fit le pèlerinage de Jérusalem et, plus tard, en accomplissement d'un vœu, il édifia ce sanctuaire en ce lieu plein d'orties (ortegas, du latin *urtica*).
Architecte, bâtisseur de ponts et d'églises, il devint l'adjoint, puis le continuateur de Santo Domingo de la Calzada. Mort en 1162, il fut enterré dans son propre temple. On lui attribue de nombreux miracles, notamment des maternités d'épouses stériles, et la guérison de l'enfant muet de pèlerins irlandais.

UN HAUT LIEU…

San Juan de Ortega est un haut lieu dans tous les sens du mot : par l'altitude d'abord, car c'est un plateau boisé de 1000 mètres, d'où l'on va lentement redescendre vers Burgos par la vallée du río San Juan ; par la splendeur du paysage aussi : une clairière dans la forêt de sapins ; enfin par l'architecture : et quelles vieilles pierres pourraient-elles être plus émouvantes que celles que posa le saint lui-même, tel le petit cloître de marbre rose jouxtant le refuge, merveille de simplicité et d'harmonie ? C'était un bon architecte !
Nef de l'église et transept à fenêtres géminées sont romans d'origine, de même que la crypte et le cénotaphe très dépouillé du saint. Il le voulut ainsi. Tout à côté se dresse un somptueux tombeau, merveille d'art funéraire roman qu'un comte de ses amis, le sachant au plus mal, lui avait destiné. Mais dans son agonie, Juan de Ortega garda assez de lucidité et d'humilité à la fois pour lui préférer la pierre nue. Le tombeau sculpté resta pour sa gloire, mais vide !
À voir encore : les scènes de la vie du saint taillées dans la pierre à l'intérieur de la chapelle "isabelline", le retable de bois sculpté, le baldaquin gothique fleuri, orné de gueules de dragons et les riches ferronneries retrouvées dans les ruines du monastère San Jerónimo.

LA SOUPE A L'AIL DES BONS PERES

Il serait injuste d'oublier le refuge du pèlerin, qui lui-même participe à sa manière à l'attachante harmonie de ces lieux. Austères, mais d'une ambiance indicible. Avec, le soir, la tradition de la soupe à l'ail partagée sur une longue table commune et, le matin, le petit déjeuner dans les cuisines du monastère.

28,8 km   **7h20**   **12ème étape**

Burgos : le rio Arlanzón et la cathédrale

San Juan de Ortega
Burgos

ÉTAPE EST LONGUE et vous vous demanderez certainement le soir venu comment vos jambes ont pu vous porter depuis ce monastère perdu au fond des bois jusqu'au cœur de Burgos, la plus grande ville traversée par le Camino. L'étape précédente vous a familiarisé avec la solitude. Elle sera encore votre compagne de chemin jusqu'à Castañares : forêt touffue, collines chauves et villages à demi désertés. À partir de Castañares, le tracé officiel suit la N 120 jusqu'au centre de Burgos. La variante par Fuentes Blancas et les rives de l'Arlanzón est de loin préférable. On pourra même faire le détour par la Cartuja de Miraflores, une chartreuse en pur gothique flamboyant. Ce petit écart promet une arrivée tardive à Burgos, rendant impossible la visite de la ville le jour même. Le motif touristique peut être un bon prétexte pour faire une pause d'une journée après presque deux semaines de marche. La cité du Cid mérite bien un point d'orgue dans le long cheminement vers la Galice.

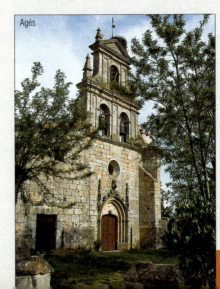

Agés

❖ ATAPUERCA (09199)

→ Hôtel-bar-restaurant, alimentation

→ Refuge privé La Hutoute, 20 lits, CO, 5 €, coin cuisine, GV, accueil équestre, AP 13h-23h, ouvert toute l'année, c/ de la Iglesia, 947 430 320

→ CTR Papasol, 14 pl., nuitée 50 €/2 p., pdj 3,50 €, repas 15 €, c/ de En Medio 36, 947 430 320

❖ OLMOS DE ATAPUERCA (09199)
HC (cyclistes uniquement)

→ Bar, restaurant, alimentation

→ Refuge pèlerins, 19 pl. + matelas, CO, 5 €, coin cuisine, GV, ouvert toute l'année, à l'église, c/ Iglesia 7, 947 430 328

→ CTR Casarrota le Campesina, 17 pl., nuitée 57 €/2 p., pdj 3 €, repas 11 €, Encimera 10, 947 264 966

❖ BURGOS (09000)

→ Tous commerces, services, gares RENFE et routière

→ OT Local, paseo del Espolon s/n (Teatro Principal), 947 288 874, www.aytoburgos.es

→ Refuge pèlerins El Parral, 96 pl., CO, 3 €, GV, ouvert toute l'année, AP 14h-22h, Finca del Parral (en sortie de ville et à côté de l'hopital del Rey), Asociación de Amigos del Camino de Santiago de Burgos, 947 460 922

→ Refuge privé, 18 lits, CO, PO, pas de cuisine, laverie, ouvert toute l'année, c/ Laín Calvo 10, 2ème étage (au dessus de la chapelle de la Divina Pastora), 947 207 952

→ P Dioni, 12 ch., nuitée 23,75 €/2 p., pdj 2 €, repas 7 €, Arzobispo de Castro 2/1, 947 241 847

→ P Marian, 14 ch., nuitée 18 €/p., 25 €/2 p., av. Constitución española 3, 947 210 827

→ P Pardo, 10 ch., nuitée 22 €/2 p., Santa Barbara 20/1, 947 223 938

→ À 3,5 km de Burgos : camping Fuentes Blancas, 1100 empl., tente 6,50 €/p., ouvert d'avril à sept., Ctra Burgos-Cartuja de Miraflores, 947 486 016

00,0 San Juan de Ortega. Parvis de l'église. Les bâtiments du monastère sont à droite.

00,3 Bifurcation : prendre à gauche direction de Burgos. Après 20 mètres, emprunter à droite un sentier pierreux qui s'enfonce dans la forêt de chênes.
Franchir une barrière canadienne pour déboucher dans une clairière. On poursuit avec à droite des chênes, à gauche des conifères.

01,8 Nouvelle barrière canadienne. Le chemin jusque-là très défoncé s'améliore. Après 100 mètres, laisser des pistes à gauche, continuer tout droit.

02,2 Le chemin franchit une passerelle sur "la tranchée del Inglés". Laisser à gauche quelques grands chênes afin de se diriger vers le bord du plateau. Grande croix sur la droite.

03,0 Barrière de barbelés (bien refermer après passage). La piste gravillonnée descend vers le village d'…

0h50 03,7 Agés. On rejoint une route goudronnée, la suivre à droite. Laisser ensuite une fontaine à droite.

04,4 La route franchit un pont. Remarquer à gauche le vieux pont médiéval en dos d'âne.

06,2 Entrée dans Atapuerca. Laisser sur la droite l'église en contre-haut.

06,7 En face du *Mesón las Cuevas* et d'une placette avec fontaine, quitter la route, prendre à gauche un chemin de terre qui monte vers l'Ouest, puis Ouest-N.-O. Laisser à gauche une aire de pique-nique.

07,3 Bifurcation : prendre le chemin de droite (presque en face) qui longe à gauche des barbelés (terrain militaire). La piste défoncée et rocailleuse monte à la lisière d'une forêt de petits chênes à droite, et toujours les barbelés à gauche.

2h10 08,5 Termino de Atapuerca.

Col (1060 m) avec une grande croix et des cairns sur le dôme de Matagrande. Des pistes partent un peu dans tous les sens : descendre en longeant les barbelés (Ouest-S.-O.).

08,8 Bas de la descente : on débouche dans le coude d'une piste en terre. Prendre à droite (en face). Remarquer de grandes antennes sur la droite.

10,1 Carrefour en T : prendre une large piste à gauche. Laisser des carrières à droite (à l'arrière, à environ 300 mètres).

10,5 Dans le T : prendre à gauche la piste qui descend vers Villalval et la vallée du rio Pico.

(Dans les précédentes éditions, l'itinéraire partait à droite pour rejoindre Orbaneja plus rapidement et hors du goudron. Des travaux en cours lors de notre passage rendent ce choix incertain. Nous suivrons par conséquent l'itinéraire officiel.)

11,5 On débouche sur une petite route. Villalval est à 50 mètres à gauche (panneau). Suivre la route BU V 7011 à droite.

3h10 12,4 Cardeñuela Riopico. La route coïncide avec la rue principale du village. Poursuivre tout droit.

13,6 Laisser à gauche la route pour Quintanilla Riopico.

15,1 Orbaneja. Laisser un bar sur la droite. Traverser tout le village. Dès la sortie, la route se dirige vers l'autoroute.

15,8 Pont au-dessus de l'autoroute A 1. Après 100 mètres, quitter la petite route pour prendre à gauche une piste qui contourne à droite des bâtiments militaires à l'abandon.

16,0 T : prendre la piste de terre qui part à droite en se dirigeant droit vers Burgos. Plus loin, le chemin devient très boueux (par temps de pluie).

17,4 Carrefour en T : prendre à gauche.

Saint Jacques, au hasard des rues de Burgos

Après 250 mètres, nouvelle bifurcation : prendre à droite (panneau "Attention avions, baisser la tête !"). On longe à droite les barbelés délimitant un terrain… d'aviation.

18,6 Prendre à gauche un chemin de terre devant le portail d'accès au terrain d'aviation. On retrouve bientôt le goudron. À 600 mètres, la piste franchit un ruisseau sur un petit pont, puis suit des lignes électriques à HT en direction de Castañares. Durant ces derniers kilomètres, nous avons côtoyé des décharges sauvages. Des usines et leurs fumées douteuses prennent le relais pour annoncer la proximité de Burgos.

5h00 19,7 Castañares. Stop au bord de la N 120. Traverser la route. Laisser à gauche le bar-restaurant *El Descanso*. Contourner la petite église et prendre derrière elle la c/de la Iglesia qui file au Sud en passant un pont sur le rio Molinar. Au bout de la rue (devant l'entrée de l'usine SAIZ), prendre à droite un chemin gravillonné. Laisser à droite un terrain de football.

20,2 Emprunter une passerelle sur le rio Arlanzón. Poursuivre de l'autre côté par une piste cyclable qui oblique à droite sous des peupliers et longe à gauche (20 mètres) une autoroute.

21,0 Obliquer à gauche et passer sous le pont de l'autoroute.

21,3 Fourche : le chemin se dédouble, mais les deux pistes se rejoindront plus loin.

21,6 Stop dans Fuentes Blancas : emprunter la route à droite. En fait, la lon-

ger par une piste aménagée à droite de la chaussée.

22,5 Laisser à droite une fontaine et une aire de repos. Continuer tout droit. Après 400 mètres, passer devant un mini golf. Le chemin s'enfonce dans un bosquet de peupliers.

23,3 On rejoint le río Arlanzón (Playa Fuente del Trior, un plan d'eau). Prendre à gauche une piste goudronnée, parallèle à la rivière.
La piste passe sous un pont ferroviaire.

25,4* On bute contre le pont de l'avenida del General Vigón, sur le río Arlanzón. Deux options se présentent.

À ce point, le balisage officiel nous invite à franchir à droite le pont sur le río Arlanzón, pour suivre l'avenida del General Vigón. Prendre la quatrième rue à gauche, la c/de las Calzadas, en sens interdit.

26,5 Plaza San Juan, statue équestre au centre : passer entre les ruines de l'ancien hospice San Juan et l'église San Lesmes. Franchir le petit pont gardé par quatre lions et passer sous la porte qui marque le début de la c/San Juan, qui est pavée.

26,8 Traverser l'avenida del Cid Campeador, continuer en face par c/San Juan. On débouche sur la Plaza Alonso Martinez. Poursuivre par la c/Avellanos pendant 100 mètres. Au bout de la rue, prendre à droite sur quelques mètres. Suivre à gauche la c/Fernán González.

7h00 27,4 La cathédrale de Burgos est à gauche.
Pour continuer le Chemin ou se rendre au refuge, il faut encore marcher par c/Fernán González, puis par la c/Felipe Abajo. On bute sur le vaste séminaire…

28,0 Franchir le porche percé dans la muraille d'enceinte de la vieille ville. Descendre quelques marches à gauche, traverser le carrefour et prendre en face la c/Emperador (les cyclistes feront un crochet à droite, jusqu'au bout de la rue, puis à gauche. Suivre cette rue jusqu'à l'intersection avec la c/Villalón, à suivre à gauche vers le parc ombragé au bord du río Arlanzón.

28,6 Emprunter le pont piétonnier Malatos. Sur la rive opposée, traverser l'avenida de Palencia et emprunter en face le Paseo de los Commandores qui tire à droite. Après quelques mètres, à droite, une brèche dans un mur d'enceinte donne accès au parc du Parral. Continuer par la grande allée…

7h30 29,2 Le refuge des pèlerins est sur la gauche, dans le parc.

❋ 25,4 À ce point, une variante très simple permet de rejoindre le refuge avant la visite de la ville. Ce parcours très ombragé est recommandé les jours de fortes chaleurs.

Passer sous le pont. Continuer par l'allée piétonnière sous les arbres, en bordure du río Arlanzón.

26,1 Feux : carrefour, pont à droite. Continuer tout droit en laissant à gauche la statue de San Domingo de Gúzman, fondateur de l'ordre des dominicains.

26,6 Carrefour et pont San Pablo à droite. Poursuivre par l'allée ombragée.

27,0 Carrefour : le pont à droite sur le río Arlanzón conduit à la porte Santa Maria et, de là, à la cathédrale. Poursuivre toujours tout droit par l'avenida de Palencia pour gagner le refuge.

28,4 Traverser l'avenida de Palencia et emprunter en face le Paseo de los Commandores qui tire à droite. Après quelques mètres, à droite, une brèche dans un mur d'enceinte donne accès au parc du Parral. Continuer par la grande allée…

7h20 28,8 Le refuge des pèlerins est sur la gauche, dans le parc.

Dans Burgos

D'ORTEGA A MIRAFLORES, CHEMIN FAISANT

À la sortie ouest d'Agés, on passe à 10 mètres du pont que construisit, sur le même río, Juan de Ortega. Le passage est abandonné, mais le vieil ouvrage est visible de notre chemin. Atapuerca (attache-porc traduirait-on aujourd'hui, mais c'était Altaporca, comme "haut", pour Aymeri Picaud) est déjà mentionné en 963. L'actuelle Casa Hospital fut précédée d'un hôpital pour les pèlerins qui fonctionna jusqu'au XVIIIe siècle.

En 1054, dans la bataille d'Atapuerca déjà mentionnée, simple escarmouche en vérité mais de conséquence, le Navarrais Garcia El de Nájera, vaincu par son frère castillan Fernando Ier, perdit à la fois sa province et la vie. Au XIIe siècle, Alphonse VII accorda à la cité un fuero, avant de la céder à l'ordre de Saint-Jean-de-Jérusalem.

Les monts d'Atapuerca (Matagrande sur les cartes) offrent un paysage d'une grande sévérité, qu'une zone militaire ne rend pas plus souriant. Mais les Cuevas (grottes) abritent un important gisement préhistorique. On passe alors au-dessus du village de Villalval, tête de la vallée du río Pico, où serpente le chemin officiel. Celui que nous suivons, et qui descend vers l'autoroute A 1, correspond à l'ancien chemin royal de Burgos à Atapuerca.

À Castañares, nous croisons le chemin historique venant de Zalduendo et Ibeas de Juarros, et aussi la N 120 que l'on connaît bien… Ce hameau était cité en 963, et appartenait au XIIe siècle au monastère San Juan de Burgos. Il en reste une chapelle ancienne, complètement noyée dans l'urbanisation et la circulation.

Un passage piétonnier au-dessus de la route nous permet de la franchir sans peine. Puis une passerelle sur ce río Arlanzón que nous rencontrons pour la première fois à Castañares. Sur l'autre rive, nous entrons très agréablement dans Burgos par le grand parc des Fuentes Blancas (sources blanches) vaste et planté de grands arbres, et où se situe la Cartuja.

LA CHARTREUSE DE MIRAFLORES

Quatre kilomètres à l'est avant Burgos, la Cartuja de Miraflores (chartreuse de "mire-fleurs") n'est pas à proprement parler un monument jacquaire. Mais quelle beauté ! Ce monument gothique flamboyant, fondé en 1441, très cloisonné, comprend successivement un narthex, une nef des fidèles, un chœur des frères, un chœur des pères et le presbyterium, chœur du sanctuaire, plus six chapelles latérales côté gauche. On trouve dans la première nef une évocation de la chartreuse française ; dans celle des frères, des peintures flamandes ; dans celle des pères, des stalles de noyer sculpté. Le presbyterium, surtout, abrite les tombeaux des parents d'Isabelle la Catholique (Jean II de Castille et Isabelle de Portugal) avec leurs gisants. On y verra aussi un triptyque de Van der Weyden et un riche retable savamment composé ; dans la foule des statuettes, celle de saint Jacques tient une petite place en bas à droite.

BURGOS, VILLE DU CID

Hors chemin, 6 kilomètres au sud-est de Miraflores, à San Pedro de Cardeña, près des ruines en parties romanes de l'ancien monastère qui exista dès le IXe siècle, une chapelle abrite les tombeaux du Cid et de Chimène. C'est aussi là que le héros avait caché sa femme et ses filles tandis que, exilé de Castille, il guerroyait entre Saragosse, Barcelone et Valence…

Le grand capitaine Rodrigo Díaz de Bivar, dit le Cid Campeador (de l'arabe sidi, mon seigneur) montant le cheval Babieca et portant l'épée Tizona, né vers 1026 et mort en 1099, roi de Valence, appartenait en effet à une grande famille de Burgos. Son ancêtre était déjà jurat quand, au Xe siècle, le mythique Fernán Gonzáles, connu par le Romancero, élu comte de Castille, fit de Burgos la capitale d'un comté indépendant. Mais il ne fonda pas de dynastie. Alphonse VI, roi de Castille régnant à Burgos au temps du Cid, descendait des souverains conquérants et alliés de Navarre et de León. Alphonse supporta mal l'esprit indépendant de son capitaine Rodrigue et l'exila, ignorant alors que ce soldat remuant avait un sceptre dans sa giberne…

DU GERMANIQUE BURG

Burgos avait été fondée un siècle avant Fernán Gonzáles, en 882, par le roi de León Alphonse III le Grand pour consolider ses victoires sur les musulmans. Sans doute autour d'un fortin qui devait exister du temps des Wisigoths. Le mot de Burgos, du germanique Burg, château, semble l'indiquer.

Beau destin pour une forteresse : c'est une descendante des rois de Castille, Isabelle la Catholique, qui unifiera l'Espagne au XVe siècle en épousant Ferdinand d'Aragon. Mais quand elle aura fait tomber le dernier royaume musulman, Grenade, le règne de Burgos s'achèvera aussi : la première capitale de l'Espagne unifiée sera, après 1492, Valladolid.

LE PELERIN DANS BURGOS

Burgos est trop riche en monuments pour qu'on puisse se substituer à un guide complet. Nous ne pourrons en faire qu'une découverte sommaire en deux étapes sur les pas du pèlerin… Après Miraflores, le río Arlanzón traversé, nous entrons dans la ville par la calle de las Calzadas, au nom jacquaire on ne peut plus explicite : les chaussées.

Elle nous conduit vers l'histoire : place San Juan, toute pavée, nous voici entre l'hôpital San Juan et l'église de San Lesmes…

L'hôpital de San Juan Evangelista fut confié en 1091 par Alphonse VI aux bénédictins de la Chaise-Dieu. Son premier prieur fut San Lesmes, en français saint Adelesme, de Loudun. Ses belles ruines encadrent le cloître platéresque qui a été rénové pour abriter un musée Marceliano Santamaria, réunissant cent cinquante toiles de ce peintre de Burgos.

L'église primitive de San Lesmes fut détruite par les guerres. Reconstruite à partir du XVe siècle, elle est gothique et Renaissance. On y voit des tableaux flamands, une chaire, et la sépulture de saint Adelesme, dont les restes complets ont été retrouvés en 1968. Le tombeau a alors été replacé dans le chœur en présence de pèlerins de Loudun.

Le petit pont en pierre sur un canal, gardé par quatre lions, puis la porte San Juan nous font entrer dans la vieille ville par un chemin de pèlerins constamment pavé, ce qui aide à se retrouver dans le dédale des rues. Celles-ci sont bordées de maisons à l'architecture monumentale, impressionnante ne serait-ce que par leurs miradors, salons de bois et de verre accrochés en appendice aux façades, avec vue surplombante sur la foule.

Rue San Juan, la Casa del Cordon, qui doit son nom à la grosse corde sculptée sur les pierres de la façade, remonte au XVe siècle.

La calle Fernán González compte plusieurs maisons seigneuriales du XVIe siècle avec portails Renaissance, voûtes à caissons, écussons.

La cathédrale, incontestable "clou" de la visite de Burgos, est entourée de deux autres églises, San Nicolás et San Esteban.

San Nicolás, tout à côté, gothique du XVe siècle, abrite derrière sa façade sobre plusieurs sépultures et un retable de pierre de Simon de Cologne.

À quelques minutes au nord, San Esteban, bâtie de 1280 à 1350, présente une façade gothique avec rosace, de magnifiques tapisseries et un cloître ogival.

Un peu plus loin, el Arco de San Esteban, qui fait partie des murailles, est du XIIe siècle et de style arabe, flanqué de tours du XIIIe siècle.

Enfin, tout ce vieux quartier est dominé au nord-ouest par l'ancien Castillo, château des rois de Castille, dont il reste des ruines et deux tours rebâties. Détruit par le feu en 1736, il vit de plus en 1812 le siège des Français par Wellington.

La cathédrale de Burgos

LA REINE DES CATHÉDRALES GOTHIQUES

La cathédrale Santa María de Burgos est l'une des plus belles d'Europe. On ne sait où tourner la tête devant cette floraison de pierres au milieu de places publiques monumentales, et pas davantage à l'intérieur dans ce labyrinthe parmi deux nefs, un déambulatoire, un cloître, deux sacristies, une salle capitulaire, dix-sept chapelles, le tout débordant de richesses…

Elle fut commencée en 1221, et c'est au XVe siècle que l'évêque d'origine allemande Juan de Colonia (Jean de Cologne) termina la tour. Ne pas manquer le portail sculpté du XIIIe siècle, le Santo Cristo de la même époque provenant du couvent des Augustins, la chapelle de Santiago, une tête de pèlerin sculptée sur un chapiteau du cloître, une statue de saint Jacques au musée et, dans le chœur, un panneau de siège représentant l'apparition de la Vierge du Pilar à l'apôtre. (Voir également p. 87)

13ème étape 19,1 km 5h00

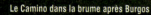

Le Camino dans la brume après Burgos

Burgos
Hornillos del Camino

Le programme de la journée nous donne un bref aperçu de ce qui nous attend jusqu'aux monts de León : la traversée de la Meseta pendant deux cents kilomètres ! C'est un plateau qui s'élève à huit ou neuf cents mètres d'altitude, glacial et balayé par les vents d'ouest en hiver, torride et incendié par le soleil, sans beaucoup d'ombre, en été. À condition de partir de bon matin, bien chapeauté et avec une seconde gourde, le cheminement, à travers ces grands espaces sous un ciel immense, loin d'être un calvaire, devient un exercice où l'esprit vagabonde, médite, s'égare. Le marcheur quant à lui ne risque pas de se perdre, du moins géographiquement, tant le balisage est évident. L'égarement intérieur est une autre histoire…

C'est sans doute dans cette portion que le Chemin vers Compostelle se distingue d'une simple randonnée. Les paysages traversés ne sont ni pittoresques, ni variés, mais ils recèlent une beauté épurée, quasi abstraite. Cette étape, comme la suivante, est assez courte. Les arrêts pour la nuit sont possibles dans les villages intermédiaires. Chacun jugera du découpage qui lui convient le mieux. Dans la Meseta, certains ralentissent, tandis que d'autres se voient pousser des ailes.

RENSEIGNEMENTS PRATIQUES
❖ **VILLALBILLA DE BURGOS (09197)**

→ Commerces, services
→ Refuge pèlerins, 18 pl., CO, PO, ouvert toute l'année, GV, pas d'eau chaude, pas de cuisine, c/ del Sagrado Corazon, 947 291 210

✦ TARDAJOS (09130)

→ Commerces, services

→ Refuge pèlerins, 12 lits + 10 matelas, CO, PO, pas de cuisine, ouvert toute l'année (sauf en déc.-janv.), AP 14h30-22h30, c/ Asuncion (jouxte l'église), 947 451 189

→ P Mari, 6 ch., nuitée 24 €/2 p., pdj 3 €, repas 8 €, Pozas, 947 451 125

✦ RABÉ DE LAS CALZADAS (09130)

→ Bar, restaurant

→ Refuge privé Virgen de la Guia, 22 pl., CO, 5 €, repas 5 €, pdj 1 €, coin cuisine, GV, ouvert toute l'année, AP 15h-22h, à la sortie du village, 947 451 341

→ Refuge privé Santa Marina y Santiago, 38 lits + 20 matelas., CO, PO, pas de cuisine, AP à partir de 15h, ouvert d'avril à novembre, dans l'ancien hôpital de pèlerins près de l'église, Michèle parle français, 670 971 919

✦ HORNILLOS DEL CAMINO (09230)

→ Bar, restaurant

→ Refuge pèlerins, 32 pl., CO, 4 €, coin cuisine, GV, ouvert toute l'année, AP jusqu'à 22h, plaza de la Iglesia, 947 411 220

→ Refuge La Escuela, 21 pl., CO, 4 €, pas de cuisine, ouvre si l'autre refuge est complet, 947 377 436

00,0 Burgos. Refuge dans le parc du Parral. Poursuivre la traversée sous les arbres en direction de l'Ouest. Passer la grille du parc pour déboucher dans la c/San Amaro que l'on suivra à droite. Remarquer dans le mur de la chapelle S. Amaro une niche avec une statuette de saint Jacques.

00,4 Prendre à gauche pour suivre la c/del Rollo (N 120) en laissant à droite un calvaire de pierre. À 150 mètres, passer sous un pont de chemin de fer. Premier carrefour : continuer tout droit.

01,0 Au deuxième carrefour : obliquer à droite vers Recintos Feriales la Milanera ; la rue est bordée à gauche par des résidences, à droite par des peupliers et une chapelle rose.

01,5 Fin des habitations à gauche, on longe à présent un mur d'usine. La piste est toujours goudronnée.

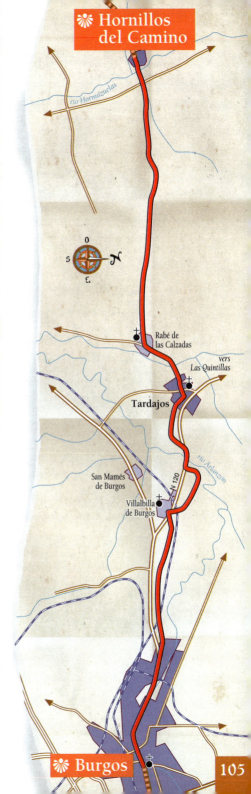

02,0 Fin du goudron : laisser un portail à droite. La piste de terre continue tout droit en traversant une peupleraie (coupée par une ligne à HT). La piste s'élargit et devient gravillonnée avant de franchir un ruisseau et de poursuivre à travers champs.

04,0 Bifurcation : prendre à gauche (en face) en laissant à droite un pavillon et un bâtiment industriel.

04,7 On rejoint une piste venant de la gauche. L'emprunter à droite pour franchir un canal d'irrigation. La piste se poursuit sur la rive opposée. Longer à gauche les voies ferrées et contrebas de l'église de Villalbilla.

05,1 Carrefour : laisser à gauche le passage à niveau vers Villalbilla, ignorer le chemin filant droit devant. Prendre à droite un chemin vers une usine qu'on laissera à droite. Après 300 mètres, le chemin zigzague devant des habitations avant de franchir un petit pont pour continuer tout droit à travers champs.

05,7 Carrefour de chemins. Prendre à gauche un sentier herbeux (environ Ouest). Il se dirige vers l'autoroute A 231.

06,5 T au pied de la rampe de l'autoroute A 231. Prendre à droite une piste gravillonnée. Après 300 mètres, passer sous le pont de l'A 231 en laissant à droite le rio Arlanzón. Terminer ce détour en U afin d'aboutir sur la…

07,1 N 120. La suivre à droite en franchissant un pont de pierre sur le rio Arlanzón. À la sortie du pont, une piste aménagée suit la nationale à gauche de la chaussée.

2h10 08,5 Entrée de **Tardajos**. Laisser un calvaire sur la gauche de la route. Sur la place centrale du village, quitter la N 120 pour prendre à gauche la c/del Mediodia. Laisser le refuge sur la gauche. Emprunter la première rue à droite, puis de suite à gauche la c/Real.

09,2 Laisser l'église à droite. Poursuivre par la c/Real Poniente jusqu'à la sortie du village. On atteint une petite route : la prendre à gauche et tout droit.

10,3 Panneau d'entrée de Rabé de las Calzadas (835 m).

11,0 Emprunter à droite la c/Santa Marina, cimentée, qui débouche sur une placette ornée d'une fontaine, puis se poursuit en montant. Après 150 mètres, on découvre une autre placette autour d'une fontaine surmontée de statuettes évoquant des gargouilles. Laisser l'église à gauche, emprunter à droite de la place la c/Baldonero Pampliega pour sortir du village.

11,4 Bifurcation devant l'entrée du cimetière. Prendre à droite le Camino de Santiago ! Après 150 mètres, bifurcation : obliquer à gauche et passer entre des fermes.

11,9 Passage sous des lignes électriques à HT. La piste s'élève vers le plateau.

13,7 Bifurcation : suivre le chemin de droite (le plus évident). Laisser à 50 mètres à droite une aire de pique-nique et la fontaine de Prao Torre. Le chemin est de plus en plus défoncé.

3h40 14,6 Bifurcation : prendre à gauche une piste caillouteuse. On débouche sur la **meseta** (le plateau, alt. env. 930 m) ; le chemin est bordé de cairns et file à peu près à l'Ouest.

16,4 Point haut sur le bord du plateau : on amorce une descente raide vers Hornillos del Camino.

18,5 Carrefour, panneau stop : couper la route de Villanueva. Continuer en face par la route goudronnée vers Hornillos. Après 250 mètres, franchir un pont sur le rio Hormazuelas.

5h00 19,1 Hornillos del Camino. En remontant la rue principale, laisser à droite l'église San Román et le refuge qui se trouve à quelques mètres.

Sur la Meseta

DANS BURGOS, CHEMIN FAISANT

L'Arc de Fernán González est un monument érigé en 1592 à la mémoire du comte, premier artisan de l'indépendance de la Castille.

L'église Santa Agueda, gothique ancien, occupe l'emplacement d'une Santa Gadea disparue dans laquelle le Cid fit jurer au roi Alfonso VI qu'il n'était pour rien dans le meurtre de son frère don Sancho.

Nous voici d'ailleurs à côté du Solar del Cid, qui n'est plus la demeure du Cid, mais un monument construit en 1784 sur son emplacement et avec des pierres de sa maison : entablement flanqué de deux obélisques qui portent les armes de Burgos et celles de Rodrigue Díaz de Bivár.

Le chemin passe sous l'arc de San Martín pour franchir les murailles de la vieille ville : porte mozarabe du XIIe siècle, en arc outrepassé entre deux tours rondes. C'était le passage honorifique des monarques et de leurs visiteurs de marque.

Calle Emperador, l'église et le monastère San José (aujourd'hui habité par des sœurs bénédictines) occupent le site de ce qui fut l'hôpital le plus ancien de Burgos.

Sur l'autre rive de l'Arlanzón, 300 mètres au sud du Puente de Matatos, le monastère de las Huelgas, entouré d'une muraille crénelée, conserve des cloîtres romans et une église gothique. Construit en 1175 par Alphonse VIII et son épouse, il abrite leurs sépultures, un étendard mauresque, trophée de la bataille de Las Navas de Tolosa, et un musée de tapisseries et peintures.

Face au parc de Parral, la chapelle de San Amaro est dédiée au saint français Amer, qui, au retour de Compostelle, se fixa ici et aida jusqu'à sa mort les pèlerins pauvres et malades qu'il allait chercher très loin sur les routes.

À côté, l'Hospital del Rey fut construit par le même Alphonse VIII et confié par lui à l'abbesse de las Huelgas, puis largement reconstruit sous Charles Quint : le platéresque y domine, mais il reste dans la cour les grands piliers romans du premier hôpital. Les pèlerins pauvres y étaient soignés et même habillés. Ce grand bâtiment historique a été rénové pour abriter la faculté de droit. Il y eut ici une Puerta de los Romeros, porte des pèlerins aujourd'hui disparue, mais rappelée par un panneau.

ET POUR CEUX QUI SEJOURNENT...

Si l'on séjourne plus longuement à Burgos, on pourra voir encore :
- Au nord, San Gil, grande église gothique des XIIIe et XIVe siècles.
- Près du fleuve, l'arc et la tour Santa María, porte ancienne et siège des jurats (XIVe et XVe siècles).
- Et aussi l'ayuntamiento, mairie actuelle, dans un hôtel seigneurial de 1791, donnant sur la belle architecture circulaire de la plaza José Antonio.
- Rive gauche, la Casa de Miranda, palais Renaissance du XVIe siècle, abritant le musée archéologique riche de sarcophages paléochrétiens et de coffrets arabes.
- Rive gauche encore : les deux églises gothiques Santa Clara et de la Merced ; le couvent XVe siècle de Santa Dorotea ; deux monuments du XVIe siècle, l'hôpital de la Conception et l'arc des saints Cosme et Damian.
- Ceux qui le peuvent iront à 60 kilo-

Avant d'arriver à Hornillos

mètres au sud de Burgos visiter le monastère de Santo Domingo de Silos, avec son cloître du XIe siècle (hôtellerie).

LES DEUX BARRIOS DE TARDAJO

Le pont menant à Tardajos s'appelle del Arzobispo, car l'archevêque eut son palais dans cette ville où il y avait un hôpital. Subsistent de ce temps glorieux quelques ruines et des pierres héraldiques. Le tracé ancien se devine encore sur le plan : à l'est en arrivant, le faubourg du barrio del Rey s'est développé autour du chemin de Saint-Jacques ; à l'ouest, le barrio Santa María, vaguement circulaire, enserre dans sa partie haute le noyau primitif, où se trouvent l'église et le château, tous deux d'époque médiévale, et où l'actuelle Santa María est du XVIe siècle.

DE TARDAJOS A RABE, LIBERA NOS, DOMINE

Les crues de l'Arlanzón étaient redoutables. Alphonse VI ayant fait une chute de cheval en poursuivant des voleurs ne fut sauvé de la noyade que par son invocation au Christ de Benavel. Et sainte Thérèse d'Avila elle-même, venant fonder le carmel de Burgos, tomba aussi dans l'Arlanzón avec son carrosse.
D'où sans doute ce dicton de pèlerins :
De Rabé à Tardajos
No te faltarán trabajos ;
De Tardajos à Rabé
Libera nos Domine !
(Grandes peines tu auras de Rabé à Tardajos, mais de Tardajos à Rabé, délivre-nous Seigneur !)
En fait, les deux localités sont très voisines, mais il devait y avoir entre elles un terrain marécageux et facilement inondable. Ces deux têtes de pont sont d'anciennes haltes romaines : Augustobriga et Alterdalia.

RABE : CHAUSSEE ET TOURS ABOLIES...

Le nom de Rabé de las Calzadas rappelle la chaussée des pèlerins qui subsiste ici. Le village fut cité dès 949. Il y eut un château de 1481 à 1675, date à laquelle il fut détruit. Il se trouvait au sud, sur la colline de la Nevera dominant la vallée. Subsistent une ermita à l'entrée et une Crucifixion romane dans l'église.
Il y eut aussi au XIIe siècle, à mi-chemin entre Rabé et Hornillos, un hôpital Santa María de las Torres. Il n'en reste qu'un toponyme sur le cadastre, le nom d'un pré, Pratorres.

HORNILLOS DEL CAMINO, DEPENDANCE DE ROCAMADOUR

Hornillos (le petit four) fut précédé d'un vicus romain, puis d'une cité wisigothique dont une pierre a été intégrée dans le mur d'une maison récente.
À partir du XIe siècle, il est nommé Fornellos dans les textes, et constitue une étape importante avant la rude passage de la meseta. Du XIIe au XIVe siècle, les rois de Castille y ont favorisé les hôpitaux, confiés aux bénédictins de Saint-Denis de Paris, puis affiliés à Rocamadour. De tout cela, il reste peu de choses.
On trouvera le long de l'unique rue qui se confond avec le chemin :
- À l'entrée, un moulin à blé sur le río Hormazuelas et des ponts anciens.
- Sur la première maison à droite, ancien presbytère après avoir été Hospital de Sancti Spiriti, une croix de Saint-Jacques, avec un calice et deux clés.
- Au milieu du village, un peu décalée au nord, l'église San Roman, gothique à trois nefs.
- Le refuge se trouve à côté, dans une maison ancienne restaurée par la Junta de Castille.

19,7 km | **5h00** | **14ème étape**

Dans la vallée du Garbanzuelo

Hornillos del Camino
Castrojeriz

JUSQU'AU VILLAGE d'Hontanas, les paysages et le tracé du chemin ne sont guère différents de ceux rencontrés la veille. Les plateaux arides aux horizons sans limites alternent avec des vallons cultivés où coule parfois un ruisseau. C'est le cas de l'arroyo Sambol avec son refuge au confort spartiate. Le calme et la beauté du lieu vous laisseront un souvenir impérissable, si d'aventure vous décidiez d'y faire étape pour la nuit. Hontanas est un vrai village avec un vrai refuge, installé dans une maison de pierre restaurée avec goût. Le changement de décor intervient à partir de ce point. Nous allons suivre la vallée verdoyante du Garbanzuelo (petit pois chiche en castillan).

Le chemin file à flanc de colline avant de rejoindre la petite route historique pour passer sous l'arche ruinée du couvent de San Antón. Droit devant se profile déjà la silhouette de la collégiale NS del Manzano, dominée par la colline et les ruines d'un château fort. Castrojeriz est l'ancien *Castrum Sigerici,* fondé au VIIIème siècle. Ce village-rue, à l'instar de tant d'autres le long du Camino, ne doit son développement qu'aux passages permanents des pèlerins au fil des siècles.

RENSEIGNEMENTS PRATIQUES
✣ SAN BOL (09227) HC

→ Refuge pèlerins, spartiate, pas d'électricité, pas d'eau chaude, 10 lits + 10 matelas, CO, 4 €, repas possible, ouvert en été, Arroyo de San Bol.

❖ HONTANAS (09227)

→ Bar, restaurant, médecin

→ Refuge pèlerins, 50 pl., CO, 4 €, coin cuisine, ouvert toute l'année, la mairie ouvre 2 autres refuges de 16 et 14 pl. si complet, c/ Real 26, 947 377 021

→ CR César Arnaiz, 4 pl., nuitée 18 €/2 p., pdj 1,80 €, repas de 4,80 à 6 €, la Portadilla, 947 377 035

❖ SAN ANTON (09119)

→ À 1 km de Castrojeriz : refuge El Antiguo Convento, 12 pl., CO, PO, pas d'eau chaude, coin cuisine, GV, ouvert en été, ruines du monastère de San Anton, 607 922 127

❖ CASTROJERIZ (09110)

→ Tous commerces, services

→ OT, plaza Mayor 3, 947 377 001, www.castrojeriz.es

→ Refuge pèlerins, 32 pl., CO, PO, pas de cuisine, ouvert toute l'année, GV, AP été 14h, hiver 16-22h, c/ Cordón

→ Refuge pèlerins San Esteban, 25 pl., CO, PO, pas de cuisine, ouvert de mai à oct., AP 14h-22h30, à côté de la plaza Mayor, voir OT

→ CR Faulin, 3 pl., nuitée 12 €/p., 25 €/2 p., pdj 1,80 €, plazuela San Juan, 947 377 061

→ CR Casa del Camping, 6 pl., nuitée 24 €/2 p., pdj 2,40 €, repas 12 €, ouvert du 01/04 au 31/11, 947 377 255

→ Camping Camino de Santiago, 150 empl., tente 5,50 €/pers., ouvert du 01/06 au 30/08, 947 377 255

00,0 Hornillos del Camino. Calle Real, la rue principale, au niveau de l'église San Román et du refuge.

00,3 Sortie du village. Bascule de pesage à droite, prendre juste après le chemin qui monte légèrement à droite sous des arbres.

00,9 Quitter la large piste pour emprunter à gauche un chemin pierreux et plus étroit.

01,7 Bifurcation : laisser à gauche un embranchement, continuer à droite (en face). Face à des embranchements secondaires, notre chemin est toujours évident, le balisage est lui aussi très présent. Après 600 mètres, bifurcation : prendre à gauche un chemin qui monte vers le plateau en se rétrécissant et en devenant très caillouteux.

03,6 De nombreux cairns marquent l'arrivée sur le plateau. On aboutit à une piste que l'on suivra à gauche. Murets et cairns à gauche, champs à perte de vue à droite. La Meseta ! Altitude d'environ 900 m.

04,2 Carrefour avec une piste plus large. Continuer tout droit par un sentier herbeux (le muret est passé à droite). À 150 mètres, bifurcation : poursuivre à droite (en face) vers l'Ouest.

04,8 Carrefour avec une large piste blanche ; le chemin herbeux se poursuit en face. Après 350 mètres, descente assez raide. Laisser à droite une grande croix templière.

05,8 Carrefour en T : laisser à gauche la belle piste qui dessert à 200 mètres le refuge d'Arroyo San Bol. Suivre en face le chemin herbeux, signalé par une borne bleue. Il monte vers le plateau (Ouest-S.O.) en laissant après 250 mètres un embranchement à droite. Sur la Meseta, le chemin est herbeux, boueux par temps humide, mais toujours évident jusqu'au...

1h50 07,3 Carrefour avec la **route d'Iglesias** : continuer tout droit par un sentier herbeux, parfois étroit, toujours orienté (Ouest-S.O.).

10,2 On aborde un large chemin, Hontanas est droit devant dans le creux du vallon. Après 300 mètres, emprunter à droite un raidillon qui descend directement dans le village. Laisser l'église et la fontaine à gauche.

2h40 10,6 Centre de **Hontanas**. Laisser à droite le refuge, l'antique hôpital de San Juan pour pèlerins, restauré avec goût (l'hospitalera est aussi une fine cuisinière). Après le refuge, on débouche dans la c/Real qui conduit à la sortie ouest du village...

10,9 On est rejoint par un chemin venant de la gauche. Poursuivre à droite pour aboutir à un carrefour avec la petite route goudronnée de Castrojeriz. Prendre en face un chemin gravillonné qui oblique sur la gauche (Ouest). Il traverse le vallon du Garbanzuelo et vire à gauche après 300 mètres. Il devient un sentier herbeux et défoncé courant à flanc de colline au-dessus du vallon.

12,8 Le sentier passe en contrebas des ruines de l'église de Valdemoro avant d'aboutir sur une piste plus large que l'on suivra à gauche. Après 50 mètres, prendre à droite ; le cheminement se poursuit à travers champs jusqu'à ce que…

14,7 La piste débouche sur la route de Castrojeriz. La suivre à droite (À noter qu'à l'automne 2003 des travaux en cours laissaient penser qu'une piste hors goudron serait aménagée jusqu'à San Antón.)

4h10 16,2 La route passe sous les voûtes ruinées du **couvent de San Antón** (775 m).

16,8 Laisser à gauche la route de Villaquirán de la Puebla. Continuer tout droit vers Castrojeriz.

18,4 Juste après le franchissement d'un petit pont, bifurcation au pied d'un calvaire : prendre à droite et monter légèrement en direction de la Colegiata. Laisser à droite la collégiale Santa Maria del Manzano. Au carrefour en T, emprunter à gauche la c/del General Sanjurjo.

18,8 Cent mètres après l'église, virer à droite par une ruelle qui monte. Au T au pied de la forteresse, prendre à gauche en longeant le camping à gauche. La rue (c/Real del Oriente) file tout droit vers le centre du village. Traverser une placette ornée d'une fontaine et d'un calvaire.

19,6 Laisser à droite l'église Santo Domingo (808 m) avec sa façade flanquée de têtes de morts. Laisser ensuite une ruelle descendre à gauche ; on poursuit tout droit en passant devant la Taberna (bar restaurant).

5h00 19,7 Castrojeriz. Une rampe cimentée et raide conduit à gauche au refuge des pèlerins.

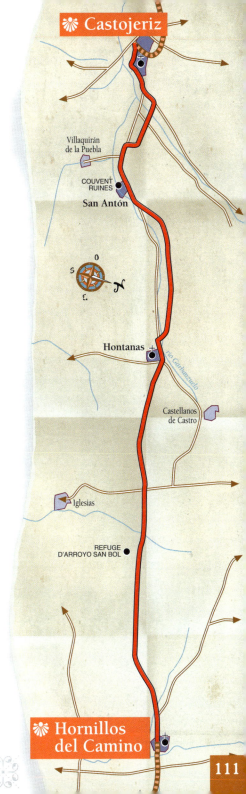

Rue de Hontanas

Voûtes à San Antón

PAR L'APRE MESETA, CHEMIN FAISANT

Nous allons, sur une première petite meseta (haut plateau sans bornes, argileux et calcaire) faire connaissance avec cet âpre paysage de la Castille. Celle qui s'étend entre Hornillos et Hontanas est parcourue par notre Camino Real de Burgos à León.

Aux deux-tiers du parcours menant à Sambol, quelques ruines à 100 mètres au sud : ce qui reste de la Nuez del Páramo (la noix du désert) où, au XIIe siècle, l'ordre de Saint-Jean-d'Acre avait une propriété.

LE PELERIN MALADE DEVORÉ PAR LES CRIQUETS

C'est dans ces parages que l'intarissable prêtre bolognais Laffi, cheminant en 1673 dans une épaisse pluie de criquets, assure avoir trouvé un pèlerin mourant, quasiment dévoré par ces sauterelles. Il arriva à temps pour le confesser et l'inhumer sommairement.

L'OASIS DE SAMBOL

Le vert vallon transversal du ruisseau de Sambol, ou San Bol, avec au sud sa source potable, apparaît comme une oasis. Et particulièrement au pèlerin, car on a construit près de la source et d'une peupleraie un petit refuge aux formes hardies, avec une pièce rectangulaire remplie de paille pour dormir et une autre munie d'une cheminée à l'aragonaise, qui fume un peu, comme salle de séjour.

C'est une renaissance : jusque-là, il ne restait à Sambol que des ruines de bergeries. Mais le nom continue de témoigner de l'existence jusqu'au XVe siècle du monastère de Saint-Boal, ou San Baudilla. En 1352, les antonins de Castrojeriz y tenaient une léproserie.

HONTANAS, VILLAGE ACCUEILLANT

Hontanas (les fontaines) n'a jamais été grand. On l'a décrit au XVIIe siècle comme une poignée de cabanes de bergers entourée d'une palissade pour se défendre du loup. Mais le chemin encaissé ne manque pas d'allure ; l'église bien appareillée garde les traces d'une construction ancienne ; elle est flanquée d'une maison ancienne à porte basse voûtée ; la casa hospital lui fait face sur la petite place centrale. Et, surtout, ce village minuscule est très avenant. On y a toujours accueilli chez l'habitant, avant la construction d'un petit refuge municipal au-dessus du bar de socios. Un nouveau refuge, financé par la junta, était en cours d'aménagement en 1994 dans une vieille maison au cœur de la localité.

PAR LA VALLÉE DU POIS CHICHE, CHEMIN FAISANT

De Hontanas à Castrojeriz, nous suivons la vallée du Garbanzuelo, c'est-à-dire du "tout petit pois chiche".

Un kilomètre après Hontanas, on passe au-dessus du Molino del Cubo (moulin du seau ou de la tour) désaffecté, mais visiblement une construction très ancienne.

Un kilomètre encore et voici le lieu où se trouvait au XIe siècle Valdemoro (le val des Maures). Il n'en reste qu'un contrefort de l'église San Vicente, disparue elle aussi : il se dresse au bord du chemin comme une bizarre obélisque.

LES ANTONINS GUERISSAIENT LE FEU DE SAINT-ANTOINE

Mais le véritable vestige jacobite est plus loin : c'est le Convento de San Antón, couvent de Saint-Antoine, où le chemin passait sous le porche et où les moines distribuaient des repas aux pèlerins. Alphonse VI le confia en 1145 aux Antonins, chanoines réguliers d'obédience française. Leur ordre avait été fondé en Dauphiné pour soigner le "feu de Saint-Antoine" (ou érysipèle), sorte de gangrène douloureuse apparue au Xe siècle

À l'approche de Castrojeriz

en Europe. Nombre de malades venaient ici chercher la guérison, avec sans doute aussi l'aide du climat. Les moines allaient au-devant d'eux, jouant de la flûte et leur imposant le tau, croix de Saint-Antoine en forme de T qu'ils portaient sur l'habit. On retrouve ce signe sur certaines fenêtres et sur la rosace de l'église.

Les Antonins ont disparu, le couvent est en ruines, mais une arche impressionnante aux sculptures martelées enjambe toujours la route. La façade à rosace et campanile, l'abside et un pan de mur servant de fenil restent debout.

CASTROJERIZ ET LA VIERGE DEL MANZANO

Toujours couronné par les ruines d'un ancien château fort, Castrojeriz est le Castrum Sigerici fondé en 760 par le Goth Sigeric, frère d'un comte de Castille. Détruite, puis repeuplée, la ville connaît un nouvel essor avec le chemin. Alphonse X y séjourne en 1075 et en 1105. À son apogée, au XIVe siècle, la ville comptait quatre hôpitaux et quatre églises paroissiales. Le pèlerin y trouvera en suivant la haute rue :

À l'entrée, Nuestra Señora del Manzano (Notre-Dame-du-Pommier), monument national qui doit son nom à la Vierge de pierre polychrome, dont Alphonse X le Sage célébra les miracles dans ses Cantigas. Fondée en 1214 par doña Berenguera la Grande, cette église de tradition romano-gothique abrite entre autres un saint Jacques pèlerin peint par Brunzino et les tombeaux de personnages illustres, dont doña Leonor, reine d'Aragon. Au centre, l'église paroissiale Santo Domingo (XVIe siècle) et le musée voisin se partagent les trésors des autres temples (tapisseries d'après Rubens).

Sous le pavage de la plaza Mayor, on a retrouvé le squelette d'un pèlerin entouré de coquilles et de pièces de monnaie anglaises et françaises du XIVe siècle.

Près du dernier carrefour, la vaste église San Juan, début gothique, fut celle d'un des quatre hôpitaux.

Un mur, la mort : église de Castrojeriz

15ème étape — 26,1 km — 6h40

Après Boadilla del Camino

Castrojeriz

Frómista

OICI UNE ÉTAPE SUPERBE, riche en joyaux romans, au cœur de la Meseta et à l'écart du goudron. On attaque par une rude montée pour accéder au plateau de Mostelares. Puis, une longue descente à travers champs (une mer de blé et des myriades de coquelicots au printemps) nous achemine jusqu'à l'ermita de San Nicolas, un hôpital fondé en 1171. Restauré par une équipe italienne des Amis de Saint-Jacques, l'édifice roman accueille à nouveau les pèlerins. À quelques pas de là, le pont médiéval sur le río Pisuerga nous fait pénétrer dans la province de Palencia. Les pistes volontaires dirigées vers l'ouest traversent une campagne hérissée de beaux pigeonniers. À Boadilla del Camino, ne manquez pas el Rollo, un pilori du XVème siècle, s'élevant au pied d'une église de taille colossale pour un si modeste village. Notre itinéraire emprunte en suivant le chemin de halage du canal de Castille. C'est un ouvrage bien postérieur à l'histoire du Camino, mais si tranquille, un havre de fraîcheur qui nous conduit jusqu'à l'entrée de Frómista. La journée n'est pas terminée, car la ville recèle des richesses architecturales, dont l'église San Martín, un édifice roman très épuré, à l'image des terres que nous parcourons depuis deux jours.

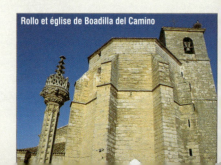

Rollo et église de Boadilla del Camino

🚶 RENSEIGNEMENTS PRATIQUES

❖ ITERO DEL CASTILLO (09107)

→ Bar, restaurant, médecin

→ Refuge pèlerins, 12 pl., CO, PO, pas de cuisine, GV, ouvert toute l'année, plaza del Ayuntamiento, 947 377 359

❖ PUENTE FITERO (09107) HC

→ Refuge de la Confraternita di San Jocobo de Perugia (Italie), 12 pl., CO, PO, pas de cuisine, ouvert de juin à sept., à la chapelle Saint Nicolas, 947 737 359

❖ ITERO DE LA VEGA (34468)

→ Petits commerces, bar, restaurant

→ Refuge pèlerins, 12 pl. + 8 matelas, CO, PO, pas de cuisine, ouvert toute l'année, AP 10h30-22h30, plaza Virgen del Pilar, 979 151 826

❖ BOADILLA DEL CAMINO (34468)

→ Ravitaillement, bar, restaurant, médecin

→ Refuge pèlerins, 12 pl., CO, 2 €, pas de cuisine, ouvert toute l'année, dans les anciennes écoles, 979 810 776

→ Refuge privé El Camino, 48 pl., CO, 6 €, pas de cuisine, laverie, GV, ouvert d'avril à sept., plaza del Rollo, 979 810 284

→ CR Casa en el Camino, 8 pl., nuitée 24 €/2 p., pdj 2,40 €, repas 7 €, los Francos 3, 979 810 284

❖ FRÓMISTA (34440)

→ Tous commerces, services, gares RENFE et routière

→ Centro Documentación Jacobea, Carremonzon 2, 979 810 926

→ OT, paseo Central, 979 810 113 ou 979 810 180, www.fromista.com

→ Refuge pèlerins, 50 lits + matelas, CO, 3 €, poss. pdj, GV, accueil équestre, ouvert toute l'année, plaza de San Martin (en face de l'église), 979 810 957

→ P Camino de Santiago, 25 pl., nuitée de 25 €/p. à 40 €/3 p. (selon ch. et saison), pdj compris, c/ Las Francesas 26, 979 810 053

→ P Maria, 6 ch., nuitée 23 à 30 €/ch. (selon ch.), pdj 2,50 €, repas 10,50 €, plaza Obispo Almaraz 2, 979 810 023

→ CTR San Telmo, 24 pl., nuitée de 32 à 35 €/2 p. (selon saison), pdj 3 €, repas 20 €, Martín Veña, 979 811 028

00,0 Castrojeriz. Du refuge, remonter vers la rue principale et la suivre à gauche.

00,3 Traverser la plaza Mayor, à l'extrémité de laquelle on poursuit par la c/Real del Poniente.
Laisser à gauche l'église San Juan. Après 300 mètres, la rue se termine par un coude à gauche (fontaine), puis vire à droite pour couper la petite route de Villasilos. Continuer en face par un chemin pierreux en descente.

01,0 Couper la route BU 400. Prendre en face une piste défoncée filant à l'Ouest.

02,2 Bifurcation : prendre à droite pour suivre une piste étroite aménagée sur les arches de l'ancien pont romain. Une passerelle en bois permet de franchir le rio Odrilla.

02,8 Laisser un embranchement à droite, puis un second à gauche, 30 mètres plus loin. Le chemin pierreux commence à gravir la côte de Mostalleres.

1h05 04,2 Arrivée sur la **meseta de Mostelares** (alt. env. 900 m), stèle à droite du chemin. Durant les 600 mètres sur le plateau, cairns et croix déposés par les pèlerins jalonnent la piste. À l'unique carrefour de pistes, continuer en face (balisage).

04,8 Croix sur un grand cairn à droite du chemin. Amorcer la descente raide par une piste pierreuse.

05,6 Premier carrefour de pistes après la descente : continuer tout droit. Laisser d'autres embranchements de part et d'autre. Le balisage est assez évident pour ne pas risquer de se perdre. Le chemin est bordé de hautes herbes au printemps.

06,2 Bifurcation : prendre à gauche, le chemin descend un peu tout en faisant cet écart. Le carrefour suivant est à 400 mètres : poursuivre en face.

2h10 08,4 Fuente del Píojo à droite du chemin, aire de repos et barbecue à gauche (795 m). Après quelques mètres, on débouche sur la route Pedrosa-Itero. La suivre à droite.

09,3 Quitter la route afin de prendre à gauche un chemin gravillonné. Après 250 mètres, on croise une piste : continuer en face.

09,9 Laisser à gauche de la piste l'hôpital San Nicolas, restauré et servant de refuge aux pèlerins. À 100 mètres, on atteint la route BU 403 (borne pk 7) : l'emprunter à gauche afin de franchir le pont roman sur le rio Pisuerga. À la sortie du pont, un panneau annonce la région de Palencia : prendre aussitôt à droite le chemin gravillonné qui part sous des peupliers. Il est parallèle à la rivière et passe devant la *ermita* de la Virgen de la Piedad.

2h50 11,4 Entrée d'**Itero de la Vega.** À gauche, cimetière et église ; à droite, bâtiment agricole en ruine. Au premier croisement de rues, emprunter la c/Onesimo Redondo. À 50 mètres, suivre à gauche la c/Eusebio Ibañez. À la fourche suivante, prendre la c/Santa Ana. Laisser sur la droite le bar *Tachu*. Sur la gauche, on aperçoit l'église du village. Continuer tout droit jusqu'à la sortie d'Itero.

12,4 Carrefour avec la route d'Astudillo et d'Orsono. Continuer en face par un chemin gravillonné filant vers l'Ouest-S.O.

13,5 Laisser à gauche un chemin qui conduit à des bodegas à demi souterraines. La piste se poursuit en face, rectiligne, puis franchit le canal de Pisuerga avant de monter légèrement.

16,1 Point haut, la piste file droit vers Boadilla del Camino.

5h00 19,9 Remarquer à gauche les ruines d'un beau pigeonnier. Puis laisser à gauche de la piste une aire de repos et un puits sous des peupliers. On pénètre dans **Boadilla del Camino** en passant un petit pont. Contourner le village par la droite en suivant le balisage, ou bien continuer en face si l'on veut visiter Boadilla ou s'arrêter au refuge des pèlerins (à 150 mètres sur la gauche).

Du refuge, continuer jusqu'au bout de la rue, prendre à droite, puis, de suite à gauche, la c/Procesiones. On débouche sur une place avec une fontaine (église et *rollo* à 100 mètres sur la gauche). Remonter la rue à droite qui passe devant l'*ayutamiento* et le bar *Dori*. Sortir du village par cette rue. Carrefour de pistes : on retrouve le chemin "officiel". Aller tout droit. (Remarquer à gauche un château d'eau de briques rouges.)

20,6 Bifurcation : prendre à gauche. La piste s'incurve vers la gauche et va toucher un aqueduc d'irrigation sur la droite.

21,0 Bifurcation : s'engager à gauche sur une piste gravillonnée (Ouest-S.O.), ombragée par une haie de peupliers. Plus loin, le chemin passe entre deux canaux d'irrigation.

22,2 Bifurcation : gravir à droite un sentier pendant 10 mètres afin d'atteindre une large piste herbeuse le long du canal de Castilla que l'on suivra à gauche (Ouest).

25,4 Série d'écluses à l'entrée de Frómista. Emprunter à droite une passerelle pour traverser le canal. (Les cyclistes descendront jusqu'à la route et prendront à droite pour franchir le canal.) Marcheurs et cyclistes se retrouveront sur la route d'Astudillo. La suivre à droite pour passer sous le pont ferroviaire, puis filer vers le centre de Frómista par l'avenida Carmen Montes.

6h40 26,1 Frómista. Carrefour central. Le refuge des pèlerins est à 300 mètres : prendre à droite, passer derrière l'Office du Tourisme par la c/del Arquitecto Anibal. Laisser à gauche l'église romane San Martín au niveau du premier carrefour. Poursuivre jusqu'à la Plaza del Tuy (église San Pedro). Le refuge est à gauche derrière l'ayutamiento.

Les écluses de Frómista

Hôpital San Nicolás

◆ PAR LA MESETA DE MOSTELARES, CHEMIN FAISANT

Un pont en méchant béton enjambe le río Odrilla, mais regardez bien : les arches qui précèdent, juste avant, soutenant la chaussée sur la rive, sont les arcs du pont romain primitif, largement ensablés ; la rivière a depuis changé de lit…

Le chemin qui mène sur la Meseta de Mostelares gardait le nom de Colada del Camino Francés (le couloir du chemin français) et on appelle aussi Peña del Francés la crête sommitale. On rejoint la route goudronnée menant d'Itero à la Fuente del Piojo : quelques arbres entourent cette "fontaine du pou", ornée d'une naïve statuette de pèlerin.

◆ SAN JUAN DE FITERO ET L'ORDRE DE CALATRAVA

Avant le pont de Fitero, à 150 mètres à gauche de la route, une ruine rectangulaire borde un chemin de terre qui est en fait le vrai chemin de Saint-Jacques : c'est ce qui reste de l'hôpital de Saint-Nicolas, lequel existait en 1171 à côté d'une église Santa Eugenia et d'une agglomération aujourd'hui disparues. L'association italienne des Amis de Saint-Jacques a entrepris sa restauration pour l'ouvrir comme refuge aux pèlerins.

Cet ensemble hospitalier dépendait au Moyen Âge du prieuré de Saint-Jean. Son premier abbé, le Navarrais Juan de Fitero, avait auparavant, en 1158, pris la tête de deux mille hommes pour défendre contre les Maures la forteresse de Calatrava, dans la Manche. À la suite de quoi, il avait fondé avec Diego Velásquez, l'ordre de chevalerie portant ce nom.

◆ LE PUENTE FITERO, ENTRE CASTILLE ET LEON

Entre les deux Itero, celui del Castillo et celui de la Vega, le río Pisuerga, sinueux et boisé, constitue la frontière des royaumes de Castille et de León (séparés avant 1037, et entre 1157 et 1230).

Le pont à onze arches romanes qui le franchit au sud des deux cités fut construit au début du XIIe siècle par Alphonse VI ; il était mentionné dans le Guide du pèlerin.

Dans San Martín

Rive gauche, un peu au nord de la route, Itero del Castillo, dernier hameau castillan, est dominé par le château fort (XIIIe siècle) des ducs de Frias.

Rive droite, Itero de la Vega où passe le chemin est un peu plus important : la Ermita de la Piedad (XIIIe siècle) présente un épais clocher-mur à campanile géminé et un portail en ogive, avec à l'entrée une statue de saint Jacques pèlerin ; l'église Saint-Pierre (XVIe siècle), conserve un portail du XIIIe siècle.

◆ BOADILLA : COLONNE GOTHIQUE ET CHAUFFAGE ROMAIN

Le cœur de Boadilla, cité au Xe siècle, mais sans doute très antérieur, a une forme semi-circulaire, et le chemin, encore appelé Camino de los Pelegrinos au siècle dernier, le contourne par le nord le long d'un vieux mur.

L'église gothique Santa María (XIVe et XVe siècles), sévère, à tour carrée, mais riche en peintures et en sculptures, garde des fonts baptismaux romans.

Derrière son chevet polygonal, se dresse au centre d'une place une colonne très ornée, sur socle à gradins étroits, et surmontée d'un lanterneau : le rollo gotico (un pilori du XVe siècle, selon Eusebio Goicoechea).

On peut voir dans toute cette région des maisons chauffées par des canalisations d'air qu'alimente un foyer : ce système nommé gloria est l'héritier direct de l'incaustum romain.

◆ LE CANAL DE CASTILLE

Un peu avant l'entrée de Fromista, le chemin rejoint et longe le canal de Castille. Ce long ouvrage, qui double le cours du Pisuerga, en enjambant ses affluents par des aqueducs, va des embalses cantabriques au nord, au confluent du Duero près de

Pont sur le rio Pisuerga

Valladolid au sud. Il a été construit de 1753 à 1849, et permet à la fois d'irriguer les terres et de donner une force motrice aux fabriques et aux moulins. Il a ainsi transformé le paysage et l'économie de la région. Et ses chemins de halage offrent aujourd'hui leurs itinéraires aux randonneurs à pied, à vélo et à cheval.

À l'entrée de la ville, on franchit le canal par une passerelle, au-dessus d'un groupe spectaculaire d'écluses ovales, formant une série de cascades.

LA VIERGE DEL OTERO

En longeant le canal, on voit sur l'autre rive l'ermitage de Nuestra Señora del Otero (Notre-Dame-du-Tertre), aux vestiges gothiques. Elle abrite une Vierge assise polychrome du XIIIe siècle, très vénérée.

FRÓMISTA, CITE DU BLE ET JOYAU ROMAN

À l'époque romaine, le nom de Frómista devait venir de frumentum (blé), signe de la fertilité de la région. Détruite durant des époques obscures, reconstruite au Xe siècle, elle est depuis Frómista del Camino, et la rue par laquelle, en venant par la route, on franchit les faubourgs, porte le nom de calle de los Franceses, rue des Français. On peut y voir une pittoresque maison en adobe avec, en encorbellement, une galerie à pans de bois.

Mais la richesse architecturale de Frómista est dans la vieille ville en forme de bastide, groupée autour de son église San Martín. C'est un joyau roman à trois nefs, filiale épurée de la cathédrale de Jaca à laquelle elle s'apparente par ses chapiteaux, tandis que le rose ocre des pierres minutieusement appareillées rappelle (mais c'est une pure illusion) l'architecture toulousaine de brique. Elle est l'unique vestige d'un monastère bénédictin fondé en 1066 par doña Mayor de Navarra. La vigoureuse restauration de 1896, critiquée, a eu surtout le tort de supprimer quelques sculptures jugées scabreuses.

Autres monuments qui correspondaient, au Moyen Âge, aux deux autres quartiers :
- Santa María del Castillo, occupant l'emplacement du château primitif, plateresque sur des fondations du XIVe siècle, a un retable en vingt-neuf tableaux ;
- San Pedro (XVe siècle) contient des tableaux de Ribera et de Mengs, et une custode d'argent ;
- L'ancien Hospital de los Palmeros, aux arcades du XVIe siècle, a été restauré au service de la gastronomie.

LE FEU DE SAN TELMO

Une statue entourée d'eau, plaza Major à Frómista, nous rappelle que Pedro Gonzalez Telmo naquit en 1190 dans cette ville. Dominicain, doyen de Palencia, confesseur de Fernand III le Saint, il se consacra aux marins de Pontevedra, en Galice, et du nord du Portugal. Son nom a été donné aux feux de San Telmo, décharges d'électricité naturelle sur les mâts des navires. Sa fête est le 5 avril et donne lieu à des festivités, parfois décalées en raison de la semaine sainte, avec une procession civile ponctuée de castagnettes, un sermon burlesque et un feu de joie.

Étant donné que la traduction française est le feu de Saint-Elme, il est des dictionnaires qui confondent ce patron des marins avec saint Elme (ou saint Érasme) martyrisé en Italie sous Dioclétien, ses intestins enroulés sur un treuil.

16ème étape — 20,8 km — 5h15

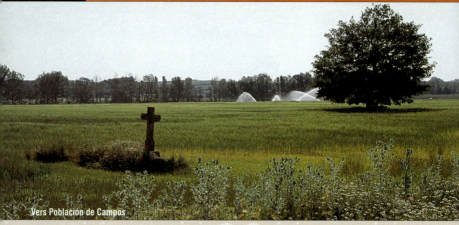

Vers Población de Campos

Frómista
Carrión de los Condes

E TRACÉ OFFICIEL suit l'itinéraire historique recouvert par le bitume. Perspective peu attirante que cet *andadero,* une piste aménagée le long d'une route très passante jusqu'à Carrión. Les précédentes éditions décrivaient un itinéraire inédit le long du río Ucieza. Cette option plus agréable semble avoir de nombreux adeptes comme en témoigne un balisage partiel. Passé la Virgen del Río, le parcours que nous décrivons n'est pas balisé. Il mérite juste un peu d'attention à la hauteur du village de Villacázar de Sirga. Ensuite, c'est un beau chemin de terre, assez rectiligne qui ondule à travers champs. Toutefois, par temps de pluie, la boue peut être un obstacle. Dans ce cas, mieux vaut rejoindre Villacázar de Sirga, visiter sa belle église Santa María la Blanca aux proportions de cathédrale, puis terminer par le Camino officiel. L'étape plutôt courte laissera un peu de temps pour inventorier les vestiges de Carrión de los Condes, qui sont nombreux.

RENSEIGNEMENTS PRATIQUES
✤ POBLACIÓN DE CAMPOS (34449)

➜ Bar-restaurant

➜ Mairie, 979 810 151

➜ Refuge pèlerins, 20 pl., CO, 3 €, coin cuisine, AP à partir de 12h, paseo del Cementerio (dans les anciennes écoles), 979 810 271 ou 979 810 438

✤ VILLALCÁZAR DE SIRGA (34449)

➜ Petits commerces, bar, restaurant, médecin

➜ OT, plaza de Santa Maria, 979 888 041

➜ Refuge pèlerins, 20 pl., CO, PO, coin cuisine, GV, ouvert toute l'année, AP 16h-23h, plaza del Peregrino, 979 888 076

✣ CARRIÓN DE LOS CONDES (34120)

→ Tous commerces, services

→ OT, c/ Santa María, 979 880 932

→ C.I.T. (Centre d'Initiative Touristique du Chemin de Saint-Jacques), ouvert de mai à sept, Monasterio de San Zoilo (à l'entrée de l'hôtel monastère), 979 880 902

→ Refuge paroissial Santa María, 60 pl., CO, 3 €, pas de cuisine, GV, ouvert toute l'année, AP à partir de 12h, c/ del Clérigo Pastor (derrière l'église Santa María), 979 880 072

→ Refuge Convento de Santa Clara de las Madres Clarisas, 32 pl., CO, 7 €, pas de cuisine, GV, fermé en hiver, monastère de Santa Clara 1, 979 880 134 et 979 880 837

→ P Real Monasterio de Santa Clara, 9 ch., nuitée 16 €/p., 32 €/2 p., Santa Clara 1, 979 880 134

→ P El Resbalon, 6 ch., nuitée de 13 €/p. à 25 €/3 p., Fernan Gomez 19/1, 979 880 433

→ Camping El Eden, 289 empl., tente 4,50 €/p., ouvert toute l'année, Ctra Logrono-Vigo (N-120) ou Ctra Palencia-Riano (615), 979 881 152

00,0 Frómista. Carrefour central : prendre la c/Julio Senador (P 980) en direction de Carrión. Après 600 mètres, au niveau de la borne pk 18, la P 980 franchit un pont sur la N 611. La piste aménagée suit la droite de la chaussée.

03,1 Juste avant le panneau d'entrée de Población de Campos (790 m), quitter la P 980 et prendre une piste à droite.
Après 250 mètres, passer devant la chapelle San Miguel (XIIIème siècle) et laisser à gauche le refuge des pèlerins. Au carrefour, couper la c/La Fuente, poursuivre en face par une ruelle cimentée qui traverse le village.

03,6 Au moment de retrouver la P 980, prendre à droite sur 10 mètres, puis de suite à gauche. On débouche après 200 m sur une placette avec à gauche l'ermita del Socorro. Aller tout droit. Au bout de la rue, devant un transformateur électrique, prendre à droite.

04,0 Emprunter à gauche une piste de gravillons qui file horizontalement et rectiligne au Nord-Ouest.

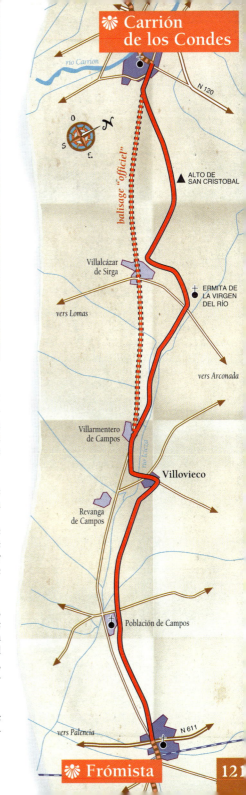

L'église de Carrión de los Condes

2h00 07,8 Villovieco. Au carrefour avec une statue de pèlerin, prendre à gauche. À 200 mètres, carrefour en T : suivre à gauche la petite route pour franchir un pont sur le rio Ucieza. De suite après le pont, virer à droite pour emprunter un sentier étroit et herbeux le long de la berge.

09,3 Carrefour avec une piste empierrée : pont sur la droite, village de Villarmentero de Campos à 400 mètres à gauche. Le balisage officiel se dirige vers le village, afin de suivre ensuite la P 980 jusqu'à Carrión. Si le temps n'est pas trop pluvieux, il est plus agréable de continuer en face par le sentier herbeux qui suit le cours du rio Ucieza…

12,9 Quitter la berge, obliquer à gauche afin de rejoindre la route de Villalcázar de Sirga. De l'autre côté de la chaussée se dresse la grande ermita de la Virgen del Río. Contourner l'édifice par la gauche (par le Sud). Le chemin descend, puis remonte.

13,4 Bifurcation : emprunter le chemin de gauche qui monte à travers champs.

13,9 Point haut : on voit sur la gauche le village de Villalcázar de Sirga. Le chemin herbeux descend sur 300 mètres, puis remonte un peu avant de rejoindre une large piste qu'il faudra suivre à gauche pendant 60 mètres, comme pour aller au village.

14,3 Prendre à droite une piste qui remonte. Après 250 mètres, quitter la large piste et s'engager à gauche dans un chemin herbeux qui monte assez raide (Ouest-N.O.). Parvenu au point haut, il parcourt horizontalement la meseta.

17,2 Le chemin passe au-dessus d'un ruisseau en laissant à gauche un gros peuplier solitaire. Il achève sa montée vers le…

4h30 17,8 Col de l'Alto de San Cristobal. Laisser un abreuvoir sur la gauche. Droit devant, on découvre Carrión.

19,1 Coude à gauche de façon à rejoindre la P 980. Après 400 mètres, on retrouve la route de Carrión (au niveau de la borne pk 1). Suivre à droite la piste aménagée du balisage officiel.

20,0 Traverser la route P 980 et monter à gauche par l'avenida de los Peregrinos pour entrer dans la ville.

20,5 Carrefour avec la C 615 (laisser un bar-restaurant à gauche). Suivre en face par la c/Santa Maria. Laisser de suite à droite le portail roman de l'église Santa Maria del Camino et à gauche l'hôtel La Corte. Le refuge des pèlerins est tout proche, sur la place ombragée à droite. La rue traverse ensuite le centre de…

5h15 20,8 Carrión de los Condes. Plaza del ayuntamiento et église Santiago.

PAR LA TIERRA DE CAMPOS, CHEMIN FAISANT

Poblacion de Campos, Revenga de Campos, Villarmentero de Campos se succèdent le long de la route ; et, sur la carte, tant au nord qu'au sud, bien d'autres localités sont... de Campos. Elles appartiennent à la Tierra de Campos, à cheval sur les provinces de Valladolid et de Palencia. Cette terre des champs, parcourue par de nombreux ríos et par le canal de Castille, fut longtemps le grenier à blé de l'Espagne.

Sur une bonne partie de l'étape, le chemin suivra la vallée du río Ucieza. À l'entrée de Poblacion de Campos, chapelle San Miguel (XIIIe siècle) nichée dans une peupleraie ; façade-campanile, avec voussure en arc brisé, incluant deux fenêtres géminées et une porte en plein cintre. Poblacion, que le chemin longe, est un ancien bailliage de Malte : la commanderie des Templiers de Villasirga y posséda un hôpital au XIIe siècle. L'église actuelle, Santa Magdalena, qui domine, avec sa tour carrée, le paysage sur son promontoire, est baroque (XVIIe siècle).

À la sortie du village, à la hauteur du pont sur le río Ucieza (qu'on ne traverse pas), Ermita del Socorro à 50 mètres à droite. Cette chapelle du XIIe siècle, roman-transition, serait un vestige de l'ancien hôpital. À l'intérieur, Vierge polychrome du XIIIe siècle.

Villovieco a, un peu à l'écart du chemin, une église Santa María Renaissance, avec un retable évoquant saint Jacques et la bataille de Clavijo.

Villarmentero, que nous contournons aussi, présente une église Saint-Martin-de-Tours avec nef unique à retable plateresque, et chapelle octogonale à sculptures mozarabes.

En revanche, deux chapelles anciennes sont sur notre chemin : la Ermita del Cristo de la Salud et surtout celle, imposante, de la Virgen del Río, où subsiste une statue en albâtre de saint Jacques pèlerin.

L'EGLISE DES TEMPLIERS DE VILLALCAZAR DE SIRGA

Hors chemin, si l'on veut, à cause de la route... Mais si un détour s'impose, c'est bien celui-ci. Villalcázar de Sirga fut longtemps Villasirga tout court : sirga est un synonyme de calzada, chaussée, encore employé dans le pays. Étonnante disproportion entre la petitesse de ce village brûlé de soleil, mais riche en hôpitaux et voué à la gastronomie, et l'énorme et austère église des Templiers de Santa María la Blanca.

Commencée au XIIe siècle, elle est romane par son plan cistercien et gothique dans son achèvement au siècle suivant, ainsi qu'en témoigne sa grande rosace lumineuse. À la fois cathédrale et forteresse, avec son puits pour soutenir les sièges, elle abrite dans ses trois nefs et ses deux transepts plus de trésors — tombeaux, statues, peintures — qu'on n'en peut énumérer ici.

DON FELIPE, L'ARCHEVEQUE DEUX FOIS MARIE

Parmi les nombreux tombeaux de l'église de Villalcázar, le plus remarquable est celui de don Felipe. Cinquième fils de San Fernando qui reconquit Séville, l'infant Felipe était frère du roi de Castille Alphonse X le Sage. Clerc, condisciple à Paris de saint Thomas d'Aquin et de saint Bonaventure, il devint archevêque de Séville. Mais en 1258, Alphonse ayant répudié sa fiancée Christine de Norvège, Felipe se fit son champion, puis abandonnant l'Église, l'épousa. Elle n'en mourut pas moins de mélancolie et son tombeau à Covarrubias est un pèlerinage pour les amoureux. Onze ans plus tard, Felipe se remariait avec Leonor de Castro, qui occupe à Villalcázar le tombeau voisin du sien. Tous deux figurent côte à côte en gisants. Les bas-reliefs de la sépulture de Felipe décrivent son enterrement avec un grand réalisme. Le corps momifié de l'infant, exhumé en 1897, mesurait près de 2 mètres.

LES QUATORZE MIRACLES DE MARIA LA BLANCA

Dans ses Cantigas, Alfonso el Sabio a longuement chanté les mérites de la Virgen Blanca. Selon les auteurs, elle a été identifiée tantôt avec la Virgen del Río, tantôt avec les statues mariales de l'église des Templiers ; l'une au retable, l'autre contre un pilier, face à la chapelle de Santiago. Celle-ci semble la bonne. Vierge assise et souriante, entourée de deux anges, elle tient sur ses genoux l'Enfant aujourd'hui décapité. Alphonse le Sage lui attribuait quatorze miracles parmi lesquels :

- un pèlerin toulousain portant un bourdon de fer le vit se briser, ce qui marquait la fin de sa pénitence ;
- une dame française et aveugle, que la pluie avait fait se réfugier ici, retrouva la vue ; une autre, paralytique sur une charrette, put marcher ;
- un villageois qui n'avait pas voulu livrer le bœuf promis par lui se le vit ôter ;
- des marins furent sauvés de la tempête, etc.

LES COMTES DE CARRIÓN DANS LA RECONQUISTA

Le comté de Carrión appartint au Xe siècle à la famille des Beni-Gomez contre lesquels l'usurpateur Almanzor partit en guerre en 995. Le nom des Beni-Gomez, les fils de Gomez, indique bien, sous une arabisation superficielle, la descendance d'une famille de notables castillans restés en place sous le règne musulman et prêts à se rallier à la Reconquista. Villa Santa María, qui était à l'époque le nom de la localité, fut en partie détruite par l'expédition. Elle va renaître sous le nom de Carrión de los Condes car le comte Díaz y fixe sa

Saint Jacques à Carrión

résidence, construit un pont sur le río Carrión et fonde le monastère de San Juan où sont transférées les reliques de San Zoilo. En 1076, la comtesse Teresa, veuve de Gomez-Díaz, en fait don à l'abbaye de Cluny. Et, un fuero aidant, la ville se développe du XIIe au XIVe siècle sur la rive est. Le Guide du pèlerin la décrit comme "une ville industrieuse et prospère, riche en pain, en vin, en viande et en toutes sortes de choses".

LE PELERIN DANS CARRIÓN DE LOS CONDES

Au couvent de Santa Clara (XIIIe siècle, remanié au XVIIe) où vivent toujours les clarisses cloîtrées. Elles ouvrent au visiteur un musée conservant des statues et des documents anciens, et un refuge privé (avec draps de lin brodés…). Les sœurs vendent aussi de la confiserie maison. Notez l'adresse…
La porte Santa María et un reste de mur sont un vestige de l'enceinte médiévale.

Le refuge "gracieux" est attenant à l'église Santa María. Il est tenu par le curé don José Mariscal qui est un guide émérite du sanctuaire. Quand il en dirige la visite, après la messe du soir, son ton de conteur inspiré, sa culture et son humour laissent le souvenir d'un moment fort sur le chemin…

L'église Santa María de la Victoria o del Camino est un monument national du XIIe siècle. Sous son porche, le portail, surmonté d'une frise, est du plus pur roman. Richement orné de scènes de la Nativité, on y voit aussi des taureaux encadrant la porte, des demoiselles sur un chapiteau et des chevaliers. Le tout, autant que l'appellation de la victoria, évoque la légende des Cent Vierges.

À l'intérieur, une Vierge à l'Enfant assise, romane, en bois (XIIIe siècle) ; un Christ du XIVe et une Vierge gothique (XVe siècle) qui a un peu le sourire énigmatique d'une Mona Lisa suivant des yeux les bons pèlerins…

L'église de Santiago a été détruite en 1809 pendant la francesada (la guerre française). Seul en subsiste intacte la façade de 1160 : au-dessus d'une porte en plein cintre à l'archivolte décorée d'anges, le haut du mur porte une frise en haut-relief dite de l'Apostolat. Au centre, un Christ "Pantocrator" en gloire, entouré des symboles des évangélistes ; autour, les apôtres en route, chacun dans sa niche.

Si le reste de l'église de Santiago a vraiment dû être rebâti en totalité, on peut dire que le travail (murs en pierre et tour de brique mudejar si anciens d'allure) a été rudement bien fait !
Et nous verrons demain en repartant le pont et le monastère San Zoilo.

LE TAUREAU ET LES CENT VIERGES

Les sculptures du portail de Santa María de Carrión illustrent l'épisode des Cent Vierges que nous avons déjà rencontré à Logroño. Sur ces cent jeunes castillanes promises par traité au calife de Cordoue, Carrión en devait quatre. En 826, les envoyés des Maures attendaient devant les portes de la ville les quatre donzelles qui prièrent la Vierge de les sauver. La Vierge apparut, invisible des infidèles, mais visible des demoiselles, et aussi de quatre taureaux qui paissaient là. Furieux, ils foncent sur les envoyés du calife, dont on n'entendit plus parler. (On se souvient qu'officiellement c'est la victoire de Clavijo en 844 qui mit fin au tribut.)

LES POETES DE CARRIÓN

Carrión a donné le jour à deux grands poètes espagnols :
- Au XIVe siècle, le rabbin Sem Tob, auteur de Proverbes moraux qu'il dédia à Pedro Ier de Castille.
- Au XVe siècle, le marquis de Santillana, contemporain de Pétrarque et de Shakespeare, et qui, par ses Serranias et ses Chansons et Délices, fut l'un des trois créateurs de l'espagnol moderne aux côtés de Rojas (la Celestina) et de Manrique (Stances).

16,8 km 4h15 **17ème étape**

Sur la Calzada

Carrión de los Condes
Calzadilla de la Cueza

OURTE ÉTAPE au tracé si évident qu'on pourrait tenter la balade les yeux fermés. Attention pourtant à ne pas envisager ces seize kilomètres comme une simple promenade digestive. Remplir la gourde (ou même deux) et mettre le chapeau (même ridicule) ! Sous le soleil estival, la Calzada de los Peregrinos peut tourner au cauchemar. C'est une ligne droite au milieu d'une plaine où rien ne domine sinon les silhouettes trapues de quelques chênes esseulés. Pas de village, ni de hameau, un ou deux hangars agricoles ici ou là. Face à ce vide, d'aucuns ressentent de la crainte et s'enferment, le baladeur scotché aux oreilles. C'est pourtant le moment ou jamais de se mettre à l'écoute pour apprécier le silence, si précieux par les temps qui courent, et d'ouvrir grands les yeux pour savourer l'immensité.

❖ RENSEIGNEMENTS PRATIQUES
❖ CALZADILLA DE LA CUEZA (34309)

→ Boulangerie, bar, restaurant, médecin

→ Refuge privé, 100 pl., CO, 4 €, pas de cuisine, laverie, GV, ouvert toute l'année, AP 11h-22h30, c/ Mayor (à l'entrée du village), 979 883 187

→ Refuge pèlerins, 24 pl., CO, 3 €, pas de cuisine, pas d'eau chaude, GV, ouvert quand le refuge privé est complet, clés à l'autre refuge, c/ Mayor, 979 803 050

→ H Camino Real, 17 ch., nuitée 20 €/p., 36 €/2 p., pdj 2,50 €, repas 8 €, Trasera Mayor 8, 979 883 072 ou 979 883 187

00,0 Carrión de los Condes. Plaza del Ayuntamiento : à droite de la mairie, prendre la c/José Giron, en légère montée.

00,3 Carrefour en T. Suivre à gauche vers le pont sur le rio Carrión que l'on traverse. Remarquer sur la droite l'église de Nuestra Señora de Bélen : elle surplombe la rivière.

00,7 Laisser à gauche l'hôtel *Real Monestario* et les bâtiments de l'ancien monastère San Zoilo.

00,9 Carrefour : traverser la route (Palencia-Saldaña). Continuer en face vers Quintanilla de la Cueza. On suit la chaussée sur la droite par une piste aménagée.

01,6 Carrefour : couper la N 120, suivre en face une petite route vers Villotilla (Ouest).

1h10 04,8 Dans un virage de la route, laisser à droite l'abbaye de **Benevívere.** De suite après, on franchit un pont sur un canal qui court sous des peupliers. La route s'oriente à nouveau à l'Ouest.

05,5 Carrefour : couper la route de Villotilla (à droite). Poursuivre en face par un large chemin empierré. C'est le début de la *calzada* : la Via Aquitana de Burgos à Astorga comme le signale un panneau.

07,7 La piste franchit un canal d'irrigation. L'autoroute Camino de Santiago est visible sur la droite.

2h30 10,0 Laisser un hangar agricole sur la gauche. À 100 mètres, on croise la petite **route de Bustillo del Páramo.** Poursuivre toujours tout droit sur la *calzada*. On ne le quittera plus jusqu'à Calzadilla de la Cueza.

11,4 Laisser un embranchement à gauche et un gros chêne solitaire.

12,9 La calzada franchit un pont et amorce en suivant une légère montée. Elle restera rectiligne sur le plateau. Plus loin, elle amorce sa descente vers…

4h15 16,8 Calzadilla de la Cueza. Remarquer sur la droite le cimetière surmonté d'un campanile. Le refuge est à gauche, dès l'entrée du village (860 m).

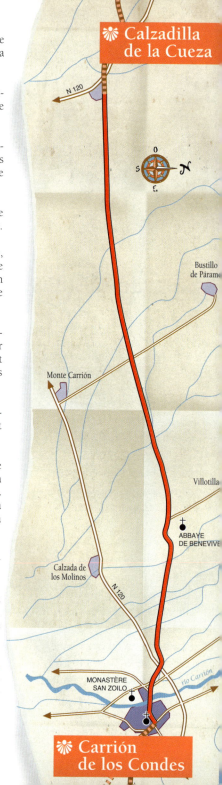

Repos au bord de la voie romaine

  EN QUITTANT CARRIÓN...

Au nord, dominant le rió Carrión comme sur le môle d'un port, on aperçoit le sanctuaire de Nuestra Señora de Belén (Notre-Dame-de-Bethléem, patronne de la ville). L'église est gothique, avec un retable plateresque.

Le palais des Comtes, disparu, se trouvait à côté. Il avait été pris aux Maures grâce au stratagème renouvelé du cheval de Troie ; des soldats chrétiens étaient cachés dans les sacs de charbon livrés dans l'alcazar. Depuis, le chariot qui les portait figure dans les armes de la cité.

Entrés hier à Carrión dans un paysage de secano (champs jaunes de cultures sèches), nous en repartons aujourd'hui dans un paysage de vega (vertes terres irriguées).
Et sur cette autre rive, voici à gauche San Zoilo : l'ancien couvent de San Juan a pris le nom du martyr romain dont il abrite, depuis la refondation de la cité, les reliques venues de Cordoue.

SAN ZOILO, LE CID ET LES INFANTS DE CARRIÓN

Aujourd'hui séminaire et très restauré, San Zoilo est surtout remarquable par son cloître Renaissance. Il garde cependant de ses origines romanes quelques arcades, le reliquaire en argent du saint et plusieurs sépultures des Beni-Gomez dont celles des Infants de Carrión.
C'est là une aventure que conte la geste du Cantar del Mio Cid... Les Beni-Gomez furent les rivaux du Campeador. Expulsé de la ville, mais devenu maître de Valence et désireux de tirer un trait sur le passé, le Cid de la légende pensa bien faire en accordant ses filles, doña Elvira et doña Sol, en mariage à deux des neuf enfants du comte Gomez, les Infants de Carrión. Ceux-ci, don Fernando et don Diego, sitôt sortis de la ville du beau-père, fouettèrent et abandonnèrent leurs épouses, en chemises et attachées à un chêne. La vengeance du Cid fut immédiate : il rattrapa les coupables et les châtia. Puis il donna ses filles en mariage aux rois de Navarre et d'Aragon...

BENEVIVERE, LIEU DE LA VRAIE VIE

Benevivere doit son nom latin de "bien vivre" (il ne signifiait certainement pas qu'on menait bonne vie, mais qu'il fallait y vivre selon le bien) à un monastère des chanoines réguliers de Saint-Augustin. Mais du monastère ancien il ne reste guère que l'arche de pierre d'un ancien portail au bord du chemin. Fondé en 1165 par le comte Diego Martinez, il fut laïcisé, vendu et démoli à partir de 1843. Outre ces vestiges in situ, on peut voir au musée archéologique de Palencia trois sarcophages sculptés provenant de Benevivere.

A TRAVERS LE PARAMO, INTERMINABLEMENT, CHEMIN FAISANT

À une heure de Carrión, à l'endroit où l'on traverse le canal d'alimentation d'un moulin disparu, une grosse ferme porte le nom de la Abadia de Abajo (abbaye d'en bas).
C'était en fait l'emplacement de l'ancien prieuré de San Torcuato, qui dépendait de Benevivere. Ses pierres ont été réemployées pour la construction de l'hôtel de ville de Carrión. Du riche paysage de la Vega, nous sommes maintenant passés à celui du Pàramo, qui au sens propre signifie désert. Et c'est bien une immensité désertique que traverse la *Calzada de los Peregrinos*, où la marche, pas après pas, se fait lancinante.
Simple lieu-dit dans cette envoûtante étape, la Fuente del Hospitalejo n'est plus qu'un souvenir, sans fontaine et sans hospitalier ; il n'y a plus là qu'un petit pont sur le bien nommé *arroyo del campal seco* (ruisseau du champ sec).
Enfin, disons généralement bien nommé. Car si c'est le plus souvent un lit cailloteux sans la moindre goutte d'eau, un certain pèlerin de notre connaissance s'y est trouvé, un beau jour qui suivait toute une décade de pluie, avec de l'eau jusqu'en haut des cuisses sur 30 mètres de traversée...
Quant à l'Hospitalejo du toponyme, il rappelle qu'au XIVe siècle il y avait ici, non seulement une source, mais l'hôpital de don Garcìa, autre dépendance de Benevivere.

L'ARCHITECTURE OCRE DE CALZADILLA DE LA CUEZA

Calzadilla de la Cueza : mot à mot "la petite chaussée de l'auge", mais en réalité la Cueza est la rivière traversant la contrée. En 1177, on écrivait Calzadela, mais le sens était identique. C'est le type même du village-rue structuré autour de la chaussée romaine d'abord, du chemin de Saint-Jacques ensuite. Les maisons sont en adobe, briques de terre séchées au soleil, recouvertes d'un crépi de torchis fait de boue et de paille mêlées. Et cela donne au village une chaude tonalité d'ocre aux nuances variées. Au nord-est, l'église paroissiale San Martín a un retable Renaissance provenant de l'hôpital de Santa María de las Tiendas. La solide tour-clocher de briques, carrée, à six arcades campanaires, isolée au bout du cimetière, est le vestige d'une église plus ancienne.

LE PELERIN GASTRONOME EN VIEILLE CASTILLE

Nous sommes résolument entrés dans la zone des asados (rôtis et grillades). Parmi les vins de Castille (méridionale), le valdepeñas est très connu.
Quelques spécialités :
- Cochinillo asado, cochon de lait grillé au four du boulanger ;
- Lechazo, agneau de lait, soit au four, soit au gril ;
- Sopa al quarto de hora, soupe quart d'heure, à l'ail ;
- Morcilla burgalesa, boudin de Burgos, à la tripe de porc pour frire, ou à la tripe de vache pour le cocido (pot-au-feu à l'espagnole) ;
- Olla podrida (pot-pourri, variété de cocido), soupe épaisse ou ragoût aux pois chiches avec toutes espèces de viandes ;
- Fromage frais de brebis. Et divers desserts, comme les rosquillas et les amarguillas.

24,3 km   6h10   18ème étape

Le chemin se dirige vers Ledigos

Calzadilla de la Cueza
Sahagún

UNE FOIS ENCORE, le chemin officiel s'évertue à suivre la N 120 jusqu'à Ledigos. Son unique intérêt est de passer à proximité de l'ancien hôpital ruiné de Santa María de las Tiendas. La variante décrite et balisée nous conduit loin du goudron, par monts et par vaux, sur une distance à peine plus longue. Après Ledigos, nous rallierons un chapelet de petits villages par des pistes agréables et changeantes, jalonnées de pigeonniers en adobe. Terradillos de los Templarios ou San Nicolás del Real Camino, à défaut de présenter des joyaux d'architecture, portent des noms émouvants qui témoignent de leur lien au Chemin.

Sahagún s'annonce de très loin, tel un mirage au-dessus des champs de céréales, les jours de forte chaleur. Encore un léger détour par la Virgen del Puente qui marque l'entrée dans la province de León, et c'est l'arrivée dans la ville souvent comparée à Cluny. Hélas, il reste peu de chose du couvent de San Facundo qui valut à Sahagún cette comparaison élogieuse. Les trois églises de briques qui s'élèvent à travers la cité présentent une architecture du plus pur roman *mudéjar*. L'une d'entre elles, l'ancienne église de la Trinidad, abrite le refuge des pèlerins, aménagé dans sa nef.

Sahagun

RENSEIGNEMENTS PRATIQUES

❖ LÉDIGOS (34347)

→ Alimentation, bar, restaurant, médecin

→ Refuge privé El Palomar, 51 pl., CO, 3-6 €, coin cuisine, laverie, GV, ouvert toute l'année, AP 10h30-23h, Ronda de Abajo, 979 883 614

→ Refuge privé, 10 pl., CO, 6 €, coin cuisine, laverie, GV, ouvert en saison, AP 10h30-23h, à l'entrée du village, 979 883 614

❖ TERRADILLOS DE TEMPLARIOS (34349)

→ Boulangerie, bar, restaurant, médecin

→ OT Regional de Palencia, Mayor 105 (34001 PALENCIA), 979 740 068

→ OT Province de Palencia, plaza Abilio Calderon s/n, (34001 PALENCIA), 979 715 130, www.dip-palencia.es

→ Refuge privé de los Templarios, 52 pl. + matelas, CO, 7 €, pas de cuisine, salle à manger, laverie, GV, ouvert toute l'année, AP 7h-23h, c/ de la Iglesia, 979 883 679

❖ SAN NICOLÁS DEL REAL CAMINO

→ Refuge privé Laganares, 21 pl., CO, 7 €, pas de cuisine, GV, cafétéria et restaurant, ouvert de mars à octobre, plaza Mayor, 629 181 536

❖ SAHAGÚN (24320)

→ Tous commerces, services, gares RENFE et routière

→ OT, Iglesia de la Trinidad, 987 782 117, www.sahagun.org

→ Refuge pèlerin Le Cluny, 64 pl. + matelas, CO, 3 €, coin cuisine, laverie, GV, accueil équestre, ouvert toute l'année, AP 16h30-22h, c/ del Arco 87 (Iglesia de la Trinidad), demander à l'OT, la mairie met un autre refuge à disposition, c/ Pedro Ponce

→ P Meson La Cuba, 3 ch., nuitée 25 €/p., 30 €/2 p., pdj 2 €, repas 11,50 €, av. Constitución 125, 987 780 003

→ À 2 km de Sahagún : camping Pedro Ponce, 600 empl., tente 5,40 €/pers., ouvert toute l'année, N-120, 987 781 112

00,0 **Calzadilla de la Cueza,** Refuge des pèlerins. Descendre la c/Mayor, la rue principale du village. Après 40 mètres, le balisage officiel nous invite à contourner le village par la gauche. Cela semble un détour inutile, à moins de vouloir marquer un arrêt au bar-restaurant *Del Real Camino*. Dans tous les cas, on rejoindra la c/Mayor pour sortir du village.

00,6 Stop. Carrefour avec la N 120. Traverser la route. Emprunter en face le chemin qui part sur la droite et devient une piste aménagée en contrebas de la chaussée.

00,9 Carrefour de pistes et deux itinéraires possibles :
1) À droite, le moins intéressant suit la N 120 jusqu'à Ledigos (6,2 km très monotones).
2) À gauche, l'itinéraire fait suivre de belles pistes, loin de la circulation. En route… et Ultréia ! Par conséquent, prendre à gauche une piste empierrée. Après 400 mètres, franchir un ruisseau sur un petit pont en béton.

02,2 Carrefour en T : on rejoint une piste, la suivre à droite (légère montée).

02,8 La piste est horizontale, bordée de champs à gauche et d'une forêt de petits chênes à droite. Ne pas tenir compte des divers embranchements. Suivre la lisière de la forêt. Antennes relais devant, légèrement sur la gauche.

03,8 Bifurcation avec stèle : prendre à gauche. Après 400 mètres, la piste descend assez raide dans le vallon de la Cueza.

05,0 On est rejoint par une piste à gauche : suivre à droite. À 400 mètres, nouveau carrefour de pistes (stèle jacquaire) : continuer en face par une piste rectiligne au fond du vallon.

1h45 **07,0** On rejoint la **N 120.** La traverser. La petite route en face nous conduit à Ledigos. Dès l'entrée du village, prendre la première rue à gauche (le refuge des pèlerins est à quelques mètres). Un coude de rue à gauche 20 mètres plus loin nous renvoie sur la N 120. Au carrefour, emprunter en face la route P 970 vers Población de Arroyo. Franchir un pont et 100 mètres plus loin…

07,8 Quitter la route au pied d'un beau pigeonnier. Emprunter une piste gravillonnée à droite (Nord).

08,3 Bifurcation : monter par le chemin partant à gauche (Ouest). Dès le sommet de la côte, on aperçoit le clocher de Terradillos de los Templarios.

10,0 Laisser un pigeonnier à gauche. À 100 mètres, bifurcation : notre piste oblique vers la droite pour descendre sur…

2h35 10,3 Terradillos de los Templarios. Carrefour dans le bas du village, aire de repos à droite, église en contre-haut à droite ; on poursuit en face en passant entre deux habitations en adobe. Après 30 mètres, transformateur électrique à gauche et fontaine : prendre à gauche un chemin gravillonné pour sortir du village.

11,6 Carrefour en T avec la petite route P 973 : la suivre à gauche vers Villemar. Après 450 mètres, la quitter pour prendre à droite un chemin de gravillons qui descend dans le vallon de Templarios et passe plusieurs gués.

12,7 Laisser un embranchement de piste à gauche, continuer à monter.

3h20 13,3 Entrée de **Moratinos** (860 m). Laisser des *bodegas* à droite. Par la c/Real, une ruelle cimentée, on atteint le carrefour central du village. Laisser l'église sur la droite et prendre à droite. S'engager dans la première piste cimentée à gauche et que l'on quittera au niveau d'une balance de pesage afin de prendre à droite un chemin gravillonné passant sous des peupliers. On monte, parallèlement à l'autoroute, distante de 300 mètres sur la droite. À l'arrivée sur le plateau, la piste suit le tracé de poteaux électriques.

14,8 Point haut : laisser sur la droite une antenne relais. La piste redescend.

4h05 **16,2** Entrée dans **San Nicolás del Camino.** Au premier carrefour, prendre à gauche la c/Otero et laisser l'église à 100 mètres à gauche, puis traverser la place centrale. Continuer par la rue principale ; on laissera à gauche le refuge, puis un terrain de football.

16,5 On sort du village en franchissant le rio Séquillo sur un pont en béton. Poursuivre par un chemin herbeux en montée (Ouest).

17,8 Bifurcation : suivre la piste à droite en laissant le chemin herbeux filer tout droit. La montée se poursuit.

18,4 Point haut (Alto de Carrasco), Sahagun est en vue droit devant. Amorcer la descente en laissant 100 mètres plus loin un embranchement partir à droite. Aller tout droit durant presque deux kilomètres.

20,5 Carrefour en T : prendre à droite vers la N 120. Après 300 mètres, on bute contre la nationale : la suivre à gauche (Ouest) pendant 300 mètres.

5h20 **21,1** Traverser la N 120 juste au niveau du pont sur le **rio Valderaduey** et s'engager à droite sur la piste qui longe le cours d'eau en direction de la Virgen del Puente.

21,7 Quitter le chemin, franchir à gauche le pont romain et laisser à droite la ermita de la Virgen del Puente. Suivre le sentier qui file en diagonale à travers le parc. Poursuivre par une piste qui se dirige droit sur Sahagún.

23,0 La piste passe sous la rocade de la N 120 en décrivant un Z, puis vise un grand silo qui marque l'entrée de la ville.

23,7 Traverser l'ancienne N 120 et s'engager en face dans la c/Ronda Estación. Laisser à gauche le silo blanc. Longer ensuite à gauche les voies ferrées. Au bout de la rue, emprunter à gauche le pont passant au-dessus des voies.

6h10 **24,3 Sahagún.** Après 50 mètres, laisser à droite la sculpture moderne d'un pèlerin sur une place où s'élève l'ancienne église de la Trinidad. Le refuge des pèlerins a été aménagé dans la nef.

San Nicolás del Camino

HORS SENTIER : SANTA LARIA DE LAS TIENDAS

Nous ne passerons pas devant l'ancien hôpital de Santa Maria de las Tiendas si nous voulons éviter le goudron. Mais on le voit de loin, à l'instant de quitter la route. Il est à l'ouest de Calzadilla : vaste bâtiment plat, à un étage avec une douzaine d'ouvertures rectangulaires à chaque niveau, réparties dans deux ailes inégales qui encadrent, seul élément de noblesse, un pavillon central à porche, fenêtres et campanile en plein cintre. Le tout abandonné, mais toujours debout et hors d'eau. Un hôpital y existait déjà en 1182, date à laquelle le roi Alphonse VIII le donna à l'ordre de Santiago qui devait le conserver sept siècles. On l'appela par la suite hôpital du Grand Cavalier. Racheté par un particulier au XIXe siècle, le bâtiment servit à une exploitation agricole.

PAR LES VALLEES DE LA CUEZA, CHEMIN FAISANT

Les vallées de la Cueza, car en réalité nous rencontrerons trois rivières de ce nom, convergent vers le río Carrión : l'une en quittant Calzadilla, la deuxième un peu plus loin et la troisième avant d'atteindre Ledigos. Manque d'imagination, ou plutôt nom générique, comme les gaves et les nives des Pyrénées ?

La région palentina (de Palencia) que traverse le chemin permet d'observer une grande variété de pigeonniers (palomares) ; il en est de ronds, de carrés, d'octogonaux.

Ledigos fut offert à l'apôtre Santiago par doña Urraca, reine de Castille et León au XIIe siècle ; don que confirma son fils Alphonse VII. À une époque récente, le village appartenait encore au diocèse de Compostelle ; il garde toujours une église Saint-Jacques édifiée sur une hauteur et rebâtie au XVIIe siècle ; dans l'église se trouve une belle statue de l'apôtre.

Le village de Moratinos, construit le long du chemin, conserve à celui-ci le nom de Calzada Francesa. Il était cité en 995 dans une donation au monastère de Sahagún qui, au XIVe siècle, le possédait encore pour moitié, en partage avec des particuliers. Son église possède un clocher-porche carré, massif comme un donjon et couronné d'arcades campanaires.

San Nicolás del Real Camino, beau nom pour un minuscule village, appartint au XIIe siècle aux Templiers qui le cédèrent en 1183 par échange, à Alphonse VIII. La mémoire populaire garde à un lieu voisin du cimetière le nom d'hôpital qui existait en 1198 : les chanoines augustins y soignaient les lépreux.

San Nicolás est l'ultime village du chemin appartenant à la province castillane de Palencia : à Sahagún, nous serons dans le royaume de León.

LA VIRGEN DEL PUENTE

Et nous sommes déjà en León quand, passé la hauteur frontalière de l'Alto de Carrasco, nous redes-

Sahagún

cendons vers le cours du río Valderaduey, au bord duquel se dresse, entourée de peupliers, la Ermita de la Virgen del Puente : longue chapelle avec un mur-campanile construit dans le sens de la nef au-dessus du chœur. Le chevet de brique avec ses arcatures aveugles inégales, son archère et ses frises géométriques, en est la partie la plus ancienne. Que reste-t-il du temps (au XIIe siècle) où elle appartenait aux Augustins ? En tout cas ni la Virgen, qui a été transférée en l'église San Lorenzo de Sahagún et remplacée ici par une Vierge assez banale, ni el Puente, le vieux pont ayant été effacé, sauf un vestige, dans les années soixante par les bulldozers qui remodelaient le cours de la rivière… Mais le sanctuaire continue à revivre une fois l'an. Une romeria s'y déroule le 25 avril : on y répartit le pain et le fromage, on y mange des escargots et l'on y danse la tantarida.

LES LANCES FLEURIES DE CHARLEMAGNE

Sahagún a été bâtie sur la rive gauche, orientale, du río Cea. Et dans cette Vega du Cea, que nous traverserons demain en repartant, la légende situe une bataille qu'aurait gagnée Charlemagne avant de fonder Sahagún. Bien sûr, l'empereur d'Aix-la-Chapelle n'est jamais venu ici, mais un cycle légendaire fait de lui le libérateur de Compostelle, à l'appel de saint Jacques qui lui était apparu en rêve.
Et dans le Codex, l'archevêque Turpin conte le prodige suivant : *"Les lances des chrétiens, plantées en terre, se mirent à fleurir et, coupées au ras du sol, repartirent de la racine…"*
Ce serait l'origine des peupliers du bord du fleuve.

SAHAGÚN, LE CLUNY ESPAGNOL

Tirant son nom de la contraction de San Facundo, martyr des temps romains, ravagée par Almanzor au IXe siècle, Sahagún reconstruite eut dès 904 un couvent où se réfugièrent les moines de Cordoue fuyant la domination arabe. Il devint à partir de 1080 le Cluny espagnol avec ce que cela comportait à la fois de rayonnement culturel et d'un certain impérialisme. Aymeri Picaud le décrira au XIIe siècle comme "une ville où règne une grande prospérité". On y parlait beaucoup français, et l'abbé Bernard, futur archevêque de Toulouse, fit s'insurger la population en voulant imposer un fuero qui, loin d'accorder des libertés nouvelles, importait le féodalisme bourguignon. Octroyé par Alphonse VI en 1085, il favorisa cependant le développement d'une ville où se côtoyaient Francs, Juifs et Maures, tout en faisant du monastère l'élément moteur de la cité : et il le restera jusqu'à l'incendie qui le détruisit en 1835.

LA VILLE DE L'ARCHITECTURE DE BRIQUE

Sahagún a la forme d'un triangle accolé au fleuve par son côté ouest, traversé par la rúa parallèlement au côté sud et dont les églises sont logées dans les trois angles : la Trinidad et San Juan à l'est ; San Lorenzo au nord ; San Tirso et les monastères au sud-ouest, bordant le chemin.
San Tirso (XIIe siècle) et San Lorenzo (XIIIe siècle), tous deux monuments nationaux, avec trois nefs et trois absides, fournissent les exemples à la fois les plus anciens et les plus purs de ce "roman-mudejar" de brique à arcatures aveugles, en plein cintre pour l'un, outrepassées pour l'autre.
Près de San Tirso, l'arc de triomphe orné de sculptures, dit Arco de San Benito, est en réalité l'ancienne porte monumentale construite en 1662 du couvent de San Facundo. Presque tout ce qu'il en reste, avec une enceinte romane incluse dans la caserne de la guardia civil. D'autres vestiges, chapiteaux notamment, sont éparpillés dans des musées, comme celui de León.
Dans les mêmes parages, le couvent des bénédictines abrite un musée d'art religieux où l'on peut voir la custode d'Enrique de Arfe, vraie dentelle d'orfèvrerie (comprenant un petit, mais parfait, saint Jacques pèlerin) ; ou bien la statue sévillane du XVIIe siècle figurant curieusement la Vierge en tenue de pèlerin, ramenée du monastère de la Peregrina.
Cet ancien monastère de la Peregrina, autre monument national, domine la ville sur une colline au sud. Fondé en 1257, tenu par les augustins, abandonné au XVIIe siècle après la demortizacion, c'est un grand bâtiment aux murs aveugles, garni d'arcades, au campanile semblable à celui de la Virgen del Puente ; bien que refait à l'époque classique, il garde des traces visibles de ce roman de brique en honneur à Sahagún.

🚶 37,4 km ⏳ 9h30 **19ème étape**

Sur la Calzada Romana

Sahagún
Mansilla de las Mulas

EST PRESQUE UN MARATHON à travers la Meseta qui nous attend aujourd'hui, par des pistes fendant des horizons plats et sans ombre. Deux itinéraires sont possibles. Au sud, *le Camino Real* est une autoroute piétonnière, plantée tous les neuf mètres d'arbustes rachitiques, et pourvue tous les deux kilomètres d'aires de repos avec mobilier en ciment et fontaine. L'ensemble est très monotone pour ne pas dire déprimant.
Au nord, avec *la Calzada Romana*, c'est l'aventure. Un chemin non domestiqué, très rectiligne aussi, c'est une voie romaine, et bien balisé. Calzadilla de los Hermanillos arrive à point pour une pause casse-croûte et même pour passer la nuit, car le village dispose d'un refuge. À noter que lorsque la Calzada frôle la voie ferrée (au point kilométrique 25,9), il paraît plus sage de rejoindre le Camino Real, car la suite du parcours impose le passage d'un *arroyo* souvent inondé. Cette remarque devient impérative pendant ou après la pluie. Les deux branches se rejoignent à Reliegos. Mansilla de las Mulas est au bout de la descente avec ses placettes ombragées. Après trois semaines de mise en condition, ce petit marathon est bien plus facile à accomplir qu'on ne le pense.

🚶 RENSEIGNEMENTS PRATIQUES

ITINÉRAIRE PAR LA CALZADA ROMANA (VÍA TRIANA)
(Attention ! En cas de pluie, les passages à gué peuvent être impraticables)

❖ CALZADA DEL COTO (24342)

→ Commerces, bar, restaurant, médecin

→ Refuge pèlerins San Roque, 40 pl., CO, PO, pas de cuisine, ouvert toute l'année, c/ Real (à l'entrée du village), 987 781 233

❖ CALZADILLA DE LOS HERMANILLOS (24343)

→ Alimentation, bar, restaurant, médecin

→ Refuge pèlerins, 16 pl., CO, PO, coin cuisine, laverie, ouvert toute l'année, AP jusqu'à 23h, c/ Mayor (dans les anciennes écoles), 987 330 023 (mairie de El Burgo-Ranero)

ITINÉRAIRE PAR LE CAMINO FRANCÉS

❖ BERCIANOS DEL REAL CAMINO (24325)

→ Alimentation, bar, restaurant, médecin

→ Refuge pèlerins, 46 pl., CO, PO, coin cuisine, GV, ouvert toute l'année, AP 13h-23h, Santa Rica 11 (à la sortie du village), Asociación del Camino de Santiago de León, 987 784 008

❖ EL BURGO RANERO (24343)

→ Commerces, bar, restaurant, médecin, pharmacie

→ Mairie, 987 330 023

→ Refuge pèlerins Domenico Laffi, 36 pl., CO, 2 €, coin cuisine, laverie 3 €, ouvert toute l'année, AP jusqu'à 23h, plaza Mayor, 987 330 023

❖ RELIEGOS (24339)

→ Bar, restaurant, médecin

→ Mairie, 987 314 103

→ Refuge pèlerins Reliegos de las Matas, 50 pl., CO, PO, coin cuisine, GV, ouvert toute l'année, AP 13h-22h, c/ Escuela, 987 317 801

❖ MANSILLA DE LAS MULAS (24210)

→ Tous commerces, services, cars

→ OT, Los Mesones 14, 987 310 138

→ Refuge pèlerins, 48 pl. + matelas, CO, 3 €, coin cuisine, laverie, GV, accueil équestre, ouvert toute l'année, AP 12h-23h, c/ del Puente 5, 987 310 068

→ H San Martín, 10 ch., nuitée 20 €/p., 40 €/2 p., pdj 3 €, repas 8 €, av. Picos de Europa 32, 987 310 094

→ Camping Esla, 168 empl., tente 4,50 €/p., ouvert du 29/06 au 01/09, paraje Fuente de los Prados, 987 310 089

00,0 **Sahagún.** Du parvis de l'ancienne église de la Trinidad, prendre en face la c/Herreria. La suivre sur 50 mètres afin de s'engager dans la deuxième rue à droite qui aboutit sur une placette triangulaire. Traverser la place et poursuivre sur la gauche par la c/Antonio Nicolas (panneau : Camino de Santiago).

00,3 La rue descend et traverse la plaza de Santiago. Poursuivre jusqu'au…

00,6 Stop : carrefour proche de l'arc de San Benito, continuer en face toujours par la c/Antonio Nicolás jusqu'au pont sur le rio Cea. On sort de Sahagún par l'ancien tracé de la N 120 (piste aménagée pour les marcheurs à gauche de la chaussée).

02,1 Au niveau de la borne (pk 240) de la N 120, les marcheurs poursuivent tout droit par la bretelle en sens interdit. Les cyclistes empruntent la bretelle de droite afin de rejoindre l'actuelle N 120. Les marcheurs rejoignent rapidement la nouvelle N 120 (piste aménagée à gauche de la chaussée).

ITINÉRAIRE PAR LA CALZADA ROMANA

04,7 Carrefour : prendre à droite pour passer au-dessus de l'autoroute. À la descente du pont, on laissera à droite un cimetière et l'ermita de San Roque avant d'entrer dans…

1h20 **05,4** **Calzada del Coto.** Dans le village, laisser le fronton à droite. On poursuit par la c/Real bétonnée.

05,8 Fin du ciment, puis bifurcation : prendre plutôt à droite, bien que les deux branches se rejoignent plus loin.

06,5 Sortie de Calzada del Coto, Laisser à droite la dernière habitation et son mur orné de nains de jardin. Continuer par une piste gravillonnée.

07,4 Pont au-dessus des voies ferrées. Après 500 mètres, carrefour de pistes : prendre le chemin médian qui est le plus évident. Un panneau confirme la direction peu après. On longe à droite une forêt de petits chênes.

09,2 La piste devenue très cailouteuse pénètre la chênaie.

10,5 Laisser à droite la propriété de Valdelocajos. La piste croise ensuite une ligne électrique HT tout en descendant un peu.

11,8 Franchir l'arroyo de Valdepresente ; bosquet de peupliers et aire de repos.

3h20 13,5 Entrée de **Calzadilla de los Hermanillos.** Après 300 mètres, laisser à gauche le refuge des pèlerins. Puis, 250 mètres plus loin, laisser toujours à gauche la petite chapelle en brique de la Virgen de los Dolores.
À la sortie du village, on débouche sur une petite route goudronnée que l'on suivra à gauche. La route passe entre un transformateur électrique et un château d'eau.

15,1 Franchir un pont au-dessus d'un canal. Continuer tout droit.

17,0 Encore un pont au-dessus d'un canal. À 200 mètres, carrefour avec un stop : poursuivre en face par un chemin pierreux. *La Calzada Romana* est toujours évidente et signalée par des bornes. Difficile de s'égarer. Peu à peu, on se rapprochera des voies ferrées à gauche.

25,9 Carrefour : laisser à gauche le passage à niveau et la piste en direction de Villarmarcos*. Prendre la piste à droite en laissant filer droit devant le chemin herbeux qui ne mène nulle part, malgré la borne. À 100 mètres, bifurcation : emprunter à gauche la piste cailouteuse et herbeuse qui remonte un peu. Sur la gauche, on longe à nouveau les voies ferrées. Remarquer la gare lilliputienne de Villarmarcos.
La Calzada croise des pistes annexes, aller toujours tout droit (à l'Ouest, puis Ouest-N.O.), au plus évident (bornes). On s'écarte à nouveau des voies ferrées pour légèrement descendre vers…

7h15 29,0 L'arroyo de Valdearcos.

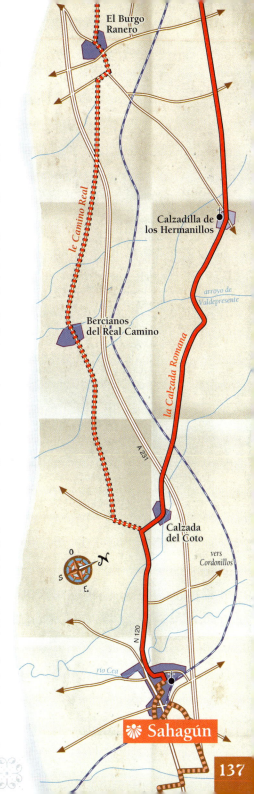

Franchir le pont remplaçant l'ancien passage à gué. Remonter sur le plateau.

29,7 Carrefour de pistes : continuer en face par le chemin le plus à droite.

30,1 Bifurcation : laisser le balisage officiel descendre la pente raide à droite. Continuer en face en bordure du plateau, en légère descente.

30,8 Laisser à gauche le cimetière et les ruines de son église. Continuer tout droit. Entrée du village de Reliegos et retour du goudron.

7h45 31,0 Traverser la place centrale arborée de **Reliegos** en laissant le bar à droite. On débouche dans la c/Real. Retrouvailles avec l'itinéraire du Camino Real. Prendre la rue à droite (en descente) pour achever la traversée de Reliegos.

31,5 Une piste rectiligne prolonge la c/Real vers Mansilla, elle est doublée par un chemin aménagé planté d'arbres (suite du Camino Real).

35,0 Carrefour : continuer en face par une route goudronnée.

36,2 Franchir le pont au-dessus de la rocade de la N 601, puis, à 200 mètres, un second pont au-dessus d'un canal. Pénétrer dans Mansilla de las Mulas par la c/Camino de Santiago. Au carrefour en triangle, laisser à gauche la statue monumentale d'un peregrino et sa peregrina… (Un grand moment de jouissance esthétique après 9 heures de marche !)
Après 40 mètres, passer entre les murailles ruinées par la Puerta de Santiago.

37,1 Faire un léger crochet à droite, puis à gauche, afin d'emprunter la c/Santa Maria. On laissera sur la droite l'église du même nom, puis la Plaza del Pozo sur la gauche. Poursuivre en face par la c/ del Puente. Ruelle en sens interdit et à gauche, au n° 15…

9h30 37,4 Mansilla de las Mulas.

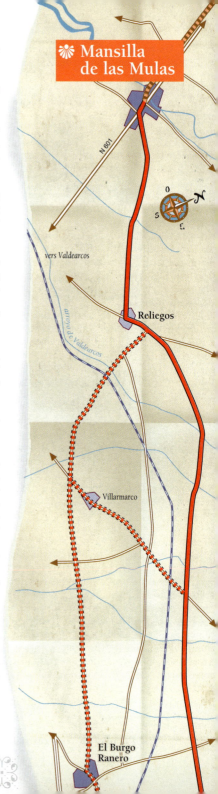

Autorisation de s'écrouler, car c'est enfin le refuge des pèlerins !

* Au point 25,9 Villarmarco : par temps pluvieux ou après la pluie, il semble raisonnable de prendre à gauche et de traverser les voies ferrées vers Villarmarcos. En moins d'un kilomètre, on rejoint l'itinéraire du Camino Real en direction de Reliegos.

ITINÉRAIRE PAR LE CAMINO REAL

04,7 Continuer pendant encore 100 mètres sur la N 120, puis prendre à droite une route goudronnée. Une croix à gauche marque le début d'une piste aménagée le long du bitume.

08,8 Laisser à gauche la *ermita* NS de Pereales et une aire de repos.

2h40 **10,4** Village de **Bercianos** traversé par la calle Mayor. Dès la sortie poursuivre par la piste aménagée.

16,4 Passer sous l'autoroute de Burgos-León. Continuer tout droit.

4h35 **18,1 El Burgo Ranero.** Le Chemin et la calle Real se confondent. Poursuivre vers l'ouest.

24,0 Croisement avec fontaine. La route à gauche conduit à Villamarcos.

(C'est le point où aboutissent les marcheurs ayant pris la Calzada Romana et qui n'ont pas intérêt à la suivre jusqu'au bout par temps pluvieux.)

27,6 Croisement avec la voie ferrée.

7h45 **30,6 Reliegos.** Traverser le village par la calle Real. Dans le centre, on retrouve l'itinéraire de la Calzada Romana.

Pour la description détaillée jusqu'à Mansilla de las Mulas, voir ci-dessus à partir du km 31.

9h30 **37,0 Mansilla de las Mulas.** Refuge des pèlerins.

QUE CHOISIR : CHEMIN ROYAL... OU CHAUSSÉE ROMAINE ?

On quitte Sahagún par le pont sur le río Cea, aux arches en plein cintre, parmi ces peupleraies évoquant les lances de Charlemagne. Mais au bout de 5 à 6 kilomètres, à la sortie de Calzada del Coto, où sont le refuge et la chapelle San Roque (Saint-Roch), laissant plus au sud la route L 911, le chemin se divise en deux branches à peu près parallèles qui se rejoindront vers Mansilla :
À droite, la Calzada de los Peregrinos. Cette chaussée des pèlerins suit en fait l'ancienne voie romaine (Via Trajana) par Calzadilla de los Hermanillos. Itinéraire solitaire et piétonnier.
À gauche, le Real Camino Francés, chemin royal français, par Bercianos, Burgo Ranero et Reliego. Itinéraire plus vivant et plus construit.
Trop construit même... Une mise en valeur peut-être excessive, à nos yeux en tout cas, du Camino Real, nous a fait choisir pour le descriptif minuté, de cheminer par la Calzada, contrairement aux premières éditions. Mais on n'aura aucun mal à trouver, si l'on préfère, son chemin sur l'autre voie, et nous décrirons ici les curiosités des deux itinéraires.

PAR LA VOIE ROMAINE, CHEMIN FAISANT

La chaussée s'enfonce dans un horizon sans limites, sans fontaines et sans maisons, peuplé seulement de quelques moutons et de quelques oiseaux.
Passé la ligne de chemin de fer Palencia-La Coruña, les parages du Monte de Valdelocajos, vieux chênes et broussailles, étaient jadis redoutés pour leur faune sauvage. S'ils ont cessé d'être un danger, on peut y voir encore des loups, des sangliers, des renards et des rapaces.
La Fuente del Peregrino, fontaine ombragée sur la rive du Valdeprésente, dans une niche maçonnée de galets, a le charme d'une oasis.
Seule étape habitée (trois cents habitants, en majorité agriculteurs et très accueillants), le village de Calzadilla de los Hermanitos (la petite chaussée des petits frères) présente une large rue bordée de maisons en adobe, larges, basses, austères et ocres. Dès l'an 981, des fermes de Kalsatella, ou Calzadiella étaient citées dans des donations au monastère de Sahagún. Et c'est de Sahagún que vinrent alors les Hermanillos, frères mineurs, pour l'accueil du pèlerin.
Au centre de Calzadilla, la Ermita de Nostra Señora de las Dolores, (Notre-Dame-des-Douleurs) fut bâtie par les Hermanillos. La chapelle actuelle, assises d'adobe et parois de torchis, est du XVIe siècle mais garde les traces d'une architecture de brique antérieure. Retable doré très orné et remarquable statue de Dolorosa.
L'église paroissiale San Bartolomé, XVIe et XVIIe siècles, avec la classique

La ermita de Pereales

tour-porche carrée, a remplacé celle du XIIIe siècle, qui elle-même aurait été bâtie sur les ruines d'un temple wisigothique détruit par Almanzor... Avant d'entrer dans Mansilla, le pèlerin de jadis passait entre deux marais aujourd'hui asséchés : Laguna Ibera et Arroyo Grande. Nos deux chemins se rejoignent aujourd'hui à Reliegos.

PAR LE CAMINO REAL, CHEMIN FAISANT

Entre Calzada del Coto et Bercianos, une autre chapelle de San Roque se dresse au bord du Camino Real : très simple, isolée en plein champ, en compagnie d'un bouquet d'arbres, avec un mur-clocher et une porte voûtée.

L'Arroyo del Oso, ruisseau de l'ours, rappelle le temps lointain où la contrée était boisée et dangereuse.

À l'entrée de Bercianos del Real Camino, la Ermita de Nostra Señora de Perales, chapelle simple et carrée, avec une porte en plein cintre. Au XIIe siècle, elle fut confiée à l'hôpital de Cebrero.

La Villa de Bercianos fut cédée en 966 au monastère de Sahagún. L'église paroissiale San Salvador possède une statue Renaissance de saint Jean Baptiste et un tableau (XVIe siècle) du Calvaire.

Burgo-Ranero a la structure d'une modeste bastide ovale, avec le chemin de Saint-Jacques pour axe principal. Créé au XIe siècle, il reçut en 1386 un fuero de l'abbesse du couvent de Gradefes.

À la sortie de Burgo-Ranero, on traverse la Cañada de las Merinas (la coulée des brebis) qui correspond un peu aux drailles des Cévennes ou aux chemins de transhumance des Pyrénées.

Dans ces parages, les enclos de troupeaux alternent avec les mares et les Arroyos de Buensolana, de Valdeasno, Tutielga. Noms sentant bon le terroir, comme celui du village précédent, et que l'on peut, en s'aventurant un tantinet, traduire par le Bourg-aux-Grenouilles, les ruisseaux de la Bonne-Soulane et du Val-aux-Ânes...

RELIEGOS LA PERSECUTEE

En 1043, Fernando Ier restitua la Villa de Reliegos à l'évêché de León, dont elle avait été séparée *tempore persecutiones* (au temps des persécutions, c'est-à-dire sans doute des raids d'Almanzor). De son église en ruine, sur le sommet de la colline, reste la tour carrée éventrée.

Les historiens pensent qu'à l'emplacement de Reliegos était la Palantia romaine, au croisement de trois grandes voies.

LES TROIS MANSILLA

Occupée par les musulmans, repeuplée à partir du Xe siècle avec la Reconquista aussitôt suivie de la naissance du chemin de Saint-Jacques, Mansilla a été précédée par trois agglomérations voisines, du même nom, mises alors en place sur les bords du río Esla : Manselia, rive droite, et Mansilla de Illo Ponte, tête de pont sur la rive gauche, qui se sont depuis fondues dans la cité actuelle ; et un peu plus loin, entre le río Esla et le río Porma, Mansella Maiorum, devenue Mansilla Mayor. Au XIIe siècle, la ville jouit d'un fuero, accompagné d'un repeuplement sous Fernando II. Un hôpital jouxtant une chapelle de la Magdalena existe près du pont, et un hôpital du Saint-Sépulcre dans la ville. En 1164, Mansilla, fortifiée, fait partie d'une ligne de forteresses sur l'Esla ; douze ans plus tard, elle reçoit un gouverneur militaire et, par la même occasion, de nouveaux privilèges.

Il y a trois hôpitaux au XVe siècle, mais en 1795, un voyageur signale la pauvreté des habitants de la ville, alors fief du duc d'Albe. Cependant, un marché aux mules d'importance nationale va donner à Mansilla un élan nouveau jusqu'au XIXe siècle et son nom actuel de las Mulas.

LES MURS DE MANSILLA DE LA MULAS

Ville forte, la Manxilla du Guide du pèlerin était entourée de murailles. Il en reste la porte orientale dit Arco de la Concepcion, deux tours entières, deux Sautres en ruine et un grand pan de mur. Et au total, derrière ces remparts qui font sa renommée, Mansilla reste une charmante petite ville d'antan, avec son quadrillage de rues, une profusion de places aux arcades de bois et des commerces qui vendent de tout, derrière des vitrines aux belles boiseries. Une sorte de "bastide du Gers" en Espagne... Seuls regrets : l'église San Martin (XIIIe siècle) est devenue un magasin et les ruines du couvent de Saint-Augustin (vers 1500) servent de fronton et d'abattoir.

LA DROLE DE PEREGRINE

Mansilla est la patrie supposée de l'héroïne d'un roman picaresque du XVIIIe siècle, *La Picara Justina,* qui contait avec truculence ses peu orthodoxes pèlerinages.

18,7 km   4h45   20ème étape

León

Mansilla de las Mulas
León

 ÉTAPE TRÈS COURTE, comparée à la précédente, traverse en premier lieu des paysages agricoles très verdoyants, puis, au fil des kilomètres, le nombre de constructions s'intensifie. À l'approche de León, notre piste taille sa route entre les bâtiments industriels et les rocades. Nous marchons protégés de la circulation à défaut d'être au calme. L'essentiel n'est-il pas d'atteindre le cœur de la grande ville au plus vite ?
En fixant l'arrivée à l'étape en fin de matinée, il reste l'après midi pour les visites obligatoires à la cathédrale, San Isidoro et San Marcos, autant de monuments qui font la richesse de León. Les vieilles rues autour de la plaza Mayor et tout le cœur historique méritent aussi qu'on s'y attarde. Ces quartiers regorgent d'échoppes, d'officines et de marchés qui semblent nous faire remonter le temps.

RENSEIGNEMENTS PRATIQUES
❖ PUENTE VILLARENTE (24226)

→ Petits commerces, bar, restaurants, services

→ P Casablanca, 8 ch., nuitée 13 €/p., 21 €/2 p., pdj 2 €, menu 7 €, centra Adanero Gijon, 987 312 164

→ H El Delfín Verde, 23 ch., nuitée de 18 € à 28 €/2 p., pdj 2 €, ouvert toute l'année, Ctra General 15, 987 312 065

❖ LEÓN (24000)

→ Tous commerces, services, 3 AJ, gares RENFE et routière

→ OT, plaza de la Regla 3-4, 987 237 082, www.aytoleon.com

→ OT Province, plaza de la Regla s/n (Edificio Torreon), 987 292 189 ou 987 292 193

León

→ Refuge pèlerins, 64 pl., CO, 3 €, micro-ondes, laverie, internet, ouvert toute l'année, AP à partir de 12h30, campos Goticos, 987 081 832

→ Refuge del Monasterio de las Benedictinas, 60 pl. (en hiver) et 180 pl. (en été), CO, PO, pas de cuisine, salle à manger, GV, ouvert toute l'année, AP 11h-22h, plaza Santa Maria, 987 252 866

→ P Avenida, 7 ch., nuitée 15 €/p. à 22 €/2 p. (selon ch.), av. Palencia 4, 987 223 763

→ P Ferroviario, 6 ch., nuitée de 30 à 35 €/p. (selon ch. et saison), pdj 5 €, menu 8 €, c/ Doctor Fleming 1, 987 221 060

→ À 3 km de León (à Golpejar de la Sobarriba) : camping, 141 empl., ouvert du 01/06 au 25/09, Ctra León-Valladolid (N-601), 987 680 233

00,0 Mansilla de la Mulas. Refuge des pèlerins : continuer par la c/del Puente, aboutissant sur une place ornée d'un calvaire. Au feu, prendre à droite pour franchir le pont étroit sur le rio Esla.

00,4 Début de la piste aménagée pour les marcheurs à gauche de la chaussée. Après 500 mètres, la piste est goudronnée. Laisser à gauche divers embranchements partant à travers champs.

01,4 Couper la route allant au monastère de Vilverde Sandoval. Aller tout droit.

1h00 04,0 Villamoros de Mansilla. Il n'y a plus de piste. Marcher le long de la N 601. Dès la sortie du village, on reprend la piste aménagée à gauche de la N 601. On laissera ensuite à gauche la *Fonda Casablanca*, tandis que la route amorce une large courbe à gauche.

05,6 On rejoint la N 601 pour franchir le pont sur rio Porma : passage dangereux. 350 mètres après la sortie du pont, on pénètre dans Puente Villarente (800 m). Noter à gauche un bar croissanterie ouvert tôt le matin ! Suivre la N 601.

07,2 Sortie de Villarente. Traverser la N 601 au niveau d'une station-service. À moins de 200 mètres, le balisage nous invite à suivre une piste caillouteuse. Elle monte parallèlement à droite de la nationale. Après un passage sous des lignes électriques à HT, le chemin franchit un pont sur un canal d'irrigation.

08,3 Laisser des antennes de relais à droite.

09,2 Carrefour : couper la route de San Felismo en laissant à gauche une entreprise de matériel pour l'élevage. Continuer en face par une piste horizontale.

09,9 Pont en béton sur un canal d'irrigation. La piste monte vers l'entrée du village d'…

2h35 10,3 Arcahueja, au sommet de la côte. Place avec bancs, fontaine et aire de jeux pour enfants. Continuer par la calle Camino de Santiago. Le chemin redevient gravillonné après la sortie du village. Légère descente.

11,2 Laisser un cimetière à droite. La N 601 est à 200 mètres sur la gauche, bordée de bâtiments industriels.

11,8 Valdelafuente. Carrefour : le chemin qui descend à gauche conduit à 100 mètres à une petite église. Continuer en face par une montée.

12,4 Point haut : la descente qui suit nous amène à longer à droite le mur d'un cimetière. Fin de la descente, retour du goudron…

12,8 Stop : carrefour en T. Prendre la petite route goudronnée à gauche.

13,2 Retrouvailles avec la N 601, dans une zone industrielle (garage *Alfa Romeo* à notre droite). Traverser la nationale et la suivre à droite vers León (en longeant le côté gauche de la chaussée). On passe un point haut, suivi d'une descente avec León en vue.

13,7 Le balisage invite à obliquer légère-

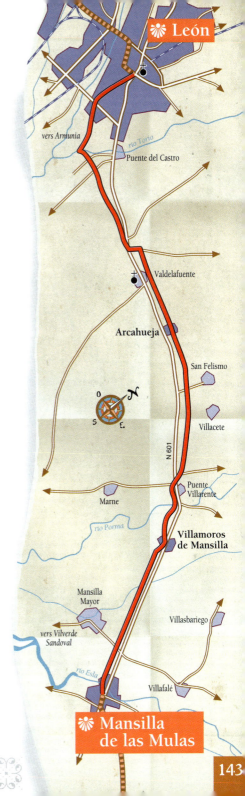

Maison traditionnelle avant León

ment à gauche pour s'éloigner de la N 601. Après 350 mètres, emprunter une passerelle en bois au-dessus d'une voie express. Droit devant s'élèvent les bâtiments de la Caja de España.

14,4 Laisser à gauche l'entrée de la Caja de España. Continuer tout droit (garage Renault à gauche) par l'avenida de Madrid.

15,4 Laisser à droite l'église San Pedro.

4h00 **15,7** Carrefour avant le **pont** de pierre **Castro** sur le río Torío (il n'est pas conseillé aux marcheurs d'emprunter le pont, car il est étroit et dépourvu de trottoirs). Suivre plutôt le balisage qui effectue une boucle à gauche pour franchir la rivière sur une passerelle. Après le pont, continuer tout droit par l'avenida Alcade Miguel Castaño. Traverser un grand rond-point avec fontaine, continuer presque en face par l'avenida Alcade Miguel Castaño.

17,2 Feux : on débouche sur la place Santa Ana de forme allongée (fontaine monumentale au centre). Tirer à droite pour passer devant l'église Santa Ana au milieu d'un jardin public. Emprunter la c/Barahona, suivie de la c/Puerta Moneda, toutes deux en sens interdit.

17,9 L'itinéraire officiel continue normalement tout droit*.

ITINÉRAIRE HABITUEL À PARTIR DU POINT 17,9

Continuer en face par la c/Herreros en laissant à droite l'église Santa Maria del Camino. On débouche sur la plaza de la Concepciones. S'engager sur la droite la c/Rúa. Cette rue très commerçante et piétonnière devient très étroite. À proximité de la Casa Botines de Gaudi, prendre à droite la c/del Generalissimo Franco. La cathédrale est alors en vue.

4h45 **18,7 León.** Parvis de la cathédrale, Plaza de la Regla.

POUR GAGNER LE REFUGE DES PÈLERINS ET SUIVRE LA VARIANTE JUSQU'À LA CATHÉDRALE

À partir du point **17,9** : prendre à droite la c/Escurial ; le refuge se trouve à 100 mètres à droite dans les bâtiments du monastère bénédictin des sœurs Carbajalas, à l'entrée de la place Santa Maria del Camino. Laisser la place à gauche, continuer tout droit et monter la rue pavée de Las Carbajalas.

18,1 En haut de la rue, prendre à gauche la c/Juan de Arfe. On débouche sur la place San Martín que l'on traverse. À son extrémité, suivre la c/Plegarias. Après 50 mètres, on découvre la Plaza Mayor. Virer de suite à gauche pour emprunter la c/Mariano Dominguez Berrueta qui nous achemine droit sur la cathédrale.

4h45 **18,5 León.** Parvis de la cathédrale, Plaza de la Regla.

Lors de notre passage, il était difficile de suivre l'itinéraire officiel jusqu'à la cathédrale de León en raison de grands travaux effectués dans la vieille ville.

◉ HORS CHEMIN : SANDOVAL LA ESCALADA, GRADEFES

Si l'on dispose du temps et des moyens de transport, Mansilla offre plusieurs possibilités d'excursions :
- À 4 kilomètres au sud-ouest, Santa María de Villaverde de Sandoval est une église cistercienne du XIIe siècle, monument national. L'origine en est curieuse : le comte Ponce de Minerva, qui avait été prisonnier des Maures, libéré, se rendait en pèlerinage à Compostelle quand la femme qui lui lavait les pieds à l'hôpital d'Orbigo le reconnut à son anneau ; c'était sa propre épouse. Tous deux en reconnaissance fondèrent Sandoval. Le monastère tomba en ruine à la Demortisazion, mais l'église et le cloître ont été restaurés.
- À 12 kilomètres vers le nord-est, autre monument national, San Miguel de la Escalada est un pur joyau du style mozarabe avec ses fenêtres géminées et ses arcs outrepassés, en particulier dans le cloître, d'une légèreté étonnante. Elle fut consacrée en l'an 913, avant que l'art de Cluny ne se soit imposé.
- Quelques kilomètres encore au-delà de La Escalada, le monastère de Gradefes (XIIe), toujours habité par les cisterciennes, ouvre son sanctuaire au public.

◉ DE MANSILLA A LEÓN, CHEMIN FAISANT

Mansilla Mayor, née au Xe siècle, appartint à partir de 1221 au monastère de Gradefes et se développa le long du chemin. C'est aujourd'hui un modeste bourg agricole, où les récoltes sèchent dans les greniers ouverts ainsi que sur les façades, et dont les habitants portent parfois encore les sabots de bois typiques, à la semelle surélevée par trois protubérances.
Villamoros de Mansilla, village-rue sur la rive gauche du río Porma, existait déjà quand il fut mentionné en 1173. Au XVIIe siècle, on le nommait Villamoros del Camino Francés. Mais sorti du village, le vrai chemin a disparu sous les clôtures des prés.
Un "puissant pont" franchit le río Porma à l'entrée de Villarente. Aymeri Picaud qualifiait déjà ainsi (vers 1140) cet ouvrage de vingt arches au tracé sinueux. *("Porma ad quendam ingentem pontem qui est inter Maxillam et Legionem" :* Le Porma, près d'un certain énorme pont qui est entre Mansilla et León.)

À gauche à la sortie du pont, l'hôpital de los Peregrinos est toujours là. Fondé vers 1540 par l'archidiacre de Triacastella, il avait bénéficié d'une dotation toute spéciale : un âne destiné à transporter à León les pèlerins malades.
Entre Valdelafuente et Puente Castro, l'Alto del Portillo (hauteur du petit col) offre une belle vue de León. À gauche de la route nationale, la croix de pierre est récente : elle a remplacé l'an-

Statue de saint Jacques à León

cienne qui était médiévale et qui a été transportée place de l'Hôtel-San-Marcos à León.

ROMAINS, JUIFS ET PELERINS DU PONT DU CASTRO

León occupe (et surveillait) le confluent du río Torio à l'est et du río Bernesga à l'est. L'actuel Puente del Castro sur le río Torio est du XVIIIe siècle, mais par basses eaux on voit, à cinquante mètres en aval, les bases de l'ancien pont roman (ou romain ?). Un document royal du XIe siècle cite la juderia de Puente Castro. L'aljama, communauté juive, se trouvait en effet sur le coteau voisin. Elle fut supprimée au XIIe siècle. L'étymologie Castrum indique qu'auparavant il y avait eu un camp retranché romain.

LEÓN, LA VILLE LEGIONNAIRE

À l'emplacement de León était en effet, dès l'an 70, le nouveau camp de la légion VII Gemina, dont l'un des centurions, San Marcelo, devait être martyrisé au IIIe siècle avec sa femme et ses fils.
Désertée devant l'invasion musulmane en 717, la ville garda néanmoins le nom de Legionis, qui donna León. Reconquise en 850 par Ordoño Ier, elle devint la capitale du nouveau royaume d'Ordoño II. Elle perdit au XIIIe siècle ce rôle hégémonique en se fondant sous Ferdinand III dans le royaume de Castille né entre-temps, mais resta une ville riche.

LE PELERIN DANS LA VILLE

À l'entrée de León, l'église de Santa Ana (Sainte-Anne) était au cœur du quartier franc. Appartenant à l'ordre du Saint-Sépulcre, puis à celui de Saint-Jean-de-Jérusalem, elle en garde la croix de Malte sur la porte ouest. Une maladrerie et un hôpital se trouvaient à côté.
Par la Puerta Moneda, dont une rue garde le nom, on atteignait l'église Santa Maria del Mercado (du marché), plutôt appelée aujourd'hui del Camino : romane du XIIe siècle aussi, mais mutilée.
Derrière, fontaine néo-classique sur la plaza del Grano (place du Grain, gardant des couverts aux piliers de bois).
Et, de l'autre côté de la rue, enclavé dans un pâté de maisons, le couvent de la Concepcion, fondé en 1518 dans des murs du XIVe siècle.
La "Rùa", toponyme du pèlerinage, est bordée de vieux hôtels.
Plaza de San Marcelo, l'hôtel de ville et l'église de San Marcelo (XVIe siècle) voisinent avec la Casa de Botines construite fin XIXe par Gaudi, le grand architecte catalan.
Puis par la porte Cauriense, qui avait été la Sinistra du camp romain, le pèlerin accédait enfin aux principaux sanctuaires, San Isidro, ou Isidoro, et à la cathédrale.

 SAN ISIDORO ROMAN, LA CATHEDRALE GOTHIQUE, SAN MARCOS PLATERESQUE...

Trois monuments sont absolument à voir à León :
- L'église San Isidoro, panthéon aux vingt-trois tombes royales, a été élevée sur les ruines d'un temple romain de Mercure, et près d'une église pré romane rasée par Almanzor. Elle a été construite au XIe siècle pour recevoir les reliques de saint Isidore, ramenées de Séville (théologien, savant et musicien, mort en 625, il avait combattu l'hérésie arienne, religion des Wisigoths). Voir sur les voûtes les peintures romanes qui semblent jaillies d'une enluminure et, au musée, une bible wisigothique de l'an 960. San Isidoro est toujours une collégiale, où l'office des chanoines est célébré à vingt et une heures.
- La cathédrale, bâtie près de deux siècles plus tard, à partir de 1203, est une merveille d'art gothique, très lumineuse, avec ses cent vingt-cinq fenêtres, ses cinquante-sept oculi, ses mille huit cents mètres carrés de vitraux. Cloître remanié au XVIe siècle par Juan de Badajoz. Musée où un antiphonaire mozarabe du XIe siècle nous renseigne sur les cantiques préromans.
- Enfin, l'Hostal de San Marcos, merveille plateresque du XVIe siècle : mais cela fera partie de l'étape suivante...

LE TEMPS DES WISIGOTHS

Outre la bible et l'antiphonaire déjà cités, il existe quelques vestiges de la grandeur de la cité aux époques wisigothique et préromane : ainsi, un palimpseste (parchemin gratté et réutilisé) porte une version latine de la bible transcrite au VIIe siècle, et au-dessous la Lex romana wisigothorum, texte législatif du VIe siècle. Et parmi les innombrables monuments de León, l'église San Salvador de Palat del Rey, modifiée au XVIe siècle, mais fondée au Xe siècle, garde des parties mozarabes.

FETES LEONAISES

À voir si vous êtes là : pour la semaine sainte, la cérémonie irrévérencieuse de "l'enterrement de Genarin" le jeudi et l'émouvante procession le vendredi ; fin avril, las Cabezadas parodient la controverse sans fin de la municipalité et du chapitre de San Isidoro ; début octobre, à la San Froilán, dans le cloître de la cathédrale, les Cantaderas : évocation scénique et chantée du tribut des Cent Vierges.

(Pour León : voir également page 132)

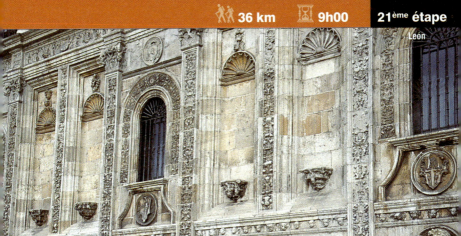

36 km 9h00 **21ème étape**

León

León
Hospital de Órbigo

ETTE ÉTAPE ÉVOQUE fortement celle allant de Sahagún à Mansilla de la Mulas. Presque aussi longue, elle traverse une Meseta un peu moins désertique, mais aussi plane et infinie que l'on nomme ici *el Páramo*. Deux possibilités d'itinéraires sont également à prendre en compte. D'un côté, le Camino Real, plus court, chemin historique cité dans de nombreux ouvrages, mais qui hélas suit les bas-côtés de la N 120 au moyen d'une piste aménagée.
L'autre option consiste à emprunter la Calzada de los Peregrinos, loin des grands axes. Ici, les pistes alternent avec des petites routes très sereines, le tout est parfaitement balisé. Les petits villages traversés assurent le ravitaillement et Villar de Mazarife dispose d'un refuge pour ceux qui préféreraient s'arrêter en route. Quel que soit le choix, il faut tout d'abord affronter le tumulte jusqu'à la Virgen del Camino pour sortir de León. Au terme de l'étape, Hospital de Orbigo est un charmant village avec son pont médiéval, le plus célèbre et le plus long de tout le Camino.

RENSEIGNEMENTS PRATIQUES
ITINÉRAIRE PAR LE CAMINO FRANCÉS

❖ TROBAJO DEL CAMINO (24010)
→ Petits commerces, services
→ P Ancar, 5 ch., nuitée de 18 €/p. à 30 €/2 p., pdj 2 €, menu 6,50 €, ouvert toute l'année, Menendez Pidal 16, 987 802 761

❖ VILLADANGOS DEL PÁRAMO (24392)
→ Tous commerces, services
→ Refuge pèlerins, 80 pl. (dont 40 matelas), CO, 3 €, coin cuisine, laverie, GV, ouvert toute l'année, AP 10h-23h, Ctra León Astorga (dans les anciennes écoles), 987 390 003

→ Camping Camino de Santiago, 494 empl., tente 5,80 €/pers., ouvert du 25/03 au 29/09, N-120, 987 680 253

❖ SAN MARTÍN DEL CAMINO (24393)

→ Petits commerces, services, bar, restaurant, médecin

→ Refuge pèlerins, 60 pl. + matelas, CO, 3 €, coin cuisine, laverie, GV, ouvert toute l'année, Ctra de León (entrée du village), 656 544 555

ITINÉRAIRE PAR LA CALZADA DE LOS PEREGRINOS

❖ VILLAR DE MAZARIFE (24392)

→ Alimentation, bar, restaurant

→ Refuge privé, 70 pl. (dont 20 lits), CO, 3 €, salle à manger, GV, ouvert toute l'année, 987 390 697

❖ HOSPITAL DE ÓRBIGO (24286)

→ Tous commerces, services

→ Refuge paroissial, 80 pl., CO, 3 €, coin cuisine, GV, ouvert d'avril à oct., c/ Álvarez Vega 32, 987 388 444

→ Refuge privé San Miguel, 40 pl., CO, 6 €, pdj, 3 €, coin cuisine, GV, ouvert toute l'année, au centre ville, 609 420 931

→ À 1 km de Hospital : refuge pèlerins, 39 pl., CO, 3,50 €, coin cuisine, GV, ouvert toute l'année, AP 8h-23h, 987 388 206 ou 987 388 250

→ Camping Don Suero de Quinones, 350 empl., tente 4 €/pers., ouvert du 01/05 au 30/09, Terrenos de la Vega (à 500 m de la N-120), 987 361 018

00,0 León. Parvis de la cathédrale, Plaza de la Regla. Prendre en face, à côté de l'OT, la c/de la Sierra Pambley, puis la c/D. Merino. Après 180 mètres, on débouche dans la c/Cervantes que l'on suivra à droite sur quelques dizaines de mètres. Obliquer à gauche pour rejoindre la c/Cid que l'on empruntera à droite pour aboutir sur la Plaza San Isidoro.

00,4 Laisser à droite l'église San Isidoro et dévaler quelques marches. On arrive dans la c/ Ramón y Cajal. La suivre à droite. On longe les murailles à droite.

00,7 Carrefour et feux : prendre à gauche la c/Renueva en sens interdit. Au premier carrefour, continuer en face par l'avenida Suero de Quiñones, elle aussi en sens interdit.

01,5 On débouche sur une vaste place avec à droite l'Hostal San Marcos. Traverser la place de façon à longer l'édifice devenu un *parador* (le pèlerin argenté et propre sur lui peut espérer y faire une très agréable étape !). Les autres continueront… afin de franchir le pont sur le río Bernesga.

01,8 Carrefour : poursuivre en face par l'avenida Quevedo, en fait la N 120 (elle commençait à nous manquer !). Aller toujours tout droit jusqu'à…

0h50 03,0 Trobajo del Camino. La N 120 fait un coude à droite après un carrefour avec calvaire. Poursuivre tout droit et franchir une passerelle piétonnière au-dessus des voies ferrées. De l'autre côté, on retrouve la N 120. La suivre à gauche (en face). En chemin, laisser à droite la chapelle de l'Apostol de Santiago. La N 120 monte légèrement, puis vire à gauche.

04,4 Quitter la N 120 pour grimper à droite la c/Camino La Cruz. La rue est bordée à gauche de *bodegas* à demi enterrées.

04,9 Carrefour : continuer en face par la rue médiane à travers une zone industrielle. Laisser à gauche un entrepôt Leclerc.

06,2 Stop : retour sur la N 120. La suivre

à droite pendant 50 mètres. S'écarter à nouveau de la nationale en tirant à droite. La rue suivie est bordée de terrains vagues et d'entrepôts. Laisser sur la gauche le magasin de meubles *Tuco*.

06,7 Bifurcation : laisser un embranchement à droite. Continuer en face vers une zone habitée (immeubles en construction). Remarquer la flèche moderne de la Virgen del Camino sur l'avant gauche. Après 250 mètres, on poursuit par la c/Tras Las Casas.

07,0 Laisser à gauche une placette triangulaire, continuer en tirant à droite toujours par la c/Tras Las Casas.

07,4 Stop : traverser la rue et prendre en face la c/Zamora. À 100 mètres, tourner à gauche pour suivre la c/Nueva. On file droit sur la Virgen del Camino.

2h00 08,0 La **Virgen del Camino** à gauche, le bar restaurant *El Peregrino* à droite, stop et N 120 en face.

À partir de là, deux itinéraires sont possibles :

1) La *Calzada de los Peregrinos* décrite en détail et bien balisée.
2) Le *Camino Real*, chemin historique, suit la N 120 jusqu'à Hospital de Órbigo. Rapide, mais guère passionnant, il ne mérite pas un long descriptif tant il est évident.
NB : les chiffres (00) donnent le kilométrage depuis León.

1) La Calzada de los Peregrinos

00,0 (08,0) La **Virgen del Camino** à gauche, le bar restaurant *El Peregrino* à droite, stop et N 120 en face. Traverser la nationale et descendre en face à droite la c/La Paz.

00,3 (08,3) Bifurcation : quitter le goudron pour prendre à gauche un chemin *la Calzada de los Peregrinos*, laisser à droite l'embranchement pour le Camino Real. Après 100 mètres, couper une petite route, poursuivre en face par un chemin de terre.

01,3 (09,3) Après un passage sous des lignes électriques à HT, le chemin bute sur la route de Quintana de Ranero que l'on suivra à gauche. Après 200 mètres, obliquer à droite pour descendre, puis passer sous le pont de l'autoroute A 66. Après le pont, bifurcation : prendre à droite (en face) et monter vers Fresno del Camino.

02,5 (10,5) Point haut. Descente pour traverser le village. Après 800 mètres, franchir le pont au-dessus d'une voie ferrée.

0h50 03,7 (11,7) **Oncina de la Valdoncina.** Carrefour en T : prendre à droite la c/Abajo. Laisser un embranchement à droite afin de monter vers une place. Laisser à droite un terrain de basket et une aire de jeux. Poursuivre tout droit en montant un chemin de terre (borne).

04,3 (12,3) Arrivée sur le *Páramo,* bifurcation imprécise : prendre à gauche, le balisage reprend un peu plus loin. Le chemin herbeux et horizontal file au Sud-Ouest. Nombreuses pistes annexes et croisements ; le balisage est toujours présent et le chemin à suivre le plus évident.

09,6 (17,6) Carrefour avec une route. Poursuivre en face par la route goudronnée vers Chozas de Abajo. Dès l'entrée du village (881 m), la c/Real conduit à la place centrale allongée. Au bout de la place, sur la gauche, prendre une ruelle qui tire sur la droite, puis passe un pont sur l'arroyo del Monte.

2h30 10,0 (18,0) Sortie de **Chozas de Abajo,** couper une route goudronnée. Poursuivre tout droit, la piste monte un peu, puis file à peu près au Sud-Ouest. Laisser divers embranchements à droite et à gauche.

11,8 (19,8) Laisser à gauche un transformateur électrique. Continuer tout droit jusqu'à l'entrée de …

3h30 13,7 (21,7) **Villar de Mazarife** par la c/León. Au carrefour, laisser à gauche la c/Corujo pour s'arrêter au refuge. Sinon, continuer en face vers la place Mediavilla. Emprunter sur la droite la c/Camino pour sortir du village.

14,3 (22,3) Carrefour : couper la route de Villadangos del Páramo, poursuivre en face par une route goudronnée rectiligne vers Villavante (laisser le stade à droite). Champs irrigués à perte de vue et de rares hangars agricoles.

20,0 (28,0) Carrefour : couper la route de Bustillo del Páramo, continuer en face par une piste empierrée qui vire à gauche après 200 mètres. La piste franchit ensuite le canal de Páramo. La piste se poursuit, ombragée par des peupliers et des saules.

22,3 (30,3) Franchir le pont sur le canal de Matalobos. Couper une piste et continuer tout droit un chemin pierreux.

5h45 23,2 (31,2) Bifurcation à l'entrée de **Villavente.** Prendre à droite pour visiter le village (bar, commerce). Sinon, continuer tout droit. Après 300 mètres à la sortie du village, couper une route goudronnée. Poursuivre en face par une piste empierrée.

24,2 (32,2) Après le petit pont sur le ruisseau de la Cerrajera, franchir les voies ferrées (attention : si un train survient, s'arrêter et meugler très fort pour l'effrayer). Continuer en face tout droit par une large piste empierrée.

25,4 (33,4) Le chemin bute contre l'autoroute. Les marcheurs poursuivent tout droit afin de grimper sur les remblais et accéder au pont au-dessus de l'autoroute. Les cyclistes doivent prendre à gauche et faire une boucle pour monter sur le pont. Après le pont, suivre sur la CL 621 pour aboutir à la N 120.

26,6 (34,6) Croisement avec la N 120. La traverser et emprunter en face une piste terreuse et en travaux. Après 300 mètres, on retrouve l'itinéraire du *Camino Real,* le suivre à gauche vers le village de Puente de Órbigo. Franchir un pont sur un petit canal d'irrigation.

27,5 (35,5) Carrefour dans Puente de

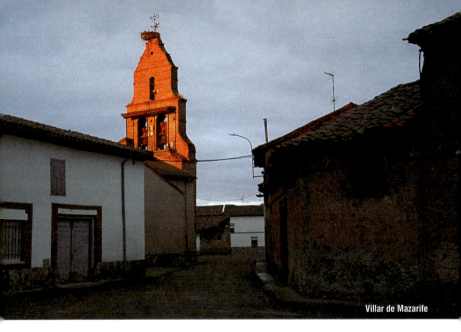

Villar de Mazarife

Órbigo. Traverser la route, poursuivre en face par une ruelle pavée. À 30 mètres, emprunter le célèbre pont médiéval sur le río Órbigo.

7h00 **28,0** **(36,0)** **Hospital de Órbigo.** La rue conduit à un carrefour. Continuer en face par la c/Alvarez Vega. L'église paroissiale et le refuge sont à moins de 100 mètres sur la droite.

2) Le Camino Real

00,0 **(08,0)** **La Virgen del Camino** à gauche, le bar restaurant *El Peregrino* à droite, stop et N 120 en face. Traverser la nationale et descendre en face à droite la c/La Paz.

00,3 **(08,3)** Bifurcation : laisser à gauche un chemin *la Calzada de los Peregrinos*, prendre à droite l'embranchement pour le *Camino Real*. Une petite route parallèle à la N 120 passe sous l'autoroute A 66, puis nous conduit jusqu'à…

0h50 **03,5** **(11,5)** Valverde de la Virgen. Dans l'agglomération, longer la N 120. Le balisage signale ensuite une piste aménagée parallèle à la N 120.

04,9 **(12,9)** San Miguel del Camino. Piste aménagée le long du bas-côté (gauche en principe) de la N 120…

3h10 **12,5** **(20,5)** **Villadangos del Páramo.** Refuge sur le côté droit de la N 120. Poursuivre par des pistes aménagées jusqu'à…

17,1 **(25,1)** San Martín del Camino.

22,7 **(30,7)** Quitter la N 120 pour suivre une piste à droite. Après 600 mètres, franchir un canal.

23,5 **(31,5)** Bifurcation : on est rejoint à gauche par l'itinéraire de la *Calzada de los Peregrinos*. Suivre à droite (en face) vers le village de Puente de Órbigo. Franchir un pont sur un petit canal d'irrigation.

23,9 **(31,9)** Carrefour dans Puente de Órbigo. Traverser la route, poursuivre en face par une ruelle pavée. À 30 mètres, emprunter le célèbre pont médiéval sur le río Órbigo.

6h15 **24,4** **(32,4)** **Hospital de Órbigo.** La rue conduit à un carrefour. Continuer en face par la c/Alvarez Vega. L'église paroissiale et le refuge sont à moins de 100 mètres sur la droite.

Leon

LE MARIAGE DU CID

En quittant Saint-Isidoro ayons encore une pensée pour Chimène qui en était paroissienne et pour le Cid qui l'y épousa. Le Romancero le dit :
"Salio a Misa de parida
en San Isidoro de León
la noble Jimena Gomez
mujer del Cid Campeador."
(Elle sortit de la messe de relevailles - à Saint Isidore de León - la noble Chimène Gomes - l'épouse du Cid, le grand chevalier errant.)

DANS LA MURAILLE ROMAINE, UNE PORTE NEUVE

À peu de distance de San Isidoro, un grand pan des murailles romaines à l'origine de León, nous rappellent que la Legio VII Gemina Pia Felix en fit, de l'an 58 au IVe siècle, le centre militaire du nord-ouest de la péninsule ibérique.
La calle de Renueva (rúa Nova au XIIe siècle, rue neuve) est un toponyme du chemin. En 1165, le prieur de San Isidro accorda une charte de peuplement au barrio de Renueva. En 1168, la puerta de Renueva fut percée à travers la muraille romaine pour faciliter le passage des pèlerins.

LE RICHE HOSTAL DE SAN MARCOS POUR LES PAUVRES DE DIEU

L'Hostal de San Marcos fut précédé d'un hôpital très simple, bâti au XIIe siècle par doña Sancha ad recipiendum pauperes Christi, pour recevoir les pauvres du Christ. Il en reste encore un bâtiment aux balcons de fer forgé, visible à côté de l'église. Puis Ferdinand le Catholique fit bâtir en 1513, pour les Chevaliers de Santiago, l'hostal actuel à la riche façade plateresque et son église ornée de coquilles. À l'intérieur, cloître de Juan de Badajoz, et Musée archéologique.

EN SORTANT DE LEÓN

Sur la place de San Marcos, on retrouve le calvaire du XVe siècle qui se dressait auparavant au Portillo : fût gothique de 2,5 m, scènes évangéliques et Saint-Raphaël en habit de pèlerin.
Trobajo del Camino, mentionné en 1244, mais aujourd'hui une commune de la banlieue, rappelle par son nom la présence du chemin.
De même, de la croix disparue du Camino de la Cruz, il ne reste que le piédestal. Le panorama demeure.

LE SIGNE DE LA FRONDE DE LA VIERGE DU CHEMIN

L'église au modernisme hardi de la Virgen del Camino, avec ses verrières armées de ciment, a été construite en 1961 d'après les plans de l'architecte dominicain portugais Francisco Coello. Les quatre portes de bronze et les treize statues géantes et rugueuses sont l'œuvre du catalan J.-M. Subirachs. Ce sont les douze apôtres entourant la Vierge. Jacques le Majeur, vêtu de coquilles, indique la direction de Compostelle. Seule la pietà éplorée, en bois, a quatre siècles…
Ce monument a en effet succédé à un sanctuaire du XVIe siècle. Le village d'aujourd'hui était un lieu désert quand, vers 1505, la Vierge y apparut à un nommé Alvar Simon, lui demandant de construire un sanctuaire. Comme il réclamait un "signe", elle envoya à 600 pas avec sa fronde un simple caillou qui devint un gros rocher. Une chapelle fut alors cons-

truite en 1513. Les miracles s'y multiplièrent, suscitant des pèlerinages qui ont toujours lieu les 15 et 29 septembre et le 5 octobre. Lors de ce dernier, à la San Froilán, on déguste boudin, chorizo et calamars. En 1930, la Virgen del Camino a été proclamée patronne de l'ancien royaume de León. À côté, les pères dominicains, qui ont un collège, ont ouvert un musée d'Histoire naturelle.

❀ CE PÁRAMO QUI FUT UN DESERT...

D'une altitude moyenne de 800 m au-dessus du niveau de la mer, le Páramo constitue une sorte de plate-forme entre les fleuves Bernesga-Esla d'une part, Orbigo de l'autre. Comme Villadangos de Páramo, sept autres villages s'adjoignent cette appellation générique. Le mot même de páramo, déjà rencontré sur la meseta de Hornillos del Camino, est synonyme de désert et le dictionnaire l'applique même au pôle Nord. Il suffit de se reporter au pèlerin reporter Laffi, qui en 1670 décrivait une population misérable et mendiante habitant des chaumières. La Calzada que nous suivrons en donne encore un timide aperçu. La route bordée de toponymes... del Camino presque plus, car cette région a profité du développement économique des années 60, avec ses irrigations charriant dans ses canaux l'eau de l'embalse du río Luna, l'implantation de cultures industrielles à haut rendement et la fièvre des constructions.

L'un des villages les plus notables du páramo (mais au sud, très nettement à l'écart du chemin) est Laguna de Negrillos, qui conserve les ruines d'un château bâti par Alphonse IX (début du XIIIe siècle) pour protéger la Via de la Plata. Une pittoresque procession s'y déroule d'une église à l'autre le jour du Corpus (Fête-Dieu). Un Saint-Sébastien vivant, portant sa flèche et un bicorne napoléonien précède des saints reconnaissables à leurs masques et à leurs particularités, la peau de bête pour saint Jean Baptiste. Des danseurs vêtus de dentelles blanches tournent autour.

❀ AUTRE ITINERAIRE : LES LOCALITES... "DEL CAMINO"

La plupart des localités traversées par le chemin alternatif et par la route ne gardent de leur passé jacobite que les noms "del Camino", ou "de la Virgen".

Il ne reste ainsi rien de l'ancien hôpital de San Miguel del Camino dont la statue de saint Jacques pèlerin (XVIe siècle) est aujourd'hui au musée de León.

Villadangos del Páramo, où l'on traverse le canal d'irrigation, a une église de saint Jacques ; sur le retable, un Santiago Matamoros du XVIIIe siècle à cheval, avec tricorne ; sur la porte se trouve un bois polychrome évoquant la bataille de Clavijo.

La calle Ancha qui traverse San Martin del Camino passe à mi-parcours, près de l'église, devant l'emplacement d'un hôpital du XVIIe, disparu depuis moins d'un siècle.

❀ LE DON QUICHOTTE DU PONT D'ÓRBIGO

Le célèbre pont roman sur l'Órbigo (vingt arches, deux cent quatre mètres) porte en son centre deux colonnes monolithiques dont l'inscription commémore le célèbre combat chevaleresque du Paso Honroso de Armas : en 1434, don Suero de Quiñones, en l'honneur d'une dame, y défia, avec neuf compagnons léonais, tous les chevaliers qui voudraient franchir le pont. Le combat dura un mois. On rompit trois cents lances, et il y eut un mort. Les vainqueurs allèrent déposer à Compostelle un collier d'or qui est toujours porté, mais par le buste processionnel de Saint-Jacques-le-Mineur. Un poème du duc de Rivas évoque ce combat.

Ce Quiñones mourut vingt-quatre ans plus tard de la main d'un ancien adversaire, don Gutiere Quijada, nom qui était aussi celui d'un aïeul de la femme de Cervantes, personnage original. De sorte que Quiñones et Quijada ont probablement servi de modèle au don Quijote.

Ces rives avaient auparavant vu deux autres batailles : en 456, les Wisigoths y repoussèrent les Suèves ; au Xe siècle, Alphonse III y vainquit les Maures.

❀ LES HOSPITALIERS DE L'HOSPITAL DE ÓRBIGO

Il y avait dès les premiers temps un village de Puente de Órbigo sur la rive gauche, mentionné en 1173. Mais à la même époque doña Mencia fit édifier sur l'autre rive, pour les pèlerins, une église San Juan Baustista qui fut cédée en 1184 à l'ordre de Saint-Jean-de-Jérusalem. Celui-ci construisit un hôpital. L'Hospital de Órbigo était né et éclipsa le village précédent. L'hôpital devait fonctionner jusqu'en 1850. Un calvaire de pierre se dresse sur ses ruines. L'église Sainte-Marie conserve une croix de Malte.

❀ LE PELERIN GASTRONOME EN LEÓN

La cuisine léonaise est apparentée à la cuisine castillane, avec un peu plus de particularismes, sur lesquels nous reviendrons, entre Astorga et les monts cantabriques. Quelques spécialités :
- Sopa de truchas, soupe de truites ;
- Chafoina en cazuela, cassolette de ragoût de mou ;
- Lentejas con jamon, lentilles au jambon ;
- Congre ou viandes al Ajoarriero (à l'ail) ;
- Alubias con callos, gras-doubles aux haricots ;
- Pimientos (piments) del Bierzo.

Le tout arrosé d'un robuste vin Berciano (du Bierzo) ou d'un rosé fruité de Valdecimbre los Oteros.

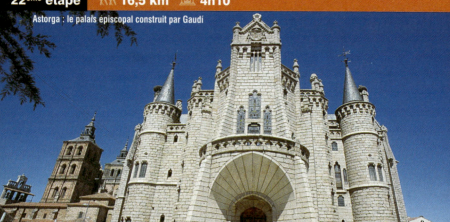

Astorga : le palais épiscopal construit par Gaudí

Hospital de Órbigo

Astorga

EPUIS HIER, une chaîne montagneuse se profile à l'ouest, juste devant nous. C'est l'annonce d'un changement radical. La transition s'opère durant la courte étape qui nous achemine vers Astorga. Le terrain se plisse, ondule, et les champs cultivés succèdent à des portions boisées de chênes verts. Nous ne ressentons jamais la monotonie pendant ces quatre heures de marche. Une fois de plus, le chemin historique est enfoui sous le bitume de la N 120, tandis que l'itinéraire que nous suivons est une variante authentique comme en témoigne les calle Real des villages traversés. Les deux itinéraires se rejoignent à la croix de Santo Toribio. De ce point, on découvre la ville d'Astorga, avec en arrière fond la barrière des monts de León. La ville haute et le cœur historique dominent les rives du río Tuerto. Astorga est à la croisée de deux grands chemins menant à Saint-Jacques, le Camino Francés et la Vía de la Plata, le chemin mozarabe qui démarre à Séville. La cathédrale, les églises, couvents et hôpitaux témoignent de son riche passé. Sans oublier le palais épiscopal, une œuvre plus récente et très folle, sortie de l'imagination de Gaudí.

RENSEIGNEMENTS PRATIQUES
SANTIBÁÑEZ DE VALDEIGLESIAS (24288)

→ Refuge paroissial, 30 pl., CO, 4 €, coin cuisine, GV, ouvert de la Semaine Sainte à sept., AP 12h-22h30, 987 377 698

❖ ASTORGA (24700)

→ Tous commerces, services, hôtels, gares RENFE et cars

→ OT, plaza Marta 2, 987 618 222, www.ayuntamientodeastorga.com

→ Refuge pèlerins, en hiver 36 pl., CO, 3 €, Matías Rodríguez 24. Attention : en été dans l'école, 195 pl. CO, 3 €, pas de cuisine, GV, AP à partir de 14h, plaza de los Marqueses de Astorga 3, 987 616 633

→ Refuge privé San Javier, 110 pl., CO, 6 €, pdj 3 €, coin cuisine, laverie, GV, ouvert toute l'année, AP 10h-22h30, Asociación Vía de la Plata, c/ Porteria 6, 987 618 532

→ P Garcia, 4 ch., nuitée 20 €/p., 30 €/2 p., pdj 2 €, repas 7,80 €, Bajada Postigo 3, 987 616 046

→ P Gordon, 5 ch., nuitée 15 à 30 €/ch. (selon saison), León 88, 987 615 018

→ P La Ruta Leonesa, 4 ch., nuitée 28 €/p., 30 €/2 p., pdj 5 €, repas 8 €, Ctra León 82, 987 615 037

Astorga

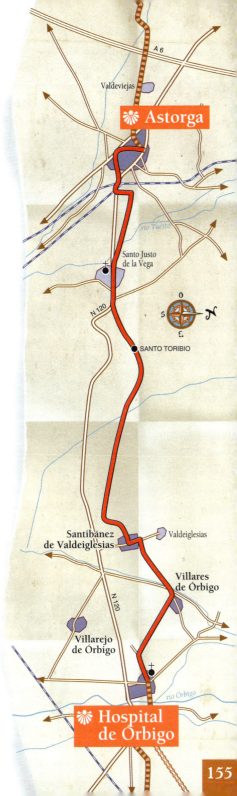

00,0 **Hospital de Órbigo.** Du refuge des pèlerins, continuer par la c/Alvarez Vega. Croiser une rue et poursuivre par la c/Camino de Santiago.

00,4 Carrefour en T à la sortie du village : si on continuait droit devant, on opterait pour l'itinéraire qui suit la N 120 jusqu'à Astorga. Pour un parcours plus paisible et plus beau, prendre à droite par une large piste empierrée.

01,0 Laisser un embranchement à gauche. La piste à peu près rectiligne vise un bosquet de peupliers. Laisser les pistes partant à droite et à gauche.

02,5 On arrive dans une ruelle cimentée à l'entrée du village de Villares de Órbigo qu'on laissera en partie sur la droite. Poursuivre par la c/Camino de Santiago. Au premier carrefour, continuer tout droit pour s'arrêter au bar, sinon virer à gauche. On débouche sur une placette, prendre de suite à droite. (Ce parcours sinueux est fort heureusement bien balisé.)
La ruelle cimentée conduit à la sortie du village où elle devient une piste pierreuse. Laisser une école à droite. Cent mètres plus loin, bifurcation : prendre à gauche pendant 40 mètres avant de virer à droite en direction d'un…

03,1 Panneau stop : traverser une petite route conduisant à gauche à la N 120. Poursuivre en face, franchir un ruisseau et monter par un sentier herbeux. Rapidement, le chemin tire à gauche, gravit un talus et passe entre des haies.

03,4 Le sentier monte à flanc de colline (≈ S.-O.) sous des arbustes, puis évolue à découvert presque à l'horizontale. Enfin, le chemin s'élargit et grimpe encore pour parvenir à…

04,0 Une petite route que l'on suivra à droite. Grimper pendant 100 mètres jusqu'à un point haut, la route redescend ensuite.

1h15 **04,7** Stop : prendre à gauche (en face), franchir le pont et suivre la c/Camino de Villarez, une ruelle cimentée, pour entrer dans **Santibánez de Valdeiglesias.** La rue débouche sur une placette triangulaire : continuer en face. À l'angle d'une habitation en adobe, emprunter à droite la c/Real sur 50 mètres, poursuivre par une ruelle qui monte en passant devant le bar de socios, laisser le refuge (signalé à 50 mètres sur la gauche). À la sortie du village, fin du ciment, on passe près d'une ferme, la piste est large et empierrée.

06,1 Bifurcation : on rejoint une piste que l'on suivra à gauche.

06,4 Point haut, puis descente ; le chemin est bordé par une forêt de chênes verts. Après 150 mètres, fourche : descendre la piste de gauche, très défoncée, qui laissera à sa gauche une carrière.

07,1 Fond d'un vallon marécageux. De multiples pistes croisent notre chemin, mais le balisage est suffisamment présent pour ne pas risquer de se perdre (aller ≈ Ouest-N.-O.).

07,4 Bifurcation avec un cairn : prendre à droite la piste très caillouteuse qui remonte vers la lisière d'une forêt.

08,0 La piste pénètre la chênaie. Après 100 mètres, fourche : obliquer à gauche par un sentier plus étroit, qui monte.

08,4 Au collet, on rejoint une piste plus large que l'on descendra à droite. À 250 mètres, au bas de la descente, carrefour de pistes : virer tout à droite pour suivre un sentier qui passe sous des arbustes. Après 20 mètres, le chemin tire à gauche et monte en laissant à gauche la lisière d'une forêt de chênes. Champs à droite. Arrivé au sommet de la côte, on file à travers champs (S.-O). Descente à nouveau dans un vallon planté de peupliers. Passer sous des lignes électriques à HT et franchir un gué.

09,5 Carrefour de pistes : continuer en face pour remonter. Lisière d'une forêt à gauche.

10,1 La piste laisse à droite une exploitation agricole. Cent mètres plus loin, on coupe une route (en construction à l'automne 2003). Continuer en face ; piste empierrée avec une pépinière de conifères à gauche. On aperçoit droit devant la cathédrale d'Astorga.

10,7 Carrefour de pistes : prendre à gauche et de suite le chemin le plus à droite de façon à viser une grande croix.

2h50 11,6 Croix de Santo Toribio (905 m). On retrouve venant de la gauche l'autre itinéraire du Camino. C'est une large piste que l'on descendra à droite vers San Justo de la Vega.

12,1 On bute sur le coude de la N 120 désaffectée. Suivre à droite pour rejoindre au stop l'actuelle N 120 et entrer dans le village.

13,0 San Justo de la Vega : laisser à gauche l'Hostal Juli, puis, 200 mètres après l'église. rester sur la N 120 qui descend vers le…

3h20 13,6 Pont sur le **río Tuerto.** Cent mètres après le pont, emprunter à droite un chemin empierré sous une peupleraie. Il suit parallèlement la N 120 en visant droit sur Astorga. Il est bordé de potagers, de vergers, mais aussi d'entrepôts.

15,4 Franchir un petit pont médiéval et, de suite après, prendre à gauche pendant 200 mètres. La route bute sur la N 120. Stop : l'emprunter à droite afin de traverser en suivant deux séries de voies ferrées. Dans le coude de la N 120, obliquer à gauche pour suivre une route qui descend et, à 100 mètres, aller à droite pour se diriger droit sur la ville par la Traversia Minerva.

16,1 On bute sur c/Perpetua Socorro, à suivre pendant 80 mètres. Prendre de suite à droite une rampe cimentée très raide qui conduit dans la vieille ville d'Astorga. Passer la Puerta del Sol …

4h10 16,5 Astorga. Tirer tout à gauche pour gagner la c/Matias Rodriguez. Le refuge des pèlerins est sur la gauche, au début de la rue.

Astorga

POUR LES PURISTES : LE CHEMIN HISTORIQUE...

Comme il a déjà été dit, le bitume de la N 120 a largement recouvert le chemin historique que l'on peut suivre sans guide. Il n'offre aucun vestige intéressant avant San Toribio, où nous le rejoindrons par le chemin des collines...

Il y eut bien à mi-route, depuis le IXe siècle, un village nommé Calzada. Mais le dernier habitant a disparu en 1792 et il ne reste rien du village...

LA FUITE DE SANTO TORIBIO

Croix de pierre sur un socle en gradins, la Cruz de Santo Toribio se dresse en un haut lieu d'où l'on a un beau point de vue sur Astorga, sa plaine et les montagnes voisines, avec le Teleno et le mont Irago en toile de fond. Ce crucero commémore la fuite d'un évêque chrétien du Ve siècle. Parvenu à cet endroit, il secoua, conformément aux Écritures, la poussière de ses sandales sur l'ingrate Astorga qui le chassait.

SAN JUSTO DE LA VEGA : LE PONT ET L'HOPITAL

San Justo de la Vega, proche du río Tuerto, abrite dans son église rénovée une statue XVIe de Saint-Just et un retable du XVIIe siècle.

La calle Hospital, empruntée par le chemin, conserve le nom d'un hôpital disparu. Puis nous trouverons, entre San Justo et Astorga, un pont romain à trois arches... Association classique sur le chemin de Saint-Jacques : le pont et l'hôpital...

DES ASTURIES A LA VIA DE LA PLATA

Au rebord d'une plate-forme encadrée par deux affluents du río Tuerto, Astorga fut d'abord la capitale protohistorique des Astures, partageant le pays avec un autre peuple, les Amacos. Les Romains en firent vers l'an 15 Asturica Augusta. La ville garde d'eux un important fragment de murailles, avec ses tours régulièrement espacées, derrière la cathédrale et le palais Gaudí. Des fouilles récentes ont aussi fait apparaître des vestiges romains sur la place de l'église du Perpetuo Socorro. Ils demeurent en place, protégés par une structure contemporaine.

Puis Astorga fut détruite par les Wisigoths en 456, et reconstruite par un évêque ; occupée par les Arabes en 714 et reconquise trente ans après par Alphonse Ier ; ravagée par Almanzor en 987 et relevée, avec murailles et franchises du XIe au XIIIe siècle. En 1809 et 1810, les Français l'assiégeront encore.

Amoindrie par le transfert de la capitale à León, l'Astorga médiévale bénéficia d'une nouvelle chance avec le chemin de Saint-Jacques - les chemins, même, car elle est un carrefour. Une branche de la Via de la Plata (voie de l'Argent) venant d'Andalousie par Salamanque et Zamora y aboutit. Ce qui explique dans doute le nombre record d'hôpitaux : vingt-deux au Moyen Âge.

LA CAPITALE DES MARAGATES

Capitale des Astures, Astorga est aussi celle des Maragates, familles de muletiers peuplant une dizaine de villages alentour, vers la montagne de Teleno. On leur a cherché des origines mystérieuses, berbères ou égyptiennes. Pour l'ethnologue Julio-Carlo Baroja, il s'agirait plus simplement d'un noyau d'Astures restés fidèles à leurs traditions dans un pays qui devenait castillan. Minorité entreprenante en tout cas, car elle a fait merveille dans le commerce, l'artisanat, les messageries. Gustave Doré dessina le portrait, célèbre, d'un voiturier maragate.

Leurs somptueux costumes sont arborés pour les noces et pour les danses du dernier dimanche d'août. On les voit aussi au musée et sur les poupées animées de l'horloge de l'hôtel de ville. Quant au *cocido maragato*, il nous renvoie à la rubrique gastronomique.

LE PELERIN DANS LA VILLE

Le pèlerin entrait à l'est par la Puerta del Sol, la porte du soleil, dont ne reste que le nom.

Aussitôt après, on arrive aux fouilles romaines de la plaza de Perpetuo Socorro.

Là étaient, à gauche du chemin, il n'y a pas si longtemps, Las Cinco Llagas (les cinq plaies), ensemble d'hôpitaux, le plus ancien du XIe siècle : un incendie les a détruits.

Il reste, en face à droite, le couvent de San Francisco, héritier du passage de François d'Assise à Astorga. Entièrement rénové, il conserve cependant dans son église des vestiges gothiques : arcs, fenêtres et chapiteaux.

À côté, l'église de San Bartolomé possède une tour romane et un portail gothique. Image vénérée de la Vierge des Douleurs.

La plaza Mayor, devenue plaza de España, est pittoresque avec ses portiques et ses balcons, son hôtel de ville baroque aux deux tours carrées, célèbre pour son horloge animée. On y conserve aussi un bout d'étendard de la bataille de Clavijo : une expertise récente a montré qu'il s'agit bien d'un tissu du haut Moyen Âge.

À gauche du parcours, dans une rue latérale, l'ergastule romain, monument national, au demeurant un tunnel sombre et sinistre qui fut sans doute la prison des esclaves.

La rue Pio Gullon qui mène vers la cathédrale était autrefois la rúa Nueva, toponyme fréquent sur le chemin.

Voisine de la cathédrale, l'église Santa Marta a, autour de sa coupole, de riches revêtements de stuc baroque, des retables, des peintures et un beau Pedro de Alcántara (XVIIe siècle).

À côté, la chapelle San Esteban (XVIᵉ siècle) a remplacé une chapelle de la Hermandad qui existait au XIᵉ siècle.

DU GOTHIQUE DE LA CATHEDRALE A CELUI DE GAUDI

La cathédrale, bâtie à partir de 1471, est gothique à l'intérieur, baroque à l'extérieur, avec un retable Renaissance de Gaspar Becerra (XVIᵉ siècle). Statue de Pero Mato, héros de Clavijo, sur l'abside. Sculpture du portail montrant le Christ qui envoie ses apôtres en mission : saint Jacques y est agenouillé en habit de pèlerin. Voir aussi les stalles du XVIᵉ siècle, vraies dentelles de bois, le cloître et le musée diocésain, qui possède des reliquaires, un fragment de la vraie Croix, des peintures et des manuscrits médiévaux.

À côté, le palais épiscopal, d'un romantisme délirant (l'ascenseur lui-même est néo-gothique) a été conçu en 1889 par l'architecte catalan Gaudí, appelé par son compatriote l'évêque Graus. Il contient un Museo de los Caminos où voisinent stèles romaines et documents jacobites.

LES EMMUREES VIVANTES

Attenants à la cathédrale, on voit l'hôpital de San Juan (où François d'Assise aurait séjourné) et aussi l'impressionnante maison de las Empedradas, n'ayant pour ouverture qu'une fenêtre grillagée par laquelle les emmurées vivantes recevaient leur nourriture des pèlerins compatissants qui voulaient bien partager avec elles. Condamnées ou pénitentes volontaires ? Une inscription ferait plutôt pencher pour la seconde hypothèse ; elle signifie : *"Souviens-toi de ma condition ; moi hier, toi aujourd'hui."*

À VOIR ENCORE A ASTORGA

Ne vous laissez pas influencer par le nom moderne du sanctuaire de

Astorga, dans une rue de la vieille ville

Fátima (au sud de la ville) : c'était auparavant San Julián ; sur le portail, beaux chapiteaux romans, et à l'intérieur, stucs de style astorgan.

Sur le monument des Sitios (les sièges, ceux de 1809 et 1810), le lion triomphant est espagnol et l'aigle terrassé, napoléonien…

L'église Sancti Spiritus (sur le chemin du départ) abrite sous ses croisées de voûtes, des retables baroques.

LE PELERIN GASTRONOME EN PAYS MARAGATE

À ce que nous avons déjà dit de la cuisine léonaise, il convient d'ajouter quelques spécialités maragates :

- Cocido maragato en premier lieu : plat somptueux qu'il faut se payer à Astorga, ou juste après. C'est un ragoût de viandes (sept à huit sortes) et de légumes (sans oublier les pois chiches) mijoté longtemps dans des casseroles de cuivre et dont les ingrédients seront servis séparément : viandes, légumes et bouillon, que l'usage invite à boire en dernier…

- Ancas de ranas de Astorga, cuisses de grenouilles ;

- En dessert : Mantecadas (gâteaux beurrés) d'Astorga et chocolat maragate.

23ème étape 🚶 **21,5 km** ⧖ **5h20**

Santa Catalina de Somoza

Astorga
Rabanal del Camino

UJOURD'HUI, nous abordons le versant est des monts de León, tout en pente douce. Par une lente progression à travers la Maragateria, et quasiment sans effort, au terme de l'étape nous atteindrons les 1200 mètres d'altitude. Nous quittons rarement le bitume durant cette courte étape. C'est sans importance, car la route est étroite, peu passante, parfois doublée d'une piste aménagée et nous n'avons d'yeux que pour les paysages et les villages traversés. Landes et forêts de chênes verts se succèdent au fil des kilomètres. Les localités de Santa Catalina de Somoza et d'El Ganso semblaient vouées à une extinction inéluctable, il y a dix ans. La renaissance du Chemin leur redonne vie.

Le plus bel exemple est Rabanal del Camino qui ressemblait à un village fantôme. Les Anglais de la Fraternité de Saint-Jacques s'y sont installés et l'ont restauré. Aujourd'hui, Rabanal compte trois refuges, plusieurs hôtels-bars-restaurants et une épicerie.

🚶 RENSEIGNEMENTS PRATIQUES
❖ MURIAS DE RECHIVALDO (24718)

→ Bar, restaurant, médecin

→ Refuge pèlerins, 18 pl. + 6 matelas, CO, PO, pas de cuisine, GV, ouvert toute l'année, AP jusqu'à 22h30, Ctra de Santa Coloma, 987 691 150

→ Refuge privé Las Águedas, 60 pl., CO, 6 €, coin cuisine, laverie, GV, poss. pdj, petite épicerie, ouvert toute l'année, AP 12h-22h, à 3,7 km de Astorga, 987 616 765

❖ SANTA CATALINA DE SOMOZA (24718)

→ Bar, restaurant, médecin

→ Refuge pèlerins, 38 pl., CO, 3 €, pas de cuisine, GV, ouvert toute l'année, AP 15h-22h30, La Escuela, 987 691 819

✦ EL GANSO (24718)

➔ Bar, restaurant

➔ Refuge pèlerins, 16 lits, CO, PO, pas d'eau chaude, pas de douches, pas d'eau potable, pas de cuisine, ouvert toute l'année, Las Eras (dans les anciennes écoles), 987 691 088

✦ RABANAL DEL CAMINO (24722)

➔ Petits commerces, hôtel-bar-restaurant, médecin

➔ Refuge privé Nuestra Señora del Pilar, 62 pl. + matelas, CO, 5 €, coin cuisine, GV, ouvert toute l'année, plaza de Jerónimo Morán Alonso, 987 691 890

➔ Refuge pèlerins, 22 lits + matelas, CO, 3 €, coin cuisine, ouvert du 15/5 au 15/10, AP 11h-22h30, plaza de Jeronimo Moran Alonso, 687 617 445

➔ Refuge pèlerins Gaucelmo, 46 lits + matelas, CO, PO, coin cuisine, poss. pdj, GV, ouvert de avril à oct., AP jusqu'à 22h30, Calvario 4, Asociación de Amigos del Camino de El Bierzo / Confraternity of Saint James, 987 691 901

➔ H La Posada de Gaspar, 22 pl., nuitée de 37 à 60 €/2 p. (selon saison), pdj 4 €, repas de 9 € à 13 €, ouvert de mars à décembre, c/ Real, 987 691 079

Cyclistes après El Ganso

00,0 Astorga. Refuge des pèlerins. Remonter la c/Matias Rodriguez jusqu'au bout. Au carrefour en T devant un immeuble récent, prendre à droite pour déboucher dans la rúa de las Tiendas que l'on suivra à gauche. Après quelques mètres, on débouche sur la Plaza de España que l'on traverse en laissant à gauche l'hôtel de ville baroque. À gauche, au fond de la place, continuer par la c/Pío Guillón (ancienne rúa Nueva). Elle se prolonge par la c/de Postas, en sens interdit, puis par la c/Santiago.

00,5 Au bout de la rue, suivre à droite sur 50 mètres la c/Doctorado. On arrive devant le palais épiscopal de Gaudi. Le laisser à droite pour se diriger vers la cathédrale en suivant la c/Santa Maria (laisser à gauche l'Office du Tourisme).

00,8 Face au parvis de la cathédrale (869 m), s'engager dans la c/de la Juderia, en sens interdit (les cyclistes suivront la c/Porteria). Au croisement avec la c/Santi Spiritu, prendre à droite pour passer la Puerta del Obispo (carrefour avec stop). Continuer en face par la c/San Pedro, ex-rúa de los Francos. On laissera à droite une église moderne avant de buter sur un feu rouge.

01,4 Traverser la N 6 de Madrid. Poursuivre en face par la c/de los Martires, puis la route LE 142 vers Castrillo de los Polvazares.

02,3 Passer Valdeviejas, le village s'étend à droite de la LE 142. Aller tout droit.

02,9 Carrefour : laisser à gauche l'ermita del Ecce Homo. Poursuivre tout droit et franchir le pont au-dessus de l'autoroute A 6. Une piste aménagée suit à droite de la chaussée la LE 142.

04,3 Remonter sur la LE 142 pour franchir le pont sur le rio Jerga.

1h10 04,6 Murias de Rechivaldo. À 20 mètres après le panneau d'entrée, quitter la route, obliquer à gauche pour suivre une piste gravillonnée de façon à contourner le village par la gauche (par le Sud). Après 300 mètres, on aboutit à une ruelle cimentée. L'emprunter à gauche (en face) pour sortir du village. La piste de gravillons est doublée par un chemin de terre. Elle monte, parallèle à une ligne électrique (bornes jacquaires à chaque intersection).

06,6 Carrefour de pistes, continuer tout droit. Remarquer à droite par le travers le village de Castrillo de Polvazares.

07,5 Carrefour avec la route de Castrillo de P. à Santa Catalina de Somoza. Poursuivre en face par la piste aménagée ou bien sur la chaussée goudronnée (trafic nul).

2h20 09,4 Entrée de **Santa Catalina de Somoza.** Prendre à droite de la route le chemin bordé de murets qui pénètre dans le village. L'église est 100 mètres plus loin. Continuer par la calle Real qui est bétonnée et traverse le village. On laissera à gauche le bar *El Pelegrino*, le refuge des pèlerins est tout à côté. À la sortie du village, chemin et route se confondent.

10,4 Une piste aménagée pour les marcheurs suit à nouveau la route. Remarquer aussi les splendides aires de pique-nique installées en plein soleil, tous les deux kilomètres, avec bancs et tables en béton !

3h30 13,8 La piste rejoint la route un peu avant **El Ganso.** Dès l'entrée du village (1030 m), obliquer à droite pour suivre un chemin cimenté entre des murets. Après 200 mètres, on laissera le refuge et le bar *Cow Boy Mesón*.

14,2 On retrouve la route LE 142 au pied de l'église. La suivre à droite vers l'Ouest-N.O. Deux cents mètres après la sortie du village, la piste aménagée suit la LE 142.

15,9 Piste et route se confondent à travers une forêt de chênes verts.

16,9 Landes sauvages à gauche de la route. Forêt de conifères à droite, avec une piste en lisière que l'on peut suivre si l'on ne désire pas marcher sur le goudron.

17,4 Laisser à droite un embranchement vers Rabanal el Viejo. Continuer à monter

Ermita del Ecce Homo

par la LE 142 (tout droit) vers Rabanal del Camino ; forêt de jeunes chênes.

19,9 La route traverse une vaste clairière et passe près du chêne du Pèlerin (bornes).

20,9 Laisser à gauche la ermita del Santo Cristo. Continuer jusqu'au stop. Laisser sur la gauche la route Astorga/Foncebadón et prendre à droite le chemin de terre qui monte vers Rabanal del Camino. Après 200 mètres, la piste devient la calle Real, cimentée. Laisser à gauche la Posada *El Tesín*, puis à droite une église à façade classique.

5h20 21,5 Rabanal del Camino. Arrivée au pied de l'église romane Santa Maria. Contourner l'église pour trouver le refuge des pèlerins.

Rabanal del Camino

LES DEUX CHEMINS VERS PONFERRADA

Astorga, "ville des Chemins" puisqu'elle est le point de rencontre du Camino Francés et d'une Via de la Plata, méritait doublement ce pluriel ; le pèlerin avait également le choix entre deux voies pour gagner Ponferrada, porte de la Galice :
- ou bien celui du Camino Francés que nous allons suivre, direct et classique, par Rabanal et Foncebadón ;
- ou bien celui de l'ancienne calzada par le Puerto de Manzanal. Que ce soit là l'ancienne chaussée romaine, il n'y a aucun doute : on a retrouvé cinq bornes militaires à Manzanal, Torre, Bembibre, Amàzcara, et San Miguel de Dueñas. Que des pèlerins y soient passés non plus : il y a encore au haut du col de Manzanal une maison des hospitaliers et une chapelle du Cristo de la Calzada. Le pèlerin allemand Hermann Künig (XVe siècle) recommandait d'ailleurs cet itinéraire en assurant que par là, *"tu éviteras de passer quelque montagne que ce soit"*. En quoi il exagérait un peu, le col étant quand même à 1225 mètres.
Mais aujourd'hui nous n'avons plus le choix. L'ancienne Calzada coïncide à peu près avec la N IV et n'a même pas le mérite de la toponymie...

A TRAVERS LA MARAGATERIA, CHEMIN FAISANT

On sort d'Astorga par la rúa de los Francos, ancienne rue des Francs, ou des Français, devenue calle San Pedro. Au bout de la rue, San Pedro de Afuerca est une église moderne. À la hauteur du premier village, Valdeviejas, une jolie chapelle du XVIIe siècle se dresse au bord du chemin : la Ermita de Ecce Homo, récemment restaurée. Fête le 8 mai.
Il y avait autrefois, dans le village luimême, un hôpital Sancha Perez destiné aux pèlerins. Son église San Verisimo a perdu son retable gothique

du XIVe siècle, aujourd'hui transféré au Museo del Camino d'Astorga. Valdeviejas compte cent vingt-cinq habitants…

Les villages maragates, aux beaux noms sonores qui rendraient jaloux un Cyrano de Bergerac, ont presque toujours des calles Reales (rues royales) que l'on suit alors systématiquement. C'est le cas à Murias de Rechivaldo, Santa Catalina de Somoza, El Ganso.

Entre elles, le cadastre et les cartes anciennes conservent au chemin de liaison, à travers champs, le nom de Camino Francés, ou Camino del Francés.

LA FEMME-SPHINX DE CASTRILLO DE POLVAZARES

Théoriquement, le chemin laisse Castrillo de Polvazares à droite. Mais ce village aux rues dallées vaut le détour, même sans parler de ses mérites gastronomiques. Classé Conjunto Historico, c'est l'un des plus beaux et des plus typiques de toute la Maragateria. L'écrivain Concha Espina y composa et y situa son roman *La Esfinge Maragata*, le Sphinx maragate (au féminin). À gauche s'élève la colline de Castro, avec les vestiges d'un camp fortifié romain (castrum). Castrillo étant naturellement le petit castro.

LE JOUEUR DE DULZAINA DE CANTA CATALINA DE SOMOZA

Le village de Santa Catalina de Somoza (quarante habitants, deux croix de carrefour en bois) n'apparaît qu'en 1477 dans les manuscrits, mais il possédait alors un hôpital de pèlerins que l'on appelait Gràn Hospital. Au XVIIIe siècle, les maisons étaient déjà de pierre et les toits de chaume. C'est le pays du folkloriste Aquilino Pastor, joueur de tambourin et du pipeau de buis appelé dulzaina. Un buste lui est consacré. Un refuge est aménagé au 26 calle Real dans le joli petit bâtiment, très typique, des anciennes écoles. Le linteau de bois porte gravée l'inscription *"Escuela pùblica de Santa Catalina - 1905"*.

D'EL GANSO A RABANAL, CHEMIN FAISANT

L'église d'El Ganso (l'oie ; quarante habitants) est dédiée à saint Jacques et comporte une chapelle du Cristo de los Peregrinos, le Christ des pèlerins. Fonts baptismaux du Moyen Âge. Il y avait en 1142 à El Ganso un hôpital et un monastère de Prémontrés. Il y a aujourd'hui un refuge simple mais sympathique aménagé aussi dans les anciennes écoles, avec une fontaine à côté. Et des maisons dites teitadas, toiturées, gardent leur traditionnelle couverture de chaume.

La bifurcation Rabanal Viejo, Rabanal del Camino était aussi, semble-t-il, une ancienne bifurcation du chemin. Il y eut au nord-est de Foncebadon, en 1154, un monastère de Poimalo (le puy mauvais) tenu par les Augustins auquel on allait d'ici par Rabanal Viejo. On devait redescendre vers Bembibre, sur la Calzada.

En 1162, ce monastère de Poimalo choisit de s'appeler Santa María de Poibueno (le puy bon). Mais cela ne changea pas son destin. De cette étape fossile, il ne reste qu'un toponyme, et c'est… le malo.

Juste avant Rabanal, jolie chapelle : la Ermita del Bendito Cristo de la Vera Cruz (du Christ béni de la vraie Croix…).

RABANAL DEL CAMINO, COMMANDERIE DES TEMPLIERS

Rabanal del Camino existait avant le XIIe siècle, puisque Aymeri Picaud donnait les noms des pionniers qui vers 1120 avaient refait la route de Rabanal au pont sur le Miño, qui arrose Lugo (*"a Raphanello usque ad Pontem minee"*). Une commanderie templière y est alors installée. Puis, León devenue capitale, et Astorga cessant d'être un comté, le village de Rabanal est donné à l'ordre du Temple. Aujourd'hui encore, tout en long, il semble structuré par le chemin. Celui-ci suit la calle Real, qui fut bien pavée, avec une rigole centrale, et qui reste terriblement caillouteuse, bordée de plusieurs pallozas au toit de chaume.

Nous y trouvons d'abord à droite la maison qui fut l'hôpital, puis à gauche la Ermita San José.

Proche d'une fontaine, l'église Santa María, au clocher-mur, fut templière. Elle garde du XIIe siècle un chevet semi-circulaire, aux fenêtres romanes.

LE MARIAGE DU CHEVALIER ANSEIS

Anseis était dans la geste légendaire un chevalier breton au service de Charlemagne. Il épousa à Rabanal la fille du sultan sarrasin qui n'avait d'yeux que pour ce guerrier chrétien. Et selon la chronique légendaire, Charlemagne et Anseis, qui avaient assurément bonne vue, observaient, depuis Rabanal, Astorga, Mansilla et Sahagún…

LES ANGLAIS DE RABANAL

Il y a dix ans, il ne restait à Rabanal del Camino que le restaurant-bar *Meson Chonina*, et des ruines tout autour. Mais les Anglais de la Confraternity of St James (Fraternité de Saint-Jacques) s'y sont installés et, depuis, le village reprend vie : deux restaurants, deux refuges dont l'un municipal et l'autre anglais, et des habitants nouveaux. Aujourd'hui comme au XIIe siècle, le Chemin de Compostelle peut apporter la vie…

Le refuge anglais est tout à fait britannique : tenu par un hospitalero de la Confraternity, il offre un feu dans la cheminée, un petit déjeuner, le thé, une bibliothèque… et bientôt l'eau chaude dans les douches.

24ème étape 25,9 km 6h45

Pèlerins à Riego de Ambrós

Rabanal del Camino
Molinaseca

'ÉTAPE DU JOUR se décompose en trois parties bien distinctes. Jusqu'à la Cruz de Ferro, dressée à 1500 mètres d'altitude, nous nous élevons dans un décor de landes de plus en plus austère et traversons Foncebadón qui ne se relèvera jamais tout à fait de ses ruines. Après la Cruz de Ferro, haut lieu du Chemin dans tous les sens du mot, notre tracé ondule dans des paysages grandioses de montagnes quasi désertes. Allez saluer au passage Tomás, l'hospitalero templier de Manjarín, c'est un original bien sympathique, une figure du Camino ! Puis la route hésite et plonge soudain dans l'abîme. Changement radical d'habitat dès El Acebo, le premier village du Bierzo. Les ardoises remplacent les tuiles, les sources et les fontaines abondent. Les châtaigniers se substituent aux chênes verts, les pierres et les troncs se couvrent de mousse. En descendant vers Molineseca, la vallée du Bierzo se dévoile entièrement sous nos yeux, fermée à l'ouest par une barrière montagneuse, dernier obstacle avant la Galice. Patience, nous touchons au but.

Sur la Cruz de Ferro

✤ Renseignements pratiques

✤ FONCEBADÓN (24722)

→ Bar, restaurant

→ Refuge pèlerins, 18 lits + matelas, CO, PO, coin cuisine, GV, ouvert d'avril à octobre, sur les ruines de l'église

→ CTR El Convento de Foncebadón (en cours de rénovation), 14 pl., nuitée 46 €/2 p., pdj 2,50 €, repas 8,11 €, c/ Real, 987 691 245

✤ MANJARÍN (24722)

→ Refuge privé sommaire Los Templarios (seul bâtiment rénové dans le village), 20 pl., CO, PO, coin cuisine, poss. repas et pdj, pas d'eau chaude, pas de douches, GV, ouvert toute l'année

✤ EL ACEBO (24413)

→ Hôtel-bar-restaurant

→ Refuge pèlerins, 10 lits, CO, 4 €, pas de cuisine, fermé du 20/12 au 10/01, AP jusqu'à 22h30, c/ Real, 987 695 074

→ Refuge privé La Taberna de José, 14 lits, CO, 4 €, pas de cuisine, GV, fermé du 20/12 au 10/01, AP 12h-22h30, Fuente de Abajo, 987 695 074

→ Refuge privé Mesón El Acebo, 24 pl., CO, 4 €, pas de cuisine, laverie, GV, AP 12h-23h, c/ Real 16, 987 695 074

✤ RIEGO DE AMBRÓS (24413)

→ Bar, restaurant, médecin

→ Refuge pèlerins, 25 lits + matelas, CO, 4 €, coin cuisine, laverie, GV, ouvert d'avril à oct., AP jusqu'à 22h30, plaza del pueblo, 987 695 190

→ P Riego de Ambros, 4 ch., nuitée 20 €/p., 30 €/2 p., pdj 2 €, coin cuisine, Ctra de Astorga 3, 987 695 188

✤ MOLINASECA (24413)

→ Petits commerces, bar, restaurant, services

→ OT, plaza de Garcia Rey, 987 453 085

→ Refuge pèlerins, 50 lits + matelas, CO, 4 €, coin cuisine, laverie, GV, ouvert toute l'année, Manuel Fraga Iribarne, 987 453 180

→ CR Casa del Reloj, 10pl., nuitée de 40 €/2 p. (selon ch.), pdj compris, coin cuisine, Travesia Fraga Iribarne, 987 453 124

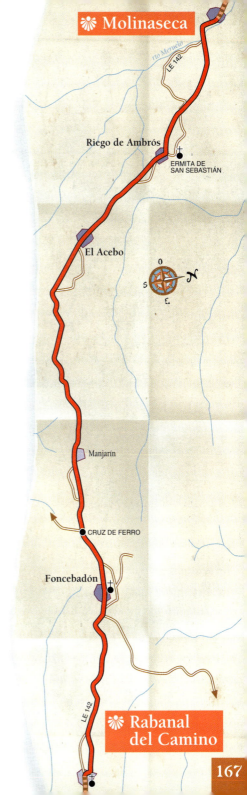

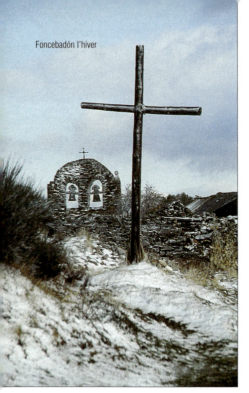

Foncebadón l'hiver

00,0 **Rabanal del Camino.** Le refuge des pèlerins. Reprendre la c/Real pour sortir du village (1156 m). Un chemin pierreux lui succède. Il monte à travers la lande.

01,2 Le chemin rejoint la route LE 142. La suivre à droite pendant quatre kilomètres.

1h25 **05,2** Panneau d'entrée de **Foncebadón.** Après 20 mètres, quitter la route pour suivre à gauche le chemin rocailleux et défoncé qui traverse le village en partie ruiné.
Calvaire au milieu du chemin (la calle Real) ; laisser à droite le bar-restaurant *Mesón Médiéval,* puis plus loin l'église (1440 m).

05,7 Sortie du village, calvaire et bifurcation : prendre à gauche un chemin herbeux qui longe un muret, puis s'élève à flanc de montagne.

06,8 On rejoint la route LE 142 (Astorga-Ponferrada), la monter à gauche.

2h00 **07,5** Col (alt. 1490 m) et **Cruz de Ferro** sur la droite de la route. Poursuivre par la LE 142. En fait, une piste a été aménagée pour les piétons. Elle coupe et recoupe la chaussée jusqu'à…

09,4 Laisser à gauche le cimetière de Manjarín. Deux cents mètres plus loin, hameau ruiné de Manjarín : laisser à droite le célèbre refuge de Thomas (croix des templiers à l'entrée). La route devient à peu près horizontale, elle est doublée par une piste piétonnière dans certaines portions.

11,8 Laisser à droite une route interdite qui conduit à une zone militaire (antennes).

12,8 La route franchit un col (alt. 1517 m) avant une descente qui devient très raide. Le balisage signale de temps à autre un sentier qui court parallèlement à la LE 142.

15,6 Quitter la route pour descendre à gauche un sentier herbeux pentu, puis très raide, à travers la lande qui aboutit à El Acebo. Par très mauvais temps, il sera sans doute plus sage de suivre la route jusqu'au village.

4h30 **16,5** Le sentier finit en raidillon, bute sur la route (fontaine) pour entrer dans **El Acebo.** La calle Mayor descend à travers le village (1156 m) aux habitations traditionnelles du Bierzo. Après le village, suivre le goudron pendant 2200 mètres.

19,0 À la sortie d'un virage à droite, le balisage invite à quitter la route. Suivre à gauche un sentier qui descend dans la lande. Au creux du vallon, on atteint une piste plus large : l'emprunter à gauche. Son tracé horizontal conduit en 400 mètres à…

5h30 **20,0** **Riego de Ambrós.** Descendre une ruelle cimentée, bordée de maisons à balcon et toits d'ardoises. Passer l'ermita de San Sebastián, puis la fontaine de Santa Magdalena. Laisser à droite la rue cimentée vers le bar-restaurant *Santiago.* Dans le centre, place de la Paz (fontaine), continuer en face pendant 40 mètres. Prendre à droite entre de vieilles maisons (pan-

La rue principale d'El Acebo

neau "Camino de Santiago") un sentier étroit, rocailleux et raide qui va dévaler à flanc de colline.

20,6 Passer un gué au fond du vallon. Le chemin devient herbeux et large. Presque horizontal, il traverse bientôt un bosquet de magnifiques châtaigniers. Continuer à flanc de colline, à peu près à l'Ouest ; on suit une ligne électrique.

21,7 La piste débouche sur la route LE 142 que l'on suivra à gauche pendant 60 mètres. Prendre à droite un chemin pierreux qui file parallèlement à des lignes à HT.

22,1 Bifurcation : prendre à gauche un sentier plus étroit, rocheux et vite très pentu.
Dans une courbe, on aperçoit le village de Molinaseca.

24,0 Dans un lacet, on voit en contrebas la LE 142 ; le chemin devient horizontal, il va même remonter un peu. Laisser un embranchement à gauche qui descend vers la route, continuer à droite (en face) à flanc de montagne.

24,3 Bifurcation : s'engager à gauche dans l'étroit sentier qui va suivre parallèlement la LE 142, à 100 mètres en contrebas. Après 300 mètres, on atteint la route que l'on va suivre à droite.

24,9 Molinaseca. Quitter la route pour emprunter à gauche le pont médiéval (puente de los Peregrinos) sur le río Meruelo.

25,1 À la sortie du pont, place avec bars et hôtels. Poursuivre par la c/Real si l'on désire pousser jusqu'au refuge. Après 300 mètres, on aboutit à la place du Santo Cristo (620 m). Laisser à droite une statue moderne de saint Jacques. Emprunter la route de Ponferrada vers la gauche.

6h45 25,9 Molinaseca. Le refuge des pèlerins est à gauche de la chaussée (LE 142).

FONCEBADÓN, DU CONCILE A L'ABANDON

Foncebadón, sur le flanc oriental du mont Irago, village-rue avec le chemin pour axe, est d'une solitude oppressante. Tout achève de tomber, y compris l'église dont la cloche restait périlleusement accrochée dans un clocher prêt à s'effondrer. Et la nef servait d'étable (il semble qu'en 2003 cela ne soit plus vrai)..

Ce fut pourtant un haut lieu spirituel. Au Xe siècle, Ramiro II y convoqua un concile. Au XIe siècle, l'ermite Gaucelmo y tint une auberge de pèlerins. Puis, en 1103, avec l'autorisation du roi Alphonse VI, il édifia l'église. Le village était né. Le chapitre d'Astorga aida à la construction du monastère. Il en reste à la sortie de Foncebadón quatre murettes formant un enclos, avec un pan de mur, dressé comme une tour et percé d'une fenêtre romane.

LE POINT LE PLUS ELEVE...

À 1 504 mètres, le Puerto de Irago est l'un des points les plus élevés du chemin de Saint-Jacques, si l'on vient par Roncevaux. (Il y aura encore, mais c'est à moins de deux heures d'ici, le col du Cerezales, qui fera 1 510 mètres.) Le col de Lepoeder avait 100 mètres de moins. Seuls les pèlerins du chemin d'Arles viennent d'un peu plus haut : 1600 mètres au Somport.

Et le site invite à la méditation, avec le haut mont Teleno au sud, la Maragateria "castillanisée" derrière nous, le Bierzo quasi "galicien" devant nous. On comprend la vénération qu'inspire, à deux pas du col, la Cruz de Ferro...

LA CROIX DE FER SUR SON CAIRN

À 1 490 mètres d'altitude se dresse en effet la célèbre Cruz de Ferro. (Et non de Hierro : le dialecte, ici, se rapproche déjà du "galicien".) Elle est petite, mais fichée au bout d'une perche de bois de 5 mètres de haut, plantée dans un cairn auquel la tradition veut que chaque pèlerin apporte sa pierre.

Rite ancien, christianisé depuis, comme pourrait le faire penser le nom du mont Mercurio. C'est possible, mais au XIIe siècle, Aymeri Picaud n'en parle pas. Ni les pèlerins suivants. (Et les montagnards savent que le geste s'impose pour tous les cairns.) Quant à l'origine du signal, il s'agit sans doute du dernier des quatre cents pieux que le conseil d'Acebo s'engageait à maintenir en place pour guider les pèlerins depuis Foncebadón, quand les chutes de neige effaçaient le chemin.

VERS LE BIERZO, CHEMIN DESCENDANT

Près de la Cruz de Ferro, la petite Ermita de Santiago ne date que de 1982.

Il y eut pourtant, dans les parages du col, un hôpital de San Juan de Irago : il existait déjà en 1120, quand la reine Urraca en fit don aux Clunisiens de Santa María de Villafranca. Puis en 1169, le roi Fernando II le céda à la cathédrale d'Astorga. Le lieu est repeuplé en 1302 et semble définitivement abandonné deux siècles plus tard, puisque c'est la communauté d'Acebo que l'on charge alors d'entretenir le chemin de Foncebadón.

Le village abandonné de Manjarín (1460 mètres), où ne restent que deux bergeries, donne la même impression de désolation que Foncebadón. Avec pourtant un signe de vie : le refuge. C'est un vrai refuge de montagne, sommaire mais gardé, et qui, dans le mauvais temps, a été plus d'une fois un secours utile aux pèlerins et aux randonneurs.

Au kilomètre 34, voie d'accès à la base militaire, illuminée la nuit, et dont les hélicoptères surveillent la circulation. Les militaires déneigent la route l'hiver et ont porté secours à plus d'un touriste et à plus d'un marcheur.

El Acebo (le houx - 1150 mètres) a tout le charme d'un vieux village-rue encore vivant : escaliers extérieurs, toits d'ardoise, passages couverts. Il était mentionné en 1257, et son hôpital l'a été du XVe au XVIe siècle. L'hôpital a disparu, mais l'église garde une statue romane qui passe pour un Santiago, encore qu'il s'agisse plutôt d'un Saint-Jean l'Évangéliste.

Face à la chapelle du cimetière, un monument a été érigé en 1988 au peregrino caido, en mémoire de l'Allemand Krause et de ceux qui comme lui sont morts au cours de leur pérégrination.

Ce sont les habitants d'Acebo, par l'intermédiaire de leur consejo qui, comme cela a déjà été dit, furent jadis chargés d'entretenir la route du col, balisée par quatre cents pieux.

Chapelle de Saint-Fabian et Saint-Sébastien au bord du chemin.

HORS CHEMIN : LES FORGES MILLENAIRES DE COMPLUDO

D'Acebo part vers le sud-ouest un chemin menant à droite à la Herreria de Compludo, sur les bords du ruisseau Carrecedo de Prada, et à gauche au village de Compludo.

La Herreria est une forge qui a fonctionné, au moins épisodiquement jusqu'en 1971, d'un type à la fois très ancien et très ingénieux. On en trouve bien d'autres exemplaires, mais celui-ci est accessible, et en état. L'eau du petit torrent y meut en même temps, et le marteau-pilon constitué d'un lourd madrier, et le soufflet, puis refroidit tout le système...

L'ensemble atteste la richesse minière de la région.

Plus au sud, les Romains ont exploité les mines d'or de Médulas et laissé à leur place un paysage lunaire. On a retrouvé les vestiges des habitations des mineurs romains près du col de Mal Paso (le mauvais pas-

En traversant les monts de León, la lande et l'hiver.

sage) au bord du río Meruelo. On peut y accéder depuis Monlinaseca. Plus au nord, les routes des montagnes asturiennes passent toujours devant des mines de charbon. Celles de fer sont aujourd'hui plus loin vers les côtes.
Quant au village de Compludo, il ne conserve que le souvenir d'un monastère disparu, fondé au VIIe siècle par San Fructuoso, noble wisigoth apparenté aux rois de Tolède.

LE PELERIN DANS MOLINASECA

Peu avant Molinaseca (590 mètres), la chapelle de la Virgen de las Angustias (des angoisses), en piteux état lors de notre première édition, a été bien restaurée depuis. Bâtiment du XVIIIe siècle, clocher de 1935, porte prudemment bardée de fer (car trop de pèlerins ont considéré ses planches comme des reliques).
À l'entrée de la calle Real, beau pont des pèlerins, roman à l'origine, puis souvent réparé, sur le río Meruelo. Rive gauche un peu à l'écart, l'église San Nicolás est du XVIIe siècle.
Dans la calle Real, maisons nobles à écussons.
On vous montrera à l'angle de la calle Torres, celle de doña Urraca, reine de Castille à la vie agitée qui vivait vers 1100. Un peu plus bas, la demeure des Los Balboa est flanquée de tours. Molinaseca est citée pour la première fois en 1097, comme dépendant de Campo. Un document du XIIe siècle montre que le pont existait déjà, et qu'il y avait un castro fortifié : probablement sur la rive droite avant le pont. Il y avait aussi deux hôpitaux, celui de La Molina, et celui de San Lázaro, plus loin sur la route.
Sur la place, chapelle miniature, le plus souvent fleurie, perchée sur un calvaire de pierre.

L'HOPITAL DE SAN ROQUE RENAIT

À 600 mètres de la sortie de Molinaseca sur la route de Ponferrada, l'ancienne Ermita de San Roque, ancien hospital San Lázaro, a retrouvé sa vocation hospitalière grâce aux Amigos del Camino du Bierzo, qui en ont fait un refuge du pèlerin. Nef flanquée de deux grands auvents. Aménagement intérieur moderne.

LE BIERZO : TRANSITION ET TRADITIONS...

Vous l'avez déjà lu plus haut et noté chemin faisant : à la Cruz de Ferro, sans changer de région, nous avons changé de pays. Le paysage, l'habitat, les hommes, les cultures ne sont plus les mêmes. Hier, le pays maragate était, à quelques particularismes près, d'atmosphère castillane. Encore ocre. Aujourd'hui, le Bierzo est une antichambre de la Galice. Tout vert. Politiquement et économiquement, il appartient, avec fidélité, à l'ancien royaume de León ; sous l'angle ethnogéographique, il serait plutôt "galicien". Ce genre de paradoxe n'est d'ailleurs pas unique en géographie : pensez au val d'Aran, enclave gasconne en Espagne ; à l'Alsace, à la fois rhénane, germanophone et française ; aux îles anglo-normandes, etc. L'explication est en général d'ordre historique, et c'est ici le cas.
Pour les Romains, de Bergidum, cité du futur Bierzo, partait la route de l'or qu'ils y extrayaient en abondance, et qui passe par Asturica Augusta : Astorga. Les Romains oubliés, et les musulmans contenus, voici que s'installent les moines francos sur le chemin de Saint-Jacques. Ils sont venus par León. Les choses auraient pu changer si la Galice, croissant en puissance, avait revendiqué cette province-sœur. Mais dès le XIe siècle, Alphonse VI unifie les royaumes de Galice, Castille et León. Le soleil se lève à l'est, et les monts du Cebreiro, du côté de la Galice, ne sont guère moins élevés que ceux de León : l'histoire est jouée. Ainsi est né entre deux montagnes l'original Bierzo, bassin fertile de 3000 kilomètres carrés, peuplé de cinquante habitants au kilomètre carré, soit un tiers de plus que l'ensemble du León, riche en traditions, en mines, en cultures et en vignobles.

171

25ème étape — 31,7 km — 8h00

Bifurcation après Cacabelos

Molinaseca
Villanfranca del Bierzo

U PIÉMONT des monts de León à celui des monts du Cebreiro, cette journée de marche nous fait traverser la vallée du Bierzo dans sa totalité. Vignes et cultures intensives jalonnent notre parcours qui une fois de plus s'écarte à maintes reprises du tracé historique pour cause de goudron et de circulation. Au tiers de l'étape, nous abordons Ponferrada. La traversée s'accomplit sans difficulté ni stress et notre imagination s'envole au passage sous les tours crénelées de la forteresse Templière. À la sortie de la ville, les faubourgs miniers offrent des visions moins poétiques, mais de courte durée. Ici comme ailleurs, l'urbanisation récente a fait des ravages, Camponaraya et Cacabelos conservent malgré tout de beaux exemples d'architecture traditionnelle du Bierzo.

Au terme de l'étape, Villafranca del Bierz ne nous décevra pas avec la richesse de son patrimoine. Et pour peu que l'on ait choisi de passer la nuit au refuge de la famille Jato, le souvenir de son accueil original et chaleureux restera pour longtemps gravé dans la mémoire.

✿ RENSEIGNEMENTS PRATIQUES
✤ PONFERRADA (24400)

→ Tous commerces, services, garess RENFE et routière

→ OT Province de la Comarca del Bierzo, av. de la Mineria s/n 3° Edificio Minero, 987 423 551 ou 424 722, www.ponferrada.com

→ Refuge paroissial San Nicolas de Flüe, 186 lits, CO, PO, coin cuisine, GV, accueil équestre, ouvert toute l'année, AP 14h-22h30, c/ de la Loma, 987 413 381

✤ CAMPONARAYA (24410)

→ Petits commerces, bar, restaurant, médecin, pharmacie, banque

→ Refuge pèlerins, 6 lits, CO, PO, pas d'eau chaude, pas de cuisine, ouvert uniquement en saison, demander à la paroisse ou à la mairie

✤ CACABELOS (24540)

→ Tous commerces, services, cars

→ OT, plaza Mayor 1, 987 546 011

→ Refuge pèlerins, 70 lits, CO, 4 €, coin cuisine, laverie, GV, accueil équestre, ouvert de avril à oct., AP 12h30-22h30, (adossé au sanctuaire des Augustins) 987 547 167

→ Refuge pèlerins, 18 pl., CO, 3 €, coin cuisine, ouvert en été quand l'autre refuge est complet, c/Juán 23, 987 546 011

✤ VILLAFRANCA DEL BIERZO (24500)

→ Commerces, hôtels, bars, restaurants, services

→ OT, av. B. Diez Ovelar 10, 987 540 028

→ Refuge pèlerin, 60 lits + matelas (en été 100 pl. disponibles en tentes), CO, 4 €, coin cuisine, laverie, GV, ouvert de la Semaine Sainte à nov., AP 12h-22h30, Campo de la Gallina (entrée du village), 987 542 680

→ Refuge privé Ave Fénix, 60 lits + matelas, CO, PO, pas de cuisine, laverie, GV, ouvert toute l'année, AP 12h-23h, c/ Santiago 10, 987 540 229

00,0 Molinaseca. Le refuge des pèlerins, au bord de la LE 142. Suivre à gauche la route vers Ponferrada. Des trottoirs permettent de marcher sans risque. Le balisage signale également une piste qui suit la route, parallèlement, à une cinquantaine de mètres sur la droite. Cette piste rejoint la route un peu avant un…

01,9 Point haut. À moins de 100 mètres, emprunter à gauche de la route une piste qui descend.

02,2 Bifurcation : prendre le chemin de gauche qui descend dans un vallon. Carrefour : continuer tout droit pour remonter le versant opposé.

02,6 On est rejoint par une piste. La suivre à droite (en face) ; après un passage sous des lignes électriques à HT, on aboutit à un…

03,2 Carrefour en T : laisser à droite vers Fuente Romana, prendre à gauche la rue cimentée, puis aussitôt à droite la c/Camino Real vers le centre village de Campo et l'église du XVIème siècle. Au bas de la rue, place : emprunter la rue à gauche et passer devant le *mesón Casa Luis*.

03,7 Bifurcation : suivre à gauche (en face) une route bordée par des terrains en friche. Laisser à droite un aérodrome pour modèles réduits.

05,0 Stop. On arrive sur une route, l'emprunter à droite (en face). Passer un petit pont sur l'arroyo de la Franca. Puis laisser à gauche des bodegas ; la route remonte un peu.

05,6 Stop : on rejoint une route importante, la suivre à droite (panneau d'entrée de Ponferrada). Après 300 mètres, nouveau carrefour et feux, à l'entrée du pont médiéval très étroit sur le río Boeza.

06,0 De suite après le pont, s'engager à gauche dans la c/Camino Bajo de San Andrés, en sens interdit. La rue se rétrécit pour passer sous un pont de chemin de fer, ensuite elle monte raide vers le vieux centre de Ponferrada.

06,4 Bifurcation : monter à gauche, laisser à droite la c/Camino Jacobeo. Après quelques mètres, suivre à droite la c/del Hospital jusqu'au bout pour déboucher sur la Plaza del Temple. Traverser l'avenida del Castillon. Laisser à gauche le château des Templiers, remonter le long des murailles la c/Gil y Carrasco.

06,8 Laisser à gauche l'Office du Tourisme pour déboucher sur la Plaza Virgen de la Encina. Poursuivre à l'autre bout par la c/del Reloj.

1h45 07,0 Ponferrada. Plaza del Ayuntamiento, dos à l'hôtel de ville : descendre à gauche la c/Santa Beatrix. Obliquer à gauche dans la rue afin de dévaler quelques marches. (Les cyclistes descendront la rue totalement.) Dans les deux cas, on débouche dans la large c/General Vives, à descendre à gauche.

07,5 Carrefour avec feux, franchir le pont sur le río Sil. Emprunter la première à droite, la c/Río Urdiales : elle descend, puis vire à gauche pour passer dans une cité arborée.

07,8 Carrefour : prendre à droite la très large avenida Huertas del Sacramento.

08,3 Carrefour avec une fontaine centrale : poursuivre en face. L'avenue oblique pour remonter vers la gauche.
Carrefour avec une statue contemporaine en forme de flamme : suivre à droite l'avenida de la Libertad. La rue monte, bordée à gauche par des terrils, à droite par des friches industrielles.

09,3 Bifurcation : prendre à gauche. Laisser toujours les terrils à gauche, passage sous des lignes à HT. Après 200 mètres, bifurcation : prendre à droite (en face) une route arborée de platanes. Laisser à gauche un centre de la Croix Rouge.

09,9 Carrefour en T : suivre à droite sur 10 mètres, puis virer à gauche pour parcourir un jardin et passer sous le porche d'un immeuble de la société ENDESA. (Toute la cité résidentielle, que nous traversons, appartient à cette société.) Après le porche, croiser l'avenida 3, puis longer en laissant à droite une chapelle et une statue de la Vierge. Continuer en face par l'avenida 4, ombragée jusqu'au bout…

10,2 Carrefour en T : prendre à gauche et, après 20 mètres, à droite. Laisser à gauche des terrains de tennis, et plus loin à droite un calvaire et l'église Santa María de Compostilla.

10,6 Couper une rue, continuer en face l'avenida 3A Transversal. Après 150 mètres, c'est la fin du goudron, on est sorti de la cité résidentielle ENDESA. Par un chemin de terre, on atteint d'autres habitations récentes qu'on laisse à gauche.

10,9 Bifurcation à la fin de la zone habitée : prendre en face le chemin médian qui tire à droite et va laisser en contre-haut à droite un bâtiment en brique rose. Franchir le tunnel sous la N 6. La piste qui suit est défoncée, boueuse après la pluie.

11,2 Bifurcation : suivre à gauche vers un cimetière qu'on laissera à gauche. Retour sur le bitume, aller tout droit.

11,5 Laisser à gauche l'église del Teso. Continuer tout droit. Quand la route fait un coude à gauche, poursuivre tout droit pour atteindre…

3h00 **11,9** La **C 631**, une 2 x 2 voies dans Columbrianos. Traverser l'artère et continuer en face par une route goudronnée, bordée de villas. Après 250 mètres, stop : on débouche sur une route que l'on suivra à droite pendant 150 mètres.

12,3 Traverser la route pour rejoindre l'ermita de San Blas y San Roque qu'on laissera à droite. Continuer tout droit par la c/San Blas qui, dès la sortie du village, devient une petite route mal goudronnée courant à travers champs. Couper une route, aller tout droit.

13,9 Fin du goudron, y succède une piste défoncée. Après 250 mètres, une piste nous rejoint par la droite. La suivre à gauche (O.N.O.) entre des habitations. Remarquer un bosquet de peupliers sur la droite.

14,5 Bifurcation : on débouche sur une petite route (calvaire) : prendre à droite pour entrer dans Fuentes Nuevas. Au premier carrefour, laisser à gauche l'ermita del Divino Cristo. Prendre en face la c/Real : cimentée, elle est bordée de maisons traditionnelles du Bierzo (balcons en bois).

15,2 Laisser à droite l'église Nuestra Señora del Ascuncion, puis, à 300 mètres, le cimetière. Fin du goudron, mauvaise piste.

4h10 **16,5** Entrée de **Camponaraya**, retour du bitume. Après 200 mètres, on bute sur la N 6, à emprunter vers la droite.

17,0 Feux. Laisser à droite une église moderne. Continuer tout droit. Passer le pont sur le río Naraya. Laisser à gauche une place avec des sculptures contemporaines, puis plus loin une chapelle néogothique aux murs crème.

18,2 Traverser la N 6 au niveau de la Cooperativa Viñas Bierzo qu'on laisse à gauche. La piste s'élève à gauche de la N 6, passe une aire de pique-nique au pied d'un calvaire. Elle franchit un pont au-dessus de l'autoroute A 6. À la sortie du pont, le chemin oblique à gauche pour grimper vers un point haut avec une fourche : prendre à droite une piste qui descend entre les vignes et s'éloigne de l'autoroute.

19,5 Laisser à droite un chemin, poursuivre tout droit. Après 300 mètres, on traverse un bosquet de peupliers. À la sortie, fourche (balisage inexistant) : prendre à gauche !

21,2 Couper la N 6, la suivre quelques mètres à gauche pour prendre en face une piste goudronnée vers Cacabelos.

5h40 **22,3** Entrée de **Cacabelos** : au premier rond-point, continuer presque en face par la c/Cimadevilla.
Laisser à droite la chapelle San Roque, poursuivre par la c/Santa María (486 m). Laisser à droite l'église Nuestra Señora de la Plaza qui s'élève très logiquement en bordure d'une place. Continuer par la c/de las Angustias, en sens interdit, qui conduit au…

23,7 Pont sur le río Cua. Laisser de suite à droite le refuge au pied de l'église néoclassique de Quinta Angustia.
Continuer le long de la N 6 pendant… 4 km (car aucune alternative n'a été envisagée). La N 6 passe en bordure du village de Pieros.

28,2 Peu après la bk 406, sur la N 6, prendre à droite un chemin blanc qui monte à travers les vignes (après 10 mètres, au T : suivre à gauche, en face).

29,5 Bifurcation : suivre à gauche pour passer un point haut (590 m). C'est ensuite une descente parmi les vignes.

30,3 On débouche sur une piste plus large et gravillonnée. La suivre à gauche. Elle descend légèrement. Villanfranca est bientôt en vue.

8h00 **31,7 Villanfranca del Bierzo.**
Une piste cimentée nous arrive par la gauche. La descendre à droite (en face). Laisser à gauche l'église romane de Santiago et le refuge privé Ave Felix de la famille Jato.

CHEMIN FAISANT PAR LES VIGNES DE CAMPO

Nous entrons dans la zone des vignes, produisant le bon vin de Bierzo, ou berciano. Le joli village de Campo (cité en 1080) conserve comme unique source sa fontaine médiévale dans une niche à demi enterrée. Le chemin d'arrivée porte encore le nom de los Gallegos (les Galiciens) ; et la rue de sortie, jusqu'au pont médiéval, bordée de galeries de bois, porte celui de calle Francesa (la rue française) depuis au moins 1472...

Sur la place centrale de Campo, plusieurs constructions en pierre de taille : chapelle, maison rectorale devenue auberge, puits.

L'église en partie mozarabe de Santa María de Viscayo, rive sud du Boeza à Otero, est visible à 400 mètres à gauche du chemin.

Le pont médiéval à arches romanes sur le río Boeza s'appelle Mascarón et donne accès à Ponferrada.

HORS CHEMIN : TROIS SANCTUAIRES MOZARABES

Dans un faubourg nord de Ponferrada, il faut absolument voir, si l'on dispose d'un peu de temps, l'église Santo Tomás de las Ollas, émouvant témoignage de l'art mozarabe du Xe siècle avec les arcs outrepassés de son abside. (Mais il faut entrer pour la voir : l'extérieur est banal... Clé chez un voisin.) Autre église proche : à Otero, Santa María de Viscayo, déjà mentionnée, se situait, elle, au XIe siècle, dans la transition mozarabe-roman. Une voiture est en revanche nécessaire pour se rendre, de Ponferrada, vers le sud, à la thébaïde du Valle del Silencio où se trouve l'église partiellement romane de San Pedro de Montes (XIIe siècle), d'où l'on peut poursuivre, à pied si l'on veut, jusqu'à un autre sanctuaire mozarabe, Santiago de Peñalba : ses dentelles de marbre datent de 937, et le village, hors du temps, est merveilleux...

PONFERRADA NEE DU PONT DE FER

Ponferrada est bâtie au confluent des ríos Boeza et Sil. Sur le premier, en arrivant, le pont médiéval indiqué auparavant. Dans la profonde entaille du second, en repartant, le pont de fer, dont la ville tire son nom. Cela se passait vers 1082. Sans doute y avait-il déjà eu un habitat préhistorique, puis romain. Mais une profonde forêt de chênes verts et la difficulté d'un gué au fond d'un ravin faisaient que bien des pèlerins cherchaient ailleurs un passage plus aisé. C'est alors que l'évêque d'Astorga nommé Osmundo fit construire le pont. En cette région de mines, on avait largement employé le fer pour cet ouvrage. À une époque où tous les ponts étaient de pierre ou de bois, cette richesse soulevait l'admiration. Et le développement de Ponferrada fut tel qu'un burgo del puente Boeza, existant au XIIe siècle près du pont Mascarón, concurrencé, disparut.

L'étape suivante fut l'arrivée des Templiers. Fernand II de León leur confia la ville en 1185. Ils devaient être expulsés en 1312, mais ils avaient entre-temps construit près du pont leur puissant château. Dotée d'un fuero au XIIe siècle, la ville eut quatre hôpitaux, San Lázaro et San Pedro, puis San Juan (XIIIe siècle), et de la Reina (1498).

LE CHATEAU DES TEMPLIERS

Si le pont de fer est depuis 1953 emprisonné dans le béton, le Castillo del Temple construit au XIIIe siècle par les Templiers, classé monument national, est fort imposant : long de 162 mètres, large de 91, il accumule enceintes de pierre, créneaux, tours et tourelles à mâchicoulis. La Torre del Homenaje (tour de l'hommage) a été ajoutée au XVe siècle. On y joue en août la pièce historique du Señor de Bembibre, inspirée du roman de Gil y Carrasco (1840) sur les amours contrariées de ce seigneur.

LE PELERIN DANS PONFERRADA

Découvrons la ville sur les pas du pèlerin :

- Après le pont Mascarón, l'Hostal de la Reina, hôpital fondé par les Rois catholiques.
- Au bas de la Bajada se trouve le puissant château des Templiers.
- Puis à droite, San Andrés : église baroque du XVIIe siècle ; à l'intérieur, Cristo de las Maravillas (Christ des Merveilles) du XIVe siècle.
- La basilique de Nostra Señora de la Encina (XVIe siècle - musée d'art religieux, tour baroque à quatre niveaux de colonnades) commémore l'apparition de la Vierge sur un chêne (encina) au temps des Templiers. La Virgen de la Encina a été proclamée en 1958 patronne du Bierzo.
- On passe sous la tour-porte de l'Horloge (XVIe siècle).
- L'ayuntamiento, hôtel de ville baroque, est du XVIIe siècle...
- ... et le couvent des conceptionnistes de 1542.
- Le ponte Ferrado.

EN QUITTANT PONFERRADA

On peut discuter du vrai chemin. Il est vrai qu'il y a sur la route nationale, laide, encombrée et dangereuse mais chemin historique, quantité de calles : Reales, de Santiago ou del Francés. La déviation que nous suivons, quoique généreusement fournie en passages baptisés de Compostelle et de Santiago, a pour but essentiel d'éviter le trafic. Cependant, une fois l'agglomération quittée, on retrouvera très vite des sites jacobites.

Progression passablement compliquée autour des énormes tas de scories de La Escombrera, terrils de la centrale thermique.

Curieux trajet aussi dans la propriété privée de la société Endesa : cette cité-jardin paternaliste, impeccablement ordonnée et arborée à la manière anglo-saxonne, visiblement hiérarchisée avec ses quartiers cossus pour

Ponferrada, la forteresse

dirigeants, ses demeures moyennes pour cadres moyens et ses collectifs ouvriers, a un parfum d'un autre temps.

Cette aisance industrielle nous rappelle en tout cas la richesse économique de Ponferrada, minière et industrielle : avec plus de cinquante mille habitants, c'est la deuxième ville de la province après León.

🔶 HORS CHEMIN : NUESTRA SEÑORA DEL REFUGIO

Au carrefour échangeur de Compostilla, entre la N VI et la route de Vilablino, l'église moderne néo-romane occupe l'emplacement de l'ancien ermitage de Nuestra Señora del Refugio, dont la statue (XIIe siècle) est au musée d'Orense.

🔶 PAR LES VIGNES ET LES POTAGERS DU BIERZO, CHEMIN FAISANT

À Columbrianos que l'on contourne, dominée à gauche par un camp romain, retable baroque dans l'église du quartier Teso (XVIe ?), à trois nefs.

À la sortie du bourg une chapelle à chevet plat et petit mur campanaire, soutenant l'habituel nid de cigognes.
À Fuente Nuevas (nouvelles fontaines), le quartier Los Huertos (les jardins) a une calle Real jacobite passant devant une chapelle du Christ Divin. Au centre, place du Pèlerin, avec une fontaine du même nom (de 1991).

Camponaraya, qui apparaît tard, fin XVe siècle, dans l'itinéraire de Von Harff, eut jadis deux hôpitaux. C'est un long village-rue à cheval sur sa rivière. Parmi ses églises banales, une chapelle de la Solitude, colorée et assez kitch...

Le principal monument de Camponaraya est cependant sa cave coopérative, produisant un vin berciano.

🔶 CACABELOS AUX CINQ HOPITAUX

Cacabelos existait au Xe siècle. Détruit, il est reconstruit au XIIe siècle, le long du chemin, par l'archevêque Gelmirez. Propriété de l'archevêché de Compostelle, il est doté en 1130 d'une charte de franchise par le roi Alphonse VII. Cinq hôpitaux y furent créés : San Lázaro en 1237 et Santiago Apostol en 1271, tous deux hors les murs ; puis un troisième en 1299, un quatrième au XVe siècle, financé par Alfonso Cabirto ; et enfin Santa Catalina en 1514.

Celui de San Lázaro, restauré et rebaptisé La Moncloa est devenu une boutique pour touristes. Mais on y offre le verre de vin au pèlerin.

Fontaine et jolie petite chapelle San Roque (XVe siècle) sur la place Saint-Lazare.

La rue Cimadevilla qui y conduit est l'axe principal du quartier ancien.

L'église paroissiale Nostra Señora de la Plaza est du XVIe siècle avec une abside du XIIe siècle devenue chapelle, et Vierge en pierre du XIIIe siècle, au-dessus de la porte.

À la sortie après le pont, le sanctuaire néo-classique de Quinta Angustia (cinquième angoisse), flanqué de son hôpital, a été rebâti au XVIIIe sur l'emplacement de celui de 1199. Sa pietá est visible derrière la grille. Sur un curieux bas-relief polychrome de la porte de la sacristie, l'Enfant Jésus et saint Antoine jouent aux cartes.

Au centre de Ponferrada

Au bas de Las Angustias, les chemins divergent. À gauche le goudron balisé en jaune. En face la variante par Pieros, suivie ici.

PIEROS, LES TEMPLIERS ET LE CASTRUM BERGIDUM

L'église de Pieros gardait dans son mur une pierre gravée en 1086, attestant que l'évêque Osmundo l'avait consacrée à Santiago. Elle a été transportée au musée d'Astorga. Il y eut aussi à Pieros au XIIe siècle une maison des Templiers.

On voit à 2 kilomètres vers le sud la hauteur du Castro de la Ventosa où était le camp romain de Castrum Bergidum. Ce nom, dont découle probablement celui de Bierzo, était celte, et proche du germanique berg, montagne. C'était la résidence des gouverneurs qui exploitaient avec une armée d'esclaves les mines d'or de Médula. Pline l'Ancien fut l'un d'eux.

VILLAFRANCA, LA VILLE FRANQUE AUX DEUX MAIRES

Comme son nom l'indique, Villafranca del Bierzo fut une ville des Francs, née du Chemin de Compostelle en 1070, et régie par les Clunisiens. Il y eut deux maires, l'un pour les Francs, l'autre pour les Espagnols. Villafranca devint marquisat en 1486 et capitale de l'éphémère province du Bierzo de 1822 à 1833. Suivons-y l'itinéraire du pèlerin :

- À l'entrée, église de Santiago, portail historié du XIIe siècle et chevet d'un roman très pur. À la porte du Perdón était attachée une indulgence plénière pour les pèlerins malades empêchés de poursuivre leur route.
- Un peu à droite, proche de la plaza Mayor, San Francisco : portail roman du XIIIe siècle, chevet gothique du XIVe siècle.
- Le château des Marquis (1490) a perdu ses tours pendant la guerre d'Indépendance contre Napoléon.
- À sa gauche, le couvent de la Anunciada, des sœurs franciscaines (1696) : portail italianisant ; panthéon des Marquis de Villafranca ; sépulture de San Lorenzo de Brindisi.
- L'ex-calle de l'Agua, aux pierres armoriées, est notamment bordée des palais de Torquemada et d'Albarez de Toledo ainsi que d'une chapelle.
- À sa droite, la collégiale Santa María de Cluniaco (XVIe siècle, beau retable) garde de ses origines "clunisiennes" une tour du XIIIe siècle.
- Au nord de la plaza Mayor, couvent baroque de San Nicolás.

HORS CHEMIN : TROIS MONASTERES ET UN CHATEAU

Au départ de Cacabelos, vers le nord, le monastère bénédictin de la Bega de Espinareda.

Vers le sud, vestiges du monastère cistercien de Carracedo et église romane.

Au sud de Villafranca, l'église romane de San Fiz de Visonia, héritière du troisième monastère fondé au VIIe siècle par San Fructuoso.

À Corullon, deux églises romanes et un château du XIVe siècle.

LE PELERIN GASTRONOME DANS LE BIERZO

Dans le Bierzo, dont les piments sont renommés, on goûtera :
- Les botillos, grosses saucisses savoureuses ;
- La cachelada, plat typique ;
- Le lacon con grelos, jambonneau de porc aux feuilles tendres de navet ;
- La trucha berciana pêchée dans les torrents et frite dans la graisse de porc ;
- Et surtout, les vins bercianos, blancs et rouges, à la fois chaleureux et typés. La vigne est partout, bénéficiant à la fois d'une eau abondante et d'un soleil qui atteint trente degrés en été.

27,9 km 7h30 26ème étape

Pèlerin traversant O Cebreiro

Villanfranca del Bierzo
O Cebreiro

OICI UNE LONGUE ÉTAPE montagneuse, tout en côte, avec à son terme, un village minuscule, très emblématique du Chemin. Ces éléments nous renvoient à notre lointaine montée vers Roncevaux – à une différence près : aujourd'hui, la présence trop proche de routes passantes gâchent un peu la partie. Au départ, on peut opter pour la variante par Pradela, mais à condition que la forme physique et que le grand beau temps soient au rendez-vous, car ce splendide détour rallonge une étape déjà dure en puisant dans notre réserve d'énergie dès les premiers instants. De toute façon, passé Vega de Valcarces, l'itinéraire s'écarte du tumulte des autovia, il ne reste que des hameaux paisibles, la montagne et les bois.

Le village du Cebreiro est un grand moment dans la longue marche vers Santiago. Point d'entrée de la Galice, avec ses *pallozas* (chaumières), son église édifiée vers l'an mil et sa brume océanique souvent tenace, le Cebreiro nous fait basculer dans le passé médiéval et ses légendes.

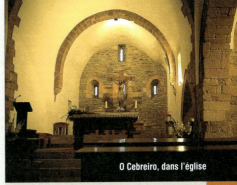

O Cebreiro, dans l'église

La Faba ; on peut se laisser tenter…

L'église Santa María la Real

RENSEIGNEMENTS PRATIQUES

❖ PEREJE (24522)

→ Alimentation, bar, restaurant

→ Refuge, 30 pl., CO, 6 €, coin cuisine, laverie, GV, ouvert de la Semaine Sainte à oct., AP 12h-23h, camino de Santiago, 987 542 670

❖ TRABADELO (24523)

→ Hôtel-bar-restaurant, pharmacie

→ Refuge pèlerins, 34 lits, pas de cuisine, laverie, GV, clefs à la mairie

❖ LA PORTELA DE VALCARCE (24520)

→ Hôtel-bar-restaurant

→ Refuge pèlerins, 50 lits, CO, 8 €, poss pdj, ouvert toute l'année, à l'entrée du village, 987 543 197

❖ AMBASMESTAS (24524)

→ Ravitaillement, bar, restaurant

→ Refuge pèlerins Das Ánimas, 20 lits + 10 matelas, CO, PO, coin cuisine, laverie, ouvert du printemps à décembre, 619 048 626

→ CTR de Ambasmestas, 50 pl., nuitée de 35 €/p. à 45 €/2 p., (selon ch.), pdj 4 €, repas pèlerin 9 €, laverie, GV, fermé en janvier, antigua N-6, 987 233 768

❖ VEGA DE VALCARCE (24520)

→ Commerces, services

→ Refuge pèlerins, 64 pl. + 20 matelas, CO, PO, coin cuisine, laverie, GV, ouvert toute l'année, Pándelo, 987 543 192

→ Refuge privé Aparecida do Brasil, 46 pl., CO, 5 €, coin cuisine, repas et pdj communautaires (PO), laverie, GV, ouvert toute l'année, Ctra N-6, 987 543 045 ou 679 941 123 ou 646 655 094

❖ RUITELÁN (24520)

→ Alimentation, bar, restaurant.

→ Refuge privé Pequeño Potala, 30 lits + matelas, CO, 4 €, poss. repas et pdj, pas de cuisine, salle à manger, laverie, GV, ouvert toute l'année, AP jusqu'à 23h, 987 561 322

❖ HERRERÍAS DE VALCARCE (24526)

→ Alimentation, bar, restaurant.

→ CTR Paraiso del Bierzo, 26 pl., nuitée de 39 € à 48 €/2 p. (selon saison), pdj 4,50 €, repas 14,42 €, ouvert toute l'année, Ctra General, 987 684 138

→ CTR Rebollal y Fernandez, 23 pl., nuitée de 55 à 67 €/2 p. (selon saison), pdj 5 €, repas 15 €, camino de Santiago, 661 910 539

❖ LA FABA (24526)

→ Bar, restaurant

→ Refuge pèlerins, 35 pl., pas d'eau chaude, coin cuisine, GV, ouvert seulement en été, Asociación del Camino de Santiago en Alemania

❖ LAGUNA DE CASTILLA (24526)

→ Refuge privé, 15 matelas, CO, PO, coin cuisine, ouvert en Semaine Sainte et en juillet-août, AP 12h-23h, 989 157 392

❖ O CEBREIRO (27671)

→ Alimentation, hôtels, bars, restaurants

→ Refuge pèlerin, 92 pl., CO, PO, coin cuisine, laverie, accueil équestre, ouvert toute l'année, AP 13h-23h, à la sortie du village, 982 369 025 ou 660 396 809

→ CRT Casa Valiña, 5 ch., nuitée 40 €/2 p., pdj 5 €, repas 12€, 982 367 125

→ CRT Carolo, 10 ch., nuitée de 30 € à 45 €/2 p.(selon ch.), pdj 2,50 €, repas 10 €, 982 367 168

→ CTR Venta Celta, 4 ch, nuitée 36 €/2 p., pdj 2 €, repas 8 €, 982 367 137

00,0 Villafranca del Bierzo. Refuge Jato. Descendre la ruelle pavée sur 100 mètres. Au carrefour, au pied du château, descendre à droite. Après 50 mètres, les marcheurs obliquent encore à droite pour prendre une rampe cimentée qui se poursuit par une volée de marches (les cyclistes continuent sur la route, et, à la première intersection, suivent le sens unique de la circulation à travers la ville. Ainsi, ils arriveront à l'entrée du pont sur le Burbia). Couper une rue, descendre d'autres marches pour arriver dans la c/del Agua que l'on remonte pendant 300 mètres, jusqu'à croiser la c/Santa Catallina que l'on suivra à gauche…

00,6 Pont sur le río Burbia (511 m). Le traverser, suivre la petite route goudronnée en laissant à gauche l'église del Convento. Après 100 mètres, laisser à gauche un pont, continuer à droite (en face).

02,1 Carrefour en T : on débouche sur la N 6, la suivre à droite. Sur le côté gauche de la chaussée, une piste pour piétons est en cours d'aménagement lors de notre passage.

04,5 Passage sous un haut viaduc de l'autoroute N VI. Après 500 mètres, prendre à droite l'ancien tracé de la N 6 pour traverser le hameau de Pereje (fontaine). Sortie du village par une ruelle dallée. On longe à nouveau la N 6 par une piste aménagée à gauche.

07,4 Quitter à droite la N 6 pour suivre l'ancien tracé de la nationale.

2h10 08,5 Trabadelo. Deux cents mètres plus loin, laisser un pont à gauche vers la N 6 et un restaurant (Nova Ruta). Continuer tout droit. Trabadelo possède un refuge et une supérette.

09,7 La route de Pradela (variante par la montagne depuis Villafranca) nous rejoint par la droite. Poursuivre tout droit par une petite route proche de la N 6 et de l'autoroute N VI, peu à peu elle s'en écarte…

10,7 On passe sous l'autoroute, la N 6 est en contrebas à gauche.

11,5 Carrefour en T : on rejoint la N 6, à emprunter à droite. Retrouvailles avec la piste piétonnière à gauche de la chaussée.

12,8 Laisser à droite le bar restaurant Valcarce. Traverser le village de Portela.

3h20 **13,5** Sortie de **la Portela**, laisser à droite une station service Campsa. Après 400 mètres, prendre à gauche de la N 6 la route d'…

14,4 Ambasmestas : traverser le village par la rue principale. Dès la sortie, la route commence à monter.

15,2 Un panneau signale Vega de Valcarce. Laisser à droite l'*alberga del Peregrino*. Le centre du village s'étend après la bk 426 de la N 006A (après le passage d'un gigantesque viaduc autoroutier).

16,2 Laisser à droite l'église de Vega de Valcarce, le refuge des pèlerins dans le centre. Laisser à gauche la route de Villasinde.

18,0 Carrefour : suivre tout droit (sur la gauche), laisser à droite la route de Trabadelo. Après 100 mètres, entrée dans…

4h40 **18,4** **Ruitelán.** Refuge à une dizaine de mètres sur la droite (dans le raidillon de la Braña). Après le village, bk 429 de la N 006A, poursuivre tout droit.

19,2 Panneau annonçant Las Herrerías. Après 200 mètres, bifurcation : descendre à gauche une piste goudronnée assez raide. Passer un pont sur le río Valcarce et obliquer à droite pour entrer dans Las Herrerías (vieilles habitations avec balcons à gauche, prairies à droite).

20,3 Bifurcation : prendre à droite (en face), laisser à gauche l'embranchement vers San Julián. Traverser le hameau Hospital. Laisser à gauche la route de Lindoso. Repasser un pont sur le río Valcarce, puis un second sur le torrent Lanias. La route grimpe raide à flanc de montagne.

21,7 Le balisage invite à quitter la route pour suivre un sentier herbeux qui plonge dans le ravin pour remonter ensuite vers La Faba, distant de 1500 mètres. (L'étape est déjà longue et dure, il semble inutile de jouer aux montagnes russes.) On conseille de poursuivre par la route tout droit.

23,2 Carrefour : les cyclistes prendront plutôt à droite la route vers Laguna, à 3 km ; les marcheurs continuent à gauche (en face) vers La Faba. Après 300 mètres, coude à gauche et montée raide jusqu'à…

6h25 **24,0** **La Faba.** Laisser de suite à gauche la route de San Pedro, puis un bar sur la droite. Bifurcation dans le hameau (alt. 915 m) : monter à droite (en face) la ruelle cimentée.
Aller tout droit et poursuivre dès la sortie par un chemin creux, dallé (≈ N.N.O.). Il s'élève à travers la lande. Laisser les divers embranchements.

25,2 Bifurcation au pied d'un hêtre ; laisser à droite un embranchement, continuer à monter tout droit.

26,0 Laguna : rejoindre la c/Santiago, la ruelle qui traverse le village. On sort du hameau par un chemin bitumé étroit et pentu.

26,4 Quitter le bitume : suivre à gauche un chemin presque horizontal qui court à travers la lande.

26,8 Une borne signale que nous sommes à 152,5 km de Santiago. Après 300 mètres, une autre borne annonce l'entrée en Galice. Tirer à gauche pour monter vers le village.

7h30 **27,9 O Cebreiro.** On débouche sur une route : la suivre à gauche en légère descente. Devant la bk 151 : prendre à droite pour entrer dans le village. Laisser à droite l'église Santa María la Real (XIème siècle). Virer à gauche pour descendre l'unique rue pavée du village. À l'intersection, continuer en face en tirant sur la droite à l'horizontale. À moins de 100 mètres, on trouvera le refuge des pèlerins (alt. 1300 m).

Vue du Cebreiro

AVANT-GOUT DE GALICE

C'était déjà un peu vrai depuis la Cruz de Ferro (cruz de hierro, en bon castillan), mais passé Villafranca, en montant vers cet O Cebreiro qui est aussi El Cebrero, cela devient l'évidence. Quoique étant officiellement dans la province de León, ce far west berciano partage les traditions, l'histoire et le langage de la Galice. Cela est vrai quel que soit le chemin suivi dans notre marche vers l'ouest : celui, historique mais goudronné, de la N 6 dans le fond de la vallée de Valcarce, ou bien le sentier de montagne de la rive gauche décrit dans cette nouvelle édition.

Les paroisses du Valcarce relevèrent d'ailleurs jusqu'en 1953 de l'évêché de Lugo. Ce n'est qu'à cette date qu'elles ont été rattachées à celui d'Astorga par une normalisation administrative.

 SI VOUS SUIVEZ LA N 6

Seul attrait du parcours routier, Pereje garde une atmosphère médiévale, même si a disparu l'hôpital, qui était fort utile aux pèlerins de jadis quand la montagne était enneigée. Dépendant de Cebreiro auquel la reine Urraca l'avait donné en 1118, et convoité en vain par Villafranca, il fut l'objet d'une longue querelle entre les maisons mères d'Aurillac et de Cluny. Elle monta jusqu'au pape Urbain II. Cebreiro en resta maître jusqu'au XIXe siècle.

CHEMIN MONTANT PAR LES PENTES DU VALCARCE

Le joli village de Pradela, aux toits d'ardoise, se niche dans un vallon suspendu hors du monde et hors du temps, indifférent à notre passage, partagé entre ses châtaigneraies et ses potagers.

Les châtaigneraies sont soigneusement entretenues, et leurs fruits vendus là-bas, au bord de la route. Dans les champs, on peut voir des charrues tirés par des bœufs, avec même, vision qui semble jaillie du XIe siècle, des socs en bois !

Trabadelo (575 mètres) fut-elle l'Utaris romaine mentionnée dans l'itinéraire d'Antonin ? Ou bien la Deceniani donnée en l'an 895 à l'église de Compostelle ? En tout cas le village devait au XIe siècle une triste célébrité au Castillo de Auctares. Ce château disparu était alors le siège de seigneurs pillards qui rançonnaient les pèlerins. Alphonse VI finit par les ramener à la raison en supprimant son droit de péage.

Vega de Valcarce (Valcárcel en castillan) doit peut-être son nom de "val-prison" à la vallée encaissée. Il a gardé ses deux châteaux de Veiga et de Sarracin, qui appartinrent au XIIe siècle aux Templiers. Vrai nid d'aigle, chevelu de végétation, celui de Sarracin est dans son état actuel du

XIVe siècle. Charles Quint y fit étape le 20 mars 1520.
Ambasmestas, au confluent des ríos Balboa et Valcarce, cité seulement au XVIe siècle, avait alors une chapelle San Lázaro, disparue depuis.
Ruitelán (690 mètres) a consacré sa chapelle (à droite au-dessus des maisons) à San Froilán qui, venu de Lugo, eut en ces lieux une grotte pour ermitage, avant de devenir évêque de León.

DERNIERS PAS CASTILLANS

Las Herrerias (ici le nom est castillan) doit son nom aux forges d'autrefois. Laffi fut très impressionné par la taille des martinets qu'animait le torrent. Pont romain refait au XVIIIe siècle.
À la sortie du village, hameau de l'Hospital. Une bulle du pape Alexandre III, en 1178, le nommait Hospital de los Ingleses, des Anglais. Elle indique aussi que la tradition était d'enterrer dans son église les pèlerins décédés. Les habitants y ont effectivement retrouvé des ossements humains.
Le village de La Faba (la fève - 915 mètres), échelonnant ses maisons sur la pente du mont Traviesa, s'appelait au XIIIe siècle Villa Us, ou de Urz. À l'entrée, l'église San Andrés, XVIIIe siècle, porte une coquille de Saint-Jacques sur sa porte.
Plus haut sur la même pente, La Laguna, ou Laguna de Castilla (1200 mètres) est le dernier village de la province de León. Mais s'il est encore de Castille, on n'y trouve pas moins les premières pallozas de Galice, couvertes de chaume. On quitte définitivement les tierras hidalgas de pan llevar (nobles terres à blé porteuses de pain comme les qualifient les Castillans) pour entrer en verte terre celte.

CEBREIRO : DEPUIS LE IXe SIECLE

El Cebrero en castillan, O Cebreiro en "galicien" (qui a des parentés avec le portugais), ce village de neuf foyers est un haut lieu dans tous les sens du mot : passage à 1300 mètres d'altitude entre deux royaumes, mais aussi lieu de spiritualité, riche d'histoire et de préhistoire.
On sait que les pèlerins y trouvèrent abri dès le IXe siècle, mais sans autres précisions. C'est en 1072 qu'Alphonse VI le confia à l'abbaye Saint-Gérard d'Aurillac, plus tard annexée à Cluny. En 1487, la mauvaise conduite des moines français fit rattacher Cebrero à Valladolid, mais toujours dans le giron des Bénédictins qui y demeurèrent jusqu'à la loi de désamortization de 1854.
Santa María la Real est la patronne de la région, et les 8 et 9 septembre, les fêtes de Santa María et Santo Milagro rassemblent à O Cebreiro des milliers de pèlerins. Le regretté don Elias Valiña, auteur d'un Guide du pèlerin en espagnol très documenté, avait été plusieurs années curé d'O Cebreiro.

DES TOITS DE SEIGLE ET DE GENET

Un mot sur les pallozas caractéristiques de l'ancien habitat de Galice et que nous rencontrons ici. Le toit de ces huttes héritées de la Préhistoire est fait de paille de seigle (olmo) cousue avec des liens de genêt (retama). Ce chaume isole très bien du froid et de la neige. Il couvre amplement des murs bas faits de pierres plates, avec de lourds encadrements d'ouvertures en pierre taillée et des fenêtres très réduites.

PIERRES ET PAILLES D'O CEBREIRO

Santa María la Real est du XIe siècle, sur des fondations du IXe siècle.
Voir la Vierge à l'Enfant, sculpture sur bois du XIIe siècle à la facture rigide, le calice miraculeux, les tombeaux anthropomorphes.
- Les fonts baptismaux datent de la fondation de l'église, quand on pratiquait encore le baptême par immersion.
- L'ancien monastère-hôpital a été transformé en 1965 en hôtellerie sous le nom d'hôtel San Giraldo de Aurillac.
- Le village de pallozas abrite un musée ethnographique.
- Des années durant, les pèlerins d'aujourd'hui dormirent sous le chaume de deux des pallozas. Ce temps est révolu. Il y a désormais un refuge en dur. On y perd en romantisme, on y gagne en confort.

LE MOINE DE PEU DE FOI ET LE MIRACLE DES SAINTES-ESPECES

La tradition dit que vers l'an 1300, par une des ces matinées d'hiver où la tempête de neige recouvre jusqu'au toit des maisons, un berger du village de Barxamajor était comme chaque jour venu assister à la messe. Le moine de peu de foi qui expédiait l'office pensa à part soi : *"Faut-il être bête pour faire tout ce chemin pour un peu de pain et de vin."* Aussitôt le pain se transforma en vraie chair et le vin en vrai sang, qui remplit la coupe.
Le calice et le plat datant du XIIe siècle sont toujours exposés. Quant aux Saintes-Espèces religieusement conservées, les Rois catholiques passant par là en 1486 les firent mettre dans le reliquaire et l'ampoule qu'on peut voir…
Comme si ce merveilleux ne suffisait pas, les gens du pays en rajoutent volontiers : pendant le miracle, disent-ils, l'Enfant Jésus de la statue mariale ouvrit de grands yeux étonnés, et ils sont restés ouverts depuis lors ; plus tard, la reine Isabelle aurait bien voulu emporter ces reliques, mais la mule refusa d'avancer, ce qui passa pour un signe divin. On attribue encore au moine et au berger du miracle deux des tombes anthropomorphes.
Enfin, Wagner est aussi passé par là et s'en serait souvenu dans *Parsifal*.

21,1 km ⏳ **5h20** **27ème étape**

Pèlerin immobile au col de San Roque

O Cebreiro

Triacastela

EPUIS LE CEBREIRO, encore un petit effort par le très beau chemin de crête qui nous évite le goudron, puis c'est le passage par le col de San Roque. Le pèlerin de pierre qui nous invite à ne pas mollir marque le début d'une longue descente jusqu'à Tricastela. On zigzague avec la LU 634 en suivant des chemins bordés de fougères et d'ajoncs, en croisant des troupeaux de vaches, en traversant des hameaux minuscules qui fleurent bon les étables. Ces premiers kilomètres en Galice attendriront les amoureux de la Bretagne, tant il y a de similitudes entre les deux pays : mêmes lumières, mêmes camaïeux de verts et de gris, et parfois ou souvent, même crachin.

Les bornes jacquaires placées tous les cinq cents mètres annoncent le compte à rebours final. Elles raviront les accablés et les "pressés d'en finir", mais inquiéteront tous ceux qui redoutent la fin du voyage. Pour le moment, Tricastela nous accueille avec simplicité mais chaleur. À l'heure des repas, le *lacon con grelos* et autres plats roboratifs nous rappelleront les talents culinaires de nos grands-mères.

RENSEIGNEMENTS PRATIQUES

✤ LIÑARES (27670)

➜ Ravitaillement

➜ CRT Casa Jaime, 4 ch., nuitée de 27 € à 30 €/2 p. (selon saison), pdj 3 €, Ctra de Triacastela, 982 367 166

✤ HOSPITAL DA CONDESA (27617)

➜ Refuge pèlerin, 18 lits, CO, PO, coin cuisine, ouvert toute l'année, AP à partir de 13h, 982 161 336

❖ ALTO DO POIO (27617)

→ Alimentation, bar, restaurant

→ Refuge privé, 20 lits + matelas, CO, PO, pas de cuisine, GV, ouvert toute l'année, AP 12h-23h, 982 367 172

❖ VIDUEDO (27464)

→ Hôtel, bar, restaurant

→ CTR Casa Xato, 7 ch., nuitée de 18 à 30 €/ch., poss. repas et pdj, 982 187 301

→ CTR Casa Quiroga, 10 ch., nuitée 25 €/2 p., poss. repas et pdj, 982 187 299

❖ TRIACASTELA (27630)

→ Commerces, services

→ Refuge pèlerins, 56 pl., CO, PO, pas de cuisine, salle à manger, laverie, GV, ouvert toute l'année, AP 13h-23h, à l'entrée du village, 982 548 087

→ Refuge privé Aitzenea, 38 lits, CO, 7,50 €, coin cuisine, laverie, GV, ouvert d'avril à oct., dispose de 4 ch. dans sa résidence touristique, plaza Vista Alegre 1, 982 548 076

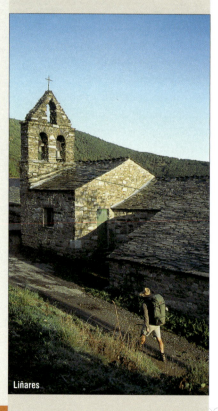

Liñares

00,0 O Cebreiro. Du refuge des pèlerins, revenir à l'intersection devant le mesón et prendre la piste qui monte à l'Ouest-S.O. en laissant le refuge en contrebas à droite.

00,5 Sommet de la côte, suivi d'un replat. Nouvelle montée assez raide.

00,9 Deuxième point haut. La piste est bordée à gauche par des conifères, elle amorce uns descente.

01,6 Carrefour en T : prendre à droite une piste plus large. On suit une ligne électrique à HT. Remarquer la vue dégagée sur les montagnes à gauche.

0h45 03,2 Liñares (1264 m). La piste débouche dans un ancien coude de la route LU 634, suivre à gauche en laissant à gauche une fontaine et un bar restaurant. Rejoindre finalement le goudron de la LU 634.

04,2 Col de San Roque, avec statue de pèlerin à gauche de la route. Suivre la piste en contre-haut et à droite de la LU 634. Elle s'en écartera un peu avant de s'y coller à nouveau en bas d'une descente (au niveau du chemin de Quiroga).

05,7 La piste à droite de la route pénètre dans Hospital da Condesa (borne 145,5 km), traverse le village en laissant l'église à gauche. Elle se poursuit par un chemin creux qui rejoint vite la LU 634. Suivre la route à droite.

07,1 Quitter la LU 634 pour descendre à droite la route vers Sabugos et Temple. Après 260 mètres, quitter cette route pour suivre à gauche un chemin gravillonné qui remonte. Laisser la borne 143,5 en cours de route.

08,1 Carrefour en T avec une petite route : continuer à droite pour entrer dans le hameau de Padornelo.

08,3 Au niveau de l'église et de son cimetière couvert, on rejoint une route étroite (fontaine) que l'on suit à droite sur une centaine de mètres. Dans un coude à droite, poursuivre tout droit par un chemin bordé de murets qui monte raide pour rejoindre la LU 634 au…

2h15 **08,9** Col de l'**Alto do Poio** (1337 m). Bar restaurant et refuge privé à droite, hostal Santa María do Poio à gauche. Continuer le long de la LU 634 au N.-O. par une piste aménagée.

12,0 Fonfría : le chemin devient cimenté pour traverser le hameau ; laisser l'église à gauche. La LU 634 est en contrebas sur la gauche. Poursuivre par une piste, boueuse par temps pluvieux.

13,6 On retrouve la LU 634 pendant seulement 50 mètres. Virer à droite pour suivre un chemin qui descend. Après 250 mètres, couper une petite route et suivre en face un chemin tirant à droite. Croiser également une piste cimentée avant d'entrer dans…

3h45 **14,6** **Biduedo.** Laisser un bar à gauche, la route à droite. Prendre en face une ruelle cimentée qui laisse à droite la minuscule chapelle San Pedro (borne 136,5 km). Au bout de la rue, virer à gauche en laissant à droite la *Casa Jato*. Poursuivre par un chemin étroit et ombragé. Après 550 mètres, laisser à droite un embranchement qui descend. On continue horizontalement à flanc de montagne, avec une vue dégagée vers l'Ouest.

15,6 Monte Calderon (borne 135,5 km). Passer sous des lignes électriques HT.

16,3 Coude à droite dans la descente. Après 300 mètres, carrefour : suivre à droite le chemin le plus évident pendant 50 mètres. Virer alors à gauche et laisser la borne 134,5 km ; descente raide. On passe la borne 134 km.

4h20 **17,2** **Filloval** (borne 133,5 km). Descendre à gauche une ruelle très pentue. Après 150 mètres, couper la LU 634, continuer en face par un raidillon.

17,5 Bifurcation : suivre le chemin creux à gauche (en face). Descente en forêt.

187

18,4 Le chemin bute sur la LU 634 (aire de repos). Passer sous la route par un tunnel (boyau en ciment). Coude à droite, puis un chemin creux nous achemine au hameau de…

18,7 As Pasantes. Une ruelle cimentée traverse le village (borne 132 km).

19,0 Laisser une petite chapelle à droite, prendre sur la gauche entre des fermes. Poursuivre par un chemin creux superbe sous des châtaigniers jusqu'à…

5h20 21,2 Triacastela. Laisser à droite le bar *Rio*, à gauche le restaurant *Xacobeo*. Cinquante mètres plus loin, on trouve le refuge privé *Aitzenea*. Le refuge de la Xunta était signalé peu avant ce point central (665 m).

PAYS DES GALS, TERRE CELTE

Après une première partie d'étape en crête, entre deux cols, nous redescendrons doucement vers cette verte Galice aux mille ruisseaux, aux propriétés morcelées dont le Guide du pèlerin vantait déjà la richesse en vergers, en potagers, en fontaines. Nous y verrons aux carrefours des calvaires de pierre (os cruceiros) et de loin en loin des greniers à grain sur quatre piliers appelés horreos. Nous y verrons encore (mais pour combien de temps ?) des animaux attelés à la charrue et des Galiciennes portant avec la même aisance que nos arrière-grands-mères des charges étonnantes sur la tête. Nous verrons des maisons de granit couvertes d'ardoise ; et, partout où l'incendie n'a pas sévi, des bois de chênes et de châtaigniers, ou bien les pins et les eucalyptus de la repoblación forestal.

Nous pénétrons dans une province à la fois très espagnole, puisqu'elle fut le fer de lance de la Reconquête chrétienne, et cependant distincte du reste de l'Espagne : de climat océanique, bordée de côtes, de rías et de ports, de langue apparentée au portugais plus qu'au castillan, de tradition celte au point de mêler dans sa musique ancestrale, au tambourin et à la flûte espagnols, la gaita, qui est une cornemuse. Celte, le nom même le dit : Galicia, comme Galois et comme Gaulois.

LA GALICE DE ROME A COMPOSTELLE

Venus en ce Finister (fin des terres) qui ressemblait à la Bretagne, les Gals de Galice, plus proches des Latins que d'autres peuples, furent profondément romanisés avant d'être submergés par les Suèves au VIe siècle, par les Wisigoths ensuite. Mais en 714, les musulmans ne purent se maintenir plus de quarante ans : le roi des Asturies voisines les repoussa, et du coup, régna sur la Galice. Moins de deux siècles plus tard, une couronne bien plus prestigieuse tombait du ciel sur cette région : la découverte, en 867, du tombeau de saint Jacques allait faire de Compostelle le deuxième centre spirituel de l'Europe…

La loi d'autonomie vient de doter la Galice d'un parlement régional dont le nom même marque la différence : la Xunta. (C'est en fait simplement la graphie locale des Juntas espagnoles : le mot signifie assemblée.)

LA PROVINCE DE LUG, LUCUS AUGUSTI, LUGO

La première province de Galice que nous allons traverser est celle de Lugo. Et Lugo, que nous ne verrons pas puisque notre chemin passe un peu plus au sud par Sarria, mérite une mention. Cette capitale (adossée aux derniers ressauts de la cordillère Cantabrique, qui est en fait sous l'angle géologique un prolongement des Pyrénées) existait déjà dans la Protohistoire celte et s'appelait Lug, comme le Lug-Dunum qui a donné Lyon… Les Romains en firent, en changeant à peine le nom, un Lucus Augusti, et l'exemple montre pourquoi la romanisation fut plus aisée et plus complète en pays celte qu'en pays ibère ou germanique. Lug et Lucus subsistent en Lugo. Comme subsiste une étonnante enceinte romaine carrée, de 2 kilomètres de côté, avec cinquante tours semi-circulaires. Aux occupants habituels, Romains, Suèves, Wisigoths, Arabes pour très peu d'années, Lugo ajoute les Normands qui la prirent en 969, et les Français en 1809. C'est par Lugo qu'arrive le chemin de Saint-Jacques côtier, venant d'Oviedo, et qui fera la jonction avec le nôtre vers Palas de Rey.

UNE AUTRE ROUTE POSSIBLE

Une variante de l'itinéraire des pèlerins partait du col de Piedrafita, un peu au nord d'O Cebreiro, allant à Triacastela par Doncos, Nogales et Saavedra. Elle intéressera d'autant moins le marcheur d'aujourd'hui que sur 18 kilomètres elle coïncide avec la N 6. Évoquons-la en bref :

- Doncos a une tour crénelée du Moyen Âge, et les deux palais des ducs d'Albe et de Saavedra.

- Nogales, aujourd'hui As Nogais (les noyers), sur un éperon de la sierra de Ancares, a un pont romain, une église romane et le palais des comtes de Villapún.

DE L'ALTO D'O CEBREIRO A L'ALTO DEL POIO, CHEMIN FAISANT

L'église de Liñares (ou Linares - 1240 mètres), dont le clocher carré est surmonté d'une coupole de pierre très fruste, a sur la porte, une coquille, rappelant celle d'O Cebreiro. Ce fut d'ailleurs une possession du monastère.

Le nom de Liñares, cité dès 714 sur un parchemin de Lugo, vient des champs de lin d'où les moines tiraient le drap pour leurs besoins et ceux de l'hôpital.

Sur l'Alto de San Roque se dresse la statue moderne d'un pèlerin en habits médiévaux, luttant de toutes ses forces contre un vent visiblement déchaîné (ce qui n'est d'ailleurs pas rare dans ces parages).

Hospital da Condesa a aussi, sur la porte de son église, une coquille de pèlerins et en outre une croix de Saint-Jacques sur le clocher. Cité au XVe siècle seulement, l'hôpital aurait, selon la tradition, été fondé à la fin du IXe siècle par doña Egilo.

San Juan de Padornelo (1300 mètres) a trois maisons habitées et une église du XVe siècle. Il y eut un prieuré des Hospitaliers de Saint-Jean ; ce qui reste de leur propre église constitue le cimetière.

En traversant Hospital da Condesa

L'ALTO DEL POIO, SOMMET DE L'ETAPE

Alto del Poio (ou del Poyo) est, avec ses 1337 mètres, soit 37 de plus que le Cebreiro, le point culminant de la traversée du massif. On y trouve un refuge privé et des hôtels-bar-épicerie, mais il ne reste rien de la chapelle qui était au sommet. Sinon que l'un des hôtels s'appelle Santa María del Poio. (Il s'agissait en fait de Marie-Madeleine.)

La partie de l'itinéraire que nous venons de parcourir d'un col à l'autre, une sorte de long col en somme, est aujourd'hui humanisée par la route et les moyens modernes. Il n'en était pas de même au Moyen Âge, où nombre de pèlerins y risquèrent leur vie. Ainsi l'hiver 1488, la neige tombant sans arrêt, Jean de Tournai en avait jusqu'à la ceinture et son compagnon Guillaume se mit à pleurer. Mais, ajoutent-ils, saint Jacques les aida à franchir ce passage périlleux.

VERS LA VALLEE, CHEMIN DESCENDANT…

Le village de Fonfría (la fontaine froide - 1280 mètres), contourné par la route, est construit sur le chemin qui longe de petits lopins de terres bordés de murettes. Von Harff le mentionnait en 1496. L'humble église San Juan, toute de dalles de granit, a un clocher-mur à deux arcades.

Il ne reste rien, à Fonfría ou à proximité, du couvent de Sancti Spiritus et de son hôpital de Sancta Magdalena qui existèrent entre 1535 et 1830. Il donnait gratuitement aux pèlerins lumière, sel, eau et lit avec deux couvertures. Les malades avaient droit en outre à un œuf, du pain et du lard.

L'église San Pedro de Biduedo, ou Viduelo (1200 mètres), est la plus petite du Camino. C'est une ancienne chapelle de l'ordre de Saint-Jean. Le village est un important repère : on va quitter ici le massif du Cebreiro pour descendre vers la vallée.

Filloval (960 mètres), qui a appartenu à l'ordre de Saint-Jean, était cité en 1745 ; As Pasantes (les passantes - 800 mètres) est un village-rue ; et Ramil (700 mètres) s'appelait en 919 Ranimirus.

TRIACASTELA : LE COQ DES PELERINS FRANÇAIS

Triacastela (665 mètres), dans la petite vallée de l'Ouribio) tirait, selon certains, son nom des trois châteaux du voisinage qu'on voit sur ses armes ; mais peut-être n'est-il qu'une transformation plus subtile d'une Telamina Sextrorum romaine…

Le comte Gaton y fonda un monastère dès le IXe siècle et, au XIIIe siècle, Alphonse IX voulut en faire une ville, projet sans lendemain.

L'église rebâtie en 1790 garde cependant deux absides romanes. Maître-autel et croix processionnelle portent l'image de saint Jacques.

L'église de Fonfria

28ème étape · 18,5 km · 4h45

Ferme vers Pintin

Triacastela

Sarria

OUR ACCOMPLIR cette courte étape, deux itinéraires sont possibles. Par le sud, avec à mi-parcours le monastère baroque de Samos, ou par le nord, jalonné par une kyrielle de hameaux, dont San Xil. Pendant longtemps, l'option par Samos avait la préférence des cyclistes, le trajet étant entièrement routier. Aujourd'hui, un balisage intense permet d'éviter le goudron. Notre attirance va pourtant à l'itinéraire par San Xil qui serait plus historique, si l'on s'en réfère à la littérature. Il est aussi plus varié. Quel changement depuis la Meseta où la ligne droite revenait comme une constante. Ici, les changements interviennent tous les cinquante mètres. Nous montons, descendons, contournons, passons des fermes, des calvaires, des chapelles et sautons des ruisseaux. Pas de monuments extraordinaires à citer, en revanche, en chemin, vous croiserez vos premiers horreos ou greniers à maïs. Ils sont aussi indissociables du paysage galicien que les têtes de choux haut perchées sur leur tige et que l'on effeuille au fil des jours pour faire la soupe.

RENSEIGNEMENTS PRATIQUES

ITINÉRAIRE PAR SAMOS

✤ SAMOS (27620)

→ Commerces, services

→ Refuge des pères bénédictins, 90 lits, CO, PO, GV, pas de cuisine, salle à manger, accueil équestre, ouvert toute l'année, AP 15h-23h, Monasterio de Samos, 982 546 046

→ Refuge privé Casiña de Madera, 18 pl., CO, 6 €, coin cuisine, laverie, GV, ouvert toute l'année, en face de l'abbaye, Salvador 16, 653 824 546

→ CR Licerio, 10 pl., nuitée de 24 €/p. à 34 €/2 p., poss. repas et pdj, av. Generalísimo, 982 546 012

ITINÉRAIRE PAR LE CAMINO FRANCÉS

✤ CALVOR (27619)

➤ Bar, restaurant

➤ Refuge pèlerins, 22 lits + 40 matelas, CO, PO, coin cuisine, laverie, GV, accueil équestre, ouvert toute l'année, AP 13h-23h, dans les anciennes écoles, 982 531 266

✤ SARRIA (27600)

➤ Tout commerces, services, gares RENFE et routière

➤ OT, rua Mayor 14, 982 535 000

➤ Refuge pèlerins, 40 lits + matelas, CO, PO, coin cuisine, laverie, ouvert toute l'année, AP 13h-23h, c/ Mayor 79, 660 396 813

➤ Refuge privé, 30 matelas, CO, 6 €, pas de cuisine, salle à manger, GV, ouvert en saison, c/ Nova 70, 982 531 478

00,0 Triacastela. À droite le bar Rio, à gauche le restaurant *Xacobeo*. Descendre la rue principale du village jusqu'à une place avec une statue de saint Jacques.

00,4 Bifurcation de rues pour deux itinéraires du Camino possibles :
1) Prendre à gauche pour suivre la LU 634 vers Samos : voir **variante par Samos***.
2) Descendre à droite sur 70 mètres pour rejoindre la LU 634, puis la suivre à droite pendant 30 mètres afin de rejoindre un carrefour : prendre alors à gauche la petite route pour San Xil.

01,0 Laisser à gauche une entreprise gardée par des chiens agressifs mais attachés !

01,5 Laisser une route monter à gauche, descendre à droite au fond du vallon de Valdoscuro. La route cimentée passe un pont sur un ruisseau, puis remonte le flanc opposé.

02,0 Bifurcation : prendre à gauche le chemin cimenté qui devient dallé à l'entrée du hameau de Balsa. Après 500 mètres en descente, franchir à nouveau un pont sur le ruisseau, laisser à droite une minuscule chapelle. Le chemin pavé tire à droite avant de devenir un chemin creux sombre mais superbe sous les châtaigniers. Passer la borne 127 km, montée raide.

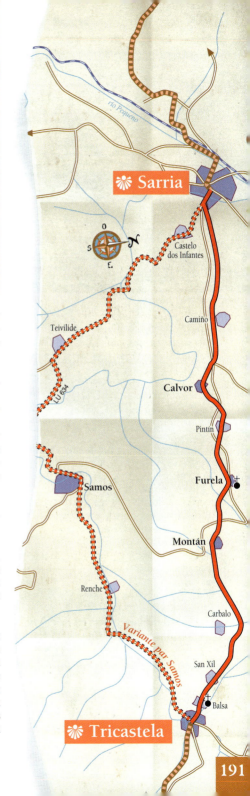

Prés verts avant Sarria

03,3 Retrouvailles avec la petite route de San Xil, à suivre à droite. Laisser 100 mètres à gauche une monumentale fontaine avec coquille. Après 200 mètres, bifurcation : monter à gauche.

03,8 Point haut (borne 126 km). San Xil s'étend en contrebas à gauche. Continuer sur la route.

05,5 Quitter la route au niveau de la borne 124,5 km pour prendre à droite une large piste forestière qui monte pendant 100 mètres (Alto de Riocabo, 905 m). Elle redescend durant 500 mètres à travers une forêt de chênes, puis remonte encore franchement pendant 600 mètres…

06,8 Bifurcation : prendre à gauche (quasiment en face). Laisser à 150 mètres la borne 123 km. Le chemin descend, bordé de murets.

07,3 Bifurcation devant un hangar agricole (à droite) : prendre en face un chemin creux très étroit qui descend jusqu'à…

2h00 07,8 Montán. Bifurcation : prendre à droite un chemin bordé de murets qui s'éloigne du hameau. Après 250 mètres, on rejoint une piste de terre que l'on descendra vers la gauche (Ouest) pour arriver…

08,5 Dans le hameau de Fontearcuda : laisser à gauche une route goudronnée. Poursuivre tout droit. À la ruelle cimentée succède un chemin creux moussu sous les chênes.

08,9 On bute sur une route, la traverser en diagonale vers la gauche. En face (borne 121 km – Mondaveiga), descendre un chemin creux assez raide et glissant. Au fond du vallon, bifurcation : suivre à droite un chemin empierré. Passer un ruisseau sur un pont fait de dalles. Remonter, en laissant des embranchements annexes et un transformateur électrique (sur la droite).

09,9 Au niveau de la borne, on débouche sur une petite route, la suivre à gauche.

2h40 10,5 Entrée de **Furela** ; suivre à gauche la ruelle dallée qui traverse le hameau. Laisser à droite une chapelle peinte à la chaux, au niveau d'un croisement. 40 mètres plus loin, emprunter le sentier qui monte en tirant à droite.

11,0 Borne 119 km. On retrouve la petite route goudronnée, à suivre à gauche. Emprunter la piste aménagée, parallèle à la chaussée.
La piste s'éloigne de la route, elle est bordée de murets. Descente pour entrer dans Pintín.

11,8 Carrefour dans Pintín : prendre à droite pour suivre un chemin dallé à travers le village. Après 250 mètres, sortie du hameau, on rejoint une route, à suivre à droite (en face).

12,5 Quitter la route, suivre à droite un chemin pierreux, bordé de murets au niveau de la borne 117,5 km. La ville de Sarria est en vue, droit devant. Remarquer une petite chapelle à gauche au bord de la route. On retraverse la route pour la longer de l'autre côté par un sentier étroit.

13,0 Borne 116 km. Le chemin descend à travers bois (marches). Il touche la route avant d'arriver au…

3h30 13,5 Refuge de Calvor. Continuer par la piste qui longe la route, jusqu'à obliquer à droite par une route goudronnée pour entrer dans Aguiada. Laisser à gauche une chapelle. Traverser le hameau par la rue principale, le bar de socios est sur la gauche. À sa sortie, passer la borne 116 km et suivre la petite route goudronnée jusqu'au…

14,5 Stop : retour sur la C 535 à suivre à droite le long de la chaussée, sur une piste aménagée. Descente vers Sarria à l'ombre de beaux chênes.

17,9 Stop dans Sarria ; traverser une avenue passante, prendre en face (en sens interdit). À 100 mètres, contourner par la droite la place Galicia avec une statue au centre. Continuer en face par la rue tirant à droite devant un collège. Passer à 100 mètres la borne 112 km. Puis laisser à droite l'hôtel *Alfonso IX*.

4h45 18,5 Sarria. Pont dans le centre (440 m).

*** Variante par Samos :** *cet itinéraire est surtout intéressant pour les cyclistes qui trouveront le goudron tout au long du trajet. Les marcheurs, quant à eux, bénéficient d'un balisage précis, mis au point ces dernières années et qu'il serait laborieux de décrire tant il est sinueux. La halte à Samos permet en outre la visite du célèbre monastère baroque.*

LE PAYS DES HORREOS

Nous avons évoqué, en entrant en Galice, ces greniers à grain, à maïs surtout, les horreos, perchés sur quatre piliers pour protéger la récolte de l'humidité du sol et des prédateurs. Ici, comme d'ailleurs dans les Asturies voisines, chaque maison en possède un. Ils étaient depuis toujours faits de pierre et de bois, pierre généralement pour les piliers, avec quatre dalles débordantes, souvent arrondies, afin d'empêcher les rongeurs d'y grimper (et ils présentent en cela une lointaine analogie avec certains pigeonniers du Sud-Ouest de la France). On en trouvera aujourd'hui de plus en plus faits avec des briques industrielles, avec corniche de béton armé. Car si les spécimens les plus anciens méritent d'être préservés, le bâtiment lui-même garde son actualité et son utilité.

CHAQUE PELERIN EMPORTAIT SA PIERRE

À la sortie de Triacastela, une haute et mince pyramide de pierres, ornée d'une épée métallique, est coiffée d'une petite statue de pèlerin : elle rappelle la tradition selon laquelle les pèlerins se chargeaient ici d'une lourde pierre calcaire extraite d'une carrière du voisinage. Et ils allaient la porter toute la journée suivante, deux jours de nos étapes, jusqu'aux fours de Castañeda. Là, les pierres étaient transformées en chaux servant à bâtir la basilique de Compostelle.

SUR LA RUDA DE SAN XIL, CHEMIN FAISANT

La ruda de San Xil est évidemment en castillan la ruta de San Gil. Ce X qui se prononce ch existait également dans l'espagnol du Moyen Âge. La guturalisation du son sera tardive, du XVe au XVIe siècle. De là vient que la Jimena du Cid soit Chimène chez Corneille, et que Mexico soit la capitale du Mejico.

Le très humble hameau de Balsa est un bon échantillon de ce que nous verrons les trois ou quatre jours qui viennent : habitat dispersé, eau abondante, chapelle minuscule, et partout des horreos.

Chapelle de Nostra-Señora de las Nieves (Notre-Dame-des-Neiges).

Le chemin creux qui s'élève dans une profonde forêt de chênes, châtaigniers et bouleaux, image fréquente dans ces parages, n'est pas sans rappeler nos contes celtes de la forêt de Brocéliande.

En haut de la côte, fontaine avec piscine et conque en forme de vieira, la coquille Saint-Jacques.

À San Xil (ou Gil), le paysage s'ouvre largement vers le sud, en direction de

Horreo traditionnel

Samos, piqué de hameaux. Au bas du village, l'église conserve un calice du XVe siècle.

L'Alto de Riocabo (905 mètres) offre malgré sa modestie un large point de vue.

Fontearcuda (la fontaine arquée) est le nom d'une source proche. On aperçoit de là, à droite hors chemin, le village de Zoo, qui a une église Saint-Jacques.

Un peu avant Furela, à gauche à l'écart du chemin, la belle église romane de San Román vaut le détour.

À la sortie de Furela (citée par un pèlerin italien du XVe siècle), une chapelle, la Ermita San Roque, voisinant avec une maison paysanne armoriée.

À Calvor, l'église, qui garde des vestiges romans et un chapiteau wisigothique servant de bénitier, est bâtie sur un camp fortifié protohistorique.

SARRIA : MAIS PAR OÙ EST PASSÉ AYMERI

Aymeri Picaud ne parla pas de Sarria, ni d'ailleurs de Samos. Il semble être passé au sud de Sarria par un San Michael mal identifié. Mais c'est bien à Sarria que venait le gros du pèlerinage, surtout à partir du XIIIe siècle. On y trouvera successivement, bordant le chemin de la haute ville auquel conduisent deux escaliers :

L'église Santa Marina, moderne mais sur l'emplacement d'un ancien sanctuaire médiéval.

L'hôpital San Antonio, devenu palais de justice, fondé au XVIe siècle par le comte de Lemos : on y trouvait un lit, de la lumière et l'aide d'un chirurgien.

En face l'église du Salvador (du Sauveur), mentionnée en 1094, transformée au XIVe siècle : romane, aux peintures naïves, porte principale gothique, porte latérale nord avec archivolte dentelée et Christ pancreator sur le tympan.

La tour et les murailles octogonales subsistant de l'ancienne forteresse des seigneurs de Sarria y Lemos (XIIIe siècle) démantelée en 1467.

Le couvent de la Magdalena appartint d'abord aux Augustins jusqu'à la desamortización, puis en 1895 aux Pères de la Merci qui l'ont restauré : cloître flamboyant, inscription *"CHARITAS AEDIFICAT"* (avec le H) sur une porte.

La chapelle Saint-Lazare perpétue le souvenir d'un ancien lazaret où étaient soignés malades ou lépreux.

LES ILLUSTRES DE SARRIA

Autres souvenirs historiques, deux personnages dont l'un est mort ici tandis que l'autre y est né :

- C'est Alphonse IX de Castille qui y trouva la mort en 1350 alors qu'il se rendait à Compostelle en pèlerinage ;
- Celui qui y est né s'appelait tout naturellement Luis de Sarria, bien qu'il soit plus connu en littérature sous le nom de Fray Luis de Granada (1504-1588). Son *Guide du prêcheur* fit de lui l'un des artisans de la langue castillane, devenue l'espagnol. Mais il était galicien. C'est seulement parce qu'ils avaient aidé les Rois catholiques à conquérir Grenade que ses parents prirent ce titre andalou.

L'AUTRE CHEMIN : LE MONASTERE SAN JULIAN DE SAMOS

La présence de tombes de pèlerins dans le cimetière du couvent de San Julián de Samos prouve qu'ils furent nombreux aussi à faire ce qui est aujourd'hui pour nous un détour.

Existant dès le VIIe siècle, San Julián fut une première fois réformé au XIIe siècle par les moines réfugiés de Séville ; il ne reste de ces origines qu'un arc mozarabe (Xe siècle ?) dans la petite chapelle du Sauveur, à 150 mètres près d'un cyprès millénaire. Du XIIe siècle subsiste une porte romane, dans l'angle du cloître gothique doté de la fontaine monumentale des Néréides. Le grand cloître et l'église sont de style classique. En 1491, les Rois catholiques unirent l'abbaye à la congrégation de Valladolid. On sait qu'au XVIIIe siècle, les pèlerins pouvaient pendant trois jours partager dans leur réfectoire le repas des moines.

En 1835 malheureusement, avec la loi de dezamortisación, on vendit par sacs aux paysans sa précieuse bibliothèque, et le peu qui restait des vingt-cinq mille volumes a été détruit en 1951 par un incendie. Seule subsiste l'inscription lapidaire disant *"Clavstvm sine librario sicvt castrvm sine armentario"* (cloître sans bibliothèque est comme château sans armes). Mais les bâtiments ont depuis été restaurés.

Dans les villages précédents en venant de Triacastela :

- Lusio a, près de sa maison forte, une caballeriza de peregrinos (écurie de pèlerins) en ruine, mais avec une croix de Saint-Jacques.
- Un saint Jacques pèlerin est représenté sur le retable de l'église de Reche.

22,6 km 5h45 **29ème étape**

Sur le Chemin avant Portomarín

Sarria

Portomarín

ETTE ÉTAPE pourrait s'intituler "Cheminement au cœur de la Galice". Dès la sortie de Sarria, on s'écarte des routes et du monde contemporain. Pont médiéval, forêts profondes plantées de châtaigniers, hameaux minuscules reliés les uns aux autres par des chemins creux bordés de murets, la Galice, qui nous semblait lointaine et chargée d'un exotisme indéfinissable, devient familière et fidèle aux images des légendes de notre enfance. En marchant, on est pris d'enchantement par tant de beauté et, bien sûr, on songe à Merlin dans sa forêt de Brocéliande. Les ruisseaux sont franchis à pied sec sur d'étranges dalles de pierre : les *corredoiras*. Avec les *horreos*, ils constituent une deuxième particularité architecturale propre à la Galice.

Ce soir, nous dormirons dans une vieille ville nouvellement reconstruite. La place centrale de Portomarín porte sur ses façades la patine du temps, l'église forteresse San Juán est bien du XIIIème siècle, et pourtant tous ces édifices furent rebâtis pierre à pierre quand les eaux du Miño engloutirent la ville médiévale après la construction d'un barrage, dans les années soixante. Dans le lit du fleuve, on distingue encore les restes du village ancien et les piles du pont sur lequel passaient les pèlerins de jadis.

✤ RENSEIGNEMENTS PRATIQUES

✤ BARBADELO (27616)

→ Petits commerces, bar, restaurant, médecin

→ Refuge pèlerins, 20 lits + matelas, CO, PO, coin cuisine, laverie, ouvert toute l'année, AP 13h-23h, dans les écoles à l'entrée du village, 660 396 814 ou 982 530 412

→ CRT Casa Nova de Rente, 6 ch., nuitée de 28 € à 35 €/2 p.(selon saison), pdj 2 €, repas 8 €, Rente, 982 187 854

✤ FERREIROS (27611)

→ Bar, restaurant

→ Refuge pèlerins, 22 pl., CO, PO, coin cuisine, ouvert toute l'année, AP à partir de 13h, 660 396 815 ou 982 157 496

✤ PORTOMARÍN (27170)

→ Commerces, services

→ OT (été), plaza Conde de Fenosa, 982 545 303

→ Refuge pèlerins, 160 lits, CO, PO, coin cuisine, laverie, GV, ouvert toute l'année, AP 13h-23h, près de l'église, 660 396 816 ou 982 545 143

→ CTR Santa Marina, 3 ch. + bungalows, nuitée de 29 à 43 €/ch., pdj 3,50 €, repas 11 €, Santa Marina 1, 985 545 105

00,0 Sarria. Pont sur le río Sarria, dans le centre : le franchir. Stop et T avec la rúa Benigno Quiroga à suivre à droite sur 50 mètres. Grimper aussitôt à gauche la rue Escalinata Maior, pentue et s'achevant par des marches (les cyclistes feront un détour par la rue suivante, c/Marqués Ujena). Dans les deux cas, monter à gauche la rúa Maior jusqu'à…

00,6 L'église San Salvador qu'on laissera à gauche. Prendre en face la c/de la Fería. Laisser à droite la prison, puis un calvaire en granit (belvédère sur Sarria). Continuer à monter.

00,9 Point haut sur une placette : continuer tout droit, puis descendre à gauche un peu avant le couvent des pères Mercedarios, en longeant le mur du cimetière.

01,3 Stop, carrefour en T : prendre à droite une route goudronnée sur 200 mètres (b. 110,5 km). Quitter la route, descendre à gauche pour franchir le río Celeiro par le pont médiéval Aspera. Le chemin ombragé qui suit monte pour rejoindre la voie ferrée. La longer à gauche.

02,3 Passage à niveau : traverser les voies ; ensuite, à la bifurcation (b. 109,5 km), suivre le chemin de gauche le long des rails. Après 200 mètres, franchir une passerelle sur le Rego del Río. Coude à droite.

02,6 Bifurcation au pied d'un chêne très vieux : monter à gauche à travers une forêt très dense. Il vire à gauche, termine sa montée. Laisser la b. 109 km ; bientôt le sentier file à travers champs.

03,4 On rejoint une piste, la suivre à droite. Après 400 mètres, on bute sur une petite route : la suivre à gauche sur 100 mètres pour entrer dans…

1h00 03,9 Vilei. B. 108 km, alt. 515 m. Traverser le hameau et poursuivre par une route qui monte. Après 300 mètres, laisser à droite un embranchement en montée. Aller tout droit pendant encore 50 mètres.

04,4 Bifurcation : laisser à gauche vers une église à moins de 100 mètres. Prendre à droite en laissant de suite à droite le refuge des pèlerins de Barbadelo. À la b. 107 km, la route fait un coude à gauche ; laisser un chemin monter à droite.

05,3 B.106,5 km. Quitter la route, emprunter à gauche un chemin qui file entre les arbres pour traverser Rente. Après le hameau, on retrouve la petite route : la suivre à gauche, elle monte (b.106 km). Un muret va la border à droite, puis une ferme. Montée en zigzag jusqu'à un…

06,2 Carrefour avec une route à Mercado da Serra (à 40 mètres à droite : un bar alimentation) : monter en face la piste goudronnée qui devient un chemin creux ombragé par des chênes.

06,6 Carrefour en T (b.105 km) avec une piste goudronnée : continuer à gauche (en face) en laissant à droite une fontaine et piscine pour pèlerins.

07,5 Laisser une piste à droite. Continuer tout droit. Le chemin est bordé d'arbres à droite, de champs et par un muret à gauche (b. 104,5 km). Après 150 mètres, prendre à droite un chemin défoncé, passer un gué sur des grosses dalles de pierre (*corredoiras*). Remonter (b. 104 km).

08,1 Passage à découvert. Après 250 mètres, couper la C 535, continuer en face par une route goudronnée vers Peruscallo. Laisser un bar restaurant à droite.

08,7 Carrefour : rester sur la route qui vire à gauche.

2h20 09,5 Peruscallo. B. 102,5 km. Sur la placette du hameau, cul-de-sac de la route, poursuivre à gauche par un chemin de terre. Descente vers un gué (*corredoiras*). Remonter à gauche un chemin creux, étroit, défoncé (b. 102 km). Au carrefour de chemins, continuer en face à travers champs, puis dans une belle chênaie jusqu'à…

10,4 Cortiñas : suivre la ruelle qui traverse le hameau. Avant la sortie, sous des chênes, laisser filer le goudron à droite, continuer en face par un large chemin. Après 50 mètres, à la bifurcation, monter en face un chemin étroit et pierreux (b. 101,5 km).

10,7 Au pied d'un grand chêne (laisser devant une ferme avec un *horreo*), on bute sur une route goudronnée : la gravir à droite pendant seulement 30 mètres. Emprunter à gauche un chemin qui va se rétrécir et filer entre des murets.
On retrouve le goudron que l'on suit tout droit (Ouest). Après 80 mètres, descendre à droite un chemin qui franchit un cours d'eau, le Riego de Cheto. Remonter pour atteindre le coude d'une route goudronnée que l'on suivra à droite jusqu'à…

11,7 Brea : traverser le hameau. À la sortie : borne 100 km. Le balisage nous conduit par un chemin gravillonné, puis goudronné, vers…

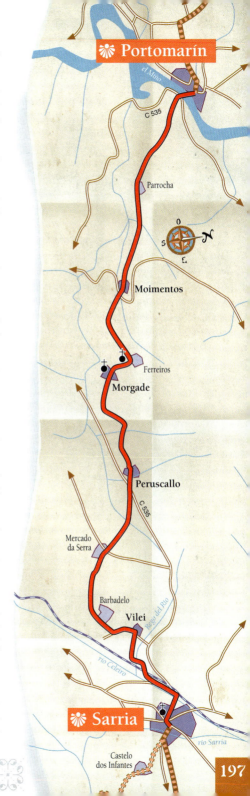

Couvent de la Magdalena

3h10 **12,4 Morgade.** Laisser un café dans le hameau (655 m), puis une chapelle que jouxte une fontaine. Descente : laisser un embranchement à droite, puis un second à gauche avant de passer un ruisseau par une *corredoiras*.

13,2 En haut de la côte, bifurcation : suivre à gauche pour pénétrer dans Ferreiros (le chemin de droite est aussi valable, les deux branches se rejoignent à la sortie du hameau au niveau du refuge). Laisser le refuge à droite et monter la route à droite sur 60 mètres.

13,6 Carrefour : descendre à gauche une petite route. Après 300 mètres, laisser à gauche le cimetière (tombes superposées) et la chapelle de Mirallos. La route remonte. Laisser à droite vers le hameau Mirallos, descendre par une piste goudronnée.

14,5 Intersection à l'entrée de Pena : monter à droite pour buter après quelques mètres sur une route à suivre à gauche vers…

15,1 Rozas (b. 97 km). Dès la sortie du hameau, quitter le goudron et emprunter à droite un chemin creux. Après 200 mètres, bifurcation : prendre à gauche un chemin bordé de murets qui descend (en contournant la colline Pena dos Corvos). Traverser un chemin.

Couper une petite route et poursuivre en face pour descendre dans…

4h10 **16,7 Moimentos.** Dans le hameau, on rejoint une route à suivre à droite pendant 200 mètres.
Quitter la route (b. 95 km) pour emprunter à gauche un chemin vers Mercadoiro que l'on traverse.

17,9 Après la traversée de Moutras, en haut d'une côte on retrouve la route que l'on suivra à gauche. La route devient horizontale (b. 94 km).

18,7 Quitter la route : prendre à gauche sur 30 mètres (b. 93,5 km), en suivant emprunter à droite une piste sablonneuse.

19,2 Parrocha. À la sortie du hameau, on retrouve la route : la suivre à gauche. Elle est bordée à droite de conifères, à gauche par un muret.

19,6 Quitter la route, emprunter à droite une piste sablonneuse. Elle se rétrécit pour devenir un chemin creux, étroit, rocailleux. Descente.

20,4 Traverser une route pavée, continuer en face par une piste cimentée pour traverser Vilacha. B. 91,5 km dans le centre du village. Sortie par une route goudronnée.

21,1 Carrefour en T (b. 91 km) : prendre à droite sur 20 mètres et, au carrefour, poursuivre en face (≈ Nord). On suit une crête. À gauche, loin en contrebas, on aperçoit Portomarín.
À la bifurcation : descendre à gauche la petite route très raide.

21,9 En bas de la descente, T : prendre une route à gauche. À 100 mètres, stop : prendre à droite la C 535 pour franchir le pont sur le plan d'eau, le Miño. Remarquer les restes de la ville engloutie en contrebas et les piles du pont médiéval.

5h45 **22,6 Portomarín.** À l'extrémité du pont, au pied de l'escalier qui permet de gagner la ville haute. (Les cyclistes feront le crochet par la route d'accès.)

En arrivant à Portomarín, le Miño

EN QUITTANT SARRIA

En quittant Sarria, on franchit sur le río Celeiro, ou río Pequeño, le pont roman Aspera, aux deux arches de pierre en plein cintre.

L'historien local E. Vasquez Saco situe près de l'actuelle gare, sur la voie ferrée Madrid-La Coruña, l'ancien San-Michaelis d'Aymeri Picaud, qui en ce cas serait bien passé par Sarria, mais sans la nommer.

Il y eut aussi un passage direct de Sarria à Cortiñas par Barreiros, sur la C 535. On n'y trouve guère plus que des toponymes : Santa Marta, citée au XVe siècle, est une grande ferme ; Barreiros, cité au XVIe siècle comme do Camino Francés, est devenu propriété privée. Et Domiz, qui appartint au XIIe siècle à la cathédrale de Compostelle, n'est plus qu'un lieu-dit.

LE BESTIAIRE DE L'EGLISE DE BARBADELO

L'endroit où s'élèvent l'église de Barbadelo et une maison voisine, prieuré jusqu'à la desamortización, conserve le nom de Mosteiro : il y eut en effet dès l'an 874, un monastère dépendant à partir de 1009 de Samos. Il devint ensuite bénédictin jusqu'au siècle dernier. Le Guide du pèlerin le mentionnait, d'un ton critique, d'ailleurs : comme à Triacastela, des courtiers, des hôteliers de Compostelle cherchaient à abuser les voyageurs. (La tradition n'a pas disparu : des rabatteurs nous ont abordés pour nous conseiller un excellent hôtel à Portomarín...)

Bref, du Mosteiro, il ne demeure que l'église du XIIe siècle, à clocher fortifié, remarquable surtout par ses deux tympans et les chapiteaux historiés des portes nord et ouest, aux sculptures archaïques riches en animaux mythiques.

ARCHITECTURE D'EAU : CORREDOIRAS ET REGOS

Nous allons aborder pour la première fois à Mercado de Serra et à Peruscallo un curieux petit ouvrage rural nommé *corredoiras*. Le mot, cousin de notre corridor, désigne l'aménagement d'une portion de chemin où l'eau des ruisseaux prend la chaussée pour lit. On aménage alors le long de ces chemins aqueux des sortes de trottoirs faits, à la manière des gués, d'une succession de pierres plates. On verra bien d'autres manifestations de ce génie galicien de l'eau : les regos qui sont des ruisseaux canalisés (cf. l'espagnol regar et riegos, le français irrigation), mais aussi des parcelles clôturées par de l'eau, des chemins sur un barrage, etc.

VERS LE RIO MINO, CHEMIN FAISANT

L'étymologie de Bréa est *vereda*, c'est-à-dire : sentier. Les quelques maisons du village sont bâties sur un roc.

Il y eut à Mirallos, hameau de quelques maisons, un prieuré de l'ordre de Malte. Il reste une fontaine à l'entrée et une petite église Santa María : portail à trois archivoltes, avec têtes de lion sur le tympan.

À Rozas, la Peña dos Corvos est une montagne des corbeaux. Forte colline en fait, du haut de laquelle on peut apercevoir Paradela, dont il sera question plus loin.

Une maison de Moimentos porte la

Un grenier à maïs ou *horreo*

croix templière gravée sur son lourd linteau de pierre.

Entre Parrocha et Villacha (deux hameaux-rue alignés le long du chemin), on laisse au sud les ruines du monastère de Loyos, restauré au IXe siècle par le moine Quintilla. Elles sont aujourd'hui sans intérêt : mais elles virent naître au XIIe siècle l'ordre de Santiago, dont les premiers chevaliers étaient aussi appelés frères de Loio. Quelques pierres wisigothiques ont été réemployées dans les murs des maisons.

PORTOMARÍN, LA VILLE NOYEE ET RECONSTRUITE

L'ancien village de Portomarín (Puertomarín en castillan), cité dès le Xe siècle, était sur les deux rives du río Miño. Il a volontairement été noyé en 1962 par un barrage créant un vaste embalse. Ses ruines apparaissent par basses eaux, près de l'arche subsistant, ainsi qu'une pile, au milieu des eaux, du vieux pont roman de 1120 : celui-ci, le puente Miña, Pons Minea d'Aymeri Picaud, avait 150 mètres de long et 3,30 m de large ; il avait été construit par Pedro Peregrino. Près du nouveau pont subsiste également, parce qu'elle était surélevée, une chapelle de Sainte-Marie-des-Neiges, très révérée localement.

Mais les monuments importants ont été sauvés des eaux et reconstruits pierre à pierre sur la colline, au milieu des nouvelles maisons blanches :
- San Juan (romane, XIIIe siècle), devenue San Nicolás, était l'église forteresse des Frères de Saint-Jean-de-Jérusalem, propriétaires du bourg où ils veillaient sur l'hôpital édifié en 1126. Vieillards de l'Apocalypse, végétaux, animaux et personnages symboliques sur le portail, vaste nef avec une seule voûte, sur laquelle ont également été recollées les fresques romanes.
- De San Pedro (1182), également romane, subsiste surtout un portail à trois archivoltes.
- Le Palacio de Berbetoros, palais du XVIIe siècle, dresse ses arcades sur la place centrale.
- La Casa dos Condes, maison comtale, est du XVIe siècle.

POUR LE PELERIN GASTRONOME, UN MENU EN GALICE

La Galice est le pays des sauces et des vins verts. Elle est aussi bordée de côtes poissonneuses, et est donc privilégiée pour les poissons, mollusques et coquillages, auxquels s'ajoutent les truites des montagnes. Les viandes, race bovine brune de Galice, et porcs gras sont également de qualité. Au menu :

Poissons et fruits de mer
- Pulpos, poulpes ou encornets, délicieux avec un peu d'huile d'olive, d'ail et de piment ;
- Navajas (en français couteaux), un long coquillage délicieux, rare en France, apprécié parmi les tapas de tous les bars d'Espagne ;
- Trucha al escabeche, truites à la sauce ;
- Poissons de mer cuits a la Gallega ;
- Lamprea estofada, lamproie cuite à l'étouffée ;
- N'oublions pas la vieira, coquille Saint-Jacques, qui peut être mangée cuite, mais aussi crue avec du citron comme les huîtres.

Viandes et gibier
- Lacón con grelos, jambonneau aux feuilles tendres de navet ;
- Pote gallego, ragoût, variété locale du cocido ;
- Empanada, pâté en croûte ;
- Cachola ou Cacheira, cassolette de tête de porc ;
- Corzo con castañas cocidas, chevreuil aux châtaignes cuites et aux myrtilles ;
- Filoa de sangre, sang frit à la poêle, rappelant la sanquette des pèle-porcs gascons.

Desserts
- Fromage du Cebreiro ;
- Freixo ou Filoa de leche y huevos, entremets au lait et aux œufs ;
- Bizcocho de Samos, biscuits faits depuis le XVIIIe siècle par la Casa Maxarin, selon la recette des moines.

Vins
- Parmi les vins réputés : le Ribeira, l'Albariño, le Vino Xoven (vin jeune).

Liqueurs
- Licor Pax de l'abbaye de Samos.

25,1 km 6h30 **30ème étape**

Elles ne vont sans doute pas à Compostelle...

Portomarín
Palas de Rei

URANT LA PREMIÈRE MOITIÉ de l'étape, nous allons jouer à cache-cache avec la C 535. C'est un sport que nous avions un peu oublié. Rien de dramatique pour autant. Certaines portions s'effectuent loin de la route et de ses camions, tandis qu'à d'autres moments il faut suivre des pistes aménagées, rassurantes à défaut d'être belles. Passé Hospital de la Cruz, nous retrouvons les paisibles hameaux galiciens, les horreos et les calvaires de granite. La croix dressée parmi des chênes séculaires à l'entrée de Ligonde est particulièrement émouvante. En route, une essence d'arbre originaire de l'hémisphère sud fait son apparition : l'eucalyptus. Les plantations vont s'intensifier en nombre à mesure que nous avancerons vers l'ouest. Leurs feuilles tombantes ajoutent une note de tristesse ou de mystère (suivant notre humeur) les jours de pluie ou de brume. Palas del Rei, littéralement le palais du roi, promet plus qu'elle ne tient. La petite ville garde peu de chose de son passé. En revanche, c'est une étape gastronomique pour qui aime une solide cuisine du terroir.

RENSEIGNEMENTS PRATIQUES
✤ GONZAR (27188)
➜ Bar, restaurant

➜ Refuge pèlerin, 20 pl., CO, PO, coin cuisine, laverie, GV, ouvert toute l'année, AP 13h-23h, Portomarin-Ventas de Narón, 660 396 817 ou 982 157 840

✤ HOSPITAL DE LA CRUZ (27213)
➜ Bar, restaurant

➜ Refuge pèlerins, 22 lits, CO, PO, coin cuisine, ouvert toute l'année, AP à partir de 13h, dans les anciennes écoles, 660 396 818

Fontaine à Ligonde

❖ LIGONDE (27568)
→ Bar, restaurant

❖ EIREXE 27568
→ Bar, restaurant

→ Refuge pèlerins, 18 lits, CO, PO, coin cuisine, GV, ouvert toute l'année, AP à partir de 13h, dans les anciennes écoles, Eirexe 17, 660 396 819 ou 982 153 483

❖ PALAS DE REI (27200)
→ Commerces, services

→ Mairie, 982 380 001, www.palatium.org

→ Refuge pèlerins, 60 lits + matelas, CO, PO, coin cuisine, laverie, GV, ouvert toute l'année, AP 13h-23h, 660 396 820 ou 982 380 090

→ CTR Casa Blanco, 5 ch., nuitée de 38 € à 41 €/2 p. (selon ch.), pdj 3,47 €, menu 12,62 €, ouvert toute l'année, Sambreixo, 982 163 294

→ CTR Casa da Ponte, 5 ch., nuitée 32 € à 40 €/2p., pdj 3 €, repas 12 €, Ferreira, 982 183 077

❖ SAN XULIÁN DEL CAMINO (27204)
→ Refuge privé touristique O Abrigadoiro, 16 pl., CO, nuitée 10 €, nuitée + pdj 13 €, 1/2 pension 20 €, pas de cuisine, GV, ouvert de la Semaine Sainte à novembre, 982 374 117 ou 676 596 975

00,0 Portomarín. Face au pont, au pied de l'escalier de la ville haute (b. 89,5 km, alt. 350 m). Prendre la C 535 à droite sur 200 mètres. Quitter la route pour franchir à gauche la passerelle au-dessus de la retenue de Belesar.

Arrivé sur l'autre rive, suivre à droite la piste goudronnée. Après 75 mètres (b. 89 km), monter à gauche une piste forestière à travers un bois de conifères. Montée raide, puis replat, légère descente.

02,3 Retrouvailles avec la C 535 : la suivre à gauche. Pour cela, couper une petite route, poursuivre par la piste aménagée parallèle à la nationale. Après 300 mètres, laisser une usine à gauche, la piste en profite pour passer de l'autre côté de la chaussée. Ces changements seront fréquents ensuite. Il n'est pas toujours utile de le signaler, le balisage est omniprésent.

04,3 Carrefour : quitter la C 535, prendre à gauche le long de la belle maison traditionnelle Toxibó avec horreo (laisser un chemin goudronné tout à gauche). Notre chemin monte parallèlement à la nationale. Passage par un point haut et traversée d'un bois de conifères.

06,1 B. 83 km. Aire de repos (fontaine) à gauche de la C 535. Le chemin est toujours plus ou moins proche de la route. Il traverse ensuite une splendide chênaie.

2h00 07,9 Gonzar. Le chemin rejoint la C 535 au niveau du refuge. Dès la sortie du hameau, emprunter à gauche une petite route en mauvais état. Quitter cette route pour monter à droite le premier chemin rencontré. Il est pierreux mais ombragé (b. 81,5 km).

08,3 On rejoint une route à suivre à gauche. À 100 mètres, borne 81 km.

08,7 Castromaior : beau hameau avec quantité d'horreos. Minuscule chapelle et bar *O Castro* à gauche de la rue. Montée raide pour sortir du village par une route bitumée.

09,3 Stop avec la C 535 : la suivre à gauche (piste aménagée). Après 400 mètres, point haut, continuer de l'autre côté de la chaussée (b. 79 km).

10,9 Retraverser la C 535, puis la quitter à (b. 78,5 km). Le chemin oblique à gauche en laissant à droite une antenne. Il se dirige vers…

2h50 **11,2 Hospital de la Cruz.** Le chemin passe sous d'immenses châtaigniers, en laissant à gauche le bar restaurant *El Labrador*.
À la sortie, laisser à gauche le refuge de la Xunta. Prendre la bretelle à droite. Au stop : passer au-dessus de la N 640/540. Prendre encore à gauche et, dans la descente de la bretelle opposée, emprunter à droite la petite route de Ventas de Narón. La route monte.

12,5 Ventas de Narón. Traverser le hameau qui comprend un bar, une petite chapelle en pierre rose, une aire de pique-nique, une fontaine et un calvaire (qui dit mieux ?). La route se poursuit en montant gentiment, bordée de lande et de conifères.

13,9 Point haut (717 m) vers la b. 76 km ; la route amorce sa descente.

14,8 On est rejoint à gauche par une route : continuer à droite (en face).

15,7 Lameiros. Laisser à gauche un très beau calvaire sous des chênes. Peu après, on pénètre dans Ligonde. Dans le hameau, laisser à droite un petit calvaire, puis, au carrefour, continuer tout droit.

16,2 Laisser une ferme à gauche avec la Fuente del Peregrino. À la sortie de Ligonde, la route descend en dessinant un Z, puis passe sur le ruisseau Regueiro, avant de remonter.

4h15 **16,9 Eirexe :** laisser à gauche un calvaire et son église. Au carrefour devant le refuge (b. 73 km), suivre la route à gauche (aire de repos avec fontaine). Après 300 mètres, laisser à gauche un lavoir. La route s'élève sous un tunnel de verdure.

17,9 Stop : couper la route de Monterroso, continuer en face. La route passe par un point haut, puis redescend tout droit sur…

19,0 Portos (b. 71 km) : la route traverse

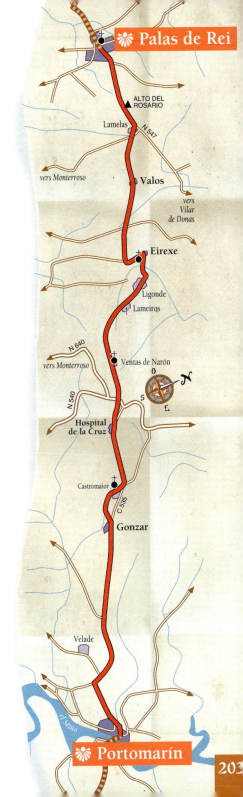

En approchant de Palas de Rei

le hameau et continue au fond du vallon. Laisser partir à droite l'embranchement pour Vilar de Donas, à 2 km (splendide église romaine avec fresques, hors chemin). Poursuivre tout droit en laissant à gauche une aire de repos et un bar restaurant. 100 mètres plus loin, laisser la borne 70,5 km.

5h00 19,8 Entrée de **Valos.** Virage à droite, laisser un lavoir à gauche, la route monte en tirant à droite. Après 300 mètres, laisser à gauche une église et son cimetière (b. 70 km).

20,6 Traverser un autre lieu-dit. Suivre la route goudronnée en laissant les embranchements de pistes. Laisser la borne 69 km juste avant une belle ferme à droite de la piste. Au carrefour, prendre à droite un chemin bordé de murets. Au niveau de la b. 68,5 km, laisser à droite un bosquet d'eucalyptus. À Lamelas, on se rapproche de la N 547 pour la suivre parallèlement.

22,0 Laisser une ferme à la b. 68 km. Après 50 mètres, couper une piste. Continuer en face par un chemin sous des grands chênes. Laisser la borne 67,5 km à l'Alto del Rosario. On suit la route N 547 à quelques mètres.

22,9 Carrefour : traverser la petite route de Burdallos. Après 100 mètres : borne 67 km. Le chemin s'écarte un peu de la N 547, il devient dallé pour traverser le hameau de Rosario. Suivre une piste gravillonnée qui descend parallèle à la N 547.

23,7 B.66,5 km. Laisser à gauche une vaste aire de pique-nique, agrémentée de "Peregrinos Aseos", WC pour pèlerins ! Longer aussi un stade à gauche. À cet endroit, le chemin est dallé et il descend.

24,4 On débouche dans la c/Do Cruceiro à l'entrée de Palas de Rei. Descendre cette rue pendant 100 mètres. Borne 65,5 km : descendre l'escalier devant l'église et le calvaire. Traverser une rue plus importante, en diagonale. En face, descendre d'autres escaliers pour déboucher dans la N 547 au niveau de…

6h30 25,1 Palas de Rei. Centre ville, devant l'ayuntamiento.

DE PORTOMARÍN A LIGONDE CHEMIN FAISANT

Le chemin historique quittait le site désormais noyé de Portomarín (alt. 350 mètres) passant par le hameau de San Roque. Le nôtre passe légèrement plus au nord.

Il y a à Cortapezas, avant le village, une fabrique de céramiques.

L'église Santa María de Gonzar (540 mètres) relevait de la commanderie de Saint-Jean-de-Jérusalem à Puertomarín.

Castromaior (600 mètres) doit son nom à un antique castrum qui s'élève au nord-ouest : traces d'enceinte et de fossés.

Modeste église romane Santa María de Castromayor : façade basse surmontée d'un mur-campanile ajouré avec une petite cloche, porte en plein cintre avec tympan nu.

Le village d'Hospital (680 mètres) tire son nom d'un ancien Hospital de la Cruz qui accueillait encore les pèlerins en 1739. Il existe à nouveau dans la commune un refuge pour pèlerins, installé dans les anciennes écoles.

Ventas de Narón (700 mètres) est peut-être la Salaregina du *Codex,* où en l'an 820 une bataille acharnée aurait opposé chrétiens et musulmans, soit probablement les troupes d'Al Akham Ier de Cordoue et d'Alphonse II des Asturies. Mais l'histoire de ce temps-là est largement mythique. Le mot ventas indique que, par la suite, on dut y faire commerce avec le paysan et le voyageur.

À la sortie de Ventas, humble cruceiro et la chapelle de pierre rose qui est dédiée à sainte Marie-Madeleine.

Au lieu-dit Lameiros (640 mètres), avant Ligonde, à droite, la chapelle Saint-Marc et la maison voisine ont des pierres héraldiques.

Comment ne pas encore penser à la Bretagne, un peu plus loin sur un lieu verdoyant où, devant un chêne magnifique, se dresse un calvaire sculpté, le plus beau peut-être de tout le chemin ?

LIGONDE : 1000 ANS D'HISTOIRE ET UNE NUIT D'EMPEREUR

Ligonde (580 mètres) est actuellement fort modeste, mais il est important par son histoire. Jetons d'abord un coup d'œil. La maison numéro 3 et, au numéro 11, la maison du carneiro (charcutier) ont conservé un cachet médiéval, avec deux pierres blasonnées.

Peu après, le numéro 17 est la demeure des propriétaires de la ferme Nabal do Hospital, située de l'autre côté de la route.

Comme le nom l'indique, il y eut là un important hôpital, mentionné sur le cadastre de 1752, qui intente encore un procès à des débiteurs en 1811 ! Ce relais jacquaire avait alors presque mille ans. C'est en 856 que le seigneur du lieu avait donné le village aux monastères de Santa María de Cartieri et San Fiz do Mermo. Au XIIe siècle, l'église Santiago de Ligonde appartenait à l'ordre du même nom.

L'hôpital lui-même fut fondé plus tard, à une date inconnue, par la famille des Ulloa. Des itinéraires du XVe siècle le mentionnent. Charles Quint y fit halte le 24 mars 1520 et y institua le droit d'asile. En 1554, son successeur Philippe II s'y arrêta aussi.

L'ARC ROMAN D'EREIXE-L'EGLISE

Le nom même d'Ereixe signifie église en galicien. L'église de la paroisse a donné son nom à ce quartier de Ligonde qui appartenait à l'hôpital San Marcos de León, tenu par l'ordre des Chevaliers de Santiago. Elle est toujours là ; remaniée, elle conserve un arc roman en plein cintre, reposant sur deux demi-colonnes annelées. À l'extérieur, au bas du mur latéral sud, un bas-relief représente un homme et des animaux, peut-être Daniel parmi les lions.

HORS CHEMIN : VILAR DE DONAS

Entre Portos et Lestedo, un chemin à droite conduit en 2,5 km à l'église romane de Vilar de Donas. Sensible détour pour un marcheur, mais que peut justifier l'intérêt de ce monument national. Le monastère, fondé par la famille Arias de Monteroso, fut en 1194 la maison professe de l'ordre de Santiago de la Espada, qui combattait les bandits détroussant les pèlerins. Ce fut aussi souvent la dernière demeure de ses chevaliers : plusieurs tombes en témoignent. En 1746, la maison, ayant perdu de son importance, était rattachée à San Marcos de León.

L'église, toujours en place, fut construite en 1230 sous Fernando II, qui lui accorda des privilèges. Mur clocher à petit campanile et riche portail roman, porte aux ferrures d'origine, haute nef à trois absides demi-circulaires, ouvertures en plein cintre, arcades de cloître attenantes. Dans l'abside centrale, peintures murales du XIVe siècle (Annonciation). Portail des Moniales (las Donas). Émouvant petit retable de granit sur le maître-autel, de même que le baldaquin du transept gauche.

DE LESTEDO A ROSARIO, CHEMIN FAISANT

À Lestedo (600 mètres), qui eut un hôpital fondé par la famille des Ulloa et qui appartenait à Vilar de Donas, l'église est dédiée à saint Jacques, représenté par une statue. L'étymologie de Lestedo était-elle la Strata, assise de la route, comme Estrade dans le Midi de la France ? Ce n'est pas sûr. Von Harff en 1496 écrivait, phonétiquement, Set Jacob de la Stego.

Après Valos, il y avait naguère à Marmurria une fontaine do Remollon où le pèlerin pouvait se laver. Le drainage du chemin l'a malheureusement fait disparaître.

Puis on trouvera un nouveau Brea,

dérivé comme le premier du vereda, sentier en latin. Un hameau garde également le nom de Ave Nostre, abrégé de l'hymne jacobite *Ave Nostre Jacobus* (Salut notre Jacques).
Après Lamela (691 mètres), voici l'Alto do Rosario, d'où le pèlerin apercevait enfin le cône parfait du Pico Sacro, mont sacré proche de Compostelle : il méritait de ce fait qu'on y dise un rosaire.

LA LEGENDE DU PICO SACRO

Ce Pico Sacro que l'on aperçoit de l'Alto del Rosario a sa légende : c'est là que se seraient trouvés les taureaux domptés par les disciples de saint Jacques.
Lorsque, ramenant son corps de Terre sainte, ils eurent débarqué à Padron, ils auraient demandé une sépulture à la cruelle reine Lupa (Louve, mais au Moyen Âge ce prénom est fréquent dans nos contrées). Elle leur répondit : *"Allez dans cette montagne, vous y trouverez un troupeau de bœufs. Prenez-en deux pour les atteler et allez où vous voudrez."* Elle savait qu'elle les envoyait en réalité au devant de taureaux sauvages. Mais, ô miracle ! ces bêtes fauves se laissèrent effectivement approcher et atteler par les chrétiens. Furieuse, Lupa voulut alors lancer des soldats à leur poursuite, mais une crue subite du torrent les protégea. C'est alors que la méchante reine se convertit elle-même, et offrit son palais pour la sépulture de saint Jacques.

LE PALAIS DU ROI

Le mot paraît bien emphatique aujourd'hui : mais Palas do Rei vient bien de *Palatium Regis*, le palais du roi en latin : Witiza (701-709) y aurait résidé. Ce fut le dernier roi wisigoth de religion ouvertement arienne, un pré-musulman, pense l'historien Ignacio Ollagüe. L'église de San Tirso a une porte romane. Plusieurs maisons médiévales, dont une ornée d'une coquille Saint-Jacques sculptée.

Calvaire à Ligonde

29,5 km 7h30 31ème étape

Un chemin en Galice

Palas de Rei

Arzúa

OICI UNE LONGUE ÉTAPE au parcours sinueux, plus difficile à décrire sur le papier qu'à suivre sur le terrain. Aux bornes rencontrées tous les cinq cents mètres, il faut ajouter celles placées aux fourches, carrefours ou points délicats. Dans ces conditions, impossible de se perdre, même dans le plus épais brouillard galicien.
L'étape est longue et peut-être souhaiterez-vous la morceler, refuges et hôtels ne manquant pas en cours de route. Il serait dommage de filer vers Compostelle au pas de course, alors que la Galice est une invitation à musarder dans des paysages qui n'ont pas subi les grands bouleversements du XXème siècle. Durant ces trente kilomètres, pas un instant vous ne ressentirez l'ennui : forêts de châtaigniers, de chênes ou d'eucalyptus s'enchaînent, parcourues de chemins creux profonds et obscurs. Puis vous traverserez les villages modestes et pourtant mémorables de Casanova, Leboreiro ou Furelos, vous franchirez des ponts en dos d'âne ou des corredoiras sur les multiples cours d'eau. Maintes fois, vous couperez, puis recouperez la N 547 sans jamais envier le conducteur filant à toute allure vers Santiago. Lui ne voit rien de cette Galice qui vous enivre à chaque nouvelle enjambée.

Suivez la flèche

Dans Boente

🚶 RENSEIGNEMENTS PRATIQUES

❖ CASANOVA (27204)

→ Refuge pèlerins, 20 lits, CO, PO, coin cuisine, laverie, ouvert toute l'année, AP 13h-23h, dans les anciennes écoles, 660 396 821 ou 982 173 483

❖ LEBOREIRO (15809)

→ Refuge pèlerins, 20 matelas, CO, PO, coin cuisine, pas d'eau chaude, ouvert toute l'année, AP 9h-23h, 981 507 351

❖ MELIDE (15800)

→ Mairie, pl. Convento 5, 981 505 003, www.melide.org

→ Petits commerces, services

→ Refuge pèlerins, 130 pl., CO, PO, coin cuisine, GV, machine à laver, ouvert toute l'année, AP 13h-23h, rúa San Antonio, Concepción 660 396 822

→ H. Sony, 10 ch., nuitée de 18 € à 30 €, pdj 2,20 €, menu du jour 8 €, fermé de Noël au 6 janvier, Ctra de Santiago 43, 981 505 473

→ H. Carlos, 35 ch., nuitée de 15 €à 36 €, pdj 3 €, menu du jour 7 €, av. de Lugo 119, 981 507 633

→ Refuge privé Xaneiro I , nuitée de 10 à 18 €, 981 505 015

→ H. Xaneiro II, 24 ch., nuitée de 21 € à 36 €, pdj 3 €, repas 7 €, av. de Habana 43B, 981 506 140

❖ RIBADISO DA BAIXO (15819)

→ Bar, restaurant

→ Refuge pèlerins, 62 pl., CO, PO, cuisine, machine à laver, GV, ouvert toute l'année, AP 13h-23h, Dolores 660 396 823

❖ ARZÚA (15810)

→ OT, casa de Cultura, 981 501 091

→ Commerces, services

→ Albergue, 46 pl., 12 matelas, CO, PO, cuisine, GV, ouvert toute l'année, AP 13h-23h, rúa Cima do Lugar 6, Celia 660 396 824

→ P Rúa, 10 ch., nuitée de 25 € à 38 €, pdj 3 €, rua de Lugo 130, 981 500 139

→ H Mensón do Peregrino, 5 ch., nuitée de 17 € à 30 €, pdj 2,50 €, repas 7 €, Ramón Franco 7-3, 981 500 830

→ H Teodora, 19 ch., nuitée de 30 € à 36 €, pdj 2,50 €, menu du jour de 8 à 10 €, Ctra Lugo 38, 981 500 940

00,0 **Palas de Rei.** Centre ville. Descendre la place de l'Ayuntamiento et retrouver la N 547 (à son p.k.34). La traverser en diagonale à droite. (Pour faire simple, on pourrait longer la nationale par le trottoir.) Le balisage préfère zigzaguer de part et d'autre de la route. Pour cela, il faut descendre à gauche par une rue dallée très pentue, la rúa del Apostolo.

00,2 T au pied d'un *horreo* : prendre à droite. Après 150 mètres, recouper la N 547. Continuer en face par un chemin dallé, la rúa do río Rxan, à suivre 30 mètres. T : descendre une ruelle à gauche. Passer une placette avec la statue de deux pèlerins dansants.

00,6 Stop : on retrouve la N 547, la suivre à droite. Après 500 mètres, obliquer à droite pour emprunter la courbe de l'ancien tracé de la N 547. Peu après le virage…

01,3 Carballal (b. 64 km). Quitter la N 547, monter à droite une piste pentue. À 300 mètres, au point haut, bel horreo à gauche.

02,0 Bifurcation : prendre à gauche un chemin creux qui oblique pour retrouver la nationale après 200 mètres. La traverser et suivre à droite, en face, par le sentier aménagé.

02,4 B. 63,5 km. Quitter la N 547. Descendre la piste à gauche à travers bois. Passer un gué (*corredoiras*). Remonter par un chemin creux étroit.

03,0 On rejoint une piste plus large, à emprunter à droite sur 50 mètres. À la bifurcation : descendre à gauche un chemin creux. Après 300 mètres…

0h50 03,3 **San Xulián.** Traverser le hameau (nombreux *horreos*). Calvaire sur la place, prendre à gauche en laissant à gauche l'église romane entourée du cimetière. Sortie par une route goudronnée (fontaine à droite et b. 62 km).

03,8 Pallota, carrefour : poursuivre en face par un chemin creux qui descend raide.

208

04,3 On débouche dans le coude d'une route, à suivre à gauche pour franchir le pont sur le río Pambre. Laisser de suite à gauche l'auberge *Ponte Campaña* et suivre encore la route sur 30 mètres. Obliquer à droite pour monter une piste dallée sous un tunnel de verdure (b. 61 km). Poursuivre par un chemin creux obscur et humide.

05,4 Bifurcation : prendre à droite une piste pendant 100 mètres. Au T (b. 60 km) : emprunter à gauche la route goudronnée pour traverser Casanova. Avant la sortie du hameau, laisser à droite le refuge de pèlerins (en travaux à l'automne 2003). Continuer par la route en montée sous des grands arbres.

06,0 Bifurcation : suivre la route de droite pendant 250 mètres. À la borne 59,5 km, quitter la route, emprunter à gauche un chemin en descente, bordé de chênes splendides.

07,0 Carrefour de pistes (b. 58,5 km,) : continuer en face pour franchir sur de grosses dalles de roche le río de Porto de Bois. Remonter par un chemin creux. 20 mètres après la borne 58 km – Campanilla, rejoindre une piste empierrée plus large, la suivre à gauche (tout droit). À moins de 100 mètres, bifurcation : suivre en face le chemin creux qui va rejoindre…

08,1 Une route que l'on emprunte à droite. Après 400 mètres : limite de provinces (sortie de Lugo, entrée dans A Coruña, alt. 505 m). Passer devant une casse de voitures.

08,7 Coto. On suit une ancienne portion de la N 547. Laisser un bar restaurant à gauche. Après 50 mètres, quitter la route à l'orée d'un bosquet d'eucalyptus pour suivre à gauche un chemin gravillonné. Il descend à découvert et se borde de murets avant d'entrer à…

2h15 09,0 Leboreiro (b. 56,5 km). On débouche sur une placette dallée, croix au centre. Poursuivre par la rue principale. À un carrefour, laisser à droite l'église minuscule et son cimetière et un curieux *horreo* en forme de panier en osier.

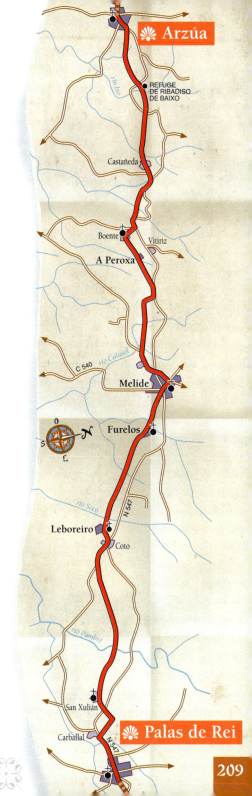

Après la sortie du village, franchir le pont médiéval en dos d'âne sur le río Seco. La piste gravillonnée remonte légèrement vers un carrefour : prendre à droite en laissant la b. 56 km (Disicabo), puis, 100 mètres plus loin, obliquer à gauche. Laisser la borne 55,5 km et 50 mètres plus loin, à la bifurcation, suivre à gauche une piste bordée de peupliers. Elle se rapproche de la N 547, puis la suit parallèlement à 20-30 mètres. Le chemin passe entre des vergers, puis près de bâtiments industriels.

11,2 Franchir une passerelle en bois avant de laisser à gauche l'entrée de l'usine Weber et Broutin (tours octogonales peintes en vert). Continuer tout droit, parallèlement à la N 547.

12,0 La piste bute sur un entrepôt de matériaux de maçonnerie. Suivre à gauche une route défoncée, puis une piste gravillonnée qui tire vers la droite. On atteint le coude d'une piste plus large que l'on va suivre à gauche (en face).

12,6 Quitter la piste pour descendre à droite un chemin creux en sous-bois. Au bas de la descente, on débouche sur une route dallée (b. 52,5 km) qu'on empruntera à gauche pendant 200 mètres. Virer à droite devant la borne 52,3 km pour franchir le pont médiéval sur le río Furelos.

3h20 13,1 Entrée de **Furelos**. 20 mètres après la sortie du pont, laisser un bar à gauche, l'église à droite : emprunter à gauche une ruelle pavée. Suivre la rue jusqu'à la sortie du village où elle devient un chemin de terre…

13,4 Bifurcation : prendre à droite (b. 52 km). Monter vers des immeubles modernes des faubourgs de Melide. Laisser sur la droite une aire de pique-nique. On atteint le coude d'une rue pavée que l'on suit à gauche (en face, au niveau de la borne 51,5 km).

14,1 Carrefour : prendre en face une rue dallée. Laisser deux embranchements à gauche. Devant la borne 51 km, monter en tirant à droite vers le centre ville.

On débouche sur la N 547 qui traverse Melide. La suivre à gauche. Après 150 mètres, laisser à droite la chapelle San Roque (beau portail mozarabe).

3h45 14,9 Melide. Grand carrefour central (la N 547 croise la C 540) : prendre la rue à droite, virer à gauche après 40 mètres pour suivre la c/San Pedro, qui est pavée.
Laisser à droite la ruelle avec le refuge des pèlerins à 40 mètres. Continuer tout droit à monter vers le cimetière qu'on laissera à gauche (b. 50,5 km). Longer son mur d'enceinte, descendre un chemin gravillonné qui descend vers…

15,6 La N 547. La traverser en diagonale vers la droite pour emprunter en face la route de San Mariño. Après 150 mètres, descendre à droite un chemin dallé en laissant à gauche le restaurant de parrillada *Pilmar*. Beau calvaire au milieu de la ruelle, puis laisser à droite l'église romane Santa María (XIIème siècle), cimetière traditionnel avec tombes superposées. Le chemin est bientôt bordé de murets, puis franchit un petit pont.

16,4 B. 49,5 km. On débouche sur une route goudronnée, à suivre à droite (en face), en montée. Après 400 mètres, laisser à gauche un entrepôt de poteaux électriques.

17,0 Laisser partir à gauche un embranchement. Continuer à monter tout droit afin de traverser un bosquet d'eucalyptus. Bifurcation (b. 48,5 km) : prendre à gauche le chemin qui descend pendant 250 mètres jusqu'au río Catasol. Le franchir sur des grosses dalles de granit. Remonter rudement à travers bois. À 100 mètres, bifurcation : prendre à gauche.

17,8 La piste est un chemin creux tirant à gauche. Après être sorti de la forêt, carrefour en T : prendre à droite devant un portail métallique.

18,4 Retrouvailles avec la N 547 : la suivre à gauche. Après 200 mètres, quitter la nationale pour suivre un chemin gravillonné. Laisser la b. 47,5 km, poursuivre à travers des plantations d'eucalyptus.

19,3 On atteint le coude d'une route goudronnée. La suivre à gauche (en face). Après 200 mètres, quitter le goudron et prendre à droite (en face) un chemin de terre sous les eucalyptus. Descente…

19,8 Pont sur le ruisseau Valverde. Juste après, laisser la borne 46 km. Remonter, laisser à gauche un embranchement, continuer en face sur le goudron.

5h10 20,1 A Peroxa. Laisser la borne 45,5 km. Puis, après 300 mètres, carrefour : prendre à gauche une petite route pour entrer dans...

20,6 Boente, carrefour en T : prendre à droite. Après 150 mètres, laisser un beau chêne à gauche et une fontaine à droite. Continuer à descendre à travers le village.
20,9 Feu, stop : on touche la N 547 par la droite (laisser à droite dans l'intersection un calvaire et une fontaine). Suivre la nationale vers la gauche (légère descente).
Après 100 m, traverser la N 547, prendre en face une ruelle dallée devant l'église peinte en blanc. Le chemin zigzague en tirant à gauche, parmi des habitations traditionnelles sur lesquelles court de la vigne.
Sortie de Boente, bel *horreo* à droite. La piste devient gravillonnée et descend.

21,5 Couper une petite route, continuer en face (b. 44,5 km). Descendre par un chemin creux. Après 300 mètres, passer sous la N 547 par un tunnel. Laisser une aire de repos (tables) et franchir le río Boente ; fontaine à droite peu après. Remonter à travers bois, montée raide.

22,5 B. 43,5 km. Longer la N 547 à droite en gravissant une piste forestière. Après 150 mètres, on atteint le coude d'une petite route : la suivre à gauche (en face).

23,2 Bifurcation : quitter la route qui entre dans Castañeda et prendre à gauche une autre piste goudronnée allant vers Río. Descente.

23,9 Au fond du vallon, laisser à gauche une aire de pique-nique (b. 42 km). À la bifurcation : continuer à gauche (en face), la route bitumée remonte.
Carrefour, fin du goudron : poursuivre en face par un chemin gravillonné (un bar est signalé à 250 mètres à droite).

24,4 À mi-côte, bifurcation : prendre à gauche (en face), près de la borne 41,5 km. C'est une belle piste montant sous les eucalyptus.
Carrefour en T : emprunter à droite une piste large et gravillonnée. Elle passe par un point haut sous les eucalyptus, puis descend, bordée par des conifères.

25,2 B. 40,5 km Franchir un pont au-dessus de la N 547. Continuer sur la piste forestière.
Carrefour : couper une route, descendre en face par une route goudronnée (b. 40 km).

6h45 26,3 Petit pont en dos d'âne sur le río Iso. De suite après, laisser à droite le superbe refuge de **Ribadiso de Baixo.** Montée. Après 200 mètres (b. 39,5 km), bifurcation : monter à droite (en face) une rue très raide.

26,9 Carrefour en T : prendre à gauche vers la montée. À moins de 100 mètres (avant le stop avec la N 547), prendre à gauche une route bitumée qui va franchir un tunnel sous la nationale. Dès la sortie, au carrefour en T : virer à droite en suivant l'ancien tracé de la N 547 en montée. Attention : le balisage est assez disparate ! Traverser le hameau de Ribadiso da Carretera.

27,5 Stop ; on touche la nouvelle N 547. La suivre à gauche par une piste aménagée sur le bas-côté gauche.

28,1 B. 38 km, à l'entrée d'Arzúa. Laisser à gauche le stade El Retiro. La N 547 devient la rúa de Lugo, continuer à travers la ville. Après le bar *Mañolo* et un monument à l'effigie du Pèlerin do Camino (à gauche), obliquer à gauche pour suivre la rue dallée, la rúa Cima do Lugar.

7h30 29,5 Arzúa. Laisser à gauche la chapelle de Magdalena, au niveau du croisement dans le centre.

À la sortie de Leboreiro

DE PALAS DE PEI AU RIO PAMBRE, CHEMIN FAISANT

La partie basse de Palas de Rei s'appelait Campo dos Romeiros (le champ des pèlerins).
Entre Carballal et San Julián, d'un modeste col précédé d'un bois de chênes, on domine la vallée du río Pambre. L'étape n'aura que bien peu de dénivelé, entre les 480 mètres de San-Julián et les 415 de Castañeda. San Xulián do Camino (Saint-Julien-du-Chemin) a une jolie petite église romane. Sur l'abside, arcature aveugle à billettes. Croix à proximité près de la fontaine.

HORS CHEMIN : LE CHATEAU DE PAMBRE

Au bord de la rivière Pambre qui baigne ses fondations, bien au sud d'Outerio, le Castillo de Pambre est une forteresse médiévale très complète, avec enceinte, donjon carré et crénelé, entouré de quatre tours inégales. Il fut construit au XIVe siècle sur l'ordre de Gonzalo de Ulloa, mais remplaçait un ouvrage antérieur car une chapelle romane du XIIe siècle est incluse dans les murailles. Tout proche au sud, le paso de Uloa, manoir de cette grande famille, a fourni le titre d'un roman de l'écrivain galicienne Emilia Pardo Bazán.

DU RIO PAMBRE A MELIDE, CHEMIN FAISANT

À Porto do Bois, en haut de la colline à droite, une maison porte le blason des Los Varela.
Dans ce site de Porto do Bois, le roi de Castille et León Henri II de Trastamara (à ne pas confondre avec Henri IV de Trastamara, l'adversaire de Pierre le Cruel au siècle suivant) livra bataille à Fernando de Castro, comte de Lemos, qui s'enfuit en Angleterre où il devait mourir en 1376.
Entre Campanilla et Leboreiro, nous passons au lieu-dit Coto, de la province de Lugo à la province d'A Coruña, toutes deux galiciennes. Une casse d'autos marque la frontière. A Coruña est bien entendu la nouvelle graphie galicienne, triomphante dans le régime des autonomies, de la ville que les Castillans appelaient La Coruña.
Lubureiro (ou Leboreiro) était au XIIe siècle *Campus Levurarius* (la campagne aux lièvres). Vieux village. Église Santa María, humble, mais en pierres bien appareillées, de style roman-transition, avec une porte en arc brisé, archivolte à décor denticulé, Vierge à l'Enfant sur le tympan et sirène sur le chapiteau. En face, l'ancien hôpital portant l'écu de la grande famille galicienne des Uloa qui le reconstruisit au XVe siècle. Il existait encore en 1811.
À la sortie de Leboreiro, relié au village par un chemin pavé, et fort bien restauré, le puente de la Magdalena, pont médiéval à une arche, petit mais bien proportionné, sur le río Seco.
Au joli village de Furelos, sur la rivière du même nom, autre pont médiéval à quatre arcs inégaux et traces de chaussée. Il existait au XIIe siècle ; le village appartenait à la commanderie de Saint-Jean de Portomarín qui tenait un hôpital près du pont.

MELIDE, CARREFOUR JACOBITE

Melide (ou Mellid), qui eut plusieurs hôpitaux, était un carrefour jacobite où les pèlerins passés par Oviedo pouvaient rejoindre le Camino Francés. Connu dès le VIIe siècle comme territoire des Aniancos, la villa de Mellid est citée en 1140.
À l'entrée du Campo San Roque a été reconstruit le portail roman de l'ancienne église San Pedro avec trois archivoltes richement sculptées.
À côté, un calvaire du XIVe siècle, sculpté sur les deux faces, le plus ancien de Galice : son Christ en gloire est sur un trône adossé à la croix.
Au centre de la localité, la Casa Consitorial, ancien palais, abrite l'hôtel de ville et un petit musée local, renseignant sur les nombreux vestiges préhistoriques, camps et dolmens de la région.
En face, l'église paroissiale (portail du XVIIe siècle, nef gothique) dernier vestige de l'hôpital de Sancti Spiritus, fondé en 1375 : il avait douze lits, où dormaient vingt-quatre pèlerins.
À la sortie, sur le río Lázaro, dont le nom rappelle une chapelle disparue, la belle église Santa María de Melide : romane (XIIe siècle), nef unique, chevet semi-circulaire, portail et chapiteaux sculptés, peintures du XVe siècle.

HORS CHEMIN : LES VESTIGES DE SAN ANTONINO DE TOQUES

À 9 kilomètres au nord de Melide, la chapelle de Santa María da Capela est l'unique vestige de l'ancien monastère de San Antonino de Toques fondé en 1060. Son abside rectangulaire garde une décoration préromane. Côté sud, un arc, à l'origine en fer à cheval, a plus tard été trans-

Constructions traditionnelles à Leboreiro

formé en arc roman. Un bois sculpté du XIIIe siècle représente le Calvaire, la Vierge et saint Jean.

VERS RIBADISO, CHEMIN FAISANT

À Boente, église de Santiago, citée par Aymeri Picaud : fontaine des pèlerins, maison noble (fief des Altamira, à l'écu orné de têtes de loup, qui possédaient la ville aux XIVe et XVe siècles) et vieux pont.
C'est à Castañeda (la châtaigneraie), village dispersé au point de paraître inexistant, entre le pont sur les ríos Boente et Pedrido, qu'Aymeri Picaud situait les fours à chaux du sanctuaire de Compostelle. Les pèlerins devaient y déposer les pierres qu'ils portaient depuis Triacastela.

RIBADIZO : L'HOSPITALITE RETROUVEE

On franchit sur un vieux pont à une arche le río Izo, dont les berges ont donné son nom à Ribadizo, village déjà mentionné en 1007 : Ribadizo de Baixa est la rive de l'Izo d'en bas. De l'autre côté du río, la première maison à droite fut un hôpital, fondé en 1425 : un document de 1523 signalait la grande charité du père hospitalier de San Antón del Ponte Ribadiso. Il appartenait aux franciscains de Santa Cristina de la Peña, à Compostelle. Et dans cette même maison, en ce très bel endroit, un nouveau refuge du pèlerin renoue avec la tradition.

LE ROMANCE DU VIEUX PELERIN

C'est le moment pour le pèlerin fatigué de se réciter le très beau romance de don Galiferos de Monmaltán, en dialecte galicien, cité par Eusebio Goicoechea Arrondo dans ses Rutas Jacobeas :

"¿ A onde irà meu romeiro
Mei romeiro a onde irà ?
Camino de Compostela
Non sei si chegarà.

O seus pés cheos de sangre
Xa non poden meis andar ;
Vai tocado o pobre vello,
Non sei si ali chegarà.
(…)
¡ I si agora non teno forzas
Meu Santiago m'as darà !
Chegaron a Compostela
E foron a Catedral.

D'esta manera falou
Gaiferos de Monmaltàn :
Gracias, meu señor Santiago,
A vosos pès me tés xa.

Si queres tira'm a vida,
Podes'm a, Señor, tirar,
Porqué moreréi contento
N'esta Santa Catedral."

Traduction :

"Où ira mon pèlerin/Mon pèlerin où ira-t-il ?/ Sur le chemin de Compostelle/Je ne sais s'il arrivera.
Ses pieds pleins de sang/Ne peuvent plus avancer./Il est touché le pauvre vieux,/ Je ne sais s'il arrivera là-bas. (…) Si maintenant je n'ai plus de forces/Mon saint Jacques m'en donnera !/ Ils arrivèrent à Compostelle/ Et furent à la cathédrale.
De cette manière parla/Gaiferos de Monmaltán :/Merci monsieur saint Jacques,/À vos pieds me voici.
Si tu veux me retirer la vie/Tu peux, Seigneur, la prendre/Car je mourrai heureux/Dans cette sainte cathédrale."

Est-il, dans sa naïveté, plus bel acte de foi que celui de ce poème épique ?

32ème étape 🚶 29,6 km ⧗ 7h30

Le chemin se faufile entre les eucalyptus

Arzúa

Lavacolla

ES DEUX DERNIÈRES ÉTAPES du voyage totalisent une quarantaine de kilomètres à elles deux. Chacun les découpera comme bon lui semble, selon sa forme physique, son humeur et ses goûts. Dormir à Arca (hors chemin) assure une nuit supplémentaire dans un refuge, pas forcément au calme, mais en pleine campagne, tout en scindant les étapes en deux parts égales. Pousser jusqu'à Lavacolla garantit d'arriver le lendemain à Compostelle autour de midi, et c'est aussi une façon d'accomplir le voyage dans les règles et la tradition.

Lavacolla était un arrêt obligé pour les pèlerins médiévaux, l'occasion de se laver (*lava colla* : est-il besoin de traduire ?), de mettre ses affaires en ordre et de se faire beau avant d'aller honorer saint Jacques. L'étape de trente kilomètres, assez semblable à la précédente, forme un chemin labyrinthique reliant entre eux des fermes ou des hameaux lilliputiens. Lorsque surgissent les grandes nationales avec leurs échangeurs et l'aéroport de Santiago, on comprend que Lavacolla appartient déjà à l'épilogue d'un voyage entrepris il y a un mois ou plus.

🚶 RENSEIGNEMENTS PRATIQUES
✤ SANTA IRENE (15821)

→ Bar, restaurant (1 km avant le village)

→ Refuge pèlerins, 36 pl., CO, PO, cuisine, GV, ouvert toute l'année, AP à partir de 13h, Ctra N-947 entre Lugo et Santiago, 660 396 825

→ Refuge privé Santa Irene, 15 pl., CO, nuitée 10 €, pdj 4 €, repas 8 €, cuisine, ouvert d'avril à oct., 981 511 000

✣ O PEDROUZO - ARCA O PINO (15821)

→ Mairie, 981 511 002

→ Petits commerces, services

→ Refuge pèlerins, 120 pl., C.O., PO., cuisine, machine à laver, séchoir, GV, ouvert toute l'année, AP 13h-23h, à côté de la N-547, Obdulia, 660 396 826

✣ LAVACOLLA (15820)

→ Ravitaillement, bar, restaurant

→ H Ruta Jacobea, 20 ch., nuitée de 61,20 € à 76,50 €, pdj 6,50 €, repas 12 € (+ 7 % de taxes), près de l'aéroport, Lavacolla 41, 981 888 211

→ H Garcas, 70 ch., nuitée de 29 € à 48,15 €, pdj 4 €, menu du jour 9 €, près de l'aéroport, Ctra de Lavacolla, 981 888 225

→ H San Paio, 46 ch., nuitée de 24 € à 36 €, 1/2 pension pèlerin 25 €, transport de sacs à dos 13 €, Ctra Santiago, 981 888 205

00,0 Arzúa. Centre : laisser à gauche la chapelle de Magdalena, au niveau d'un croisement. Poursuivre en face par la rúa do Carme, avec de grosses dalles au sol. Des habitations traditionnelles de Galice la bordent.
Traverser une placette en triangle (croix). Descendre à gauche, devant la borne 36,5 km, un chemin dallé sur 50 mètres qui devient gravillonné. On sort d'Arzúa.

00,6 As Barrosa (b. 36 km), laisser un monument à droite dédié à un pèlerin. Le chemin défoncé monte, bordé de chênes splendides. Au sommet de la côte, on atteint le coude d'une piste. La suivre à gauche.

00,9 Bifurcation : descendre à droite la piste la plus évidente. Au pied de la descente, obliquer à gauche en laissant un vague chemin partir à droite. 100 mètres plus loin, prendre à droite. Franchir deux ponts sur des ruisseaux avant de remonter tout droit.

01,9 On atteint une petite route, à suivre à gauche. Pénétrer le hameau de Pegontuño ; au croisement devant une propriété plantée de beaux palmiers, prendre à droite.

02,2 Carrefour avec une route bitumée : suivre en face un chemin gravillonné. Montée vers la N 547. Passer sous la nationale

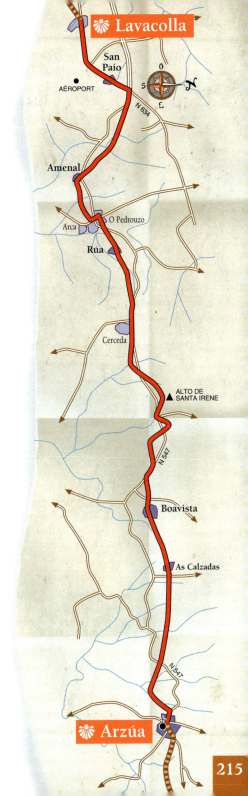

en empruntant un boyau étroit. À la sortie, la piste cimentée monte très raide et en Z puis file, bordée d'arbres à travers champs (Nord). Elle devient goudronnée à l'entrée de Cortobe.

02,8 Obliquer à gauche en laissant un mauvais chemin descendre à droite. Remonter sous des saules. Après 250 mètres, couper une route et poursuivre en face par une route étroite goudronnée.

03,2 Hameau de Peroxa. Bifurcation : prendre à gauche en laissant devant une habitation avec des treilles et un distributeur automatique de boissons. À 100 mètres, suivre à gauche un chemin creux, bordé à droite par de grands chênes.

03,5 Bifurcation : descendre à droite à travers la chênaie un chemin très défoncé. Après 350 mètres, carrefour en T : prendre à gauche pour franchir le ruisseau Ladrón (attention, balisage inexact). Après le pont, le chemin remonte (b. 33 km).

04,1 Couper une route et prendre légèrement à gauche (en face) un chemin sous les eucalyptus, laisser la borne 32,5 km.

04,6 Petit T : obliquer à gauche devant la b.32 km. À Tabernavella, laisser des embranchements à gauche, poursuivre à droite (en face). À la borne 31,5 km, on touche le coude d'une piste, la descendre à droite. Filer droit vers…

1h20 05,5 As Calzadas. Traverser le hameau.

06,0 On coupe une petite route : poursuivre en face par un chemin de terre. Au niveau de la borne 30,5 km, près d'un bâtiment agricole, bifurquer à droite (en face). Monter par un chemin creux entre les arbres.

07,0 À proximité de la b.30 km, poursuivre sous les eucalyptus. À 200 mètres, couper une piste, continuer en face. On sort de la forêt.

07,7 On retrouve le bitume à la b.29,2 km, à l'entrée d'une placette dans le hameau de Calle. Tirer à droite par ruelle dallée. Passer sous un horreo qui enjambe la route en descente. À la bifurcation, prendre à gauche, puis de suite à droite. Passer entre des habitations sous une treille.

08,1 Franchir un gué avec de grosses dalles sur la gauche. À sa sortie, prendre un passage à droite, au coin d'une maison. Le chemin fait un coude à gauche pour remonter vers une petite route. Ne pas emprunter la route, monter par le chemin pierreux à droite (presque parallèle à la route).

08,4 Carrefour : couper une route, continuer en face par le chemin gravillonné (b. 28,5 km).

09,0 Bifurcation : on atteint une route, la suivre à droite en face (croix à droite). Très vite, quitter le goudron, suivre à gauche une piste gravillonnée (b. 28 km).

2h20 09,3 Boavista. Retour sur le bitume. Au carrefour : traverser la route en diagonale vers la gauche sur 5 mètres, s'engager en face dans un chemin forestier (b. 27,5 km). Il est bordé ensuite de potagers. En atteignant le bitume, prendre à gauche sur 50 mètres. Laisser la route descendre à gauche, emprunter en face un chemin gravillonné qui monte.

10,6 Salceda : traverser le hameau (b. 26,3 km). Au carrefour, continuer en face par une route goudronnée très étroite.

11,0 Bifurcation : suivre à gauche. Remarquer les splendides bananiers dans les jardins !
On débouche sur la N 547 : la suivre à droite pendant 300 mètres.

11,5 Quitter la N 547, monter à droite un chemin de terre. Laisser à droite un monument dédié à un pèlerin. Poursuivre la montée sous les eucalyptus. Couper une piste, continuer en face. Laisser la borne 25 km. Après 200 mètres…

12,1 Retrouvailles avec la N 547 : la suivre à droite. Après 100 mètres, traverser la nationale, prendre de l'autre côté un chemin empierré qui monte à travers la forêt de Xen, coupe une route goudronnée au sommet de la côte, puis redescend vers…

13,2 Ras : traverser le hameau, puis monter jusqu'à la N 547. La traverser en tirant à gauche pour emprunter une piste en face. Après 250 mètres, hameau de Brea, bifurcation : obliquer à gauche par un chemin goudronné pendant 40 mètres. Prendre à droite à travers le village. Poursuivre par un chemin boueux. Laisser un embranchement à droite, continuer à gauche (en face).

14,0 A Rabiña (b. 23 km). Bifurcation devant une ferme : prendre à gauche. On atteint le goudron après 100 mètres. T avec stop : suivre à gauche vers la N 547. On suivra la route à droite en empruntant la piste aménagée à droite de la chaussée pendant un kilomètre.

Ici, la piste est droite et la pente n'est pas…

3h50 15,4 Alto de Santa Irene. Habitations et bar restaurant. Le balisage invite à virer à droite par une piste goudronnée, laisser la b. 21,5 km et prendre à gauche un chemin à travers bois. Retour sur la N 547 que l'on traverse. Suivre en face un chemin de terre qui aboutit sur l'ancien tracé de la nationale. Laisser à droite en descendant la chapelle de Santa Irene. On retrouve la N 547, la traverser et la suivre à gauche pendant 200 mètres par une piste parallèle.

16,5 Refuge de la Xunta. Longer encore la N 547 pendant 200 mètres avant d'emprunter une piste forestière. Laisser la b. 20 km. Descendre jusqu'à la N 547 à travers des coupes de bois d'eucalyptus.

17,2 Traverser la N 547 en diagonale vers la droite. En face, descendre une petite route goudronnée. Laisser une scierie. Après 300 mètres : prendre à droite (en face) une piste forestière (b. 19,5 km). Elle descend sur…

4h30 17,9 Rúa. On débouche dans le coude d'une route que l'on suivra à gauche (en face), près de la borne 19 km. Laisser des embranchements filer à droite, puis à gauche. La borne 18,5 km est laissée peu avant les retrouvailles avec la N 547.

18,6 O Burgo : traverser la N 547 en diagonale vers la gauche pour s'engager en face dans une piste sous les eucalyptus (b. 18 km). Après 250 mètres, prendre à droite entre des bâtiments industriels.

19,2 Au carrefour dans Pedrouzo, prendre à droite une route goudronnée en laissant à gauche le café *Miras*. Après 300 mètres, quitter le goudron, pour suivre à gauche un chemin de terre qui pénètre en forêt (Sud-Ouest).

20,1 Carrefour en T : prendre à droite une étroite route goudronnée. Après 30 mètres, on débouche dans le coude d'une autre route, la suivre à gauche. À la bifurcation suivante, emprunter à droite (en face) : la route est à nouveau bitumée, puis laisse place à la terre. Nouvelle bifurcation : prendre à gauche pour entrer en forêt. Laisser à 50 mètres la borne 16,5 km. La piste serpente sous des eucalyptus et surtout de beaux chênes.

21,1 B.16 km. Sortie de la forêt peu après. À la bifurcation : virer à gauche pendant 10 mètres, puis prendre à droite (en face). À la hauteur de la b. 15,5 km, laisser les habitations à gauche.

21,6 Carrefour en T : suivre la petite route à droite. Laisser la b. 15 km.

5h35 22,1 Amenal. Carrefour en T : prendre à droite dans le coude. À 80 mètres, bifurcation : tourner à gauche pour franchir le pont sur le río Amenal et déboucher sur la N 547.

22,7 Traverser la N 547 et remonter en face à droite vers Cimadevilla par un chemin parallèle à la nationale.

23,1 Couper une petite route (b. 14,1 km). Poursuivre en face à travers une forêt d'eucalyptus. Un chemin pierreux nous rejoint, continuer tout droit à monter (à l'Ouest).

24,0 Carrefour de pistes : aller tout droit, monter toujours jusqu'au point haut (355 m). On peut entendre, sinon voir sur la gauche, les avions décoller de l'aéroport de Lavacolla.

24,7 Bifurcation (b. 12,5 km) : descendre une piste à droite (Nord).

25,8 On touche la N 547. Arrivée sur le grand carrefour giratoire de la N 547/N 634 (b. 12 km). Contourner par la gauche le carrefour sur une piste aménagée qui se prolonge ensuite, parallèle à la N 634.

26,4 Laisser à gauche l'extrémité de la piste d'envol de l'aéroport. Le chemin est devenu un sentier serpentant sous des arbustes. Après 300 mètres, montée raide, on finit de contourner le terrain d'aviation. On atteint la N 634 : la traverser et suivre en face vers la gauche le chemin piétonnier. Quand on bute sur une route, la descendre à droite.

6h50 **27,2** **San Paio.** Laisser l'église à droite, prendre tout à gauche sur la place, la route va monter très raide. Au sommet de la côte, s'engager à droite par un chemin gravillonné.

27,8 Couper une route, poursuivre en face.

28,2 Bifurcation : prendre à gauche. Après 300 mètres, on touche le coude d'une route que l'on suivra à gauche (en face) pendant 100 mètres. On débouche sur une route, l'emprunter à droite.

29,2 Entrée dans Lavacolla : descendre tout droit. Obliquer à gauche pour passer au pied de l'église qu'on laisse à gauche.

7h30 **29,6** **Lavacolla.** Stop sur la N 634.

ARZÚA, ANCIENNE VILLENEUVE

Arzúa est le dernier bourg de quelque importance que nous rencontrerons sur le Camino avant Compostelle. Nommé Villanova (ville neuve) dans le Guide du pèlerin, il venait donc alors, au XIIe siècle, d'être créé sur les terres de l'évêché de Santiago, autour du chemin de Saint-Jacques. En 1351, il reçut le droit de s'entourer de murailles. Nous y suivons toujours, dans le tissu ancien de la cité, entre des maisons à arcades, les rues pavées portant les vieux noms de rúa Cima de Lugar, rúa do Carmé (rúas du haut du village - du Carmel).
À gauche, la chapelle de Madeleine, abritant des sépulcres, est ce qui reste d'un ancien hôpital fondé au XIVe siècle par les augustins de Sarria. Ils l'abandonnèrent en 1615.
Tout près, l'église Saint-Jacques, romane, sert encore d'abri aux pèlerins. À la sortie, la Fuente de los Franceses, fontaine des Français, à l'abandon, est menacée de disparition.

D'UN TOPONYME L'AUTRE...

Calzada, ferreiros, brea, rúa, de los Franceses, taberna (chaussée, chemin de montures, sentier, rue, des Français, taverne) : les toponymes des chemins anciens vont aujourd'hui revenir avec une fréquence insistante, nous rappelant sans cesse que si l'étape est sans gloire, nous marchons sur les traces multiséculaires des pèlerins d'antan. Notons aussi qu'à la modeste altitude de 390 ou 400 mètres, Arzúa et l'Alto de Santa Irena sont les deux points culminants d'un parcours qui dans l'ensemble plafonne dans les 300 mètres...

PAR CALZADA ET RUA, CHEMIN FAISANT

À Raido, un petit moulin, aujourd'hui hors itinéraire derrière la zone industrielle, mais au bord du chemin historique, sur les bords de l'arroyo de Marrabaldos porte le nom de Molino de los Franceses.
Dans la forêt qui précède Tavernella, on franchit le pont Ladrón sur l'arroyo du même nom : pont et ruisseaux du voleur. Et l'on n'a pas de mal, en effet, à imaginer dans ces parages les brigands d'autrefois.
Tarbernella (la petite taverne) semble indiquer qu'il y eut jadis ici un lieu de halte et d'accueil.
Brea, troisième édition en trois jours de ce toponyme, vient, rappelons-le, du latin *vereda*, sentier.
Le chemin passe à côté d'une chapelle dédiée à sainte Irène, bâtisse

basse et assez banale, mais à la façade surmontée d'un campanile. Suivent quelques maisons formant le hameau de Calle Irene, où se trouvent deux refuges. L'un installé dans l'ancienne mairie par la Xunta de Galicia ; l'autre privé et ressemblant fort aux gîtes d'étape français : arriverait-il encore au chemin de véhiculer, huit siècle après Cluny, un savoir-faire du pays franc ?

Rúa gardait naguère une atmosphère médiévale, avec ses vieilles maisons de plus en plus noyées par les constructions récentes, facilitées par le remembrement des propriétés rurales. C'est au demeurant depuis un demi-siècle seulement, par une sorte de métonymie ambulatoire, que le village aurait pris le nom du chemin qui le traverse : selon Jean Passini, de 1308 à 1477, on l'appelait Dos Casas (les deux maisons), appellation aujourd'hui limitée à un lieu-dit de la localité.

ARCA, HALTE SANS HISTOIRE

Le bois d'eucalyptus de Burgo précède Arca : ce village éclaté en trois quartiers (Opino, Arca et Pedrouzo) a peu à offrir au visiteur, si ce n'est ce qui lui importe au bout de cinq à six heures de marche : un refuge tout neuf…

LE POEME DU PELERIN INCONNU

Arrivés à quelques heures de l'étape finale, nous avons maintenant assez marché et nous en avons assez vu pour apprécier à sa valeur ce petit poème presque anonyme inscrit par E.G.B. sur le mur d'une usine de Najera. Dazibao plus que graffiti, copié à la sauvette sur le carnet du pèlerin chroniqueur, le voici :

"*Polvo, barro, sol y lluvia,*
Es Camino de Santiago.
Millares de Peregrinos
Y màs de un millón de años.

Peregrino, ¿ quién te llama ?
¿ Qué fuerza oculta te attrae ?
Ni el Campo de las Estrellas
Ni las grandes catedrales.
No es la bravura navarra
Ni el vino de los Riojanos,
Ni los mariscos gallegos,
Ni los campos castellanos.

Peregrino, ¿ quién te llama ?
¿ Qué fuerza oculta te attrae ?
Ni las gentes del Camino,
Ni las costumbres rurales.

No es la historia y la cultura,
Ni el gallo de la Calzada,
Ni el Palacio de Gaudi,
Ni el castillo Ponferrada.

Todo lo veo al pasar
Y es un gozo verlo todo
Mas la voz que a mi me llama,
La siento mucho hondo.

La fuerza que a mi me empuja,
La fuerza que a mi me artrae,
No sé ni explicarla yo.
¡ Solo El de Arriba lo sabe !"

Traduction :

"Poussière, boue, soleil et pluie/ C'est le chemin de Saint-Jacques/ Des milliers de pèlerins/Et plus d'un million d'années.

Pèlerin, qui t'appelle ?/ Quelle est cette force obscure qui t'attire ?/ Ni le champ des étoiles/Ni les grandes cathédrales.

Ce n'est pas la bravoure navarraise,/ Ni le vin de ceux de la Rioja,/ Ni les fruits de mer des Galiciens/Ni les champs castillans.

Pèlerin, qui t'appelle ?/ Quelle est cette force obscure qui t'attire ?/ Ni les gens du Chemin,/ Ni les coutumes rurales.

Ce n'est pas l'histoire et sa culture,/ Ni le coq de la Calzada,/ Ni le palais de Gaudi,/ Ni le château Ponferrada.

Tout cela, je le vois au passage/Et ce m'est une joie de tout voir/Mais la voix qui, moi, m'appelle/Je la ressens au plus profond.

La force qui, moi, me pousse,/ La force qui, moi, m'attire,/ Je ne sais même pas l'expliquer./ Seul Celui d'en haut le sait."

(Selon le Guide Pais, le poète anonyme, auteur de cet acte de foi en forme de ballade, serait Eugène Garibay Baños, curé d'Hormillejas.)

L'AEROPORT SUR LE CAMINO

Rançon de la vie moderne, nous avons vu bien souvent le vieux chemin interrompu : mais rarement de manière aussi spectaculaire qu'à l'entrée même de Compostelle, où il est carrément coupé par l'aéroport international. Qu'à cela ne tienne ; nous ferons un agréable détour par le village de Sompayo, ou San Paio.

LAVACOLLA, VILLAGE DE LA GRANDE TOILETTE

Les maisons de Lavacolla s'étagent tout au long du chemin et de la route.

Après des semaines et des lieues de marche, le pèlerin devait y faire toilette dans la rivière du même nom pour être digne d'entrer dans la cité de saint Jacques… Aymeri Picaud ne manqua pas à l'usage : avec ses compagnons, il s'était en effet lavé et vêtu proprement à Lavamentula.

Et qu'on ne soit pas tenté de traduire pudiquement par "lave-cou" ce lavacolla. Si le nom espagnol ressemble à un jeu de mots scabreux, le latin cru du bon chanoine de Parthenay ne laisse, lui, aucune équivoque, la virile mentula n'ayant rien d'un menton. Il s'agissait bien, après tout, d'une toilette de pied en cap.

33ème étape 🚶 **10,2 km** ⧖ **2h45**

L'Hostal de los Reyes Católicos

Lavacolla

Santiago

ltime étape aux abords encore champêtres jusqu'au Monte de Gozo. Durant ces derniers instants de calme, beaucoup songeront au chemin parcouru avec la joie de toucher au but, tandis que beaucoup d'autres sentiront leur gorge se nouer à l'approche du dénouement. La descente vers la ville depuis le Monxoi s'accompagne bien souvent de doute. Trop d'effervescence secoue les faubourgs, les noms ressuscitent le passé et pourtant le modernisme recouvre tout. Il faut franchir la Porta do Camino et pénétrer dans la vieille ville. Alors Santiago se dévoile et votre émotion va grandissant au fil des rues, des places et des ruelles. Un porche et quelques marches à descendre, et vous voici place de l'Obradoiro. Le Chemin a accompli sa promesse jusqu'au bout. À vous de poursuivre votre propre chemin.

🛈 RENSEIGNEMENTS PRATIQUES
✤ MONTE DEL GOZO (15890)

→ Petits commerces, services

→ Refuge pèlerins, 500 pl. (et 800 en année jacquaire), CO, PO pour la première nuit, cuisine, GV, ouvert toute l'année, AP 13h-23h, Ctra del Aeropuerto, Manuel 660 396 827

✤ SANTIAGO DE COMPOSTELA (15704)

→ Tous commerces, services, de nombreux hôtels, gares RENFE et routière

→ OT de la Xunta, c/ Rua del Villar 43, 981 584 081, www.santiagoturismo.com

→ OT, plaza de Galicia, 981 573 990

→ Oficina del Peregrino, rua Vila 1, 981 532 419

→ Albergue au séminaire Menor de Belvis, 290 pl., CO, nuitée 5 €, AP à partir de 11h, ouvert toute l'année sauf les 24, 25 et 31 décembre, av. Quiroga Palacios 2 A, 981 589 200, réservation uniquement par fax 981 577 495

→ Refuge privé Aquario, parlent français, 50 pl., CO, nuitée 5 €, GV, machine à laver, fermeture de mi-décembre à fin février, AP 9h-24h, c/ Estocolmo 2 (à 10 min de la gare d'autobus), 981 575 438

→ H. La Salle, dortoir de 6 pl., 13 €, ch. de 18 € à 31 €, derrière le couvent Santa Clara, 981 584 611

00,0 Lavacolla. Stop avec la N 634. Continuer en face vers Villamaior, passer un pont et laisser deux pistes partir à gauche. Monter sur la droite vers une forêt d'eucalyptus.

01,1 Villamaior. Première bifurcation : monter à gauche ; à moins de 100 mètres, tourner à droite.

01,6 Carrefour en T sur une placette : monter à gauche.

03,1 Laisser à droite le bâtiment de la TV Galicia. Continuer tout droit en descente.

03,5 T : prendre à gauche en laissant à gauche le camping *San Marcos*. Après 200 mètres, laisser à droite le siège de TVE Galice. Juste après, obliquer par la première route à droite vers le Monte do Gozo.

04,6 Carrefour en T : prendre à droite au pied d'un superbe *horreo*. À 100 mètres, emprunter à gauche une route vers le Monte do Gozo.

05,2 Laisser partir une route horizontale à gauche. Monter à droite (en face) une rue cimentée et pavée. Au point haut de la colline de Monxoi, laisser à gauche le monument moderne du Monte do Gozo, puis la chapelle San Marcos (370 m).

1h25 05,7 Refuge des pèlerins à gauche. En fait, un gigantesque complexe. Continuer à descendre tout droit (bien que le balisage nous invite à entrer dans le complexe).

06,1 La route oblique à droite. La quitter pour descendre des escaliers à gauche (en face). On débouche sur la N 634. Longer le bas-côté gauche pour franchir un pont sur l'autoroute A 9, puis un second sur des voies ferrées.

06,7 Passer devant la pulpería *O Tangeiro*. On débouche sur un grand carrefour giratoire. Continuer en face par la rúa de San Lázaro en laissant à gauche le palais des Congrès.

1h50 07,6 Laisser à gauche la petite chapelle **San Lázaro**. Après 300 mètres, rond-point avec une statue moderne au centre. Obliquer à gauche par une rue pavée de granit, puis par la rúa de la Fontiñas.

08,8 Grand carrefour avec feux : prendre en face, légèrement sur la gauche, l'avenida de los Concheiros.

09,2 Carrefour avec le calvaire de San Pedro. Continuer en face par la calle de San Pedro, en sens interdit.

09,6 Puerta del Camino. Traverser une large avenue et poursuivre en face par la rue piétonne, la c/Casas Reales, à travers le centre monumental. Au bout de la rue, T : obliquer à gauche sur quelques mètres pour déboucher sur la Plaza de Cervantes.
Prendre à droite la c/Acebachería que l'on va descendre. La cathédrale apparaît sur la gauche. Descendre tout droit quelques marches, passer sous un porche.

2h45 10,2 Santiago de Compostela. Plaza del Obradoiro.

UNE CHAPELLE SAINT-ROCH

Il était bon aussi de conjurer les risques de peste : à la sortie de Lavacolla, le chemin passe devant une Ermita de San Roque, également nommée chapelle de Xan Xordo. Fort plaisante sous les grands chênes qui la surplombent, elle a souvent servi d'hébergement sommaire à des pèlerins. Menaçant ruine, elle vient d'être restaurée. Mais du coup, elle a également été fermée. Si près des deux mille places du Monte de Gozo, on n'a pas jugé utile d'y maintenir un abri.

MONXOI, LE MONJOIE DE COMPOSTELLE

Monxoi est la colline la plus élevée des environs de Compostelle. Du haut de ses 368 mètres, on aperçoit pour la première fois la grande ville, but du voyage, et ses tours. Ce nom galicien vient du latin Mons Gaudii, le mont de la joie, en espagnol Monte del Gozo, exacts équivalents du vieux terme français Montjoie… C'est ici qu'en 1989, le pape Jean-Paul II réunit cinq cent mille jeunes, effectivement dans la joie. Mais, bien avant eux, ils furent des millions au fil des siècles à venir, de ce belvédère couronné d'une chapelle Saint-Marc et de trois croix de bois, contempler, avant d'y entrer, cette cité qu'Aymeri Picaud appela "la ville la plus heureuse et la meilleure de toutes les villes d'Espagne".

SAN MARCOS : DE LA CHAPELLE AU COMPLEXE TOURISTIQUE

San-Marcos, au bas de la colline de Monxoi, garde une jolie chapelle sous les chênes.
Mais elle n'est plus seule. Un énorme complexe touristique est né. Polémique et scandale ont entouré sa construction. On est certes très loin de la simplicité habituelle du chemin. Mais les autorités avaient-elles réellement le choix ? En période d'affluence, ses deux milles places suffisent à peine à répondre aux besoins d'hébergement. Que serait-ce s'il n'y avait que les cent cinquante lits de la ville ?

DANS LES FAUBOURGS DE SANTIAGO, CHEMIN FAISANT

La chapelle de San Lázaro, dans le quartier du même nom, à l'entrée de la ville, rappelle qu'il y eut là un hôpital pour lépreux.
La rue dos Concheiros, aujourd'hui large et bordée de maisons modernes, est celle des porteurs de *conchas*, les coquilles Saint-Jacques (et sans doute aussi des commerçants qui les leur vendaient).
Le calvaire de la place San Pedro ouvre à nos pas la rue du même nom, qui, elle, étroite entre des maisons d'un à deux étages, a gardé un cachet ancien. On y trouvait jadis des changeurs, des marchands, des aubergistes. À gauche, chapelle San Roque et église San Pedro.
Nous débouchons ensuite sur la place Porta do Camino (porte du Chemin). S'ouvrant au carrefour de deux grands boulevards périphériques qui épousent le contour de l'ancienne enceinte, rúa de Virxe da Cerca et rúa das Rodas, cette porte donne accès à la vieille ville.
Avant de franchir le pas, jetons un regard derrière nous, à droite : au-delà d'un square se trouve le couvent de San Domingo de Bonaval (XIVe et XVIIe siècle, église basilicale à trois nefs et trois absides). Il abrite un musée de traditions populaires, le Museo do Pobo Galego (du peuple galicien).

LE MIRACLE DE L'HOME SANTO

À la Puerta del Camino (graphie castillane) qu'on appelait aussi Puerta Francigena, le pèlerin peut voir un magnifique calvaire du XIVe siècle,

Compostelle, la cathédrale

historié de treize scènes sculptées dans la pierre, O cruceiro do Home Santo (le calvaire du saint homme).
Une légende est liée à ce calvaire. L'homme saint se serait nommé Jean Touron. Injustement condamné à la suite d'un crime et mené vers le lieu du supplice, il s'adressa à la Vierge en passant devant une de ses images et lui dit : *"Ven e valme"* ("Viens et sois ma sauvegarde"). Invocation d'où viendrait le nom de la rue et du couvent de Bonaval. La Vierge, compatissante, lui fit alors la grâce d'une mort instantanée, ce qui fut aussitôt considéré comme un miracle…

RUE PAR RUE VERS LA CATHÉDRALE

Il est impossible, dans un guide dont l'objet était de vous conduire à Compostelle - et c'est fait - de détailler toutes les richesses d'une ville comptant quarante-six églises, cent quatorze clochers, deux cent quatre-vingt-huit autels, trente-six confréries, des portes, des palais... Force sera de nous borner à quelques instantanés et, pour commencer, ceux que le pèlerin voit en progressant de la Porte du Chemin vers la cathédrale.

La rúa das Casas Reais (des maisons royales) est celle où l'Hospital San Miguel, disparu, soigna les pèlerins à partir du XVIe siècle. Nous y voyons aujourd'hui deux sanctuaires néo-classiques du XVIIIe siècle : dans une rue latérale à gauche Santa María do Camino, puis dans la rue à droite l'église de las Animas (des âmes).

Nous débouchons sur une place, plaza de Cervantes : l'ancien hôtel de ville (baroque, XVIIe siècle) s'y dresse. Un peu en retrait, l'église néo-classique San Binito del Campo.

La rue Azabacheria qui suit passe entre deux maisons anciennes, la Casa da Troia et, s'ouvrant sur une rue latérale, la Casa de Parra. La seconde est baroque et du XVIIIe siècle. La première, récemment restaurée, abrite un musée romantique. Pension populaire pour étudiants, elle a servi de cadre au roman Casa de Troia de Pérez Lugín.

On débouche enfin sur la plaza de la Immaculada, face à la porte nord de la cathédrale, cette célèbre Puerta del Paraiso, porte du paradis.

HUIT SIECLES ONT FAIT CETTE CATHÉDRALE...

Rappelons en deux mots l'historique présenté dans l'introduction de ce guide : l'apôtre Jacques aurait été enterré ici en l'an 44. Un premier sanctuaire, édifié en 899 après la redécouverte du tombeau, fut détruit en 997 par le chef maure Almanzor (al-Mansûr). Et la première cathédrale venue jusqu'à nous fut construite de 1075 à 1112 par Gelmirez, premier archevêque.

C'est celle qu'en 1140, et avec tant d'émerveillement, décrivait Aymeri Picaud dans son Guide du pèlerin : une immense et parfaite basilique "à neuf nefs dans sa partie inférieure et six dans la partie haute" ; "soixante-trois fenêtres noyées de vitraux" ; "trois portails principaux et six petits". Ce chef-d'œuvre roman de style toulousain va au fil des siècles être passablement noyé dans maintes adjonctions : dès le XIIe siècle, le Palais de Gelmirez ; du XVe au XVIIe siècle, la Tour de l'Horloge ; au XVIe siècle, le cloître gothique ; au XVIIIe siècle, la façade baroque. Tout cela finit par faire du vaisseau initial une prodigieuse pièce montée d'architecture. Mais pour l'extérieur seulement car, à l'intérieur, la cathédrale garde sa forme intacte de croix latine, avec déambulatoire et triforium, cinq chapelles rayonnantes et quatre autres sur les bras du transept.

CE QU'ON NE PEUT PAS NE PAS VOIR...

Il faut tout visiter dans la cathédrale de Compostelle : multiples entrées, nef, chapelles, stalles, cryptes, cloître, trésor, bâtiments capitulaires, panthéon royal, etc. Mais on ne peut pas ne pas voir :

- Au sud, le portail de las Platerias (des orfèvreries) du XIe siècle. Il comprend deux portes jumelles, avec deux trumeaux ornés de scènes bibliques. Mais il s'inscrit dans une petite Praza das Platerias dont chaque bâtiment au carré contribue à l'ensemble architectural.

- À l'ouest, le Portico de la Gloria (portique de la Gloire). Réalisé à partir de 1168 par le maître Mateo, à la fois architecte, sculpteur, voire théologien, et substitué à un portail antérieur, il est déjà influencé par l'esprit gothique dans le mouvement des corps et des draperies : le prophète Daniel y est même le premier personnage roman que l'on voit rire. Parmi deux cents figures, le Christ en majesté du tympan est entouré des évangélistes. Sur les colonnes, des prophètes à gauche, des apôtres à droite et, sur le trumeau central, saint Jacques.

- À l'est, derrière le chœur, la Puerta del Perdón (porte du pardon), ou Puerta Santa. Ses sculptures sont simples et frustes, mais elle vaut par le symbole : elle n'est ouverte que pour les années saintes (voir la partie générale), le 31 décembre précédent, par l'archevêque, à l'aide d'un marteau d'argent extrait du trésor.

- La crypte de l'Apôtre. Les ossements de saint Jacques et de ses deux disciples y sont conservés dans un lourd reliquaire d'argent du siècle dernier (85 kilos). Elle est sous le maître-autel, emplacement correspondant à l'église initiale du IXe siècle.

AUTOUR DE LA CATHÉDRALE

Les alentours de la cathédrale constituent aussi un ensemble architectural exceptionnel.

- Au nord, le Pazo (ou Palacio) Gelmirez, résidence du premier archevêque, garde la marque du XIIe siècle.

- En face, l'Hostal de los Reyes Catolicos (hôtel des Rois catholiques) construit à partir de 1501 a une riche façade Renaissance avec des balcons baroques. Il fut longtemps hôpital avant de devenir, en 1954, l'hôtel Parador.

- L'Hostal donne sur la plaza del Obradoiro (probablement : place où les ouvriers avaient leur chantier), où se dressent sur les trois autres côtés : le Portal de la Gloria de la cathédrale, inclus dans une façade baroque ; le Palacio de Raxoi, néo-classique du XVIIIe siècle, abritant l'hôtel de ville et la présidence de la Xunta ; et le collège de San Jerónimo, siège de l'université, roman tardif du XVe siècle.

– Vers le sud, du côté des Platerias, les Casa del Dean et Casa del Cabildo (maisons du Doyen et du Chapitre), baroques.

AILLEURS DANS COMPOSTELLE

Impossible de mentionner tous les monuments, souvent du XVIIIe siècle, qui parsèment le reste de la ville. Citons seulement :
– En se dirigeant de la cathédrale vers le sud : le Pazo do Marqués de Santa Cruz, résidence du XVIe siècle ; le Pazo de Fonzeca, édifice Renaissance qui fut, au XVIe siècle, la première université, et qui abrite toujours la bibliothèque universitaire.
– En se dirigeant vers le sud-ouest : l'université de 1769, devenue faculté d'histoire et de géographie ; la Porta de Mazarelos, seule porte de la ville à conserver un pan de la muraille médiévale.

E ULTREIA, E SUSEIA…

L'instant est venu de conclure. Nous le ferons en prenant congé sur ces mots que chantaient les pèlerins médiévaux, souvent cités, mais rarement traduits. Il s'agit d'une strophe extraite d'un chant du *Codex* de 1140. Analysant et le texte et la musique, l'historien et musicologue navarrais, Eusebio Goicoechea Arrondo, dans ses *Rutas Jabobeas*, y voit des vers qui, antérieurs au Guide du pèlerin, mélangeaient latin et langue vulgaire, et étaient sans doute chantés, en ce qui concerne cette strophe, par des pèlerins flamands. Il l'interprète ainsi :

Herru Sanctiagu
Seigneur saint Jacques
Got Sanctiagu
Grand saint Jacques
E ultreia
Plus loin, allons !
E suseia
Plus haut, allons !
Deus adjuvat nos.
Dieu, aide nous !

QUELQUES REPÈRES NÉCESSAIRES

AILLEURS
Adverbe signifiant "dans un autre lieu" de *alior*, en latin populaire (XIème siècle) signifiant " autre " qui a donné *alienus* et *alter*, dont découlent respectivement les mots "aliéné" et "altérité". Renvoie à l'Autre, sous toutes ses formes (autrui, le monde ou moi).

ANNÉE JACQUAIRE OU ANNÉE SAINTE
Se dit lorsque la fête de saint Jacques, le 25 juillet, tombe un dimanche. Après 1999 et 2004, 2010, 2021, 2027, 2032…

BOURDON
Bâton utilitaire et symbolique porté par le pèlerin; arme contre les dangers, gaule pour le ramassage des fruits; appui pendant la marche; troisième pied du marcheur qui symbolise sa foi, son endurance et qui le soutient dans sa quête.

CHEMIN ET ITINÉRAIRE
Le chemin est le support physique (sentier) des itinéraires (trajets) suivis par tout un chacun. Il n'y a pas de chemin strictement "historique" car l'itinéraire suivi était et est affaire personnelle ; de plus, en fonction des aménagements successifs de territoire, il évolue. Des haltes sont attestées par la présence d'accueils ou de reliques, par leur situation de passage sur des axes naturels de circulation, par des récits. Le chemin relie ces haltes. Un témoignage décrivant le trajet parcouru est appelé "itinéraire".

CHRISTIANISATION
Action de christianiser, de convertir à la religion chrétienne. Par extension : récupération par le culte et la religion chrétienne de pratiques antérieures, de rites païens ou très anciens auxquels, à défaut de pouvoir ou de vouloir les supprimer, on apporte un contenu conforme à la nouvelle religion officielle et unique, le christianisme. Toutefois, les croyances dans le pouvoir magique de certains objets ou de certains lieux se perpétuent. L'Église opère par récupération de ces anciens rites païens ou par répression (lutte contre les "hérésies", la sorcellerie…).

CODEX CALIXTINUS
(aussi appelé Liber Sancti Jacobi)
Manuscrit du XIIème siècle conservé à la Bibliothèque du chapitre de la cathédrale de Compostelle. Un autre exemplaire est conservé à Barcelone (Archives de la Couronne d'Aragon). Première publication en 1882. Traduction française du 5ème Livre en 1938. Compilation de textes relatifs à la vie de saint Jacques ainsi qu'au pèlerinage.
Divisé en plusieurs livres :
- 1er Livre : anthologie de pièces liturgiques et de sermons sur la vie de l'apôtre ;
- 2ème Livre : les miracles commis par saint Jacques ;
- 3ème Livre (appelé Livre de la Translation) : récit de l'évangélisation de l'Espagne, du martyr et de la translation de son corps, décapité et transporté en Galice ;
- 4ème Livre (appelé Pseudo-Turpin) : histoire de Charlemagne et de Roland ;
- 5ème Livre (attribué à Aymeri Picaud) : contient des conseils pratiques, les haltes pour vénérer les reliques des saints, les explications pour admirer le sanctuaire de Compostelle. C'est la première description, à grands traits, de quatre principaux chemins. Ce 5ème Livre écrit vers 1130 est attribué à un moine du Poitou, Aymeri Picaud. S'il est la première description, à grands traits, des chemins principaux, son audience reste toutefois inconnue (qui savait lire ?). Antérieur à l'invention de l'imprimerie et donc à la facilité de diffusion qu'elle procure, il n'a probablement acquis de véritable importance que depuis qu'il a été traduit et étudié par les historiens (époque contemporaine), ce qui dément l'idée généralement répandue qu'il est l'ancêtre de nos guides actuels.

COMPOSTELLE
Ville espagnole du nord-ouest de la Galice ; elle est le siège du gouvernement autonome (Xunta). Sa vieille ville est inscrite au Patrimoine Mondial par l'UNESCO depuis 1985. "Elle constitue l'un des plus beaux quartiers urbains du monde avec ses monuments romans, gothiques et baroques. Les

monuments les plus anciens sont regroupés autour de la tombe de saint Jacques et de la cathédrale qui s'ouvre par le magnifique portail de la Gloire." Son développement résulte de la découverte du tombeau supposé être celui de l'apôtre, Jacques.

Nom d'origine celte "ilwybr" signifiant "lieu de passage" et "dunum", hauteur, ou d'origine latine *campus stellae* (Xème siècle) signifiant "champ de l'étoile" : une étoile aurait désigné le lieu de la sépulture de l'apôtre à l'ermite Pélage.

D'après l'historien J. Chocheyras, c'est le lieu possible de la sépulture d'un hérétique chrétien, Priscillien, mort au IVème siècle.

Depuis le IXème siècle, la tradition chrétienne y situe le tombeau de l'apôtre Jacques le Majeur conduit, depuis la Palestine, par une barque de pierre guidée par la main de Dieu. Depuis un siècle, les historiens et les archéologues ont conjugué leurs recherches : s'il y a bien un tombeau attesté, et si une translation d'un corps dans une barque de pierre échouée sur le sol galicien peut aussi bien trouver explication, il se peut également qu'il y ait eu christianisation (c'est-à-dire récupération à des fins politiques et religieuses) d'un culte antérieur, païen ou hérétique, que l'Église ne savait effacer autrement.

La controverse historique nous invite à rejoindre le propos de l'historien Bartolomé Bennassar dans son ouvrage *Saint-Jacques de Compostelle*. "Il est impossible de prouver que saint Jacques est venu prêcher l'évangile en Espagne... Mais il est tout aussi impossible de prouver que saint Jacques n'est pas venu de son vivant en Espagne… En outre, la tradition elle-même reconnaît si peu de succès à la prédication de saint Jacques (on lui attribue selon les cas de deux à neuf disciples !) qu'elle aurait pu laisser peu de traces. Il n'est pas niable que le voyage de saint Jacques en Galice est parfaitement vraisemblable au plan matériel : les Phéniciens entretenaient des relations régulières avec l'Andalousie. Ils s'aventuraient aussi dans l'Atlantique à la recherche de l'étain et relâchaient dans les rias galiciennes... Il reste encore à se demander pourquoi naquit la légende, si légende il y a : car en tout état de cause, elle s'est formée au plus tard au* VIIème *siècle, c'est-à-dire avant que l'Espagne eût besoin d'un sauveur. Enfin, la Galice du* IVème *siècle témoigne d'une étonnante maturité chrétienne puisqu'elle devient déjà foyer d'hérésies... L'empreinte orientale est déjà profonde en Galice. Tout cela ne suffit pas à fonder une conviction... Mais il faut croire que la Galice à qui la croyance populaire, sinon la recherche scientifique, a fait don de l'apôtre, était dès le haut Moyen Age un milieu prédestiné aux grandes aventures de la foi."*

COQUILLE

Origine du symbole méconnue. Se trouve sur les plages galiciennes où le corps de l'apôtre aurait été débarqué, et apparaît régulièrement dans les légendes et l'iconographie. Symbole par excellence de saint Jacques et du jacquet.

Dans l'Antiquité, la coquille symbolisait l'amour et la fécondité, préservait du mauvais sort et des maladies. Dans le pèlerinage médiéval, elle représente l'accomplissement du pèlerinage et récompense l'arrivée à Compostelle, c'est-à-dire à l'ouest et au *Finis Terrae* (fin des terres connues), au lieu où se couche le soleil qui symbolise la rédemption du péché.

COQUILLARD

Nom donné à tous ceux qui empruntent le chemin ou profitent de sa proximité pour y commettre des actes de brigandage.

ÉTAPE

* Distance quotidienne parcourue entre deux hébergements.
* Point d'ancrage du sentier et jalons des itinéraires.

ÉTRANGER

Adam et Eve chassés du Paradis quittent leur patrie et possèdent alors, eux-mêmes et leur descendance, un statut d'étranger et d'exilé.

"Car chacun de nous est entré dans cet univers comme dans une cité étrangère dont il n'avait aucune part avant sa naissance, et une fois entré il y est un hôte de passage jusqu'à ce qu'il ait parcouru de bout en bout la durée de la vie qui lui a été attribuée."

À partir de ce thème, le type humain du pèlerin, de celui qui marche en quête du

salut, a été construit. L'homme sur terre accomplit son temps d'épreuves, pour accéder au moment de la mort à la Terre promise ou au Paradis perdu. Le pèlerin symbolise le caractère transitoire de toute situation et le détachement par rapport au présent. Il accomplit son chemin dans une pauvreté qui le prépare à l'illumination et à la révélation divine. Comme rite initiatique, sa démarche lui permet de s'identifier au maître choisi. Par exemple :
- suivre le commandement de Dieu à Abraham ;
- imiter le style de vie itinérant du Christ et des apôtres.

FINISTERRE

Fin des terres émergées du continent, situées au lieu du soleil couchant, les Finis Terrae symbolisent la porte du royaume des morts, l'anéantissement. L'étendue océane face à ce cap Finisterre galicien était aussi appelée "Mer des Morts".

Extrémités du continent européen : Cornouailles, Bretagne et Galice. Synonyme de bout du monde, chargé de rêves aventuriers.

Les côtes espagnoles de l'Atlantique sont parcourues de courants marins remontant vers le nord et qui jettent sur les rivages épaves et cadavres, ou navires désemparés. But ou aboutissement de la pérégrination sur les Chemins de Compostelle en suivant l'axe de la course solaire (est-ouest), l'arrivée à l'ouest signifie le déclin de l'astre comme l'anéantissement de l'homme. Mais le soleil réapparaîtra à l'est, vers Jérusalem et la Terre sainte, pour un nouveau jour : ainsi que renaîtra l'Homme dont l'âme à son tour débutera le "rand voyage" (mort et résurrection).

HALTE

Lieu de repos, de convivialité, éventuellement de dévotions, favorisant les échanges commerciaux, intellectuels et spirituels, où les savoirs et les destinées se rencontrent.

HÉRÉSIE

Du latin *haeresis* qui signifie doctrine et du grec hairesis signifiant opinion particulière. Dans la religion catholique : doctrine, opinion émise au sein de l'Église catholique et condamnée par elle comme corrompant les dogmes. Par extension, doctrine contraire à l'orthodoxie au sein d'une religion établie.
(Auteur d'une hérésie ou meneur d'une secte hérétique : hérésiarque.)
Choix de croyance différent. Rupture avec les croyances reconnues, avec l'ordre spirituel établi dans une communauté de croyants. La contestation des dogmes de la foi catholique chrétienne devient souvent une série de revendications politiques et sociales. De nombreuses hérésies se sont propagées dans le Midi de la France, le catharisme étant la plus connue, contre lesquelles l'Église lutta au moyen des puissants inquisiteurs.

Pour certains chercheurs, le tombeau vénéré à Compostelle serait celui d'un hérétique, Priscillien, condamné et décapité vers 385 pour avoir essaimé sa doctrine en Aquitaine et en Espagne, prônant un retour aux sources du christianisme fondé sur les actes des Apôtres et l'ascétisme (perfectionnement moral fondé sur une vie austère et une lutte contre les exigences du corps et les tentations). "L'invention" du tombeau de l'apôtre Jacques serait ainsi justifiée par la persistance d'une dévotion que l'église voulait effacer.

HISTOIRE

"Rencontre d'autrui, l'histoire nous révèle infiniment plus de choses sur tous les aspects de l'être et de la vie humaine que nous n'en pourrions découvrir dans notre seule vie et, par là, elle féconde notre imagination créatrice, ouvre mille voies nouvelles à notre effort de pensée comme à notre action." (Henri-Irénée Marrou)

HÔTE

Celui qui reçoit et celui qui est reçu (le passant, le cheminant).

JACQUES

Un des douze apôtres, frère de Jean l'évangéliste, originaire de Jaffa et fêté le 25 juillet. Appelé le Majeur parce qu'il est un des plus anciens disciples du Christ. Son tempérament ardent et sa voix claironnante lui ont valu le surnom de Boarnerges donné par Jésus et signifiant "Fils du Tonnerre".

"Vous serez mes témoins à Jérusalem et dans la Judée et dans la Samarie et jusqu'au bout de la terre" avait commandé le Christ (Actes des Apôtres, I, 7-8).

Ainsi, réputé pour avoir évangélisé l'Espagne – sans guère de succès – ou une autre terre romaine de l'ouest, il revient en Palestine. Mais, arrêté par le roi Hérode Ier, il est décapité (aux alentours de 44 après J.-C.). On ne retrouve trace de Jacques le Majeur dans les écrits qu'au IVème siècle.

L'histoire devient ici légende, c'est-à-dire une construction intellectuelle fondée sur des suppositions tirées des écrits et des témoignages et d'œuvres hagiographiques. Aussi, il existe une controverse entre historiens, hommes de religion et fidèles orthodoxes sur la réalité de son activité évangélisatrice en Espagne et sur la réalité de sa sépulture à Compostelle.

JACQUET, ROUMIEU

Nom donné aux pèlerins se rendant vers Compostelle ou vers Rome sur l'itinéraire d'Arles, à double circulation.

LÉGENDE

Récit populaire traditionnel, plus ou moins merveilleux, représentations de faits réels ou de personnages imaginaires, mais donnés comme historiques et déformés, embellis ou amplifiés par l'imagination et la transmission. Récit de la vie d'un saint, destiné à être lu à l'office des matines.

"Une légende comporte toujours une plus grande part de vérité qu'on ne le croirait au premier abord, mais cette part de vérité est camouflée, travestie, ensevelie sous des apports successifs qui finissent par en dénaturer le sens ; et une légende repose aussi et avant tout sur une tradition orale, souvent allégorique, que l'on peut parfois retrouver sous la forme écrite dans laquelle elle finit par se fixer." Jacques Chocheyras, *Saint Jacques à Compostelle*.

Dans la formation de la légende de saint Jacques, l'universitaire Jacques Chocheyras retient l'amalgame de plusieurs facteurs : confusion des personnes (treize Jacques sont recensés entre lesquels les auteurs médiévaux ont pu établir des confusions), interprétations généralisantes, altérations des traditions écrites par les copistes (transformation d'un mot qui change le sens). Il avance l'idée d'une récupération de la découverte d'un ancien lieu sacré ou d'un culte local bien enraciné à des fins politiques par les puissants d'alors, l'Église et le roi Alphonse II, afin de créer un sentiment d'appartenance à une communauté unie dans un même destin et ainsi galvaniser l'énergie des combattants chrétiens.

Le récit légendaire de sa vie est essentiellement tissé entre 600 et 850 pour fortifier l'Église dans son combat contre l'Islam.

Entre 50 et 700 après J.-C. : le silence des siècles s'installe sur la vie et le lieu du tombeau de l'apôtre tandis que les auteurs chrétiens dissertent sur la vie et l'œuvre des premiers disciples du Christ. L'Empire romain éclate sous les coups portés par les peuples barbares. Des royaumes se créent tandis qu'en Orient survit un Empire dominé par une foi chrétienne qui va évoluer en rupture avec la doctrine chrétienne occidentale (grand schisme de 1054)

La culture et l'écrit trouvent refuge en Orient ou dans les monastères d'Occident, seuls lieux de conservation de la mémoire des temps anciens, de la pensée, de la science de l'Antiquité grecque et romaine, ainsi que des textes sacrés de l'Ancien et du Nouveau Testament. Pour le commun, c'est une époque d'ignorance généralisée.

Les moines accomplissent un travail de conservation, de copie, d'étude et d'illustration des textes par l'enluminure dans les *scriptori*. Le livre, recueil des textes écrits, est un immense trésor que peu de gens savent déchiffrer. Ces compilations constituent une source très précieuse, unique, pour la connaissance des temps très anciens par les historiens dont c'est souvent la seule mémoire. Toutefois, des erreurs se glissent dans ces textes latins.

Mais la mémoire se brouille concernant la sépulture de saint Jacques, et des confusions s'installent dans les textes d'origine byzantine. Certaines traditions situent la sépulture en Marmarique (entre le Nil et la Lybie), et pour d'autres il n'est jamais venu en Occident.

Il serait l'évangélisateur de l'Espagne, suivant le commandement du Christ (mention qui apparaît dans les textes vers les années 650).

Le corps enseveli en Galice est "inventé", c'est-à-dire découvert, par l'ermite Pélage (entre 820 et 830). Une étoile a brillé pour lui indiquer le lieu. Une première église est alors édifiée qui reçoit la visite d'Alphonse II le Chaste, ainsi que de l'évêque Théodomir.

Apparition de saint Jacques en cavalier (Santiago Matamoros) à la légendaire bataille de Clavijo (844) dont les chrétiens sortent vainqueurs contre les Maures menés par l'émir Abd Al-Rahmân II.

Il s'agit d'expliquer comment, mort en Palestine, il est enseveli en Galice : c'est la légende de la "Translation", écrite vers 850-900. Son corps jeté aux chiens, recueilli par des fidèles, est conduit sur une barque de pierre guidée par la main de Dieu jusque sur les côtes galiciennes, à Iria Flavia (aujourd'hui : Padron), pays qu'il aurait évangélisé.

Entre 1100 et 1150 : un clerc inconnu rédige un texte qu'il fait attribuer à un certain Turpin, vivant au temps de Charlemagne, vers 750-800. Ce texte appelé Pseudo-Turpin fait de Charlemagne l'inventeur et le premier pèlerin au tombeau de Jacques. Jacques serait apparu en songe pour ordonner à l'empereur d'aller en Galice occupée par les Sarrasins, en suivant le chemin des étoiles (la voie lactée), afin de délivrer son tombeau encore ignoré de tous.

La croyance populaire, l'intérêt politique des royautés du nord de l'Espagne et les constructions intellectuelles se sont donc mutuellement fortifiées pour donner naissance à ce phénomène de civilisation, le pèlerinage, auquel on a ajouté la figure mythique de Charlemagne.

LIEUX DE PÈLERINAGES CHRETIENS

Trois lieux majeurs autour du tombeau du Christ ou d'un apôtre étaient désignés à la dévotion du chrétien : Jérusalem, Rome et Compostelle. Une multitude d'autres lieux de recueillement recevaient les pèlerins attirés par les reliques, ou encore vers des lieux où la tradition antique situait un culte, païen autrefois, et christianisé.

D'après le *Manuel des Inquisiteurs de Bernardo Gui* (1323), en usage chez les inquisiteurs de Carcassonne, d'Albi ou de Toulouse, le pardon des péchés ou les pénitences des hérétiques peuvent s'accomplir par le pèlerinage en direction des lieux majeurs ou mineurs.

- Lieux de pèlerinages majeurs : Saint-Jacques-de-Compostelle, Rome, Saint-Thomas-de-Cantorbéry, les Trois-Rois de Cologne. "Ceux qui se rendaient dans la Ville éternelle devaient habituellement y rester une quinzaine de jours, afin d'effectuer la visite des tombeaux des saints et des églises à laquelle le Saint-Siège avait attaché des indulgences nombreuses et fructueuses."

- Lieux de pèlerinage mineurs :
Notre-Dame-de-Rocamadour, Notre-Dame-du-Puy (en Velay), Notre-Dame-de-Vauvert, Notre-Dame-de-Sérignan, Notre-Dame-des-Tables à Montpellier, Saint-Guilhem-du-Désert, Saint-Gilles en Provence, Saint-Pierre-de-Montmajour, Sainte-Marthe-de-Tarascon, Sainte-Marie-Magdeleine de Saint-Maximin, Saint-Antoine-de-Viennois, Saint-Martial et Saint-Léonard en Limousin, Notre-Dame à Chartres, Saint-Denis-en-Parisis (évangélisateur des Gaules), Saint-Seurin à Bordeaux, Notre-Dame-de-Souillac, Sainte-Foy à Conques, Saint-Paul à Narbonne, Saint-Vincent de Castres, Saint-Étienne et Saint-Sernin à Toulouse (visites annuelles et à vie). Saint-Nazaire à Carcassonne, Sainte-Cécile à Albi, Saint-Antoine à Pamiers, Notre-Dame d'Auch.

Les pèlerins s'engageaient par serment à se mettre en route dans un délai (court) à partir du jour de la délivrance de leurs lettres pénitentielles qui leur servaient de sauf-conduits. À leur retour, ils présentaient à l'inquisiteur des certificats attestant qu'ils avaient accompli les pèlerinages et visites obligatoires.

On peut ajouter à la liste de l'inquisiteur, destinée aux pécheurs et repentis des hérésies en terre occitane, d'autres hauts lieux de dévotion : Saint-Michel au Mont-Saint-Michel, Saint-Marc à Venise, Saint-Rémi à Reims…

De nombreux autres lieux existaient pour une dévotion plus locale. Aux Saintes-Maries-de-la-Mer, le culte de Marie-Salomé, mère de saint Jacques le Majeur, s'est très tôt développé. Les lieux secondaires de pèlerinage se sont développés à partir du

XVIIème siècle pour plusieurs raisons :
- contrôle plus étroit des populations (par l'État) et des âmes (œuvre de la Contre-Réforme catholique) ;
- enracinement de la dévotion chrétienne dans des lieux plus immédiatement accessibles, à travers des signes et des pratiques plus quotidiennes ou plus intériorisées.
Aux XIXème et XXème siècles, le culte de la Vierge s'est développé et de nouveaux lieux sont apparus, de la visite desquels le croyant espère des grâces ou manifeste sa reconnaissance pour une grâce obtenue : la Salette (1846), Lourdes (1858), Fatima, Czestochowa (Pologne), Medjugorje (Herzégovine).

MAGIE ET THAUMATURGIE

Thaumaturgie, du grec, signifiant faiseur de miracle, détenteur d'un pouvoir magique, le plus souvent de guérison de certaines maladies.
Ainsi, le roi de France, par un don reçu de Dieu au jour du sacre, détenait un pouvoir de guérison des écrouelles (affections de la peau).
Saint Jacques est signalé par le *Codex Calixtinus* comme ayant été choisi par Jésus comme témoin privilégié, avec Pierre et Jean, pour connaître ses pouvoirs et ses secrets et ainsi être "initié au surnaturel". Tous les apôtres ont également reçu un pouvoir de guérison.
Aymery Picaud enseigne que saint Jacques guérissait les aveugles, les sourds, les boiteux, les bossus, les malades de la goutte et même "rendait la vie aux morts".
Les récits de miracles parsèment ce chemin : guérisons mystérieuses ou punitions de ceux qui inquiètent les pèlerins.
La Galice constitue "un milieu" propice aux développements de croyances magiques selon l'historien B. Bennassar.

MARCHE

Action de marcher, mode de locomotion. Acte appris par l'individu et non inné. La marche se révèle comme une énergie gratuite et inépuisable.
Le biologiste américain V. Chapette souligne que la marche au long cours éveille l'hémisphère droit du cerveau et favorise la production d'endorphines. L'endorphine est une substance sécrétée par la glande hypophyse et destinée à lutter contre la douleur. Elle cause un état d'hyper lucidité chez le sujet. Ce même état est également amené par la pratique de la méditation ou de la prière.

PÈLERIN

Du latin *peregrinus* qui a pour racine *per ager* (à travers champs), *per eger* (passage de frontières, où le voyageur devient un étranger). Symbole universel du caractère transitoire de toute situation et du détachement par rapport au présent.
Selon le poète italien Dante Alighieri (1265-1321) : "On peut entendre pèlerin en deux manières, une large et l'autre étroite : au sens large, on nomme pèlerin quiconque est hors de sa patrie ; au sens étroit, on entend par pèlerin que celui qui va vers la maison de saint Jacques, ou en revient…
À ce propos, il faut savoir qu'il y a trois façons de nommer les gens qui vont au service du Très-Haut : on les appelle *paulmiers* en tant qu'ils vont outre-mer, d'où maintes fois ils rapportent la palme ; on les appelle pèlerins en tant qu'ils vont à la maison de Galice, pour ce que la sépulture de saint Jacques fut plus lointaine de sa patrie que celle d'aucun autre apôtre ; on les appelle romieux en tant qu'ils vont à Rome".

PÈLERINAGE

Voyage individuel ou collectif qu'un fidèle fait à un lieu saint pour des motifs religieux et dans un esprit de dévotion. Le pèlerinage est une des formes du voyage comme quête initiatique ou connaissance de soi, dépouillement de l'homme, de ses tâches, et renaissance.

PÉRÉGRINATION

Du latin *peregrinatio* ; ancien français : pérégrin ou pèlerin. Voyage en pays lointain.

RANDONNÉE

Course rapide. À partir de la fin du XIXème siècle : promenade longue et ininterrompue. Synonyme d'excursion, de course, de marche, de trekking.

RELIGION

Du latin *relegere* (recueillir, rassembler) ou religare (relier).

Système de croyances et de pratiques impliquant des relations avec un principe supérieur et propre à un groupe social.

Reconnaissance par l'être humain d'un pouvoir ou d'un principe supérieur de qui dépend sa destinée et à qui obéissance et respect sont dus.

Ensemble d'actes rituels destinés à mettre l'âme humaine en rapport avec Dieu.

RELIGIEUX

Qui concerne les rapports entre l'être humain et un pouvoir surnaturel.

Prise de conscience des relations unissant l'homme à la nature.

Sentiment de dépendance et d'infini par rapport au cosmos, lien intime entretenu avec les origines.

RELIQUES

Le fidèle se rend sur un tombeau pour prier : celui du Christ à Jérusalem, de Jacques à Compostelle, ceux de Pierre et Paul à Rome… Il se rend aussi auprès des traces d'un saint en ce monde. Le saint est un mort exceptionnel. Son corps le rattache au genre humain, mais à l'image de celui du Christ, il est source de vie et promesse de régénération. La non-décomposition, la bonne odeur et la propriété d'être démembré sans perte d'efficacité miraculeuse sont déjà des signes de l'élection divine.

La fréquentation et la proximité de ces restes, en perpétuant la présence du saint, engendrent des grâces, des miracles, des guérisons ou des protections et constituent ainsi un catalyseur essentiel de la piété médiévale.

Leur détention est essentielle pour une collectivité et attire sur elle cette protection, ainsi que d'autres fidèles venus parfois de loin. La propriété d'une relique a constitué un facteur non négligeable de ce que nous appellerions aujourd'hui le "développement local". La ville de Compostelle et d'autres à son image ont été bâties autour d'un tombeau ou d'une relique. Elles se sont développées grâce à la fréquentation grandissante des fidèles, à leurs dépenses, aux donations et à l'enrichissement qui en résultait. Les reliques étaient donc l'objet d'un commerce et de pittoresques vols.

SAINT

Rôle des saints au Moyen Age : soumettre le monde naturel à l'homme en substituant au culte des fontaines, des sources, la figure idéale du Christ et de ses héros. Ils expriment la foi de l'homme médiéval en "sa volonté de durer et de surmonter les défaillances passagères ou l'hostilité des hommes et des choses".

Son rôle est d'établir le contact entre le ciel et la terre, de servir d'exemple pour les fidèles et d'intercesseur auprès de Dieu. On attend de lui qu'il fasse bénéficier l'humanité pécheresse et souffrante des grâces que lui a valu son sacrifice.

La littérature des premiers temps le présente comme un mort exceptionnel doué de toutes les perfections et habité par la grâce divine durant une vie exemplaire qui le place très au-dessus des hommes, un surhumain inimitable.

À partir du XIIème siècle, la vénération populaire s'adresse aussi à des personnages parfois vivants – les ermites – auxquels elle reconnaît la sainteté, parce qu'ils ont dompté en eux la nature et acquis un pouvoir surnaturel sur les hommes et les animaux.

Au XIIIème siècle, le saint sert également de soutien pour une église contestée, combattant des hérésies (cathares, vaudois…) ou en conflit avec les puissances temporelles, et engagée dans des mouvements de réforme interne (création des ordres mendiants) et de centralisation de l'autorité entre les mains du Pape. Les figures de François d'Assise ou de Dominique, issus de ces rangs, témoignent de la capacité de l'Église à se réformer. Ils sont sa réponse aux hérésies du temps, des hommes providentiels au moment opportun.

La place du saint dans le christianisme : s'il figure l'homme idéal, un héros et un exemple, le recrutement des saints a évolué au cours du Moyen Âge.

Est successivement saint :
- le martyr (cas de saint Jacques, mais aussi comme apôtre) et l'ascète ermite retiré du monde : saint Martin de Tours (époque des premiers temps de la chrétienté) ;
- le noble : un évêque, un moine, un roi ou un noble pour la valeur de ses actions et de sa foi, l'exercice de son autorité et l'ap-

partenance à une famille illustre, qui le font alors reconnaître comme saint ; les autorités civile et religieuse se confortent ainsi mutuellement dans une étroite alliance de l'église et du pouvoir : saint Didier de Cahors, saint Eloi, saint Césaire d'Arles (Vème - XIème siècle) ;

- le roi ou un moine : les dynasties carolingiennes, ottoniennes ou capétiennes cherchent à asseoir leur légitimité en s'appuyant sur l'Église, par une sacralisation de la fonction royale ainsi que par la recherche du prestige que la sainteté pouvait conférer. Également, le monastère bénédictin est désormais regardé comme une antichambre du paradis, permettant aux moines de se retirer de la société et de réserver leur vie à la prière. Véritable soldat du Christ, médiateur du ciel et de la terre, le moine, en renonçant à toute propriété, à la violence, à la sexualité, rend possible par son sacrifice le salut de l'humanité : saint Wenceslas de Bohême, saint Odilon de Cluny, saint Géraud d'Aurillac (Xème - XIème siècles) ;

- l'ermite, celui qui devient pauvre volontairement, et son bienfaiteur, le pèlerin errant pour Dieu, le fondateur d'hôpital : la sainteté cesse d'être le fruit de la contemplation du mystère infini d'un Dieu inaccessible. Elle devient une imitation du christ : "Suivre nu le Christ nu" dans le dépouillement et l'ascèse, le service des pauvres. Elle coïncide avec une redécouverte de la vie intérieure. Autour de la Méditerranée, la vox populi s'attacha à des hommes et des femmes qui ont enduré volontairement privation et souffrance pour l'amour de Dieu et du prochain. Laïcs et humbles peuvent aussi accéder à la sainteté : saint François d'Assise, saint Dominique, saint Louis (XIIème - XIIIème siècles) ;

- femmes mystiques et prophètes. En réaction aux insuffisances de l'Église et contestant sa transformation en machine de pouvoir, ils réclament un sursaut spirituel : sainte Catherine de Sienne, sainte Angèle de Cortone ;

- les prédicateurs : en réaction, l'Église occupe le terrain de la parole. Vincent Ferrier, Jacques de la Marche parcourent l'Occident pour prêcher la parole, exhortant à une plus grande morale, à la prise de conscience des péchés et au repentir. S'adressant en plein air à de larges auditoires, animés du désir de conversion et organisant de grands rassemblements expiatoires, ils agissaient également pour la paix publique, pour la réconciliation des antagonismes dans les familles et la cité et pour le renforcement des secours ou des droits accordés aux pauvres (l'âge de la parole inspirée : XIVème - XVème siècles). À cette époque, en marge de l'Église ou contre la volonté de l'Église, le peuple se porte, comme toujours, à créer spontanément des saints. Ainsi, le culte de saint Roch, pèlerin et thaumaturge, se répandit-t-il en son sein et les fidèles lui dédicacèrent de nombreux lieux et l'invoquèrent contre la peste. L'Église ne finira par le reconnaître comme saint qu'au XVIIème siècle.

TOURISME

Mot apparu en 1841 ; de l'anglais tourism. Le fait de voyager, de parcourir pour son plaisir un lieu autre que celui où l'on vit habituellement (même s'il s'agit d'un petit déplacement ou si le but principal du voyage est autre). "Le tourisme n'est pas une masse, il n'y a pas une horde de soixante-dix millions d'étrangers qui déferlent chaque année sur l'hexagone, ni des dizaines de millions de français qui se déplacent en troupeau. Il y a, chaque année, plusieurs dizaines de millions d'acteurs pensants qui se déplacent sur le territoire français. Ce sont des déplacements qui ont du sens, à l'intérieur de trajets familiaux, historiques, vers les lieux des origines, les racines réelles ou inventées de chacun." Jean Viard, *Court Traité sur les vacances, les voyages et l'hospitalité des lieux,* Éditions de l'Aube.

VOIE LACTÉE

* En astronomie, nébuleuse composée de milliards d'étoiles, de gaz et de poussières qui se présentent à l'observateur terrestre sous la forme d'une bande blanchâtre et floue par nuit claire.

* Pour les Tatars musulmans, elle constitue le chemin des pèlerins de La Mecque.

* Autre nom porté par le faisceau des Chemins de l'Allemagne jusqu'à Compostelle. Baptisée ainsi en référence au "Songe de Charlemagne" : Saint-Jacques apparaît à

l'Empereur et lui demande d'aller délivrer son tombeau entre les mains des Sarrazins, en suivant le sillage de la Voie Lactée. Cette littérature entretient la croyance que l'épopée du Grand Empereur se rencontre sur les chemins de Compostelle.
* Signification symbolique commune à plusieurs civilisations :
• chemin du salut des âmes souvent comparé au serpent, au fleuve, à une trace de pas, à une giclée de lait, à une couture et à un arbre;
• voyage entre deux mondes, voie de l'immortalité, lieu de passage des âmes entre les mondes terrestre et céleste et les conduisant au paradis éternel;
• frontière entre le monde du mouvement et l'immobile éternité;
• voie empruntée par "tous ceux qui vont d'un lieu à l'autre de la terre ou du cosmos, d'un plan à l'autre de la connaissance". (B. Bennasar).

VOYAGE

Du latin *via*, voie (XIème siècle) et *viaticum*, provision de voyage ou communion portée au mourant. Déplacement dans l'espace vers un lieu assez éloigné. Déplacement intérieur : dans les littératures, le voyage symbolise une aventure et une recherche.
Le pèlerinage comme quête de la terre promise est une forme du voyage : déplacement dans l'espace pour mieux entrer en soi (voyage intérieur).
Pour le poète Novalis *"Nous rêvons de voyage à travers l'univers, l'univers n'est-il donc pas en nous ? Les profondeurs de notre esprit nous sont inconnues. C'est en nous, sinon nulle part, qu'est l'éternité avec ses mondes, le passé, et l'avenir. Le chemin mystérieux va vers l'intérieur".*
Al Sâlik, le voyageur, est un titre attribué par certaines confréries musulmanes aux pèlerins.

VOYAGER

"Garder le sens de l'ailleurs"
Jean Chesneaux

BIBLIOGRAPHIE

GUIDES

Guide du Routard : Espagne du Nord-Ouest
Guide du Routard : Espagne du Centre
Guide du Routard : Pays basque
(France, Espagne)
Hachette. *Remis à jour tous les ans.*

Guia de Alojamientos en Monasterios, El Pais – Aguilar. *En espagnol*

Monasterios con Hospederia en España, Everest. *En espagnol*

Collectif, *Les grands pèlerinages d'Europe.* Coll. Euroguides, Le Seuil, 2001.
Recensement des lieux de pèlerinages chrétiens et carnet d'adresses pour tous voyageurs.

Camino de Santiago, Guia de la naturaleza, Edilesa, 2004. *En espagnol*

PATRIMOINE

DURLIAT (Marcel) : *La sculpture romane de la route de Saint-Jacques-de-Compostelle,* Éditions CGHAG, 1990.
Une somme scientifique

Santiago de Compostela, Edilesa, 2004.
En français ; la ville de Santiago et son patrimoine

La Cathédrale de Santiago, Edilesa, 2004.
En français

TÉMOIGNAGES

BOURLÈS (Jean-Claude) : *Passants de Compostelle,* Petite Bibliothèque Payot, 1998.
Une mine de paroles lues et entendues

GRÉGOIRE (Jean-Yves) : *Le Chemin des Étoiles,* Rando Éditions, 1998.
Témoignage par la photo et le texte

LAPLANE (José) et LAPLANE (Michèle) : *Itinéraire spirituel pour Compostelle.* Coll. Les petits livres de la Sagesse, La Table Ronde, 2001. *Témoignage sur la voie d'Arles et le Camino Francés*

MARTINEZ (Gabriel) : *À Compostelle,*
Atlantica, 1998. *Témoignage photographique*

HISTOIRE

BENNASSAR (Bartolomé) : Saint-Jacques
de Compostelle, Julliard, 1970. *Une analyse
historique profonde sur le contexte de la naissance du lieu et du pèlerinage, son évolution
historique, une grande hauteur de vue,
un ouvrage essentiel mais épuisé en librairie ;
à rechercher chez les bouquinistes*

CHELINI (Jean) et BRANTHOMME (Henry) :
*Les Chemins de Dieu, Histoire des pèlerinages
chrétiens des origines à nos jours,* Livre de
Poche

CHELINI (Jean) et BRANTHOMME (Henry) :
*Histoire des pèlerinages non chrétiens.
Entre magique et sacré : le Chemin des dieux,*
Hachette, 1987

CHOCHEYRAS (Jacques) : *Saint-Jacques
à Compostelle.* Coll. De mémoire d'homme,
Ouest France Université, 1997. *Analyse
pointue et critique de la légende et de ses sources*

RUCQUOI (Adeline) : *Histoire médiévale
de la Péninsule ibérique.* Coll. Points,
Le Seuil, 1993

TUCOO CHALA (Pierre) :
Quand l'Islam était aux portes des Pyrénées,
XIème - XIIIème siècles, Atlantica-poche, 2000

*Le guide du pèlerin de Saint-Jacques-de-
Compostelle.* Traduction française du *Codex
Calixtinus* par Jeanne Vielliard, Librairie
philosophique J. Vrin, 1990.
Texte fondateur en latin du XIIème siècle

DÉCOUVERTE

BARRAL I ALTET (Xavier) :
Compostelle, le grand chemin. Coll. Découvertes,
Gallimard, 1993. *Synthèse de ce qu'il faut
savoir sur l'histoire de ce mouvement
de civilisation*

COSTE MESSELIÈRE (de la, René) :
Sur les chemins de Saint-Jacques, Perrin, 1993.
L'essentiel de ce qu'il faut savoir, pour tous

HUCHET (Patrick) et BOELLE (Yvon) :
Merveilles des chemins de Compostelle,
Ouest France, 2003. *Beau livre*

HUCHET (Patrick) et BOELLE (Yvon) :
Sur les chemins de Compostelle,
Ouest France, 2002. *Excellente synthèse,
récit vivant, nombreuses illustrations,
pour tous publics*

OURSEL (Raymond) : *Pèlerins du Moyen Age,*
Fayard, 1995. *Ouvrage de réflexion pour
un public averti*

Collectif, *Chemins de Saint-Jacques,*
Guides Gallimard, 2003. *Synthèse pour
connaître l'art et l'histoire, adresses utiles pour
les itinéraires non ouverts en GR, tous publics*

ANALYSES

AMIROU (Rachid) : Imaginaire touristique
et sociabilités du voyage. Coll. Le sociologue,
PUF, 1995

AMIROU (Rachid) : Imaginaire du Tourisme
Culturel. Coll. La politique éclatée,
PUF, 2000

BOTTINEAU (Yves) : *Les chemins
de Saint-Jacques,* Arthaud, 1983.
Pour un public averti

HERVIEU-LEGER (Danièle) : *Le pèlerin
et le converti : la religion en mouvement,*
Flammarion, 1999. *Une réflexion sur les
spiritualités dans la société contemporaine ;
pour un public curieux ou averti*

MAFFESOLI (Michel) : *Du nomadisme :
Vagabondage initiatique,* Livre de Poche, 1997

VIARD (Jean) : *Court traité sur les vacances,
les voyages et l'hospitalité des lieux,*
Éditions de l'Aube, 2000

Le pèlerinage au cœur des religions.
Actes du colloque organisé par l'Institut
des Sciences et de Théologie des Religions.
Coll. Les Cahiers de l'ISTR. (Pour se le
procurer, tél. : + 33 (0)5 61 53 25 12)

THÉO, la France des religions. Réalisé
par la promotion 2001/2002 des étudiants

La Cruz de Ferro

de l'École Supérieure de Journalisme de Lille. *Les pratiques religieuses et spirituelles dans la France d'aujourd'hui.* Bien documenté et tous publics. En vente auprès de l'école ou consultable sur internet : http://www.esj-lille.fr

Collectif, sous la direction de DUPRONT (Alphonse) : *Saint-Jacques de Compostelle : la quête du sacré,* Brépols, 1985. Un ouvrage qui a fait date mais épuisé, à rechercher chez les bouquinistes. L'analyse profonde de l'homme et de la société pèlerine, de l'espace sacré, des rites. La référence inégalée

EUROPE

Collectif, *Les Itinéraires Culturels Européens,* Éditions du Conseil de l'Europe, 1998. *Sur le patrimoine commun des Européens*

Les Itinéraires Culturels en Europe du sud. Hors série de la revue *Pays et Patrimoine.* Association des Alpes de Lumière (04), 2002. *D'intéressantes réflexions sur la marche, l'identité et ses liens avec les patrimoines ruraux. Pour tous publics*

DUBY (Georges) : *L'Europe au Moyen Age.* Coll. Champs, Flammarion, 1984

ESPAGNE

DEL CASTILLO (Michel) : *Le sortilège espagnol.* Coll. Folio, Gallimard, 1998. *Essai sur l'âme de l'Espagne*

DEVENAT (Colette) : *Les mariés de Valladolid,* J'ai lu, 2002. *Les prémices de la formation de l'Espagne actuelle sous l'impulsion d'Isabelle la Catholique*

PATRIMOINE MONDIAL

"Le chemin Saint-Jacques est la grande rue de l'Europe sur laquelle ont circulé toutes les cultures européennes"

"La mémoire est un ressort essentiel de la créativité : c'est vrai des individus comme des peuples qui puisent dans leur patrimoine – naturel et culturel, matériel et immatériel – les repères de leur identité et les sources de leur inspiration."

"Le patrimoine est l'héritage du passé, dont nous profitons aujourd'hui et que nous transmettrons aux générations à venir."

"Les sites du Patrimoine Mondial appartiennent à tous les peuples du monde, sans tenir compte du territoire sur lequel ils sont situés."

L'inscription du Chemin de Saint-Jacques-de-Compostelle en Espagne au Patrimoine Mondial par l'UNESCO s'est faite en 1993 pour les communautés autonomes d'Aragon (province de Huesca et de Saragosse), de Navarre, La Rioja, Castille et León (provinces de Burgos, Palencia et León), et de Galice (provinces de Lugo et La Coruña). Ces territoires administratifs représentent en termes d'itinéraires compostellans : le chemin aragonais, le chemin navarrais et le *camino francès*.

Mille huit cents bâtiments religieux et civils jalonnent cet itinéraire et possèdent un intérêt historique et culturel qui présentent la naissance de l'art roman, les premières cathédrales gothiques, ainsi qu'un véritable chapelet de monastères. Ponts, auberges et hôpitaux construits au long de cet itinéraire illustrent également la formidable dynamique économique et culturelle générée par le chemin de Saint-Jacques ainsi que la création d'une véritable infrastructure pour le pèlerin.

On peut distinguer Puente la Reina pour ses bâtiments et son pont du XIème siècle, Viana pour son plan et sa grande place, Santo Domingo de la Calzada et ses très belles cathédrales, la superbe église romane et les écluses médiévales de Fromista, la cathédrale d'Astorga, Ponferrada...

Petit historique d'une mise en valeur.

Dés 1962, la longueur totale de cet itinéraire de pèlerinage en Espagne était déclarée élément du patrimoine historique national. À l'occasion de l'année jubilaire de 1982, l'association espagnole *Amigos de los Pazos* adressait au Conseil de l'Europe un appel demandant que le chemin de pèlerinage soit spécifiquement désigné comme "bien culturel européen commun". Un aboutissement se concrétise en 1987 alors que le Conseil de l'Europe propose la revitalisation des chemins de Saint-Jacques comme itinéraire culturel européen. En 1988 le gouvernement autonome de Navarre renforce cette reconnaissance en protégeant son tronçon par décret.

Actuellement, une bande de 30 mètres de part et d'autre du chemin est également protégée.

Pour l'année 2004, 788 biens sont inscrits sur la liste du Patrimoine Mondial en raison de leur valeur universelle (611 biens culturels, 154 naturels et 23 mixtes) situés dans 134 états.

DANS LA MEME COLLECTION

Le Chemin du Puy vers Saint-Jacques-de-Compostelle (Jean-Pierre Siréjol – Louis Laborde-Balen). *Pour aller du Velay aux Pyrénées, 29 étapes dont Conques, Cahors, Moissac. Une variante en 5 étapes permet de passer par Villefranche-de-Rouergue. L'itinéraire suit le tracé du GR 65.*

Le Chemin de Vézelay vers Saint-Jacques-de-Compostelle (Jean-Yves Grégoire, Jacqueline Véron, Georges Véron). *Au plus près du chemin historique, 38 étapes pour aller de la Bourgogne aux Pyrénées en passant par le Berry, le Limousin, le Périgord, les Landes.*

Le Chemin d'Arles vers Saint-Jacques-de-Compostelle (Rob Day, Louis Laborde-Balen, Pierre Macia, Jean-Pierre Siréjol). *De Provence en Navarre (Puente la Reina), en passant par Saint-Guilhem-le-Désert, Toulouse, Auch, le col du Somport, en 33 étapes.*

Le Chemin de Tours vers Saint-Jacques-de-Compostelle (Jacqueline Véron, Georges Véron). *Au plus droit vers le sud, par des chemins vicinaux et des pistes forestières, traversant Poitiers, Saintes, Bordeaux, Dax. Décrit en 30 tronçons.*

Les Chemins de Saint-Jacques en Bretagne (Association Bretonne des Amis de Saint-Jacques de Compostelle). *Un départ à la pointe Saint-Mathieu (le Conquet), en autre en Léon (Locquirec et Moguériec). Les deux chemins descendent à Quimperlé d'où ils font route, via Nantes, jusqu'à Redon où ils rejoignent un autre itinéraire venu de Paimpol, via Josselin. Le tout s'en va jusqu'à Clisson.*

Le Chemin du piémont pyrénéen vers Saint-Jacques-de-Compostelle (Jacqueline Véron, Georges Véron). *Au départ de Narbonne, en suivant au mieux les Pyrénées, doublant Carcassonne, Mirepoix, Saint-Lizier, Saint-Bertrand-de-Comminges, Lourdes. Arrivée à Saint-Jean-Pied-de-Port après 38 étapes.*

Achevé d'imprimer en France en avril 2005 par
Pollina s.a., 85400 Luçon - n° L96715